french
without toil

"ASSiMiL" METHOD BOOKS

Bound books, lavishly illustrated, containing lessons recorded on records, tapes or cassettes

---

French without toil

German without toil

Italian without toil

Russian without toil

Spanish without toil

ASSiMiL
spare-time daily courses

french without toil

by

A. CHÉREL *

illustrated by
Pierre Soymier and Robert Gring

ASSiMiL S.A.

Distributed by
Silco Books Ltd.,
7 Russell Gardens,
London, NW11 9NJ

94430-(… RNE

Amsterdam - Düsseldorf - Lausanne - London
Madrid - Montréal - New York - Torino

FRENCH WITHOUT TOIL

RECORDS TAPES or CASSETTES

The lessons and exercises of **French without toil** have been recorded on records, tapes or cassettes by talented French artists. Fifteen different "voices" have been used so as to provide a complete training for the student's ear.

As the French text is transcribed phonetically in the book, the records, tapes or cassettes are not absolutely indispensable, but they are an invaluable help to the student and ensure perfect pronunciation.

ISBN 2-7005-0.028-8

How to learn FRENCH without toil

Has it ever happened to you to find yourself humming a snatch of song, without remembering exactly when and where you picked it up?

When you first heard it you probably did not pay any particular attention to it at the time. Still, your memory registered it, and now it recurs to you automatically.

Two or three days later, you would vainly try to recall it to mind. But if by chance you hear it again and yet again, several days in succession, then not only do you remember it, but it grows to be a real obsession.

Upon this natural and subconscious power of retention we have based the present Course of French.

We do not require from you any hard work, — nor indeed any "work" at all.

You just have to listen to the records, tapes or cassettes, and to read the text-book and its explanations, with the same attention that you would give to the rules of a new game.

If you do this regularly, once or twice a day, say, ten minutes at a time, the process of **intuitive assimilation** will do the rest.

That is to say, you will **understand** the French text of the lessons with ease, and will be able **to repeat** each paragraph immediately after having read it.

That will be the first, or **passive** stage of your study. Then, after about two months, you will reach a point where the **active** stage begins: for each new lesson, you will take up another one, starting from the first, and translating it from English into French. This will be an easy matter, the graduation of the course being such as to offer no serious obstacle to your progress.

It is the logical way of learning a language: **first understand, then speak,** in the same ways as you acquired your English in your infancy.

At the rate of one lesson a day, you will thus acquire a practical knowledge of French in about six months of spare-time study.

Let us add that this is no "school French", but the real everyday language of the French people.

PRONUNCIATION

There is no need to give you advice on pronunciation if you use the records, tapes or cassettes: they speak for themselves.

But for those students who cannot afford them, we have done our best to figure the French pronunciation in English sounds.

It should be emphasized that the chief difficulty lies in the English habit of stressing the beginning of each word, while in French it is the reverse, and again in the slurring over of unaccented syllables.

French words must be **pronounced fully, in an even tone,** with a slight stress on the last sonorous syllable.

You will find the French text on the left-hand page, and the English equivalent and notes opposite, on the right-hand page.

Where the French phrasing is different from the English, literal translations are given in brackets.

Première (1re) Leçon *(First Lesson)*

(*Pron.* : pr'mi**àrr** l's**oñ**)

(*See Notes* **(5)** *and* **(1)** *on pronunciation*, p. **2**)

Bon voyage!

1 — Nous partons pour la France.

2 — Ah! et quand partez-vous **(1)** ?

3 — Nous partons probablement à la fin de la semaine.

4 — Et allez-vous directement à Paris?

5 — Nous‿allons à Paris, puis‿à Nice.

Please remember *that all you are required to do is* **to understand** *the French text, and* **to repeat** *each paragraph immediately after you have read it.*

Do not worry *about the little differences in construction, they will be explained in good time.*

PRONONCIATION (pronoñciacioñ). — boñ **(1)** vwa-yazh **(2)**. — **1** noo parrtoñ poorr la frañs' **(3)**. — **2 a** ä **(4)** kañ parrtä voo? — **3** noo parrtoñ probabl'mañ a la fiñ d'la s'màn' **(5)**. — **4** ä alä voo diràkt'mañ a pari **(6)**? — **5** noo-zaloñ a pari, püizanis **(7)**.

(1) oñ : *nasal sound, as in* song (*Final* g *not sounded*).

(2) a : *intermediate between* a *in* fat *and* a *in* far.

(3) añ : *nasal sound as in* wand (*Final* d *not sounded*).

(4) ä : *closed* a *sound, as in* Mary *or in* sale.

(5) à : *sound of* e *in* sell.

(6) i : *sound of* e *in* me.

(7) ü : *German* ü, *or Scotch* u *as in* abune (*try to pronounce* ee *with rounded lips*).

Safe *(Good)* journey

1 We are leaving (*we depart*) for (*the*) France. — 2 Ah! and when are you leaving (*depart you*)? — 3 We are probably leaving (*depart*) at the end of the week. — 4 And are you going (*go you*) straight (*directly*) to Paris? — 5 We are going (*go*) to Paris, then to Nice.

NOTES. — **(1)** Vous partez, *you leave or you are leaving*; partez-vous? (*with hyphen*) : *do you leave? or are you leaving?*

6 — Restez-vous longtemps à (2) Paris?
7 — Nous restons environ une semaine.
8 — Vous‿avez de la chance!
9 — Eh bien, alors, au revoir.
10 — Au revoir, et bon voyage!

EXERCICE (äg'zàrrsis'). — **1** Nous partons; vous partez. — **2** Nous‿allons; vous‿allez. — **3** Nous restons; vous restez. — **4** Nous‿avons; vous‿avez. — **5** Partons-nous? Partez-vous? — **6** Allons-nous; allez-vous? — **7** Restons-nous? Restez-vous? — **8** Avons-nous? Avez-vous?

o o o

The "liaison" (liàzoñ), *that is, the carrying over of the final consonant on to the next word, is peculiar to French. Thus :* nous allons *is pronounced :* nooz'aloñ, *and* vous allez : vooz'alä.

We indicate it with the sign ‿.

Deuxième (2e) Leçon *(Second Lesson)*

(*Pronon. :* duhziàm')

Voulez-vous un taxi (1)?

1 — Porteur! Porteur!
2 — Voilà, Madame!

6 Are you staying (*stay you*) long (*long time*) in (*at*) Paris? — **7** We are staying (*we stay*) about (environ) a week. — **8** You are lucky (*you have of the chance*)! — **9** Well, then, good-bye! — **10** Good-bye, and happy (*good*) journey!

NOTES. — **(2)** *At the end :* **à** la fin. — *We go to Nice :* nous‿allons **à** Nice. — *We stay in Nice :* nous restons **à** Nice.

---

6 ràsstä voo loñt**añ** a pari? — **7** noo ràst**oñ** añvir**oñ** ün' s'm**àn**'. **8** voozavä d'la shañs'! — **9** äbi-**iñ** **(8)** al**orr** ôrr'vw**arr** **(9)**. — **10** ôrr'vw**arr** ä boñ vwa-yazh! **(10)**.

(8) iñ : *nasal sound as in* slang (*Final* g *not sounded*).
(9) o : o *in* sore.
ô : o *in* note.
(10) zh : s *in* pleasure.

1 We are leaving *or* we leave; you are leaving *or* you leave. — **2** We are going *or* we go; you are going *or* you go. — **3** We are staying *or* we stay; you are staying *or* you stay. — **4** We have *or* we are having; you have *or* you are having. — **5** Are we leaving? *or* Do we leave? Are you leaving? *or* Do you leave? — **6** Are we going? *or* Do we go? Are you going? *or* Do you go? — **7** Are we staying *or* Do we stay? Are you staying *or* Do you stay? — **8** Have we? *or* Are we having? Have you *or* Are you having?

PRONONCIATION. — voolä voo uñ **(1)** taxi? — **1** porrt**urr** **(2)**. — **2** vwal**a**, mad**am**!

(1) uñ : *nasal sound, as in* trunk (*Final* k *not sounded*).
(2) u : *sound half-way between* u *in* burr *and* o *in* love.

Do you want *(will you)* a taxi?

1 Porter! Porter! — **2** There *you are,* Madam!

NOTES. — **(1)** *A taxi* : **un** taxi, *while : a week* : **une** *semaine. This introduces one of the chief difficulties of the French language.* **All nouns are either masculine or feminine.** A *or* **an** *before a masculine noun is* **un**, *and* **une** *before a feminine.* — Why is *a taxi* masculine and *a week* feminine? There is no reason : the fact must be accepted. The best way to remember it is always to link in your mind noun and article, as if it were one : *taxi* : un taxi; *week* : une semaine.

3 — Prenez ma valise, s'il vous plait **(2)** !

4 — Bien, Madame.

5 — Attention, elle est fragile.

6 — Oui, Madame. Voulez-vous un taxi?

7 — Oui; mettez la valise avec moi.

8 — Montez, Madame.

9 — Voici pour vous.

10 — Merci bien, Madame.

11 — Chauffeur, à l'Hôtel **(3)** de France!

12 — Très bien, Madame.

EXERCICE. — **1** Vous voulez; nous voulons. — **2** Vous prenez; nous prenons. — **3** Vous mettez; nous mettons. — **4** Vous montez; nous montons. — **5** Prenez-vous la valise? — **6** Nous‿allons directement à l'hôtel. — **7** Nous‿avons la valise. — **8** Voici un taxi. — **9** Voilà l'hôtel.

o o o

Voici : here is *or* here are.
Voilà : There is *or* there are.

o o o

Watch your pronunciation! *Preserve the* **full** *vowel sounds, but put the* **stress** *on the* **final** *syllable only; for example : par***tons**, *atten***tion**, *mer***ci**, *chauf***feur**, *ta***xi.**

3 pr'nä ma valiz silvooplà! — **4** bi-iñ madam. — **5** at'tañsioñ, àl à frazhil. — **6** wi madam, voolä voo uñ taxi? — **7** wi; màttä la valiz avàc mwa. — **8** moñtä, madam. — **9** vwaci poorr voo. — **10** màrrci bi-iñ madam. — **11** shôfurr, alôtàld' frañs'. — **12** trà bi-iñ, madam.

---

3 Take my bag, please! — **4** Right (*Well*), Madam. — **5** Be careful (*Attention*), it (*she*) is fragile. — **6** Yes, Madam. Do you want (*Will you*) a taxi? — **7** Yes; put the case with me. — **8** Get in (*mount*), Madam. — **9** This is (*here is*) for yourself. — **10** Thank *you* very much (*well*), Madam. — **11** Chauffeur, to the Hotel de France! — **12** Certainly (*very well*), Madam.

---

(2) S'il vous plaît *is literally* : if it pleases you.
(3) **H** is almost always mute in French. As for l' see lesson N° 7, par. 1.

1 You want; we want. — **2** You take; we take. — **3** You put; we put. — **4** You go up (*mount*); we go up. — **5** Do you take the bag? — **6** We go directly to the hotel. — **7** We have the bag (or suit-case). — **8** Here is a taxi. — **9** There is the hotel.

o o o

When listening to the record, *always start from the beginning, that is to say, if you want to hear the 2nd or 3rd lesson, start from the 1st : you cannot do too much revision.*

2e LEÇON

Troisième (3e) Leçon

Prenons l'ascenseur (1)

1 — Avez-vous une chambre libre?
2 — Certainement, Madame; pour vous seule?
3 — Oui; une petite chambre.
4 — Voyons... nous‿avons une chambre à six cents francs.
5 Jean, montrez la chambre douze à Madame.
6 — Suivez-moi, Madame. Prenons l'ascenseur.

7 Voici la chambre.
8 Elle est petite, mais propre et bien meublée.
9 — C'est bon; montez ma valise, s'il vous plaît.

EXERCICE. — **1** Avez-vous? Avons-nous? — **2** Vous voyez; nous voyons. — **3** Voyez; voyons. — **4** Vous montrez; nous montrons. — **5** Montrez-moi ma chambre, s'il vous plaît. — **6** Vous suivez; nous suivons. — **7** Ma chambre est bien meublée. — **8** Ma valise est petite. — **9** Prenons un taxi. — **10** Prenez ma valise et suivez-moi.

PRONONCIATION. — pr'noñ lasañsurr **(1)**. — **1** avä-voo ün' shañbr' **(2)** libr'? — **2** sàrtàn'mañ, madam; poorr voo sull'? — **3** wi; ün' p'tit' shañbr'. — **4** vwa-yoñ... noozavoñ ün' shañbr' a si sañ frañ. — **5** zhañ, moñträ la shañbr' dooz a madam. — **6** süivä mwa, madam, pr'noñ lasañsurr. — **7** vwaci la shañbr'. — **8** àlàp'tit, mà propr' ä bi-iñ muhblä' **(3)** — **9** sàboñ; moñtä ma valiz silvooplà.

(1) s *in our figured pronunciation is always a clean and hard* s *as in* sister.

(2) *Pronounce* br *as in* brave.

(3) uh : *like* u *in* burn, *but sounded long and close.*

The accent after ä (ä') *indicates* e *mute, that is a faint* er *or* uh *sound.*

Let us take the lift

1 Have you a room vacant (*free*)? — **2** Certainly, Madam; for yourself only (*alone*)? — **3** Yes; a small room. — **4** Let me (*us*) see... we have a room at 600 francs. — **5** John, show (*the*) room 12 to *the* lady (*to Madam*). — **6** — Follow me, Madam. Let us take the lift. — **7** Here is the room. — **8** It is small, but clean and well furnished. — **9** It is all right (*good*); bring up (*mount*) my bag, please.

NOTES. —**(1)** See lesson 7, par. 1. — Nous prenons : *we take*; prenons : *let us take.* — Vous prenez : *you take*; prenez! *take!*

---

1 Have you? Have we? — **2** You see; we see. — **3** See; Let us see. — **4** You show; we show. — **5** Show me my room, please. — **6** You follow; we follow. — **7** My room is well furnished. — **8** My bag is small. — **9** Let us take a taxi. — **10** Take my bag and follow me.

o o o

3e LEÇON

Quatrième (4e) Leçon

Elle a de la chance!

1 — Allez-vous souvent au théâtre (1) ?

2 — Rarement; nous‿allons plus souvent au cinéma.

3 — Nous‿aussi; où allez-vous ce soir?

4 — Ce soir, nous restons à la maison; et vous?

5 — Nous ne savons pas‿encore;

6 nous‿attendons notre cousine Emma.

7 — Votre cousine de Lille?

8 — Oui; elle arrive probablement ce soir.

9 — Est-elle (2) toujours aussi amusante?

10 — Toujours; elle ne change pas.

11 — Elle a bien de la chance!

PRONONCIATION. — àlad'la shañs! — **1** alä voo soovañ ô täâtr' **(1)**? — **2** rarrmañ; noozaloñ plü soovañ ô cinäma. — **3** noozôsi; oo alä voo s'swarr? — **4** s'swarr, noo ràstoñ a la màzoñ; ävoo? — **5** noon' **(2)** savoñ pazañcorr; — **6** noozatañdoñ notr' coozin' àm'ma. — **7** votr' coozin d'lil'? — **8** wi; àlariv probabl'mañ s'swarr. — **9** àtàl toozhoorr ôsi amüzañt'? — **10** toozhoorr; àln' shañzh' pâ. — **11** äla biiñd'la shañs!

(1) **â** : a *in* father. — Tr' *as in* tram.
(2) Notice : **noon'** for **nous ne.**

The final groups **pl, bl, tr, cr,** *etc... should always be sounded together, without the intermission of an* e *as is done in English :* **people, table, centre, acre,** *etc...*

She has *got (of the)* luck!

1 Do you often go (*go you often*) to the theatre? — **2** Rarely; we go more often to the pictures (*cinema*). — **3** So do we (*We also*); where are you going (*go you*) this evening? — **4** This evening, we are staying at home (*at the house*); and you? — **5** We do not know yet; — **6** we are expecting (*attend*) our cousin Emma. — **7** Your cousin from (*of*) Lille? — **8** Yes; she is probably coming (*she arrives prob.*) this evening. — **9** Is she always as (*also*) amusing? — **10** Always; she does not change. — **11** — She has got some luck (*She has well of the luck*)!

NOTES. — **(1)** At the, to the, before a feminine noun : **à la.** Before a masc. **au** : Au théâtre, au cinéma (*masc. nouns* : un théâtre, un cinéma). — A la maison (*fem. noun* : une maison : *a house*).
(2) *In* **est-elle** (àtàl'), *we do not use the sign* ‿, *the hyphen being sufficient indication.*

o o o

This lesson *starts the second side of the first record; we advise you to listen again to the first three lessons (first face), which you should now understand without referring to the book.*

 4e LEÇON

EXERCICE. — **1** Nous‿avons; nous savons. — **2** Vous‿avez; vous savez. — **3** Nous‿attendons; vous ‿attendez. — **4** Nous montons; nous montrons. — **5** Vous montez; vous montrez. — **6** Vous changez; vous ne changez pas. — **7** Nous suivons; nous ne suivons pas. — **8** Vous prenez; vous ne prenez pas. — **9** Où est-elle? Elle est‿au théâtre. — **10** Vous ne restez pas souvent à la maison. — **11** Où est votre maison?

Cinquième (5e) Leçon

Parlez-vous français?

1 — Parlez-vous français?

2 — Pas‿encore; je commence seulement;

3 mais je parle anglais et allemand (1).

4 — Trouvez-vous le français (2) difficile?

5 — Je ne le trouve pas trop difficile.

6 — Avec de la patience, on‿arrive à tout.

7 — Vous‿avez raison.

8 — Répétons la première leçon.

9 — La première leçon est très facile.

10 — Et la cinquième aussi.

11 — Tout‿est facile, avec de la patience.

1 We have; we know. — 2 You have; you know. — 3 We wait; you wait. — 4 We go up (*mount*); we show. — 5 You go up; you show. — 6 You change; you do not change. — 7 We follow; we do not follow. — 8 You take; you do not take. — 9 Where is she? — She is at the theatre. — 10 You do not often stay at home. — 11 Where is your house?

PRONONCIATION. — **1** parrlävoo frañsà? — **2** pazañcorr; zh' comañs' sul'mañ; — **3** màzh' parrlañglà ä almañ (1). — **4** trooväv**oo**l' frañsà dificil? — **5** zh' n' lutr**oo**v pâ tro dificil. — **6** avàc d' la pasiañs oñnarivat**oo**. — **7** voozavä ràzoñ. — **8** räpätoñ lapr'miàrr l'soñ. — **9** ... à trà facil. — **10** ä la siñkiàm ôsi. — **11** tootàfacil, avàcd'la pasiañs!

(1) *Keep the* a *sound pure, and not as in* also.

5.

Do you speak French?

1 Do you speak French? — 2 Not yet; I am only beginning (*I commence solely*), — 3 but I speak English and German. — 4 Do you find (*the*) French difficult? — 5 I do not find it too difficult. — 6 With (*of the*) patience, one gets over (*arrives at*) everything. — 7 You are right (*have reason*). — 8 Let us repeat the first lesson. — 9 The first lesson is very easy. — 10 And so is the 5th (*and the 5th also*). — 11 Everything is easy, with (*of the*) patience!

NOTES. — **(1)** Adjectives of nationality do not take a capital letter.

(2) Le français (*the French language*) is a masculine noun. — The *is* **la** before a fem. noun, and **le** before a masc. — *Thus :* **la** maison, **la** chambre, **la** patience, **la** leçon (*fem. nouns*); *but,* **le** taxi, **le** chauffeur (*masc. nouns*).

5e LEÇON

EXERCICE. — **1** Vous parlez anglais. — **2** Nous parlons allemand. — **3** Je parle néerlandais (näàrrlañdà). — **4** On parle français. — **5** Répétez la troisième leçon, s'il vous plaît. — **6** Elle n'est pas très difficile. — **7** Vous ne savez pas‿encore la cinquième leçon. — **8** Vous‿avez toujours raison. — **9** Pas toujours, mais souvent.

Sixième (6e) Leçon

(*Pron.* : siziàm')

C'est déjà très bien

1 Nous voici à la fin de la première semaine de leçons (**1**).

2 Nous ne savons pas‿encore grand-chose;

3 mais nous commençons seulement.

4 Nous comprenons les (**2**) cinq premières (**3**) leçons,

5 et c'est (**4**) déjà très bien.

6 Nous‿allons continuer chaque jour,

7 et nous‿espérons parler français dans trois mois.

8 Ce n'est pas trop difficile.

9 Aujourd'hui, nous‿allons chanter une petite chanson française (**5**).

1 You speak English. — **2** We speak German. — **3** I speak Dutch (" Netherlandish "). — **4** French spoken (*One speaks French*). — **5** Repeat the 3rd lesson, please. — **6** It (*she*) is not very difficult. — **7** You do not yet know the 5th lesson. — **8** You are always right (*have always reason*). — **9** Not always, but often.

PRONONCIATION. — sà däzh**a** trà bi-**iñ**. — **1** noo vwaci a la fiñd' la pr'mi**à**r' s'm**à**n' d' l's**oñ**. — **2** noon' sav**oñ** pâzañc**orr** grañsh**ô**z; — **3** mà noo comañs**oñ** sulm**añ**. — **4** noo coñpr'n**oñ** là ciñ (1) pr'mi**àrr** l's**oñ**, — **5** ä sà däzh**a** trà bi-**iñ**. — **6** noozal**oñ** continü**ä** shak zh**oorr**, — **7** ä noozàspär**oñ** parrl**ä** frañs**à** dañ trwa mwa. — **8** s'nà pâ tro dific**il**. — **9** ôzhoorrd**üi**, noozal**oñ** shañt**ä** ün' p't**it**' shañs**oñ** frañs**àz**.

(**Vous ne savez pas.** — *Pronounce* : v**oon**' savä**pa**.)

(1) *In* cinq, *the final* q *is not pronounced before a consonant.*

We are already doing very well

1 Here we are (*We here are*) at the end of the first week of lessons. — **2** We do not know much yet ("*great thing*"); — **3** but we are only beginning. — **4** We understand the first five (*five first*) lessons, — **5** and it (*this*) is already very well. — **6** We are going *to* continue every (*each*) day, — **7** and we hope *to* speak French in three months. — **8** It (*this*) is not too difficult. — **9** To-day, we are going *to* sing a little French song (*song Fr.*).

NOTES. — **(1)** The s of the plural is not pronounced.

(2) The, *plural, is* **les** for both masc. and fem. nouns.

(3) Note that the adjective also takes an **s** in the plural.

(4) C'est (*ce est*) is literally "this is".

(5) Une chanson *is feminine*; *the adjective* français *becomes* française *in the feminine.*

Frère Jacques

10 Frère Jacques, (*bis*)

11 Dormez-vous? (*bis*)

12 Sonnez les matines! (*bis*)
Bim, bam, bom! (*bis*)

Let us remind you once again that you are not expected to translate from English into French.

All you have to do at present is to understand the French text, and to repeat each paragraph from memory, immediately after having read it.

---

10 frârë zhakë **(1)** — **11** dorrmä voo? — **12** sonä làmatinë!

(1) ë : *unaccented final* e, *as* « er » *in butter. Only sounded in verse or song.*

Friar James

10 Friar James (*twice*), — **11** Are you sleeping (*sleep you*)? — **12** Ring the matins! Ding, ding, dong!

As exercise, we shall ask you to copy out today's lesson transposing the verbs from the 1st to the 2nd person plural, that is, using **you** instead of **we**. The 1st paragraph will be : *Here* **you** *are*, etc. The 2nd par. : **You** *do not know yet* and so on to the end.

When you have finished, check with the help of the following key :

1 Vous voici... **2** Vous ne savez... — **3** Vous commencez... — **4** Vous comprenez... — **6** Vous allez... — **7** ... vous espérez... — **9** ... vous allez.

o o o

The cedilla *placed under the* **c (ç)** *in* **français, commençons, leçon,** *indicates thet the* **c** *is to be sounded like* **s.**

Learning a language is like rolling a snow-ball : the hardest part is to get it started.

Once you have done that, it will make itself. All you have to do is to push it along.

6e LEÇON

Septième (7e) Leçon

(*Pron. :* sàti**à**m')

REVISION ET NOTES

(*Pron. :* r'vizi-**oñ** ä not)

1 The is **le** before a masculine noun, and **la** before a feminine : *le taxi, la semaine, la France.*

Le and **la** change to **l'** before a vowel or an h mute : *l'hôtel, l'ascenseur.*

In the plural, the is always **les** : *les taxis, les semaines, les‿hôtels, les‿ascenseurs.*

2 A or **an** are **un** before a masculine noun, and **une** before a feminine : *Un‿hôtel, un taxi, un‿ascenseur; une semaine, une leçon.*

3 Verbs. — So far, we have become familiar with three forms of the present :

Je trouve, **nous** trouv**ons**, **vous** trouv**ez**.
Je parl**e**, **nous** parl**ons**, **vous** parl**ez**.
Je répèt**e**, **nous** répét**ons**, **vous** répét**ez**.
Je pens**e**, **nous** pens**ons**, **vous** pens**ez**.
Je trouv**e**, **nous** trouv**ons**, **vous** trouv**ez**.
Je rest**e**, **nous** rest**ons**, **vous** rest**ez**.

We have also met : **elle** chang**e**, *she changes*, **elle** arriv**e**, *she arrives*, and we can form :

Elle parle, *she speaks*; **elle** répète, *she repeats*; **elle** pense, *she thinks*; **elle** trouve, *she finds*; **elle** reste, *she stays*.

These are all *regular* verbs. We have also had a glimpse of *irregular* verbs in : **elle a,** *she has* (nous avons, vous avez), and **elle est,** *she is*, but we do not intend to pause over them yet.

Avec de la patience on arrive à tout!

4 Masculine and feminine. — Read over the following several times :

Un taxi, **le** taxi; **un** voyage, **le** voyage; **un** porteur, **le** porteur; **un**‿hôtel, **l'**hôtel; **un**‿ascenseur, **l'**ascenseur; **un** théâtre, **le** théâtre; **un** cinéma, **le** cinéma; **un** soir, **le** soir; **un** jour, **le** jour; **un** mois, **le** mois; **un** frère, **le** frère.

Une leçon, **la** leçon; **la** France; **une** fin, **la** fin; **une** semaine, **la** semaine; **une** chance, **la** chance; **une** valise, **la** valise; **une** chambre **la** chambre; **une** maison, **la** maison; **une** cousine, **la** cousine; **une** patience, **la** patience; **une** chanson, **la** chanson.

o o o

We do not expect you *to commit the gender of all these nouns to memory immediately; it is a matter of habit. But we emphasise the need always to link the noun and article together in your mind; as if it were one word.*

It is the only practical way to remember them.

We might give you many more explanations about these first six lessons, but we do not want to burden your mind unduly. After all, you only have **to understand and repeat** the text, and you will find the above sufficient for the present.

7e LEÇON

Huitième (8e) Leçon

(*Pron. : See* huit (*page* 8) *and add* ième)

Asseyez-vous

1 (On sonne). — Qui est là?
2 — C'est moi, Duval.
3 — Entrez!
4 — Bonjour, mon (**N. 1**) cher Morin; comment‿allez-vous?
5 — Très bien, merci; et vous-même?
6 — Comme vous voyez, parfaitement bien.

7 — Asseyez-vous ici (**1**), je vous prie.
8 — Merci. Une cigarette?
9 — Avec plaisir. Alors, que pensez-vous de la situation politique?
10 — Mon Dieu (**2**), pas grand-chose de bon;
11 pour moi, la crise ministérielle est‿inévitable.
12 — Je pense que ce n'est pas sûr;
13 vous voyez tout‿en noir.
14 — J'espère (**3**) que vous‿avez raison.

PRONONCIATION. — (From now on, we shall not give the figured pronunciation in full, but only for such words as may offer difficulties.)

asàyä voo. — **1** oñ son' — ki à la? — **2** ...mwa, düval. — **3** añträ! — **4** boñzhoorr ... shàrr moriñ; comañtalävoo? — **5** ... màrrci ävoomàm'? — **6** com' ... vwayä, parrfàt'mañ. — **7** asàyävoo isi, j'voopri'. — **8** ... cigaràt' (1) — **9** ... plàzirr alorr k'pañsävoo ... sitüasioñ politik. — **10** moñdiuh ... grañ-shôz d'boñ; — **11** ... criz ministärià l àtinävitabl' (2). — **12** zh'pañs k'snàpâsürr. — **13** ... vwayä tootañ nwarr. — **14** zhäspàrr' k' voozavä râzoñ.

(1) *Do not slur the* a *in* ga.

(2) bl' *as in* probably *and not as in* table.

Sit down *(sit you)*

1 Someone (*one*) is ringing. — Who is there? — **2** It is I (*me*), Duval. — **3** Come in (*enter*)! — **4** Good morning (*good day*), my dear Morin; how are you (*go you*)? — **5** Very well, thank you; and yourself? — **6** As you see, perfectly well. — **7** Sit down here, please (*I pray you*). — **8** Thank you. A cigarette? — **9** With pleasure. Well (*then*), what do you think of the political situation? — **10** Good Lord (*My God*), not much (*great thing of good*); — **11** As I see it (*for me*), the ministerial crisis is unavoidable. — **12** I think that it is not certain; — **13** you see all in black. — **14** I hope you are right (*have reason*).

NOTES. — **(N. 1)** See paragr. 1, next revision lesson (14th).

(1) Asseyez-vous : *sit down*, or *be seated*, is literally : *sit you* or *sit yourself*. Asseyons-nous : *Let us sit down.*

(2) Mon Dieu! *is a much milder expression than* My God! *in English.*

(3) J'espère, *for « je espère ».* **Je** *becomes* **j'** *before a vowel or h mute, in the same way as* **ce** *becomes* **c'** *and* **le, l'**.

8e LEÇON

EXERCICE. — **1** Asseyez-vous là; asseyons-nous ici. — **2** Je vous prie; nous vous prions; vous nous priez. — **3** Je pense que c'est sûr. — **4** Nous pensons que ce n'est pas sûr. — **5** Que voyez-vous? — **6** Entrons ici. — **7** N'entrez pas là! — **8** Comprenez-vous la situation? — **9** Je commence; vous commencez; nous commençons.

Neuvième (9e) Leçon

(*Pron.* : nuviàm)

Aimez-vous les livres?

1 — Que lisez-vous là?

2 — C'est‿un roman français, très‿intéressant.

3 — Vous comprenez donc le français?

4 — Non; c'est‿une traduction.

5 — Ma femme et moi, nous lisons aussi un livre français;

6 mais ce n'est pas‿un roman;

7 c'est‿un livre de philosophie.

8 — C'est trop sérieux pour moi;

9 j'aime les livres amusants **(1)**.

10 — Moi aussi; mais je m'intéresse **(2)** un peu à tout.

1 Sit down there; let us sit down here. — **2** I beg (*pray*) you; we beg you; you beg us. — **3** I think (*that this*) it is certain. — **4** We think (*that this*) it is not certain. — **5** What do you see? — **6** Let us go in (*enter*) here. — **7** Do not go in (*enter*) there! — **8** Do you understand the situation? — **9** I begin (*commence*); you begin; we begin.

PRONONCIATION. — àmävoo lälivr'? — **1** k' lizävoo. — **2** sàtuñromañ ... tràziñtäràsañ. — **3** ... coñpr'nä doñ. — **4** noñ, sàtün' tradücsioñ (1). — **5** mafam'... noolizoñ ôsi. — **6** màsnàpâzuñ romañ; — **7** sàtuñ ... filozofi'. — **8** ... säriuh. — **9** zhàm ... livr' amüzañ. — **10** ... zh' miñtäràs' uñpuh atoo.

(1) *Keep the* s *sound sharp, and not* sh.

9.

Do you like *(the)* books?

1 What are you reading (*read you*) there? — **2** It is a French novel (*romance*) very interesting. — **3** Then you understand (*y. und. then the*) French? — **4** No; it is a translation. — **5** My wife and I (*me, we*) are also reading (*we also read*) a French book; — **6** but it is not a novel; — **7** it is a book on (*of*) philosophy. — **8** That (*It*) is too serious for me; — **9** I like (*the*) entertaining (*amusing*) books. — **10** So do I (*Me also*); but I take a little interest in everything.

NOTES. — **(1)** See Lesson 6, Note 3.
(2) Je m'intéresse (*for « j'intéresse moi »*), *"I interest me"* : I interest myself.

9e LEÇON

11 — Il y a **(3)** des **(N. 2)** livres pour tous **(4)** les goûts.

EXERCICE. — **1** Nous comprenons un peu le français. — **2** Votre livre n'est pas très‿amusant. — **3** Vous‿aimez les livres sérieux. — **4** Nous lisons souvent des romans anglais. — **5** Il y a une lettre pour vous. — **6** Elle n'est pas pour moi, mais pour mon frère. — **7** J'aime ; nous‿aimons ; vous‿aimez. — **8** Je n'aime pas ; nous n'aimons pas ; vous n'aimez pas.

Dixième (10e) Leçon

(*Pron.* : dizi**à**m')

Il y a temps pour tout

1 — Venez-vous avec nous au match de football ?

2 — Je regrette, mais je n'ai pas le temps ;

3 j'ai trop de travail aujourd'hui.

4 — Allons ! Vous ne pouvez pas toujours travailler !

11 ilia ... toolàgoo.

11 There are (*some*) books for all (*the*) tastes.

(3) Il y a : *There is* or *There are*, indifferently. — *There is a house :* Il y a une maison. — There are some houses : *Il y a des maisons* (*meaning there exists* or *exist*). Voilà une maison : *There* (*you see*) *is a house*; voilà des maisons : *there* (*you see*) *are* (*some*) *houses.* — Voici une maison : *Here is a house.* Voici des maisons : *Here are* (*some*) *houses.*

(N. 2) *means* : *Next revision lesson* (14th).

(4) Tout *means* : everything *or* all. Before a masc. plural, it becomes **tous.**

---

1 We understand French a little (*a little the Fr.*). — **2** Your book is not very entertaining (*amusing*). — **3** You like (*the*) serious books. — **4** We often read (*read often*) (*some*) English novels. — **5** There is a letter for you. — **6** It (*She*) is not for me, but for my brother. — **7** I like, we like, you like. — **8** I do not like; we do not like; you do not like.

Un frère *is a brother, or a friar.*

o o o

As you have no doubt noticed, there is no *liaison* after **et** (*and*).

PRONONCIATION. — ilia tañ poortoo. — **1** v'nä. — **2** zh'r'gràt' màzh'nàpâl'tañ; — **3** ... trod'trava'y' **(1)** ôzhoorr-düi. — **4** ... pouvä ... travayä.

(1) y' *represents the sound of* y *in* you.

There is time for everything

1 Are you coming (*come you*) with us to the football match (*m. of f.*)? — **2** I am sorry (*regret*), but I have no (*not the*) time; — **3** I have too much (*of*) work to-day. — **4** Come! (*Let us go!*) You cannot work always! —

5 — J'ai (1) promis de (N. 3) terminer ce travail pour ce soir.

6 — Vous pouvez aussi bien le terminer demain matin.

7 — Non, vraiment, c'est‿impossible;

8 excusez-moi (2), je vous prie.

9 — Vous‿avez tort : il y a temps pour tout :

10 pour le travail et pour le plaisir.

EXERCICE. — **1** Nous‿avons le temps; vous n'avez pas le temps. — **2** Nous ne le regrettons pas. — **3** Quand venez-vous au théâtre avec moi? — **4** Nous ne pouvons pas travailler aujourd'hui. — **5** Avez-vous promis de chanter? — **6** Nous‿espérons que vous trouvez ce livre intéressant. — **7** Vous‿avez raison, et je n'ai pas tort. — **8** Nous‿avons souvent tort. — **9** Avons-nous toujours tort?

Onzième (11e) Leçon

C'est très‿aimable de votre part

1 — Bonjour, Mademoiselle; j'espère que je ne vous dérange pas?

2 — Mais non, Monsieur; que désirez-vous?

3 — Savez-vous où est votre oncle?

4 — Je pense qu'il est dans sa chambre; pourquoi?

5 promid' tàrminäs' trava'y ... s'swarr. — **6** ... poovä ... d'miñ matiñ. — **7** ... vràmañ, sàtiñposibl **(2)**. — **8** äksküzä ... — **9** torr ... tañ ... — **10** ... plàzirr.

(2) bl *as in* proba**bl**y, *and not as in English* « possi**ble** ».

5 I have promised to finish (*terminate*) this work for this evening. — **6** You can as (*also*) well finish it to-morrow morning. — **7** No, really, it is impossible; — **8** excuse me, please. — **9** You are (*have*) wrong : there is time for everything, — **10** for (*the*) work and for (*the*) pleasure.

NOTES. — (1) J'ai *for* je ai, *I have* (nous avons, vous avez, il a, elle a : *we have, you have, he has, she has*).

(2) Excusez-moi : *excuse me*; vous m'excusez : *you excuse me.*

Allons! *corresponds to* Come! *or* Come on!

---

1 We have (*the*) time; you have no (*not the*) time. — **2** We do not regret it. — **3** When are you coming (*come you*) to the theatre with me? — **4** We cannot work to-day. — **5** Have you promised to sing? — **6** We hope that you find this book interesting. — **7** You are right, and I am not wrong. — **8** We are often wrong. — **9** Are we always wrong?

PRONONCIATION. — tràzàmabl d'votr' parr. — **1** ... mad'mwazàl; zhäspàrr... därañzh'. — **2** m'siuh ... däzirä ... — **3** savä ... oo à votroñcl' **(1)**. — **4** ... poorrkwa?

(1) cl' *as in* **cl**ay *and not as in* un**cle**.

It is very kind of you
(This is very amiable of your part)

1 Good morning (*G. day, Miss*); I hope (*that*) I do not disturb you — **2** Why (*But*), no (*sir*); what, do you want (*desire*)? — **3** Do you know where your uncle is (*is y. uncle*)? — **4** I think (*that*) he is in his room; why?

5 — Je désire lui **(1)** montrer ce journal;
6 il y a un‿article sur **(2)** la photographie,
7 et cela l'intéresse **(3)** sûrement.
8 — C'est très‿aimable de votre part;
9 voulez-vous monter dans sa chambre?
10 C'est la deuxième porte à droite.
11 — Merci bien, Mademoiselle.

EXERCICE. — **1** Pourquoi voulez-vous me parler? — **2** Vous ne nous dérangez pas. — **3** Cela ne m'intéresse pas. — **4** Pouvez-vous lui montrer sa chambre? — **5** Votre photo est dans le journal. — **6** Asseyez-vous‿ici, à ma droite. — **7** Il est très‿aimable; elle est très‿aimable; c'est très‿aimable. — **8** Mettez ce livre dans ma valise.

Douzième (12e) Leçon

C'est parfait!

1 — Garçon! un café!
2 — Bien, Monsieur. Dans‿un verre ou dans‿une tasse?

5 ... **däzirr lüi moñträ s'zhoorrnal. — 6 ilia** uñ' narticl' **(1) sürr** ... fôtografi'. — **7** äs'la l'intäràs' sürrmañ. — **8** tràzàmabl' ... parr; — **9** vooläv**oo** moñtä. — **10** ... duhziàm' porrtadrwat'.

(1) Cl' as in *clear* and not as in *article*.

5 I wish (*desire*) to show him this newspaper; — **6** there is an article on (*the*) photography, — **7** and that is sure to interest him (*int. h. surely*). — **8** It is very kind of you; **9** will you go up to (*mount into*) his room? — **10** It is the second door to *the* right. — **11** Thank you.

NOTES. — (1) Lui : *to him* or *to her*. Nous voulons **lui** parler : *We want to speak to him* (*or to her*). — Nous voulons **le** déranger : *We want to disturb him.* — Nous voulons **la** déranger : *We want to disturb her.* — Nous voulons **lui** montrer ce livre : *We want to show this book to him* (*or to her*).

(2) *In* sur, *on, the* u *is pronounced shorter than in* sûr (*sure*). Be sure you pronounce the **s** clean, and not *sh*.

(3) Cela m'intéresse : *that interests me.* — Cela l'intéresse : *That interests him* (*or her*). — Cela nous intéresse : *That interests us.* — Cela vous intéresse : *That interests you.* — Cela les intéresse : *That interests them.*

---

1 Why do you want to (*will you*) speak to me? — **2** You do not disturb us. — **3** That does not interest me. — **4** Can you show him his room? — **5** Your photo is in the paper. — **6** Sit down here, on (*to*) my right. — **7** He is very kind; she is very kind; it is very kind. — **8** Put this book into my suit-case.

o o o

If you have the records, you experience no difficulty with the *liaison*. It is a delicate matter : overdoing it is pedantic, and neglecting it shows a lack of education.

PRONONCIATION. — sàparrfà! — **1** garrsoñ! uñ cafä! — **2** ... dañzuñvàrr oo dañzün'tas'.

This is perfect!

1 Waiter! (*a*) coffee! — 2 Right (*Well*), Sir. In a glass or in a cup?

12e LEÇON

3 — Dans‿un verre, s'il vous plaît ; et bien chaud !

4 Donnez-moi aussi un journal d'aujourd'hui.

5 — Voulez-vous le « Petit (1) Parisien » ?

6 — Le « Petit Parisien » ou un‿autre, cela m'est‿égal.

7 — Parce que (2) le « Petit Parisien » n'est pas‿encore arrivé.

8 — Alors, donnez-moi un‿autre journal.

9 — Je regrette, Monsieur, mais nous n'avons pas (3) d'autre journal.

10 — C'est parfait !

EXERCICE. — **1** J'ai un journal d'aujourd'hui. — **2** Je n'ai pas de journal. — **3** Il y a du café dans votre tasse. — **4** Il n'y a pas de café dans votre verre. — **5** Montrez-moi une autre chambre. — **6** Donnez-lui un‿autre journal. — **7** Nous‿avons promis de travailler avec lui. — **8** Quand commencez-vous ? — **9** Nous commençons demain soir.

3 ... silvooplà ... shô. — **4** donä ... — **5** l'p'ti pariziiñ? — **6** ... uñ'nôtr', s'la màtägal. — **7** parrsk' ... arivä. — **8** alorr... — **9** zh''r'gràt'.

3 In a glass, please; and very (*well*) hot! — **4** Give me (*a*) to-day's paper as well. — **5** Will you (have) the "Little Parisian"? — **6** The "Little Parisian" or another, it is all the same to me. — **7** Because the "Little P." has (*is*) not yet arrived. — **8** Then, give me another paper. — **9** I am sorry (*regret*), Sir, but we have no (*not of*) other paper. — **10** This is perfect!

NOTES. — **(1)** Une petite maison : *a little house* (*feminine*). — Un petit journal : *a little newspaper* (*masculine*).

(2) Pourquoi? Parce que... *Why? Because...*

(3) J'ai un livre; je n'ai pas **de** livre : *I have a book*; *I have no book.* — Vous‿avez **de la** chance; vous n'avez pas **de** chance : *You have luck; you have no luck.* — Nous‿avons une autre chambre; nous n'avons pas **d'**autre chambre : *We have another room; we have no other room.* — J'ai du travail; je n'ai pas **de** travail : *I have some work*; *I have no work.* — Avez-vous des verres? Je n'ai pas **de** verres : *Have you any glasses? Il have no glasses.*

In the negative, always use simply **de** or **d'** instead of **du, de la, des.**

---

1 I have (*a*) to-day's paper (*journal*). — **2** I have no paper. — **3** There is some coffee in your cup. — **4** There is no coffee in your glass. — **5** Show me another room. — **6** Give him another paper. — **7** We have promised to work with him. — **8** When do you start (*commence*)? — **9** We start to-morrow evening.

12e LEÇON

Treizième (13e) Leçon

Une visite pour papa

1 — Votre père est-il à la maison?

2 — Non, Monsieur; il est‿à son bureau;

3 mais maman est là, si vous voulez...

4 — Ne la dérangez pas, je vous prie.

5 A quelle heure votre père rentre-t-il **(1)** d'ordinaire?

6 — Oh, pas‿avant sept heures du soir.

7 — Et où est son **(N. 1)** bureau?

8 — Rue de la République, numéro quatre, au deuxième étage;

9 mais si vous voulez parler à ma mère...

10 — Non, merci; c'est‿à votre père que je désire parler;

11 au revoir, ma petite amie.

PRONONCIATION. — ün' vizit' ... papa. — **1** votr' pàrr' àtil ... màzoñ. — **2** ... m'siuh; ilàtasoñ bürô; — **3** mà mamañ ... — **4** ... däranzhä ... — **5** akàlurr ... rañtr'til dorrdinàrr? — **6** ô pâzavañ sàturr dü. — **7** ä oo à ... — **8** ru' l'la räpüblik' nümäro ... ätazh; — **9** ... parrlä ... màrr. — **10** ... sàtavotr' pàrr ... — **11** ôrr'vwarr, ma p'titami'.

A visitor *(visit)* for daddy

1 Is your father (*y. f. is he*) at home? — **2** No, Sir; he is at his office; — **3** but mummy is there, if you wish... — **4** Do not disturb her, please. — **5** At what time (*hour*) does your father usually come home (*re-enter*) (*of ordinary*)? — **6** Oh, not before seven o'cl. (*hours*) in (*of*) the evening. — **7** And where is his office? — **8** Republic Street (Str. of the Rep.) number 4, (*at the*) second floor; — **9** but if you will speak to my mother... — **10** No, thanks; it is to your father that I wish to speak; — **11** good-bye, my little friend (*femin.*).

NOTES. — **(1)** Il est; est-il? *He is, is he?* — Il rentre; rentre-t-il? *He comes home (re-enters); does he come home?* The **t** is inserted for euphony. — *Thus :* il a, a-**t**-il? *he has; has he?* — Elle parle; parle-**t**-elle? *She speaks; does she speak?* — Elle donne; donne-**t**-elle? *She gives; does she give?* — Il désire; désire-**t**-il,? *etc.*

o o o

Take each noun of the lesson, and write it with **a, the, my,** *thus* : **Une** visite, **la** visite, **ma** visite. Then compare with the following key.

Un papa, le papa, mon papa. — **1** Un père, le père, mon p. — Une maison, la maison, ma m. — **2** Un monsieur (*a gentleman*), le m., mon m. — Un bureau, le b., mon b. — **3** Une maman, la m., ma m. — **5** Une heure (*an hour*), l'heure, mon‿h. (*See less.* **14,** *par.* **1**). — **6** Un soir, le s., mon s. — **7** Un bureau, le b., mon b. — **8** Une rue, la r., ma r. — Une république, la r., ma r. — Un numéro, le n., mon n. — Un‿étage, l'ét., mon‿ét. — **9** Une mère, la m., ma m. — **10** Un père, le p., mon p. — **11** Une amie, l'a., mon‿a. — Une chanson, la ch., ma ch. — **12** Un voyage, le v., mon v. — **13** Un naufrage, le n., mon n. — **15** Un pays, le p., mon p.

13e LEÇON

Chanson

12 Bon voyage, monsieur Dumollet,
13 A Saint-Malo débarquez sans naufrage,
14 Bon voyage, monsieur Dumollet,
15 Et revenez si le pays vous plaît.

Quatorzième (14e) Leçon

REVISION ET NOTES

1 **My** is **mon** before a masc. noun, **ma** before a femin., **mes** in the plural :

Mon père, **ma** mère : *My father, my mother.*

Mes parents (parr**añ**) : *my parents.*

His or **Her** is **son** before a masc., **sa** before a fem., and **ses** before a plural noun. Thus :

His or *her book* : **son** livre.

His or *her house* : **sa** maison.

His or *her books* : **ses** livres.

His or *her houses* : **ses** maisons.

However, **mon** and **son** are used instead of *ma* and *sa* before a feminine noun *beginning with a vowel or h mute* (h is almost always mute in French) :

Une amie : *a female friend*; **mon**‿amie : *my fem. friend*; **son**‿amie : *his* or *her fem. friend.*

Une heure : *an hour*; **mon**‿heure : *my hour*; **son**‿heure : *his* or *her* hour.

This is to avoid a *hiatus*, or coming together of two vowel sounds.

Such is also the case in **à** l'hôtel, instead of " *au* hôtel ", *at* or *to the hôtel*, or in **à** l'heure : *in time* (*to the hour* "), instead of " *à la* heure ".

shañsoñ. — 12 ... **m'siuh dümolà, — 13** ... **siñmalo däbarrkä sañ nôfrazh'. — 15 är'v'nä sil' pàyi voo plà.**

12 Happy journey, Mr. Dum., — **13** At St-Malo land (*disembark*) safely (*without wreck*), — **14** Happy journey, Mr. Dum. — **15** And come again if you like the country (*if the country pleases you*).

At the, to the *is* (barring the above exception) : **au** before a masc. and **à la** before a fem. noun :

Au bureau : *at the office.*

A la maison : *at home* (*at the house*).

Before a plural noun, it is always **aux** :

Aux‿amis : *to* (*the*) *friends.*

Aux pères : *to* (*the*) *fathers.*

Aux mères : *to* (*the*) *mothers.*

When we say Fathers, Mothers, Friends, etc., in a general way in English, we omit the article. The French, however, say :

Les pères, **les** mères, **les** amis, etc...

2 Of the, from the, some, any : du before a masc., **de la** before a fem., and **des** before a plural noun :

Vous venez **du** bureau : *you are coming from the office.*

La porte **de la** chambre : *The door of the room.*
Avez-vous **des** tasses? *Have you any cups?*

But here again, for euphony, just as **au** becomes **à l'**, **du** turns into **de l'** before a vowel or an h mute : Le garçon **de l'**hôtel : *the waiter of the hotel.*

3 I have promised to finish : J'ai promis **de** terminer.

The English **to** is here rendered by **de** and not *à*. This is one of the things you have to take for granted, without any explanation. Practice alone will teach you the use of the preposition.

We are going to finish : Nous allons terminer (without any preposition).

Si vous voulez parler : *If you want* to *speak.* — Je désire travailler : *I wish to work.*

4 Masculine and Feminine. — *Please read paragr. 4 of Lesson 7, and then the following.*

Un plaisir, **le** plaisir; **un** dieu, **le** dieu; **un** livre, **le** livre; **un** roman, **le** roman; **un** goût (*taste*), **le**

Quinzième (15e) Leçon

A la gare

1 — A quelle heure est votre train?

2 — Oh! j'ai encore du temps; à cinq heures un quart.

3 — Il est‿exactement cinq heures;

4 avez-vous déjà votre billet?

5 — Oui, le voici (**1**). Allons au buffet.

goût; **un** temps, **le** temps; **un** match, **le** match; **un** football, **le** football; **un** travail, **le** travail; **un** matin, **le** matin; **un**‿oncle, **l'**oncle; **un** article, **l'**article; **un** journal, **le** journal; **un** garçon, **le** garçon; **un** verre, **le** verre; **un** père, **le** père; **un** bureau, **le** bureau; **un** numéro, **le** numéro; **un**‿étage, **l'**étage; **un**‿ami, **l'**ami; **un** naufrage, **le** naufrage; **un** pays, **le** pays.

Une cigarette, **la** cigarette; **une** situation, **la** situation; **une** crise, **la** crise; **une** raison, **la** raison; **une** traduction, **la** traduction; **une** femme, **la** femme; **une** philosophie, **la** philosophie; **une** photo, **la** photo; **une** porte, **la** porte; **une** rue, **la** rue; **une** république, **la** république.

o o o

Do not worry about the little difficulties which you may encounter. They will disappear of themselves with practice.

PRONONCIATION. — alag**arr**. — **1** akàl**urr** ... triñ? — **2** ... dü tañ; a siñkurruñ**karr**. — **3** il**à**täxact'm**añ** ... — **4** biy**à**. — **5** ... aloñ ôbuf**à**.

At the station

1 What time (*At which hour*) is your train? — **2** Oh, I have still (*some*) time; at a quarter past five (*five hours a quarter*). — **3** It is exactly 5 o'cl. (5 *hours*); — **4** have you your ticket already? — **5** Yes; here it is. Let us go to the buffet.

NOTES. — **(1)** Le voici : *here it* (*or he*) *is*; la voici : *here she is*; nous voici : *here we are*; vous voici : *here you are*; les voici : *here they are.*

Avez-vous l'heure? *Have you got the time?*

15e LEÇON

6 — Que prenez-vous?

7 — De la bière.

8 — Moi aussi. Garçon! Deux demis!

9 (Le garçon apporte les deux demis.)

10 — Combien

11 — Un franc cinquante, Monsieur.

12 — Voilà...

13 — Mais non, c'est‿à moi de payer.

14 — Pas du tout; je vous‿ai invité (2).

15 — Alors, garçon, encore deux demis.

16 — Si vous voulez; à votre santé!

EXERCICE. — **1** Vous ne nous dérangez pas du tout. — **2** Où est ma femme? — **3** La voici. — **4** Aime-t-elle la bière? — **5** Oui, mais je préfère une tasse de café. — **6** Avez-vous apporté mes livres? — **7** Les voici. — **8** Merci beaucoup; combien avez-vous payé? — **9** Je n'ai pas payé du tout.

6 k'pr'nä voo? — **7** d'la biàrr. — **8** ... duhd'mi! — **9** aporrt' là duhd'mi. — **10** coñbiiñ? — **12** vwala. — **13** ... sàtamwad pàyä. — **14** pâdütoo; zh'voozà iñvitä ... voolä; avotr'sañtä!

6 What do you drink (*take*)? — **7** (*Some*) Beer. — **8** So do I (*Me too*). Waiter! Two half-(pints). — **9** The waiter brings the two half-(pints). — **10** How much? — **11** 1.50 francs, Sir. — **12** There (you) are. — **13** No, no (*But no*) : it is for (*to*) me to pay. — **14** Not at (*of the*) all; I (*have*) invited you. — **15** Then, waiter, two more (*still two*) half-(pints). — **16** If you like (*will*); (*to*) your health!

---

(2) Inviter : *To invite.* — J'ai invité : *I have invited* or *I invited.* **The past indefinite is generally used in French instead of the past definite.**

Payer : *To pay.* — J'ai payé : *I* (*have*) *paid.* — Je vous‿ai payé; *I* (*have*) *paid you.*

Apporter : *To bring.* — J'ai apporté : *I* (*have*) *brought.* — Je vous‿ai apporté votre billet : *I* (*have*) *brought you your ticket.*

---

1 You do not disturb us at all. — **2** Where is my wife? — **3** Here she is. — **4** Does she like (*the*) beer? — **5** Yes, but I prefer a cup of coffee. — **6** Have you brought my books? — **7** Here they are. — **8** Thank you; how much did you pay (*have you paid*)? — **9** I did not pay (*have not paid*) at all.

o o o

Un demi! *for* un demi-litre (*half a litre*), *is the way to order a glass of beer* (un verre de bière) *in* France.

Le garcon *may then inquire* : Blonde ou brune? *which is : light or dark? and in French beers means approximately : Lager or stout?*

Un bock! (bok) *is the way to call for a smaller glass of beer.*

15e LEÇON

Seizième (16e) Leçon

C'est‿une bonne raison

1 — Monsieur, il y a quelqu'un qui vous demande.

2 — Qui est-ce?

3 — C'est‿un monsieur âgé.

4 — Vous ne lui avez pas demandé **(1)** son nom?

5 — Pardonnez-moi, Monsieur, j'ai encore oublié.

6 — Vous‿êtes toujours la même! C'est‿énervant, à la fin!

7 — Ce monsieur m'a donné sa carte.

8 — Eh bien! qu'attendez-vous pour me la **(2)** donner?

9 — La voici, Monsieur.

10 — Une autre fois, apportez-la moi sur un plateau.

11 — Bien, Monsieur; mais je n'ai pas de **(3)** plateau.

12 — Ça, c'est‿une bonne raison;

13 alors, prenez une assiette!

PRONONCIATION. — sàtün'bon' ràzoñ. — **1** ... ilia kàlkuñ ki vood'mañd'. — **2** kiàs? — **3** sàtuñm'siuh âzhä. — **4** ... d'mañdä soñ noñ? — **5** parrdonä ... oobliyä. — **6** voozàt' ... màm'! sàtänàrvañ ... fiñ! — **8** äbiiñ katañdä voo ... donä? — **10** ünôtr' fwa, aporrtä ... sürruñplatô, — **11** ... pâd'platô. — **12** sa ... — **13** ... pr'nä ün' asiàt'!

That is a good reason

1 Sir, there is some one asking for you (*who demands you*). — **2** Who is it? — **3** It is an elderly gentleman. — **4** You did not ask (*have not demanded* (*to*) him his name? — **5** I'm sorry, Sir, I forgot again (*have again forg.*). — **6** You are always the (*fem.*) same! It is getting to be a nuisance (*It is enervating, at the end*)! — **7** The (*This*) gentleman gave (*has given*) me his card. — **8** (*Eh*) Well what are you waiting (for) to give it me (*for me it to give*)? — **9** Here it is, Sir. — **10** Another time, bring it (to) me on a tray. — **11** Very good, Sir, but I have no tray. — **12** (*That*), it is a good reason; — **13** then, take a plate!

NOTES. — **(1)** Je **le** demande : *I ask for him.* — Je **lui** demande : *I ask him.* — Qui demandez-vous? *Whom are you asking for?* — Que demandez-vous? *What are you asking* (or *asking for*)? — Je vous demande : *I ask you* or *I ask for you.*

(2) **La** carte, *feminine.*

(3) See lesson **12**, note **3**.

EXERCICE. — **1** Etes-vous sûr qu'il y a quelqu'un dans la maison? — **2** N'oubliez pas de les‿inviter. — **3** Vous‿avez raison. — **4** Il est temps d'aller à la gare. — **5** Si vous ne le savez pas, demandez-moi. — **6** Donnez-moi votre billet. — **7** Montrez-le moi. — **8** Combien de fois avez-vous oublié mon nom? — **9** Je ne l'ai pas‿oublié du tout.

Dix-septième (17e) Leçon

Au contraire

1 — Etes-vous seule **(1)** à la maison?

2 — Je suis seule pour le moment;

3 ma mère est chez **(2)** son dentiste,

4 et la bonne est‿allée **(1)** au marché.

5 — Me permettez-vous **(3)** de rester un peu avec vous?

6 — Mais‿avec plaisir; asseyez-vous, je vous prie.

1 Are you sure that there is some one in the house? — **2** Do not forget to invite them. — **3** You are right. — **4** It is time to go the station. — **5** If you do not know it, ask me. — **6** Give me your ticket. — **7** Show it to me. — **8** How many times have you forgotten my name? — **9** I have not forgotten it at all.

o o o

Time *is* le temps, *in a general way; but in the special meaning of "occasion", such as* : Another time, several times, this time, *it is* fois (*feminine*). **Cette fois,** *this time*; **une autre fois,** *another time*; **quelquefois** (*adverb*) : *sometimes.*

PRONONCIATION. — ôcoñtràrr'. — **1** àt'voosull. — **2** zh'süi ... momañ; — **3** mamàrr à shä soñ dañtist', — **4** labon' àtalä' ô marrshä. — **5** m'pàrmàtä uñpuh ... — **6** ... asàyävoo, zh'voopri'.

On the *(At the)* contrary

1 Are you alone in (*at*) the house? — **2** I am alone for the moment; — **3** my mother is at her dentist's, — **4** and the maid has (*is*) gone to the market. — **5** Will you let (*d. y. allow*) me (*to*) stay a little with you? — **6** Yes (*But*) with pleasure; sit down please.

NOTES. — **(1)** The final **e** indicates the feminine for adjectives : mon père est seul; ma mère est seule.

(2) Chez : *at* (or *to*) *somebody's* : Nous sommes **chez** mon oncle : *We are at my uncle's.* — Nous‿allons **chez** votre ami : *We are going to your friend's.* — Je suis **chez** moi : *I am at home* (*at myself's*). Il est **chez** lui : *He is at home.* — Elle est **chez**‿elle : *She is at home.*

(3) Me is **moi** after the verb (imperative), and **me** or **m'** before. — Parlez-moi : *Speak to me.* — Vous me parlez : *You speak to me.* — Aimez-moi : *Love me.* — M'aimez-vous? *Do you love me?*

Even if you use the records, *you will find it useful to read the pronunciation from time to time. It will help you to acquire the habit of pronouncing every vowel sound fully.*

17e LEÇON

7 — Merci; comme c'est calme, ici.
8 — Oui, nous sommes dans‿une rue très tranquille.
9 — Vous ne trouvez pas le temps long?
10 — J'ai mes‿occupations pour passer le temps.
11 — Vous êtes sûre (1) que je ne vous dérange pas?
12 — Au contraire; je suis très contente (1) de bavarder un peu;
13 cela ne m'arrive pas si souvent.

EXERCICE. — **1** Je suis chez moi. — **2** Nous sommes chez nous. — **3** Vous‿êtes chez vous. — **4** Pardonnez-moi. — **5** Me pardonnez-vous? — **6** Je vous pardonne. — **7** Donnez-moi ce plateau. — **8** Me donnez-vous ce plateau? — **9** Me le donnez-vous? — **10** Je vous le donne.

Dix-huitième (18e) Leçon

Qu'est-ce que c'est? (1)

1 — Qu'est-ce qu'il y a sur la table?
2 — C'est‿un paquet pour votre sœur.
3 — De chez la modiste, sans doute?
4 — Je ne pense pas; c'est‿un commissionnaire qui l'a apporté.
5 — De la part de qui?

7 màrs**i**; com' sàc**a**lm' ic**i**. — **8** ... noo som' dañzün' r**ü**' trà trañ-kil. — **9** ... troovä ... tañ loñ? — **10** zhà màzocüpasi**oñ** poorr pas**ä**l' tañ. — **11** voo**zà**t' sürrk' zh'n'voo därа**ñ**zh' pâ? — **12** ... trà co**ñ**ta**ñ**t' d'bavarrd**ä** uñp**uh**; — **13** s'**la**n'mariv' pâ si soova**ñ**.

7 Thanks; how calm it is here. — **8** It is (*yes*), we are in a very quiet street. — **9** Don't you (*Y. d.*) find you have time on your hands (*the time long*)? — **10** I have jobs (*for*) to pass the time. — **11** Are you (*You are*) sure (*that*) I am not disturbing you? — **12** On (*At*) the contrary; I am very glad (*content*) to have a little chat (*to chat a little*); — **13** it does not happen to me so often.

---

1 I am at home. — **2** We are at home. — **3** You are at home. — **4** Pardon me. — **5** Do you pardon me? — **6** I pardon you. — **7** Give me this tray. — **8** Do you give me this tray? — **9** Do you give it to me? — **10** I give it to you.

Attention! Comment prononcez-vous **calme**?
c, a, l, m, et non pas « *câm* » comme en anglais.

PRONONCIATION. — kàsk'sà? — **1** kàskili**a** ... — **2** sàtuñpak**à** ... surr. — **3** d'shä la modist' sañ doot'. — **4** zh'n'p**a**ñs'pâ; sàtuñ comision**à**rr ki la aporrtä. — **5** d'la-p**a**rrd'ki?

What is it *(that this is)*?

1 What is there (*what is it that there is*) on the table? — **2** It is a parcel (*packet*) for your sister. — **3** From the milliner's, no (*without*) doubt? — **4** I do not think (so); it was brought by a messenger (*It is a commissionnaire who has brought it*). — **5** From (*the part of*) whom?

NOTES. — **(1)** Qu'est-ce que c'est? (kässk' sä), *literally* "What is this that this is", *means* What is it? *or* Qu'est-ce (käss); *but the latter form is rarely used.*

18e LEÇON

6 — Je l'ignore; la bonne ne lui a pas demandé.
7 — Il n'y a pas d'adresse?
8 — Non; voyez vous-même (2).
9 — C'est lourd... peut-être (3) des livres;
10 qu'est-ce que ça peut bien‿être?
11 — Probablement une boîte de chocolats,
12 d'un de ses nombreux‿admirateurs.
13 — Allons, ne soyez pas si mauvaise.
14 — Et vous, ne soyez pas si curieux...

EXERCICE. — **1** Je lui ai parlé moi-même. — **2** Qu'est-ce que vous‿avez (*or :* Qu'avez-vous)‿oublié? — **3** Il est peut-être déjà chez lui (*or :* à la maison). — **4** Nous‿ignorons (*or :* Nous ne savons pas) qui ce monsieur peut bien‿être. — **5** Ce paquet est beaucoup (bôc**oo**) trop lourd pour vous. — **6** Ce travail est-il trop difficile pour vous? — **7** Il peut le demander lui-même.

We advise you *to refer occasionally to pages* **2, 4, 8, 10,** *so as to be quite clear about the meaning of the letters and signs in the paragraphs showing the pronunciation.*

6 zh' ligñ**orr** (1); labon' ... — **7** ilniap**â**dadr**às**? — **8** ... vway**ä** voom**à**m'. — **9** ... loorr ... puht**à**tr' d**à**livr'; — **10** k**à**sk'**sa** puh biiññ**à**tr'. — **11** probabl'm**añ** ün' bwat' d'shocola... — **12** duñd'sà noñbr**uh**zadmirat**urr**. — **13** ... n'sway**ä** ... mô**và**z'. — **14** ... cüri**uh**.

(1) **gn** as in *champignon.*

6 I can't say (*ignore it*); the maid did not ask him. — 7 There is no address? — 8 No; see (for) yourself. — 9 It is heavy ... perhaps (*some*) books; — 10 whatever can it be (*what is it that this can well be*)? — 11 Probably a box of chocolates, — 12 from one of her numerous admirers. — 13 Come, do not be so wicked (*fem.*). — 14 And you don't be so inquisitive (*curious*) yourself...

---

(2) Vous-même, *yourself*; moi-même, *myself*; lui-même, *himself*; elle-même, *herself*.

(3) Peut-être; *literally* may (or can) be : *perhaps.*

---

1 I have spoken to him myself. — **2** What have you forgotten? — **3** He is perhaps already at home. — **4** We do not know who that gentleman may (*well*) be. — **5** This parcel is much too heavy for you. — **6** Is this work too difficult for you? — **7** He can ask it himself.

o o o

Notons :

Ignorer (iñorä) *means* " not to know ", " to be in ignorance of ", *and not* to ignore, *the translation of which we shall see later.*

But : C'est‿un‿ignorant = *He is an ignorant* (gn *as in* champignon).

Donnez-lui cela de ma part : *Give that to him from me.* Pour ma part : *on my part,* or *for my share.*

18e LEÇON

Dix-neuvième (19e) Leçon

Au concert

1 — Aimez-vous cette (1) artiste?
2 — Elle a une belle voix,
3 mais je trouve (2) que les chansons qu'elle chante
4 sont‿absolument idiotes (3) !
5 — C'est vrai; les paroles sont stupides;
6 mais comment trouvez-vous la musique?
7 — La musique me plaît; elle est‿originale.
8 — N'est-ce pas? C'est de la musique moderne,
9 sans tomber dans les‿exagérations du jazz.
10 — Ecoutons; voici qu'elle va (4) encore chanter.

EXERCICE. — **1** Où allez-vous? — Où allons-nous? Où va-t-il? — **2** Où va-t-elle? Où vont-elles? Où vont-ils? — **3** Je vais chez moi. Nous‿allons chez nous. — **4** Ecoutez-moi un moment s'il vous plaît? — **5** Je vous‿écoute. — **6** Cela vous plaît-il? — **7** Cela ne me plaît pas beaucoup. — **8** Attention, votre assiette va tomber! — **9** C'est vrai, n'est-ce pas?

PRONONCIATION. — **ôcoñsàrr.** — **1** **àmä voo sàtarrtist'?** — **2** **àla ün' bàl' vwa,** — **3** **... zh' troovk' là shañsoñ kàlshañt'.** — **4** **soñtabsolümañ idiot'.** — **5** **sàvrà; làparol' soñ stüpid';** — **6** **mà comañ troovä ... müzic?** — **7** **la müzic m' plà; àlàtorizhinal'.** — **8** **nàspâ? sàdlamüzik modàrrn'.** — **9** **sañ toñbä dañ làzäxazhärasioñ.** — **10** **äcootoñ; vwaci kälva añcorr' shañtä.**

At the concert

1 Do you like this artist (*femin.*)? — **2** She has a beautiful voice, — **3** but I think (*find*) that the songs (*which*) she sings — **4** are absolutely idiotic! — **5** It is true; the words (*paroles*) are stupid; — **6** but how do you like (*find*) the music? — **7** I like the music (*The m. pleases me*); it is striking (*original*). — **8** Isn't it? It is (*of the*) modern music, — **9** without going to (*fall into*) the excesses of (*the*) jazz. — **10** Let us listen, there (*here is that*) she is going to sing again.

NOTES. — **(1)** This *is* **ce** *before a masc. noun or adjective beginning with a consonant* : **ce** matin, *this morning;* **ce** soir, *this evening.* — *It is* **cet** *before a vowel or h mute* : **cet** ami, *this friend;* **cet** *hôtel, this hotel.* — *Before a feminine noun or adj., it is* **cette** : **cette** maison, *this house* : **cette** femme, *this woman;* **cette** amie, *this (female) friend.* — We have seen the special form **c'** in **c'est**.

(2) *How do you like this house?* Comment **trouvez**-vous cette maison? — *I think it is too small* : Je la **trouve** trop petite.

(3) *See Less.* **21**, *par.* 5. — Il est‿idiot; elle est‿idiote; ils sont‿idiots; elles sont‿idiotes.

(4) Aller, *to go* is an irregular verb : Je vais, *I go*; nous‿allons, *we go*; vous‿allez, *you go*; il va, *he goes*; ils vont, *they go.*

On the same pattern : avoir, *to have*; j'ai, *I have*; nous‿avons, *we have*; vous‿avez : *you have*; il a : *he has*; ils‿ont : *they have.*

---

1 Where are you going? Where are we going? Where is he going? — **2** Where is she going? Where are they (*femin.*) going? Where are they (*masc.*) going? — **3** I am going home. We are going home. — **4** Listen to me one moment, please. — **5** I am listening to you. — **6** Do you like that (*Does that please you*)? — **7** I don't like it much (*That does not please me very much*). — **8** Mind (*Attention!*) your plate is going to fall. — **9** It is true, is it not?

19e LEÇON

Vingtième (20e) Leçon

Nous‿allons au théâtre

1 — Où sont donc (1) vos‿amis?

2 — Ils ne sont pas‿encore prêts;

3 ils vont‿être ici d'un moment à l'autre.

4 — Il est déjà huit heures un quart;

5 nous‿allons sûrement être en retard.

6 — Cela n'a pas d'importance;

7 le premier‿acte n'est pas‿intéressant.

8 — C'est vrai; mais j'aime arriver à l'heure au théâtre,

9 pour ne pas déranger les‿autres spectateurs.

10 — Les voici justement (2). Permettez-moi de vous présenter :

11 Mon‿ami, M. Martin; mes‿amis, M. et Mme Durand.

12 — Enchanté!

13 — Enchantés! Excusez-nous, je vous prie, nous sommes‿en retard.

14 — Oh! mais pas du tout, madame; ne vous‿excusez pas.

PRONONCIATION. — noozaloñ otäâtr'. — **1** oo soñdoñk vôzami? — **2** ... pâzañcorr prà; — **3** ilvoñtàtr'ici ... momañ alôtr'. — **4** ilàdäzha üiturr' uñkarr; — **5** ... sürrmañ àtr'añr'tarr. — **6** ... diñporrtañs'; — **7** l'pr'miär act' nàpâziñtäràsañ. — **8** ... zhàm' arrivä alurr ô täâtr', — **9** ... làzôtr' spàctaturr. — **10** ... zhüst'mañ pàrmàtä ... präzañtä. — **11** moñ'nami ... marrtiñ, màzami düràñ. — **12** añshañtä! — **13** añshañtä! äxcüzä noo ... som'zañr'tarr. — **14** ô ... n'voozäxcüzä pâ!

We are going to the theatre

1 Wher*ever* are (*then*) your friends? — **2** They are not ready yet; — **3** they will (*are going to*) be here any moment (*from one moment to the other*). — **4** It is already a quarter past eight (*eight hours one quarter*); **5** we shall certainly be late (*in retard*). — **6** That is of (*has*) no importance, — **7** the first act is not interesting. — **8** (*It is*) true; but I like to arrive on time (*at the h.*) at the theatre, — **9** so as not to disturb the other spectators. — **10** Here they are just *coming*. Allow me to introduce (*present*) you: — **11** my friend, Mr. Martin; my friends, Mr. and Mrs. Durand. — **12** Delighted (*Enchanted*)! — **13** Delighted! Excuse us, please; we are late. — **14** Oh! (*but*) not at all! Madam! don't apologize (*excuse yourselves*)!

NOTES. — **(1)** Où est-il? *Where is he?* — Où est-il donc? *Wherever is he?* — Qu'est-ce que vous mangez? *What are you eating?* — Qu'est-ce que vous mangez donc? *Whatever are you eating?*

(2) Juste : *just*; justement : *justly, precisely.*

Chanson

15 Je suis‿un‿enfant gâté.

16 De bonne figure,

17 Qui aime bien les petits pâtés,

18 Et les confitures.

19 Si vous voulez m'en (3) donner,

20 Je saurai (4) bien les manger!

21 La bonne aventure, ô gai!
La bonne aventure!

Gâter, *to spoil, is quite unrelated with* un gâteau (uñ gâtô) *a cake.*

Vingt et unième (21ᵉ) Leçon

REVISION ET NOTES

1 Our verbs. — Let us see what progress we have made in the use of verbs.

First, we have a lot of **regular verbs** with infinitive in **er,** such as :

rester, *to stay*; parler, *to speak.*
répéter, *to repeat*; penser, *to think.*
porter, *to carry*; apporter, *to bring.*
payer, *to pay*; inviter, *to invite.*
demander, *to ask*; arriver, *to arrive.*
prier, *to pray* or *beg*; passer, *to pass.*
trouver, *to find*; oublier, *to forget.*
donner, *to give*; pardonner, *to pardon.*

15 zh'süizuñ'nañfañ gâtä. — **16** d'bonë figürrë. — **17** ki àm' ... làp'ti pâtä. — **18** ... coñfitürrë. — **19** ... mañdonä. — **20** zh' sôrà ... mañzhä! — **21** ... ô gà.

Song

15 I am a spoilt child — **16** Fair of face. — **17** Who is fond of (*likes well the*) little pies — **18** And jams. — **19** If you like to (*will*) give me some, — **20** I'll know (*well*) how to eat them! — **21** Good cheer (*the good adventure*) o gay!

---

(3) Avez-vous des cigarettes? — J'**en** ai : *I have* (*some*). — Je n'**en**‿ai pas : *I have not any.*

(4) This is our first introduction to the future tense of verbs. It will be explained later on.

Note the following idioms :

1 Il va arriver d'**un moment‿à l'autre.**
2 Nous sommes‿**en retard, n'est-ce pas?**
3 Cela **n'a pas d'importance.**
4 Je **m'excuse!**

1 *He is coming any time now.* — 2 *We are late, are we not?* — 3 *That is of no importance.* — 4 *I apologize!*

---

manger, *to eat*; ignorer, *to be ignorant of.*
aimer, *to like* or *love*; tomber, *to fall.*
chanter, *to sing*; enchanter, *to delight.*
présenter, *to present* or *introduce*; excuser, *to excuse.*
déranger, *to disturb*; énerver, *to bother* or *enervate.*
bavarder, *to chatter.*

We have seen the forms :

Je reste, nous restons, vous restez, il *ou* elle reste, that is, the whole of the present of the indicative, except for the third person plural.

Now as, an exercise, we will ask you to write out these forms for all the verbs listed above; e. eg. :

Parler, je parle, nous parlons, vous parlez, il *ou* elle parle.

21e LEÇON

Répéter, je répète, *etc...*

For manger, déranger *we have* : nous mangeons, nous dérangeons; **e** *being inserted, to preserve the soft* **g** *sound.*

2 Beside the regular verbs in " er ", we have met :

être, *to be*; je suis, *I am*; nous sommes, *we are*; vous‿êtes, *you are*; il *ou* elle est : *he* or *she is*; ils sont : *they are*; elles sont : *they (feminine) are.*

Also, the imperative form : soyez! *be!*

In the same imperative form : voyez! *see!* prenez! *take!* permettez! *allow!* asseyez-vous! *sit down!*

These are all verbs with their infinitives other than in er.

3 Aller *is an irregular verb* :

Je vais, *I go*; nous‿allons, *we go*; vous‿allez, *you go;* il *ou* elle va, *he* or *she goes*; ils vont : *they go*; elles vont : *they (feminine) go.*

4 Avoir, *to have*; j'ai, *I have*, nous‿avons, *we have*; vous‿avez, *you have*; il *ou* elle a, *he* or *she has*; ils‿ont, *they have*; elles‿ont, *they* (feminine) *have.*

5 Adjectives *take* **s** *in the plural, and* **e** *in the* feminine :

Un petit verre : *a small glass*; deux petits verres : *two small glasses.*

Un**e** petit**e** tasse : *a small cup*; deux petit**es** tasse**s** : *two small cups.*

Adjectives ending in **e** *are the same for masculine and feminine.*

Un matin tranquill**e** : *a quiet morning;*
Un**e** maison tranquill**e** : *a quiet house.*
Des maison**s** tranquille**s** : (*some*) *quiet houses.*

6 To place the adjective correctly, before or after the noun, is a matter of practice. Generally, the adjective comes after when it is a longer word than the noun; but this is no strict rule, and we see, for instance :
Une petite voix, *a small voice.*

7 Masculine and feminine. — Le train, **un** train; **le** temps, **un** temps; **le** quart, **un** quart; **le** billet, **un** billet; **le** buffet, **un** buffet; **le** franc, **un** franc; **le** monsieur, **un** monsieur; **le** nom, **un** nom; **le** plateau, **un** plateau; **le** contraire, **un** contraire; **le** moment, **un** moment; **le** dentiste, **un** dentiste; **le** marché, **un** marché; **le** paquet, **un** paquet; **le** commissionnaire, **un** commissionnaire; **le** concert, **un** concert; **le** jazz, **un** jazz; **le** retard, **un** retard; **l'**acte, **un**‿acte; **le** spectateur, **un** spectateur; **le** pâté, **un** pâté.

La bière, **une** bière; **la** santé, **une** santé; **la** raison, **une** raison; **la** fin, **une** fin; **la** carte, **une** carte; **la** fois, **une** fois; **l'**assiette, **une** assiette; **la** bonne, **une** bonne; **l'**occupation, **une** occupation (1) ; **la** table, **une** table; **la** modiste, **une** modiste; **la** sœur, **une** sœur; **la** part, **une** part; **la** voix, **une** voix; **la** parole, **une** parole; **la** musique, **une** musique; **l'**exagération, **une** exagération; **l'**importance, **une** importance; **l'**aventure, **une** aventure; **la** confiture, **une** confiture.

(1) — *Most nouns ending in* tion *are feminine.*

Some nouns can be both masculine and feminine, such as :

un grand‿artiste : *a great artist*; **une grande** artiste : *a great* (*female*) *artist.*

un‿enfant gâté : *a spoilt child*; **une** enfant gâté**e** : *a spoilt* (*female*) *child.*

21e LEÇON

Vingt-deuxième (22e) Leçon (See pron. page 22.)

Je ne vais pas bien

1 — Allez-vous mieux, ce matin?
2 — Non, c'est la même **(1)** chose qu'hier **(2)**.
3 — Avez-vous pris **(3)** de l'aspirine?
4 — Oui; j'en‿ai **(4)** pris deux comprimés hier soir, et un ce matin;
5 mais j'ai encore de la fièvre.
6 — Avez-vous mangé quelque chose?
7 — Non, je n'ai pas d'appétit.
8 — Si vous voulez, je vais téléphoner au docteur.
9 — Vous‿êtes bien‿aimable, mais ce n'est pas la peine pour le moment;

10 je vais rester tranquille à la maison,
11 et je suis sûr que cela va se passer **(5)** tout seul.
12 — Espérons-le; mais‿en tout cas, je reste à votre disposition.

PRONONCIATION. — zh'n'và pâ biiñ. — **1** ... miu**h** s'matiñ? — **2** ... la mâm'shôz kiy**àrr**. — **3** ... prid' laspiri**n**'. — **4** ... zhañ'nàpri ... coñprimä iy**àrr** swarr ä uñ ... — **5** ... añc**orrd**' la fiàvr. — **6** ... mañzhä kâlk' sh**ô**z? — **7** ... pâdapäti. — **8** ... täläfonä ô doct**urr**. — **9** voozàt biiñ n'àma**bl**' ... snàpâlap**àn**' poorrl' moma**ñ**; — **10** ... ràstä trañkil. — **11** äzh' süi sürrk' s'la vas' pasä too sull. — **12** àspäroñl'; màzañtooc**â**, zh'r**à**st' a votr' dispozisi**oñ**.

I am not *(going)* well

1 Are you (*going*) better this morning? — **2** No, it is the same (*thing*) as yesterday. — **3** Have you taken any aspirin? — **4** Yes; I took (*have of it taken*) two tablets last night (*yesterday evening*), and one this morning; — **5** but I still have a (*of the*) fever. — **6** Have you eaten anything? — **7** No, I have no appetite. — **8** If you like (*will*), I am going to telephone (*to*) the doctor. — **9** You are very (*well*) kind (*amiable*), but it is not worth it (*it is not the pain*) for the moment; **10** I will (*am going to*) stay quietly at home, — **11** and I am sure that it will pass of its own accord (*it is going to pass itself all alone*). — **12** Let us hope so (*it*); but in any (*all*) case, I will be (*stay*) at your disposal.

NOTES. — **(1)** Même, *which we have seen in* moi-même, *myself*; lui-même, *himself*, etc., *also means* same.

(2) Vous‿avez le même docteur **que** moi : *You have the same doctor as I.* — Que *becomes* qu' *before a vowel or h mute :* Vous‿avez le même docteur **qu'**elle, *You have the same doctor as she.*

(3) Vous prenez, nous prenons, vous‿avez **pris** (*irregular verb*).

(4) *Note the use of* en, *meaning of it, some, any; it is placed* before *the verb.* — Je mange de la confiture : *I am eating jam.* — J'**en** mange : *I am eating some.* — J'**en**‿ai mangé : *I have eaten some.*

(5) It will pass is *a reflexive verb in French* : "It will pass *itself*" : Cela va se passer.

So is to apologize, *s'excuser :* je m'excuse; nous nous‿excusons; vous vous‿excusez; il s'excuse. (*Literally : I excuse myself, we exc. ourselves, etc.*).

Tout seul : *all alone,* or *by myself, on my own, or by himself, on his own.*

22e LEÇON

EXERCICE. — **1** Je m'amuse. — **2** Je l'ai pris moi-même. J'en‿ai pris moi-même. — **3** Ce n'est pas la même chose. — **4** Aimez-vous ce pâté? — Je n'en‿ai pas mangé. — **5** Restez tranquille! — **6** J'ai trouvé cela moi-même. — **7** J'ai trouvé cela tout seul. — **8** Il parle tout seul. — **9** Avez-vous quelque chose à me demander?

o o o

Est-ce **la peine** *Is it worth while.* — Ce n'est **pas la peine** : *It is not worth while.*

C'est toujours **la même chose** : *It is always the same thing.*

Je suis‿allé **tout seul** : *I went* (" am gone ") *by myself.*

Vingt-troisième (23e) Leçon

Ne vous tracassez (1) pas

1 — Le facteur est-il déjà passé?

2 — Oui; mais‿il n'a **(2)** rien‿apporté pour vous;

3 attendez-vous quelque chose?

4 — Une lettre de mes parents, avec de l'argent.

5 — Il y a encore une **(3)** distribution à midi.

6 — J'espère bien avoir une lettre aujourd'hui.

7 — Si vous‿êtes‿à court d'argent,

8 permettez-moi de vous‿en prêter un peu.

1 I enjoy (*amuse*) myself. — **2** I have taken it myself. I have taken some myself. — **3** It is not the same (*thing*). — **4** Do you like this pie? — I have not (*of it*) eaten *any*. — **5** Keep (*Stay*) quiet! — **6** I (*have*) found this myself. — **7** I (*have*) found this by myself (without help). — **8** He is talking to himself (*all alone*). — **9** Have you anything to ask me?

PRONONCIATION. — nuh voo tracasä pâ. — **1** l'fac**turr** àtil dàzh**a** pasä? — **2** ... riiñ'n' aporrtä ... — **3** atañdä voo kâlk'sh**ô**z'? — **4** ün' làtr' d'mà par**añ**, avàc d' larrzh**añ**. — **5** ... ün' distribüsi**oñ** a midi. — **6** zhàsp**àrr** ... avw**arr** ... ôzhoorrdüi. — **7** si voozàt' z'ac**oorr**d'arrzh**añ**. — **8** pàrrmàtä ... vooz**añ** pràtä uñ puh.

Do not worry *(yourself)*

1 Has the postman been already (*The postman is he already passed*)? — **2** Yes; but he has brought nothing for you! — **3** are you expecting (*awaiting*) anything? — **4** A letter from my parents, with some money. — **5** There is another (*still a*) delivery (*distribution*) at noon. — **6** I do hope (*hope well*) to have a letter to-day. — **7** If you are (*at*) short of money, — **8** allow me to lend you (*of it*) a *little*.

NOTES. — **(1)** To worry, *intransitive in English, is a reflexive verb in French* : je me tracasse, *I worry*; nous nous tracassons, *we worry*; vous vous tracassez, *you worry*; il se tracasse : *he worries*.

But to worry, *transitive in English, is equally so in French :* ne le tracassez pas, *do not worry him*; cela me tracasse, *that worries me*.

(2) Rien, *nothing, requires the negative form, without* pas : Je **n**'ai rien, *I have nothing*; ce **n**'est rien : *it is nothing*. — Je **n**'ai **pas** mangé, *I have not eaten*; je **n**'ai rien mangé : *I have eaten nothing*.

(3) Il y a encore une distribution *or* Il y a une autre distribution.

9 — Je vous remercie; mais j'en‿ai encore assez pour un jour ou deux.

10 — Alors, ne vous tracassez pas;

11 si votre lettre n'arrive pas, je suis‿à votre service.

EXERCICE. — **1** Attendez-moi ici. — Ne m'attendez pas. — **2** Prêtez-lui dix francs. — Ne lui prêtez rien. — **3** Mangez un peu. — Ne mangez pas cela. — **4** Partez vite. — Ne partez pas sans nous. — **5** Soyez‿à l'heure. — Ne soyez pas‿en retard. — **6** Remerciez-les de ma part. — Ne les remerciez pas. — **7** Avez-vous de l'argent? — J'en‿ai assez, merci.

o o o

Merci : *thank you*; je vous remercie : *I thank you.* Je désire la remercier : *I wish to thank her.*

Je suis‿**à court** d'argent : *I am short of money.* — Ce concert est court : *this concert is short.* — Cette lettre est courte : *this letter is short.*

Vingt-quatrième (24e) Leçon

Allons nous promener (1)

1 — Traversons la rue;

2 il me semble que les magasins sont plus‿intéressants de l'autre côté.

9 ... r'màrrsi', mà zhaññ'**à** ... asä ... — **11** ... zh'süiz'avotr' sàrvis'.

9 (*I*) thank you; but I have (*of it*) still enough for a day or two. — **10** Then, do not worry; — **11** if your letter does not come (*arrive*), I am at your service.

1 Wait for me here. — Do not wait for me. — **2** Lend him ten francs. — Do not lend him anything (*Lend him nothing*). — **3** Eat a little. — Do not eat that. — **4** Go (*Leave*) quickly. — Do not go (*leave*) without us. — **5** Be on time (*at the hour*). — Do not be late. — **6** Thank them from me (*from my part*). — Do not thank them. — **7** Have you any money? — I have (*of it*) enough, thank you.

PRONONCIATION. — alo**ñ** noo prom'n**ä**. — **1** trav**àr**-so**ñ** larü; — **2** ilm'sa**ñ**bl' ... magazi**ñ** soñ pluz'intäràsa**ñ**d' **lô**tr' côtä.

Let us go for a walk

1 Let us cross (*traverse*) the street; — **2** it seems to me that the shops are more interesting on (*of*) the other side.

NOTES. — **(1)** Se promener : *reflexive verb, meaning "to promenade"*. Allons-nous nous promener? *Are we going for a walk?* — Allez vous promener : *Go for a walk.* Allez-vous vous promener? *Are you going for a walk?* —

3 — Oui, il y a du soleil.

4 — Voyez ces robes; comment trouvez-vous la bleue (**2**) ?

5 — Elle est très simple, mais de bon goût.

6 — Pourtant, j'aime mieux la verte (**2**).

7 — C'est‿une question de goût;

8 pour moi, je préfère cette robe noire (**2**), là, dans le coin.

9 — Oui, le noir est toujours distingué;

10 mais j'ai déjà trois robes noires, et c'est‿assez.

11 — Entrons-nous?

12 — Si vous voulez; nous pouvons toujours demander les prix (**3**) ;

13 cela ne nous‿engage à rien (**4**).

EXERCICE. — **1** Je vais me promener. — **2** Nous‿allons nous promener. — **3** Ils vont se promener. — **4** Vous ne semblez pas content. — **5** Le magasin est de l'autre côté de la rue. — **6** Ici, vous pouvez traverser sans danger. — **7** Asseyons-nous dans ce coin.

o o o

Vous pouvez **toujours** me le prêter : *you can lend it to me, anyway.*

Asseyez-vous **toujours** : *Sit down anyway.*

3 ... solày'. — **4** vwa-yä sàrob'; comañ ... labl**uh**'. — **5** àlà tràsiñpl', màd'boñgoo. — **6** poorrtañ, zhàm'mi**uh** lavàrrt'. — **7** sàtün' kàst'ioñd' goo; — **8** ... zh'präf**àrr** sàtrob' nwarr, la, dañl' kwiñ. — **9** ... l'nwarr à toozh**oorr** distiñgä; — **10** dàzha trwa rob' nwarr, ä sàtasä. — **11** añtroñ noo? — **12** ... poovoñ ... d'mañdä làpri. — **13** s'lan' noozañgazh' ariiñ.

3 Yes, it is sunny (*there is some sun*). — **4** See these dresses (*robes*); how do you like (*find*) the blue *one*? — **5** It is very simple, but in (*of*) good taste. — **6** Still (*however*), I like the green *one* better. — **7** It is a matter (*question*) of taste; — **8** *as* for me, I prefer that black dress there, in the corner. — **9** Yes, (*the*) black is always distinguished; — **10** but I already have three black dresses, and that is enough. — **11** Are we going in (*Do we enter*)? — **12** If you like (*will*); we can (*always*) ask the prices, *anyway*; — **13** that does not commit (*engage*) us in any way (*to nothing*).

Nous nous promenons : *We are "promenading", strolling along.* — Vous vous promenez : *You are strolling along.* — Vous promenez-vous? *Are you strolling along?*

(2) Bleu : *blue*; vert : *green*; noir : *black*. In the feminine : bleu**e**, vert**e**, noir**e**.

(3) Le prix, *the price, like all nouns ending in* **x**, *does not change in the plural.*

(4) *See Lesson* **23**, *Note* **2**.

---

1 I am going for a walk. — **2** We are going for a walk. — **3** They are going for a walk. — **4** You do not seem pleased (*content*). — **5** The shop is on (*of*) the other side of the street. — **6** Here you can cross over without danger. — **7** Let us sit down in this corner.

24e LEÇON

Vingt-cinquième (25e) Leçon

Qui sont les Duval (1)?

1 Mon‿ami M. Duval (2) a environ trente-cinq ans.

2 Il est‿employé dans‿une compagnie d'assurances.

3 Il est marié, et a deux‿enfants, un garçon (3) et une fille.

4 Mme Duval (4) est‿un peu plus jeune que son mari.

5 Elle s'occupe du ménage, de ses‿enfants et de sa toilette.

6 Les Duval n'ont pas de bonne; mais‿une femme de ménage

7 vient (5) chaque jour pour le gros travail.

8 Ils‿habitent (6) un‿appartement de quatre pièces,

9 au troisième étage d'un‿immeuble sans‿ascenseur,

10 dans‿une rue tranquille de la rive gauche (7).

PRONONCIATION. — ki soñ là düval? — **1** moñ'n'ami m'siuh a añvirroñ trañt'-ciñkañ. — **2** ilàt' añplwa-yä dañzün' coñpagñi'd assurañs'. — **3** ... mariä ä a duhz añfañ ... garr-soñ ... fiy'. — **4** madam' àtuñpuh plü zhun' k'soñ marri. — **5** àl' socüp' dü mänazh', d'sàz añfañ, äd' satwalàt'. — **6** ...noñ-pàd'bon', màz'ün' fam d'mänazh. — **7** viiñ shak' zhoorr ... grô trava-y'. — **8** ilzabit' uñ'n'aparrt'mañd' katr' piàs', — **9** ô ... ätazh' d'uñn'immubl' sañz' asañsurr, — **10** dañzün' ... riv' gôsh'.

Who are the Duvals?

1 My friend M. Duval is (*has*) about (*environ*) 35 (*years*). — **2** He is *a* clerk (*employee*) in an insurance company (*company of "assurances"*). — **3** He is married, and has two children, a boy and a girl. — **4** Mrs. D. is a little younger (*more young*) than her husband. — **5** She busies herself with the (*occupies herself of the*) household, (*of*) her children, and (*of*) her dresses (*toilet*). — **6** The Duval*s* have no servant, but a charwoman (*woman of household*) — **7** comes daily (*each day*) for the heavy (*big*) work. — **8** They live in (*inhabit*) a four-room flat (*apartment of four "pieces"*), — **9** on (*at*) the third floor of a building without *a* lift, — **10** in a quiet street of the Left Bank. —

NOTES. — **(1)** *Proper nouns do not vary in the plural.*

(2) M. *abrev. for* Monsieur, *used before the name only.*

(3) Un garçon : *a boy,* or *a waiter.*

(4) Mme *abrev. for* Madame, *used before the name only.*

(5) Il vient (vi-**iñ**) : *he comes* (*irregular verb*).

(6) J'habite, nous‿habitons, vous‿habitez, il habite, ils‿habit**ent**. *The ending* ent *of the third person plural is mute.*

Je mène, nous menons, vous menez, il mène, ils mènent. **(N. 1.)**

Je reste, nous restons, vous restez, il reste, ils restent.

(7) *The Left Bank of the Seine, in Paris.* — La rive droite **:** ***the*** *Right Bank.*

25e LEÇON

11 Ils **(6)** mènent‿une vie calme, et restent **(6)** généralement chez‿eux **(8)**.

12 Ce sont des petits bourgeois, des Français moyens.

EXERCICE. — **1** J'ai vingt-trois‿ans. — **2** Elle n'a pas‿encore trente ans. — **3** Il est plus jeune qu'elle. — **4** Elles bavardent tout le temps. — **5** Ils n'aiment pas se déranger. — **6** Ils pensent‿absolument comme vous. — **7** Ils‿arrivent‿en retard chaque fois.

Vingt-sixième (26e) Leçon

Portrait de M. Duval

1 M. Duval est de taille moyenne **(1)**,

2 ni trop grand, ni trop petit.

11 ilmàn' t'ün' vi' ca-lm, ràst' zhänäral'm**añ** shäz**uh**. — **12** s'soñ dàp'ti boorrzhwa ... mwa-yiñ.

11 They lead a quiet (*calm*) life, and generally stay at home. — **12** They (*This*) are lower middle class (*some little "bourgeois"*), (*some*) average French *people*.

---

(8) Je suis‿avec **vous** : *I am with you*; je suis‿avec **lui** : *I am with him*; je suis‿avec **elle** : *I am with her*; *je suis‿avec* **eux** : *I am with them*; je suis‿avec **elles** : *I am with them* (*feminine*); vous‿êtes‿avec **moi**, avec **nous** : *you are with me, with us.*

---

1 I am twenty-three. — **2** She is not yet thirty. — **3** He is younger than she. — **4** They chatter all the time. — **5** They do not like to disturb themselves. — **6** They think just (*absolutely*) like you. — **7** They come late every time.

o o o

Elles bavardent *and* elle bavarde *are pronounced exactly alike*; *it is the same with* Ils n'aiment pas *and* il n'aime pas.

But we can detect the plural when we hear : Ils pensent‿absolument... (pañs't absolüm**añ**), *owing to the " liaison " of the final* t, *which does not exist in the singular* : Il pense absolument...

And similarly : Ils‿arrivent (ilz' arr**iv**), *instead of* Il arrive (il' arr**iv**).

PRONONCIATION. — porrtràd' m'si**uh**. — **1** ... àd' **ta**-y' mwa-y**àn**', — **2** ni tro grañ ... p'ti.

Portrait of M. Duval

1 M. D. is of medium height (*average size*), — **2** neither too tall (*large*) nor too short (*little*).

NOTES. — **(1)** Un Français moyen : *an average Frenchman.* — Une Française moye**nne** : *an average Frenchwoman.* — Un bon jour : *a good day*; une bo**nne** semaine : *a good week.*

26e LEÇON

3 Il s'habille **(2)** correctement,

4 et a le visage rasé à l'anglaise **(3)** ou à l'américaine.

5 Il a le teint coloré, les cheveux **(4)** noirs,

6 et commence déjà à être chauve,

7 ce qui **(N. 2)** le tracasse beaucoup.

8 Il a essayé sans succès divers remèdes contre la calvitie,

9 et ne désespère **(5)** pas‿encore de trouver finalement le bon.

10 Mais‿il garde cet espoir pour lui,

11 et n'en parle jamais, même **(6)** à Mme Duval,

12 qui, de son côté, feint **(7)** de ne pas remarquer

13 la présence des bouteilles de lotion dans la salle de bains.

EXERCICE. — **1** Il n'est ni riche (rish) ni pauvre (pôvr'). — **2** Elle a les cheveux blonds (bloñ). — **3** Avez-vous déjà pris votre bain? — **4** Gardez cela pour vous, n'en parlez pas. — **5** Il ne m'en‿a jamais parlé. — **6** Je me rase tous les matins.

3 ilsabi-y' corràct'mañ. — **4** ... l'vizazh' razä alañglàz' oo alamäricàn'. — **5** ... l'tiñ colorrä, làsh'vuh nwarr, — **6** ... comañs' ... àtr' shôv'. — **7** s'kil' tracas' bôcoo. — **8** ila äsà-yä sañ süc'sà divàrr r'màd' coñtr' la ca-lvisi, — **9** ... däzàspàrr' ... troovä final'mañ. — **10** màzil garrd' sàtàspwarr ... lüi, — **11** änañparrl' zhamà, màm' ... — **12** ki d'son côtä, fiñd'n' pâr' marrkä. — **13** la präzañs' dà bootà-y'd' losioñ ... sal'd'biñ

3 He dresses correctly, — **4** and is clean shaven (*has the "visage" shaved*) in (*at*) the English or (*the*) American *fashion.* — **5** His complexion is (*He has the compl.*) ruddy, his hair (*the hairs*) black, — **6** and is already going (*begins already to be*) bald, — **7** which worries him *very* much. — **8** He has tried various (*divers*) remedies against (*the*) baldness without success, — **9** and does not yet despair of finding (*to find*) the right (*good*) one finally. — **10** But he keeps (*guards*) that hope to (*for*) him*self,* — **11** and never speaks of it, even to Mme D., — **12** who, on (*of*) her side, feigns not to notice (*remark*) — **13** the presence of the bottles of lotion in the bath-room (*room of baths*).

---

(2) Je m'habille : *I dress* (*myself*); nous nous‿habillons, vous vous‿habillez, il s'habille, ils s'habillent.

(3) A l'anglaise, à l'américaine, *stand for* à la mode anglaise, à la mode américaine.

(4) Un cheveu : *a hair*; deux cheveux : *two hairs*; mes cheveux : *my hair* (*Plural in French*). — **Nouns** *ending in* **eu** *take an* **x** (*not pronounced*) *in the plural, instead of an* s. — Le neveu : *the nephew*; les neveux : *the nephews.* — Le jeu : *the game*; les jeux : *the games.*

(5) Espérer : *to hope*; désespérer : *to despair.*

(6) *A third meaning of* même : *even.* Moi-**même** : *myself.* — C'est la **même** chose : *It is the same thing.* — Il ne le montre pas, **même** à sa femme : *He does not show it, even to his wife.*

(7) Il feint : *he feigns, irregular verb*; *remember also* il vient : *he comes.*

---

1 He is neither rich nor poor. — **2** She has fair hair. — **3** Have you already had (*taken*) your bath? — **4** Keep that to yourself, do not speak of it. — **5** He has never spoken of it to me. — **6** I shave (*myself*) every (*all the*) morning(*s*).

26e LEÇON

Vingt-septième (27e) Leçon

Et voici Mme Duval

1 Mme Duval est blonde, avec des‿yeux (1) gris bleu.

2 Elle est‿encore assez jolie,

3 et elle ne l'ignore pas.

4 Tous les matins, elle passe de (N. 3) longs moments devant (N. 4) son miroir,

5 à s'arranger les cheveux,

6 à se poudrer la figure et à se faire (2) les lèvres.

7 Mais c'est‿une bonne ménagère;

8 elle aime cuisiner,

9 et fait (2) son marché elle-même,

10 après‿avoir accompagné ses‿enfants à l'école.

11 C'est‿une vraie Parisienne (3),

12 un peu coquette (4), mais‿active et courageuse (5),

13 et presque toujours de bonne humeur.

PRONONCIATION. — ä vwaci ... — **1** ... bloñd' ... dàziuh gri bluh. — **2** ... asä zholi'. — **3** n'ligñorr ... — **4** too là matiñ ... loñ momañ d'vañ soñ mirrwarr. — **5** ... sarrañzhä làsh'vuh, — **6** as' poodrä la figürr ... s'fàrr' lälàvr'. — **7** ... mänazhàrr ; — **8** ... cüizinä, — **9** äfà ... marrshä àlmàm'. — **10** apràzavwarr acoñpagñä ... aläcol. — **11** sàtün' vrà' parriziàn'. — **12** ... cocàtt' ... coorrazhuhz'. — **13** pràsk' toozhoorrd' bon' ümurr.

And here is Mme Duval

1 Mme D. is *a* blonde, with (*some*) grey-blue eyes. — **2** She is still quite (*enough*) pretty, — **3** and she is well aware of it (*is not ignorant of it*). — **4** Every (*All the*) morning(*s*), she spends (*passes*) long moments in front of her mirror, — **5** in arranging (*to arrange herself the*) her hair, — **6** powdering her face ("*to powder herself the face*") and doing her lips ("*to do herself the lips*"). — **7** But she (*this*) is a good housewife ; — **8** she likes cooking (*to cook*), — **9** and does her shopping (*market*) herself, — **10** after having (*after to have*) accompanied her children to (*the*) school. — **11** She (*This*) is a true Parisian, — **12** a little coquettish, but active and courageous, — **13** and almost always in good spirits (*of good humour*).

NOTES. — **(1)** L'œil (lu-y') : *the eye* ; les yeux (laiziuh) : *the eyes ; irregular plural. — Note the plural of* bleu : *bleus, with* **s** *and not* **x** (*See Less.* **26,** *N.* **4**) *as it is an adjective, and not a noun.*

(2) Faire, *to do, to make,* is an irregular verb, and of a different conjugation from our verbs ending in **er.** *For the present, we shall only note :* Faire, *to do,* il fait, *he does,* il a fait : *he has done.*

(3) *Masculine would be :* C'est‿un vrai Parisien.

(4) *Another adjective doubling the final consonant in the feminine :* il est coquet (cocà), elle est coque**tt**e ; (*like* bon, bonne ; moyen, moyenne, parisien, parisienne).

(5) Il est courageu**x** (coorazh**uh**) ; elle est courageu**se** ; il est‿actif ; elle est‿ acti**ve**.

27e LEÇON

Sur le pont d'Avignon

14 Sur le pont d'Avignon,
15 On‿y danse, on‿y danse,
16 Sur le pont d'Avignon,
On‿y danse tout‿en rond.

17 Les beaux (**N. 5**) messieurs font comme ça...
18 Et les belles dames font comme ça...
Sur le pont, etc...

o o o

Est-ce gris ou bleu ? *Is this grey or blue?*
En tout cas, c'est‿assez joli : *In any case it is quite pretty.*

Vingt-huitième (28ᵉ) Leçon

REVISION ET NOTES

1 Our verbs. — We have now met the third person plural (present indicative) of the regular verbs ending in **er.**

Let us refer to par. **1** of lesson **21**, and do the exercise over again, adding **ils ou elles :**

Parler, je parle, nous parlons, vous parlez, il parle, ils ou elles parlent.

répéter, je répète, etc...

14 sürrlë poñ davigñoñ, — **15** oñ'nidañsë ... — **17** ... too-tañroñ.

On the bridge of Avignon

14 On the bridge of Avignon, — **15** People dance (*One there dances*), People dance, — **16** On the br. of Av., People dance round and round (*all in round*). — **17** The fine gentlemen do like that... — **18** And the fine ladies do like that...

Notez bien la forme :

J'ai la tête petite : *My head is small.*

Je me rase la figure : *I am shaving my face.*

Elle se poudre les cheveux : *She is powdering her hair.*

Qu'avez-vous dans la main (miñ) ? *What have you in your hand?*

o o o

Il a les cheveux longs : *His hair is long.*

Vous prononcez **à l'anglaise :** *You pronounce in the English way.*

C'est **le bon!** Ce n'est pas **le bon!** *It is the right one! It is not the right one!*

You may have noticed the slight irregularity in répéter, je répète, nous répétons, etc...

The second **é** becomes **è** in the first person singular. This is also the case in the third person plural : ils *ou* elles répètent :

A propos of irregularities, *let us also note* :

Mener, *to lead*; je mène, nous menons, vous menez, il *ou* elle mène, ils *ou* elles mènent.

2 Que, qui. — Que mangez-vous? *What are you eating?* — Qui est là? *Who is there?*

In the above instances, **que** is *what*, and **qui** is *who*.

28ᵉ LEÇON

La confiture **que** je mange : *The jam which* or *that I am eating.*

La confiture **qui** est dans l'assiette : *The jam that* or *which is in the plate.*

We see from the above that **qui** may also mean *that* or *which*, but *only when applying to the subject of the verb.*

La femme **que** j'accompagne : *The woman whom I accompany.*

La femme **qui** m'accompagne : *The woman who accompanies me.*

We can now see that **que** and **qui** are used both for persons and things, **que** applying to the **object** and **qui** to the **subject** of the verb.

Voilà **ce que** j'ai fait : *Here is what (that which) I have done.*

Voilà **ce qui** est fait : *Here is what (that which) is done.*

3 Des, de. — We have seen (Lesson 12, Note 3) that **de** is used instead of **des** in the negative.

J'ai **des** tasses; je n'ai **pas de** tasses.

De also replaces **des** before an adjective :

J'ai **de** petites tasses : *I have some small cups.*

This is the correct form; but in practice, you will sometimes hear : j'ai des petites tasses.

4 Avant is *before (previously)* and **devant** is *before (in front of)*.

Il l'a fait **avant** vous : *He did it before you* (did).

Il l'a fait **devant** vous : *He did it in front of you.*

5 Beau is *beautiful, fine.* Plural : **beaux.** Feminine : **belle.**

Ce garçon est **beau** : *this boy is good-looking.* — Ces garçons sont **beaux.**

Cette fille est **belle** : *This girl is good-looking.* — Ces filles sont **belles.**

Beau becomes **bel** in the masculine **singular**, before a vowel or an h mute :

Un **bel** enfant : *a beautiful child.*
Un **bel** hôtel : *a beautiful hotel.*
But :
De **beaux‿**enfants, de **beaux‿**hôtels (*plural*).

6 Adjectives of colour are placed after the noun :

Une maison blanche : *a white house.* — Des cheveux rouges : *red hair.* — Un animal vert : *a green animal.*

7 Votre is *your* (singular), and **vos** is *your* (plural), irrespective of gender.

Votre père, **votre** mère, **vos** parents.

8 Masculine and Feminine. — **Le** comprimé, **un** comprimé; **le** soir, **un** soir; **l'**appétit, **un‿**appétit; **le** docteur, **un** docteur; **le** facteur, **un** facteur; **l'**argent, **un‿**argent; **le** service, **un** service; **le** magasin, **un** magasin; **le** côté, **un** côté; **le** soleil, **un** soleil; **le** goût, **un** goût; **le** coin, **un** coin; **le** prix, **un** prix; **l'**an, **un‿**an; **le** mari, **un** mari; **le** ménage, **un** ménage; **l'**appartement, **un‿**appartement; **l'**immeuble, **un‿**immeuble; **le** bourgeois, **un** bourgeois; **le** visage, **un** visage; **le** teint, **un** teint; **le** succès, **un** succès; **le** remède, **un** remède; **l'**espoir, **un‿**espoir; **le** bain, **un** bain; **l'**œil, **un‿**œil; **le** miroir, **un** miroir; **le** cheveu, **un** cheveu (*pluriel* les cheveu**x**) ; **le** pont, **un** pont.

La chose, **une** chose; **l'**aspirine, **une** aspirine; **la** fièvre, **une** fièvre; **la** lotion, **une** lotion; **la** disposition, **une** disposition; **la** question, **une** question; **la** distribution, **une** distribution **(1)** ; **la** robe, **une** robe; **la** compagnie, **une** compagnie; **l'**assurance, **une** assurance; **la** fille, **une** fille **(2)** ; **la** toilette, **une** toilette; **la** pièce, **une** pièce; **la** rive, **une** rive; **la** vie, **une**

Vingt-neuvième (29e) Leçon

Et les‿enfants?

1 André, l'aîné, a huit‿ans et demi;

2 Anne-Marie, la cadette **(1)**, en‿a six.

3 André ressemble plutôt à sa mère;

4 il est blond comme elle, et a les mêmes‿yeux **(2)** gris bleu,

5 tandis que la fillette **(3)**, sans‿être tout le portrait de son père,

6 est brune **(4)** comme lui.

7 Elle est de santé délicate,

8 et de tempérament assez nerveux.

9 A part quelques **(5)** rhumes, André n'a jamais‿été malade.

10 Sa sœur a eu **(6)** la rougeole et la grippe.

vie; **la** taille, **une** taille; **la** calvitie, **une** calvitie; **la** présence, **une** présence; **la** bouteille, **une** bouteille; **la** salle, **une** salle; **la** figure, **une** figure (*face* and not *figure*) ; **la** lèvre, **une** lèvre; **la** ménagère, **une** ménagère; **l'**école, **une** école; **l'**humeur, **une** humeur.

(1) *Most nouns ending in* tion *are feminine.*

(2) La fille : *the daughter* or *the girl.*

PRONONCIATION. — älàzañ**fañ**? — **1** añdrä, làn**ä** a üitañäd'mi; — **2** an'mari' ... cad**à**t' añ'na sis'. — **3** ... räsañbl' plütô ... — **4** ... bloñ ... lä m**à**mz' **iuh** gribl**uh**, — **5** tañdik' la fiy**à**t' sañz' **à**tr' tool' porrtr**à**d' ... — **6** ... brün' com' lüi. — **7** ... sañtä dälicat'. — **8** tañpärama**ñ** ... nàrrv**uh**. **9** aparr kàlk rüm' ... zhamàzätä malad'. — **10** sasurr a ü laroozhol' ... grip'.

What about *(And)* the children?

1 Andrew, the elder, is (*has*) eight and *a* half (*years*); — **2** A. M. the younger, is (*has of them*) six. — **3** A. is rather like (*"resembles rather to"*) his mother; — **4** he is fair-*haired* like her, and has the same grey-blue eyes, — **5** while the little girl, without being (*to be*) the living image (*all the portrait*) of her father, — **6** is dark like him. — **7** She is of delicate health, — **8** and of *a* rather nervous temperament. — **9** Apart from a few colds, A. has never been ill. — **10** His sister has had measles and (*the*) influenza.

NOTES. — **(1)** Je suis votre aîné : *I am your elder*; il est votre cadet : *he is your junior.* Je suis l'aîné de la famille (famiy') : *I am the eldest of the family.*

(2) Ils‿ont le même nez (nä), la même bouche (b**oo**sh), les mêmes‿yeux : *They have the same nose* (masc.), *the same mouth* (fem.), *the same eyes* (plural).

(3) La fille : *the girl* (or *daughter*); la fillette : *the little girl.* — La maison : *the house*; la maisonnette : *the little house.* — Le garçon : *the boy*; le garçonnet : *the small boy.* — Tandis que *ou* pendant que.

(4) Brun (bruñ); *feminine* brune (brün') : *brown, or* (*for hair*), *dark.*

(5) Quelque *varies in the plural* : quelque chose, *something.* — Quelques bouteilles : *some* or *a few bottles.*

(6) J'ai eu (ü) : *I have had*; j'ai été : *I have been.*

29e LEÇON

11 Elle est presque aussi grande que son frère,

12 et beaucoup plus précoce que lui.

EXERCICE. — **1** Il a les‿yeux noirs et les cheveux bruns. — **2** Il ne ressemble pas‿à ses parents. — **3** Allons-nous au cinéma ce soir? — Restons plutôt à la maison (*ou* chez nous). — **4** J'ai invité quelques ‿amis. — **5** Elle a un gros (grô) rhume. — **6** Est-ce vrai que vous n'avez jamais‿été malade? — **7** Pourquoi sont-ils de si bonne humeur?

Trentième (30e) Leçon

M. Duval cède

1 *M. Duval :* Que faisons-nous dimanche prochain?

2 *Mme Duval :* S'il fait beau **(1)**, nous pouvons‿aller à Fontainebleau;

11 ... pràsk' ôsi ... — **12** ... bôc**oo** ... präc**o**s'.

11 She is almost as tall (*grand*) as her brother, — **12** and much more precocious than he (*him*).

---

1 He has black eyes and dark hair. — **2** He does not look like his parents. — **3** Are we going to the pictures to-night? — Let us rather stay at home. — **4** I have invited a few friends. — **5** She has a bad (*big*) cold. — **6** Is it true that you have never been ill? — **7** Why are they in such good spirits?

Notons particulièrement :

Je **ne vous ressemble pas** : *I do not look like you.*

Il est très grand, **tandis qu'**elle est toute petite : *He is very tall, whilst she is quite short.*

Que voulez-vous, **à part** cela? *What do you want, apart from that?*

PRONONCIATION. — ... sàd'. — **1** ... k'tàz**oñ** ... dimañsh' proshiñ? — **2** silfàbô ... poovoñz'alä a foñtàn'blô;

M. Duval gives way *(cedes)*

1 M. D. : What are we doing next Sunday? — **2** Mme D. : If it is (*makes*) fine, we can go to F.;

NOTES. — **(1)** Il fait beau temps : *It is* (makes) *fine weather.* — Le temps *is both* time *and* weather.

Faire, *irregular verb.* Je fais, nous faisons, vous faites, il fait, ils font; j'ai fait.

3 la forêt est magnifique en **(N. 3)** cette saison,

4 et il y a un service de trains à prix réduits.

5 *M. Duval :* Ce n'est pas‿une mauvaise idée, mais...

6 *Mme Duval :* Mais quoi? **(2)**

7 *M. Duval :* Les jours se font déjà courts;

8 il fait déjà nuit à six‿heures...

9 *Mme Duval :* Eh bien, si nous partons avant neuf‿heures du matin,

10 nous pouvons très bien prendre **(3)** un train de retour vers six‿heures,

11 et rentrer à la maison pour le dîner.

12 *M. Duval :* C'est vrai, mais pourtant...

13 *Mme Duval :* Mais pourtant, il y a courses à Longchamp, n'est-ce pas? **(N. 4)**

14 Eh bien non, je ne veux **(4)** pas‿aller traîner encore une fois les‿enfants dans la foule;

15 ils‿ont besoin de grand‿air et d'exercice!

16 *M. Duval :* Très bien, ma chérie; mais je n'ai jamais‿eu l'intention d'aller aux courses dimanche.

3 laforrà ... magñific' ... sàzoñ. — **4** ... sàrrvisd' triñ a pri rädüi. — **5** ... môvàz' idä' ... — **6** màkwa? — **7** ... s'foñ ... coorr; — **8** ... nüi a sizurr ... — **9** ... avañ nuvurr **(1)** ... — **10** ... triñd'r'toorr vàrr ... — **11** ... rañträ . dinä. — **12** ... poorrtañ ... — **13** ... coorrs' ... loñshañ nàspâ? — **14** ... zh'n'vuh pâz' alä trànä ... fwa ... fooll'. — **15** ilzoñ-b'zwiñd' grañt' àrr **(2)** ... däxàrrsis'. — **16** ... shärri' ... zhamàz'ü liñtañsioñ ...

(1) The final **f** in *neuf* is pronounced **v** before a vowel or **h** mute.

(2) *The final* d *is pronounced* t *in the "liaison"*.

Un grand homme (grañt'om') : *a great man.*

Quand il (kañt'il) prend un (prañt'uñ) verre de vin : *When he has (takes) a glass of wine.*

3 the forest is magnificent at this time of the year (*in this season*), — **4** and there is a train service (*serv. of tr.*) at reduced prices. — **5** M. D. : It is not a bad idea, but... — **6** Mme D. : But what? — **7** M. D. : The days are already getting (*make themselves*) short; — **8** it is (*makes*) already dark (*night*) at 6 o'cl... — **9** Mme D. : Well, if we go (*depart*) before 9 o'cl. in (*of*) the morning, — we can take a return train (*tr. of ret.*) about 6 o'cl., — **11** and return home for (*the*) dinner. — **12** M. D. : (*It is*) True, but still... **13** Mme D. : But still there is racing (*races*) at Longchamps, isn't that it? — **14** Certainly not. I don't want to go dragging the children through (*in*) the crowd again; — **15** they (*have*) need (*of*) open (*great*) air and (*of*) exercice! — **16** M. D. : Very well, darling (*my cherished*); but I never intended (*have never had the intention*) to go to the races *on* Sunday.

(2) Que faites-vous? *What are you doing?* — **Qu**'est-ce que c'est? *What is it?* — **Quoi?** *What?* — Avec **quoi?** *With what?* ou *What with?* — Pour**quoi?** *Why?* or *What for?* (*"for what"*). — What, *used with a verb, is* que; *otherwise,* quoi.

(3) Prendre, *irreg. verb.* : je prends (prañ), nous prenons, vous prenez, il prend (prañ), ils prennent (pràn'); j'ai pris (pri).

(4) Je veux : *I will, I want to*; nous voulons, vous voulez, *we want to, you want to.*

Je suis‿**en retard** : *I am late.* — Vous‿êtes‿**en retard** : *You are late.* Il est‿**en retard** : *He is late.*

But : Il est **tard** : *It is late* (*impersonal*).

30e LECON

EXERCICE. — **1** Il a fait mauvais temps toute la semaine. — **2** Il est temps de rentrer, il se fait tard. — **3** Avez-vous‿encore besoin de moi? — **4** Je ne veux pas lui céder chaque fois. — **5** Ne traînez pas les pieds (piä) comme çà!

o o o

Répétons :

Il **fait** beau (temps) aujourd'hui : *It is fine (weather) to-day.*

Il **fait** nuit : *It is night (or dark).*

Je n'**ai besoin de** rien : *I need nothing.*

Avez-vous l'intention d'**y** aller? *Do you intend to go (there)?*

J'aime **le grand‿air** : *I like the open air.*

Trente et unième (31e) Leçon

Il pleut!

1 Le dimanche matin, il fait mauvais temps.
2 M. et Mme Duval sont‿encore au lit **(1)**.
3 *M. Duval :* Naturellement, il pleut; comme tous les dimanches.
4 *Mme Duval :* Le temps a l'air bien pris.
5 *M. Duval :* Oui, nous‿en‿ayons pour toute la journée **(2)**.
6 *Mme Duval :* Quelle heure est-il?
7 *M. Duval :* Il n'est que **(3)** sept heures; nous n'avons qu'à rester couchés.
8 *Mme Duval :* Les‿enfants dorment‿encore;
9 mais‿ils vont bientôt s'éveiller **(4)**.

1 The weather has been bad the whole (*all the*) week. — **2** It is time to go home, it is getting (*it makes itself*) late. — **3** Do you (*Have you*) still need (*of*) me? — **4** I will not give way to him (*or* her) every (*each*) time. — **5** Do not drag your (*the*) feet so (*like that*)!

PRONONCIATION. — ilpl**uh**! — **1** ... fà môv**à** tañ. — **2** soñt' añcorr' ôli. — **3** ... naturàl'm**añ** ... too là ... — **4** pri. — **5** ... noozañ'nav**oñ** ... zhoorrnä'. — **6** ... kàl**urr**'àtil? — **7** ... ràstä cooshä. — **8** ... dorrm't' añc**orr**; — **9** màzilv**oñ** bi-iñt**ô** säv**à**-yä.

It is raining!

1 On (*The*) Sunday morning, the weather is bad. — **2** M. and Mme D. are still in (*at the*) bed. — **3** M. D. : Of course (*Naturally*) it is raining; like every (*all the*) Sunday*s*. — **4** Mme D. : The weather *seems to be set* (*has the air well taken*). — **5** M. D. : Yes, *we are in for it* (*we have got of it*) for the whole (*all the*) day. — **6** Mme D. : What time is it? — **7** It is only seven o'cl.; we need not get up yet (*have only to remain in bed*). — **8** Mme D. : The children are still sleeping: — **9** but they are going to wake up soon.

NOTES. — **(1)** Etre **au** lit : *to be* in *bed*. — Je vais **au** lit *or* je vais me coucher : *I am going to bed.*

(2) Le jour : *the day*. — La journée *means* the duration of the day, all day long. — Je suis resté quatre **jours** à Bruxelles (brüss**à**l') : *I remained four days in* (at) *Brussels.* — Que faites-vous toute **la journée**? *What do you do all day long?*

(3) Ne... que : *only*. Je **ne** mange **que** de la soupe (soop') : *I eat only soup.* — Il **n'**a **que** vingt ans : *He is only twenty.* Nous **n'**avons **qu'**à commencer : *We have only got to begin* or *We have but to begin.*

(4) S'éveiller (*reflexive*) : *to awake.* Je m'éveille, nous nous‿éveillons, vous vous‿éveillez, il s'éveille, ils s'éveillent. — Je me suis‿éveillé **(N. 5)** : *I awoke.* — Je suis‿éveillé : *I am awake* (*masc.*). — Je suis‿éveill**ée** : *I am awake* (*feminine*).

10 M. Duval bâille, et se tourne sur l'autre côté.
11 Mme Duval, elle, reste éveillée, les‿yeux au plafond.
12 Puis, elle se lève (5) sans bruit,
13 passe son peignoir, et va à la cuisine,
14 où elle prépare du café.

EXERCICE. — **1** Je me lève tard le dimanche. — **2** Vous‿avez l'air fatigué (fatigä). — **3** Je n'ai pas fermé l'œil de toute la nuit. — **4** Alors, restez couché (*ou* au lit). — **5** Dormez bien. — **6** Il n'a pas l'air content.

o o o

We hope you are satisfied with your progress during your first month's study. Do not forget to revise the earlier lessons as often as you can. Repetition is the secret of success.

Trente-deuxième (32e) Leçon

On s'arrange comme on peut (1)

1 Voici la disposition de l'appartement des Duval :
2 La porte d'entrée donne sur un petit vestibule,

10 ... bâ-y' ... s'toorn' sürr lôtr' ... — **11** ... ràst' ävà-yä' làz'iuh ... plafoñ. — **12** püi ... s'làv' sañ brüi, — **13** ... pà-gñwarr ... cüizin'. — **14** oo ... präparr' dü cafä.

10 M. D. yawns, and turns over (*himself*) on to the other side. — **11** *As for* Mme D., she remains awake, looking at (*the eyes to*) the ceiling. — **12** Then, she gets up, noiselessly (*without noise*); — **13** slips on (*passes*) her dressing gown, and goes to the kitchen, – **14** where she prepares some coffee.

---

(5) Se lever (*reflexive*), *to get up* (*literally : to raise oneself*). *Like* mener, *to lead*, for the **è** : Je me lève, nous nous levons, vous vous levez, il se lève, ils se lèvent. — Je me suis levé : *I have got up.*

---

1 I get up late *on* Sundays (*the Sunday*). — **2** You look tired. — **3** I did not sleep a wink (*have not closed the eye*) the whole (*of all the*) night. — **4** Then, stay in bed. — **5** Sleep well. — **6** He doesn't look pleased (*content*).

o o o

Se coucher is *to lie down* or *to go to bed*; être couché : *to lie*, or *to be in bed*. Je me couche à dix heures : *I go to bed at 10 o'cl.* — Il est‿encore couché (*ou* Il est‿encore au lit) : *He is still lying down* (or *in bed*).

Couchez-vous! *Lie down!* — Allez vous coucher! *Go to bed!* — Couchons-nous! *Let us lie down!* — Allons nous coucher : *Let us go to bed.*

Il **a l'air** très jeune : *He* looks *very young.*

De quoi a-t-il l'air? *What does he look like?*

PRONONCIATION. — oñsarrañzh' com' oñpuh. — **1** ... dispôzisioñd' laparrt'mañ ... — **2** ... porrt' dañträ' ... p'ti vàstibül'.

One manages as *best* one can
(One arranges oneself as one can)

1 Here is the lay-out of the D.s' flat : — **2** The entrance door opens (*gives*) onto a little hall,

---

NOTES. — **(1)** Pouvoir (*irreg. verb*) : je peux (p**uh**), nous pouvons, vous pouvez, il peut, ils peuvent (puv'). — *I have to manage :* Je m'arrange comme je peux.

32e LEÇON

3 où il y a une glace **(2)**, un porte manteau **(3)**, un porte-parapluies **(4)** et un coffre bas.

4 Le vestibule se prolonge en‿un corridor jusqu'à **(5)** la salle de bains.

5 Il y a deux portes de chaque côté :

6 à droite, le salon, puis la chambre à coucher **(6)** de M. et Mme Duval,

7 à gauche, la salle à manger et la cuisine.

8 Où couchent **(6)** les‿enfants?

9 André, sur un lit pliant **(7)** dans la salle à manger,

10 et Anne-Marie sur un divan, dans le salon.

11 Le jour, le lit pliant est rangé **(8)** dans‿un coin de la salle à manger

12 et caché **(9)** derrière un rideau.

13 On s'arrange comme on peut.

3 ... ün' glas' uñ porrt'mañtô ... porrt'parraplüi ... cofr' bâ. — **4** ... s'proloñzh' añ'n'uñ corridorr zhüska ... — **5** ... shak' côtä. — **6** adrwat' l' saloñ püi ... shañbr' a cooshä ... — **7** agôsh, sal' a mañzhä ... — **8** oocoosh' ... — **9** ... li pli-yañ ... — **10** divañ ... — **11** ... rañzhä dañzuñcwiñ ... — **12** ... cashä därriàr' uñ ridô.

3 where there are a looking-glass, a coat-rack (*"carry-cloak"*), an umbrella-stand (*a "carry-umbrellas"*), and a low chest. — **4** The hall extends (*prolongs itself*) in*to* a passage (*corridor*) leading to (*until*) the bath-room. — 5 There are two doors on (*of*) each side : — **6** on the (*to*) right, the drawing-room (*"saloon"*), then the bedroom of M. and Mme D., — **7** on the (*to*) left, the dining-room (*"room to eat"*) and the kitchen. — **8** Where do the children sleep? — **9** Andr., on a folding-bed in the dining-room, — **10** and Anne-M. on a sofa, in the drawing-room. — **11** *In* the day-*time*, the folding-bed is put away (*"ranged"*) in a corner of the dining-room — **12** and hidden (*"cached"*) behind a curtain. — **13** One has to manage as best one can.

---

(2) Un miroir, *a mirror, is usually smaller than,* une glace, *a looking-glass.*

(3) Un portemanteau, *is hardly ever used in the English sense of a travelling bag* (une valise). — Un manteau : *a cloak.*

(4) La pluie (plüi) : *the rain.* — Le parapluie : *the umbrella.* — Il pleut : *it rains*; il tombe de la pluie : *rain is falling.*

(5) Jusque : *until.* — Jusqu'à présent *or* Jusqu'ici : *until now.* Jusque-là : *until then* (*"there"*).

(6) Coucher, *to lie (down), often corresponds to our* to sleep. — Où avez-vous couché? *Where did you sleep (have you slept)?*

(7) Plier (pli-iä) : *to fold.* Je plie, nous plions, vous pliez, il plie, ils plient (pliy'); j'ai plié. — Le pli de mon pantalon : *The crease of my trousers.*

(8) Ranger : *to put away,* or *to set in order.* Je range, nous rangeons (*the* e *is inserted to preserve the soft* g *sound*), vous rangez, il range, ils rangent (rañzh'). — Je suis au premier rang (rañ) : *I am in the first row.*

(9) Cacher : *to hide*; je cache, nous cachons, vous cachez, il cache, ils cachent (cash).

32e LEÇON

EXERCICE. — **1** Ma fenêtre (f'nàtr') donne sur la rue. — **2** Fermez la porte derrière vous, s. v. p. — **3** Avez-vous couché à l'hôtel? — **4** J'ai oublié de ranger mes‿affaires. — **5** Prenez votre manteau, il fait froid (frwa) ce matin. — **6** Entrée libre.

o o o

Notons pour aujourd'hui :

Ils **dorment** bien : *they sleep well.*

Ils **couchent** dans le même lit : *They sleep in the same bed.*

On ne **peut** pas toujours faire ce qu'on **veut** : *One cannot always do what one wants to.*

S.V.P. (às vä pä) : *Abréviation de* « s'il vous plaît ».

Trente-troisième (33e) Leçon

Mme Duval fait du café

1 Nous‿avons laissé Mme Duval en train **(1)** de préparer du café.

2 Voyons‿un peu ce qu'elle fait dans la cuisine.

3 D'abord **(2)**, elle remplit **(N. 1)** une casserole d'eau au robinet,

4 puis elle la met sur le fourneau à gaz **(N. 6)**.

5 Ensuite, elle craque une allumette, allume le gaz,

6 pose le couvercle sur la casserole,

7 et, pendant que l'eau chauffe **(3)**,

1 My window opens (*gives*) on *to* the street. — **2** Please shut the door after (*behind*) you. — **3** Did you sleep at the hotel? — **4** I have forgotten to put my things (" *affairs* ") in order (*or* away). — **5** Take your coat, it is (*makes*) cold this morning. — **6** Entrance free.

o o o

Have patience with the verbs : their ways are strange but you will get used to them in time. Even French children find them difficult.

PRONONCIATION. — ... fà dü cafä. — **1** ... làsä ... añ triñd' präparä ... — **2** vwa-y**oñ**z' uñp**uhs**'kàlf**à** ... — **3** da-b**orr** ... rañpl**i** ün' casr**o**l' d**ô** ti**à**d' ô robin**à**, — **4** ... la mà ... foorrn**ô** a gaz'. — **5** añsüit' ... crac' ... ün'alüm**à**t', al**ü**m' ... — **6** pôz'l'coov**à**rrcl' ... — **7** pañd**a**ñk' lô sh**ô**f'.

Mme D.. makes coffee

1 We have left Mme D. in the act of (*in train of*) preparing coffee. — **2** Let us *now* see (*a little*) what (*that which*) she is doing (*does*) in the kitchen. — **3** First, she fills a pan with (*of*) water from (*at*) the tap, — **4** then she puts it on the gas-cooker (*furnace*). — **5** Afterwards, she strikes ("*cracks*") a match, lights the gas, — **6** puts ("*poses*") the lid on the pan, — **7** and, while the water is warming up (*warms*),

---

NOTES. — **(1)** Je suis‿en train de manger : *I am* (*in the act of*) *eating.* — Qu'êtes-vous‿en train de faire? *What are you* (*in the act of*) *doing?*

(2) *When describing a series of actions, the French use the introductory words in the following sequence :* D'abord ... (*First...*), puis (*then*) ..., ensuite (*afterwards*), alors (*and then*) ..., enfin ... (*finally*).

(3) Chaud (sh**o**h) : *warm.* — Il fait chaud aujourd'hui : *It is warm to-day.* — Chauffer : *To warm* (*up*) : Je me chauffe : *I warm myself*; nous nous chauffons au soleil : *we are warming ourselves in the sun.*

8 elle moud **(4)** le café,
9 et en garnit la cafetière.
10 Quand l'eau se **(5)** met‿à bouillir,
11 elle la verse sur le café, lentement, en plusieurs fois.

12 Une agréable odeur de café chaud
13 s'élève **(6)** et remplit la cuisine.
14 Alors, Mme Duval sourit.

EXERCICE. — **1** D'abord, je vais‿à la poste, puis à la gare (gar') ; — **2** ensuite je passe chez mon oncle ; — **3** alors, je lui donne votre livre, — **4** et enfin, je rentre à la maison.

As an additional exercise, repeat the last four sentences; first using nous, *e.g.* : nous allons à la poste, nous passons, etc. ; *then using* vous, il *and* ils.

If you can do this exercise in writing as well, so much the better.

o o o

Don't forget the numbers at the top of each page. Read them aloud. It is important to know how to count !

8 ... mool' cafä, — **9** ... garrni la caf'tiàrr. — **10** kañ lôs'màt'a boo-yirr, — **11** ... vàrrs' ... lañt'mañ ... plüziurr fwa. **12** ün' agräabl' odurr ... shô. — **13** säläv ... — **14** alorr ... soorri.

8 she grinds the coffee, — **9** and puts some in ("*garnishes*") the coffee-pot (*with it*). — **10** When the water begins to boil, — **11** she pours in on*to* the coffee, slowly, (*in*) several times. — **12** A pleasant (*agreable*) smell (*odour*) of hot coffee — **13** rises up and fills the kitchen. — **14** And then Mme D. smiles.

---

(4) Moudre : *to grind* (*irreg. verb*). — Le moulin (mooliñ) : *the mill.*

(5) Mettre (*irreg.*) : *to put* or *set.* — Se mettre à faire quelque chose : "*to put* (or *set*) *oneself to do something*" : *to begin doing something* : commencer à faire q.q.ch. — Quand il se met (*ou* commence) à parler, c'est pour longtemps : *When he starts talking, it is for a long time.* — Je mets (mà), nous mettons (màttoñ), vous mettez, il met (mà), ils mettent (màt').

(6) Se lever : *to get up, to rise*; s'élever : *to mount up, to arise* (*reflexive*), je me lève : *I get up* or *out of bed*; je m'élève : *I arise, I mount up.*

---

1 First I am going to the post-office, then to the station; — **2** afterwards I am calling (*passing*) at my uncle's; — **3** then I give him your book, — **4** and finally I return home.

o o o

Laisser : *to leave* or *to let* : J'ai laissé mon parapluie chez vous : *I* (*have*) *left my umbrella at your place.*

Laissez-moi tranquille! *Leave me in peace!*

Laissez-moi faire cela tout seul : *Let me do that by myself.*

Laissez-nous! *Leave us!*

Trente-quatrième (34e) Leçon

Une tasse de café

1 Mme Duval est gourmande : c'est son péché mignon (**1**) ;
2 et elle adore le bon café.
3 Elle s'en verse (**2**) une tasse,
4 y met deux morceaux (**3**) de sucre,
5 s'assied (**4**) sur une chaise
6 et savoure en silence la boisson délicieuse.
7 La tasse vide, elle se lève,
8 bâille et s'étire voluptueusement,
9 puis se dirige vers la porte d'entrée,

10 qu'elle ouvre sans bruit.
11 Elle prend (**5**) la bouteille de lait
12 déposée là par le laitier,
13 referme la porte
14 et retourne (**6**) à la cuisine.
15 Sa journée (**7**) de travail commence :

PRONONCIATION. — ün' tas' d' caf**ä**. — **1** ... goorr-mañd' ... päshä migñ**oñ**; — **2** ... ad**orr** ... — **3** ... sañ vàrrs' — **4** i mà duh morrs**ô**d' sücr'. — **5** sasiä ... sh**à**z'. — **6** ... sa-v**oorr** ... sil**añ**s' ... bwas**oñ** dälisi**uhz**'. — **7** ... vid' ... s'làv'. — **8** b**â**'y' ä sät**irr**' volüptüuhz'**mañ**. — **9** püis' dirr**izh** värr ... — **10** kàl'**oo**vr' sañ brüi. — **11** ... boot**à**-y' d'l**à**. — **12** dä-poz**ä** ... làti**ä**. — **13** r'fàrrm' ... — **14** är't**oorr**n. — **15** sa zhoorn**ä**' d' trav**a**-y' com**añ**s'.

A cup of coffee

1 Mme D. is a gourmand : it is her petty sin; — **2** and she adores (*the*) good coffee. — **3** She pours herself (*of it*) a cup, — **4** (*there*) puts two pieces of sugar *in it*, — **5** sits (*herself*) down on a chair, — **6** and savours the delicious drink in silence. — **7** Her (*The*) cup empty she gets up, — **8** yawns and stretches herself voluptuously, — **9** then makes for (*directs herself towards*) the front door, — **10** which she opens noiselessly (*without noise*). — **11** She takes the bottle of milk — **12** placed (*deposited*) there by the milkman, — **13** (*re*)-closes the door — **14** and returns to the kitchen. — **15** Her day's work begins :

NOTES. — **(1)** Mignon : *dainty*; *feminine*, mignon**ne**.

(2) En *stands for* of it. — Je me verse un verre de lait : *I pour myself a glass of milk.* — Je m'**en** verse un verre : *I pour myself a glass* (*of it*). — Versez-vous du vin (viñ) : *Pour yourself some wine.* — Versez-vous-en : *Pour yourself some.*

(3) *Irreg. plural :* un morceau, deux morceau**x**.

(4) *Irreg. verb. :* s'asseoir (sassw**a**rr) : *to sit down.* Je m'assieds (massi**ä**), nous nous‿asseyons (assày**oñ**), vous vous‿asseyez (assà-y**ä**), il s'assied (sassi**ä**), ils s'asseyent (sass**à**-y').

(5) Prendre : *to take*; je prends (prañ), nous prenons (pr'n**oñ**), vous prenez, il prend (prañ), ils prennent (pràn'); j'ai pris (pri).

(6) Fermer : *to close, to shut*; refermer : *to close back* or *again.* — Tourner : *to turn*; retourner : *to return.*

(7) La journée : *and not* le jour (*See Less.* **31**, *Note* **2**).

34e LEÇON

16 elle va maintenant faire du chocolat pour les‿enfants,
17 qui ne sont pas‿encore éveillés.

Le café

18 A Paris, dans‿une cafetière,
19 Quand le marc **(8)** a bien bouilli,
20 On prend le café, c'est l'ordinaire.
21 Amis, faisons de même **(9)** ici!

EXERCICE. — *Let us practise a few of the regular verbs in the lesson :*

Adorer, j'adore, nous‿adorons, vous‿adorez, il adore, ils‿adorent.

Write the same for the following verser, savourer, se lever, bâiller, s'étirer, diriger, déposer, refermer, retourner, commencer, s'éveiller.

Trente-cinquième (35e) Leçon

REVISION ET NOTES

1 Our verbs. — Beside our **regular** verbs in **er,** which we listed in Lesson 21, par. 1, and a few **irregular** verbs, such as *aller, je vais, nous‿allons, vous‿allez. il va, ils vont,* we have now met another sort of **regular** verb, those ending in **ir** :

Rempl**ir**, *to fill up*, je rempl**is**, nous rempl**issons**, vous rempl**issez**, il rempl**it**, ils rempl**issent**; j'ai rempl**i**.

Garn**ir**, *to garnish, to provide with* : je garn**is**, nous garn**issons**, vous garn**issez**, il garn**it**, ils garn**issent**; j'ai garn**i**.

We have come across them at random, and are not yet properly acquainted with them.

16 ... **miñt'nañ** ... **shocola** ... — **17** ... **ävà-yä.** — **18** **parri** ... — **19** **kañl' marr** ... **boo-yi.** — **20** **oñprañl'** ... **lorrdinàrr'.** — **21** **ami fàzoñd' màm' ici.**

16 she is now going to make (*some*) chocolate for the children — **17** who are not yet awake.

The coffee

18 (*At*) *In* Paris, in a coffee-pot, — 19 When the coffee-ground*s* have (*has*) well boiled. — 20 People (*One*) take (*the*) coffee, such is the custom (*that is the ordinary*). — 21 Friends, let us do *the* (*of*) same here.

---

(8) Le marc de café : *coffe-grounds.* — Elle lit l'avenir dans le marc de café : *She read the future in coffee-grounds.* — This is an old song; they don't make coffee in France by boiling it in this way nowadays.

(9) Faisons de même *or* Faisons la même chose.

Let us also mention two **irregular** verbs in **ir**, which are most usual, and have a glance at them :

Dorm**ir**, *to sleep*; je do**rs** (dorr), nous dorm**ons**, vous dorm**ez**, il **dort** (dorr), ils dorm**ent** (dorrm') ; j'ai dorm**i**.

Ouvr**ir**, *to open*; j'ouvr**e**, nous‿ouvr**ons**, vous‿ouvr**ez**, il ouvr**e**, ils ouvr**ent** (oovr') ; j'ai ouv**ert** (oovàrr).

La porte est‿ouverte, et la fenêtre est fermée : *The door is open (opened), and the window is closed.*

Ouvrez cette valise : *Open this portmanteau.*

Fermez cette boîte : *Shut this box.*

2 Grand in French means *large*, or *tall*, while **large** (larrzh') means *broad*. — Cette place est très grande : *This square is very large.* — Ma rue n'est pas large : *My street is not broad.*

Gros (*feminine* grosse) is *big, stout.* — J'ai mangé un gros morceau de sucre : *I have eaten a big piece of sugar.*

35e LEÇON

3 En, dans are both *in*; their respective uses are largely a matter of custom, and we shall note these as we go along. Generally speaking, **dans** has a more precise sense of locality than **en**. — **En** cette saison : *In this season.* **Dans** cette maison : *In this house.* — **En** même temps : *At* (*In*) *the same time.* **Dans** la même chambre : *In the same room.*

4 N'est-ce pas? is an invariable idiom corresponding either to our *Is it not?* or *Are they not?* or to : *Is it? Are they?* etc.

Vous partez, n'est-ce pas? *You are leaving, are you not?*

Vous ne partez pas, n'est-ce pas? *You are not leaving, are you?*

5 Reflexive verbs are always used with the auxiliary *to be* (**être**), and not *to have* (**avoir**), as is the case in English.

Il s'**est** répété : *he* has *repeated himself.*
Je me **suis**‿étiré : *I* (have) *stretched myself.*
Ils se **sont**‿oubliés : *they* have *forgotten themselves.*
Nous nous **sommes**‿aimés : *we* have *loved each other.*
Vous‿**êtes**-vous parlé? Have *you spoken to each other?*

6 Un verre à vin : *a wine glass*; un verre **de** vin : *a glass of wine.*

Une bouteille **à** lait : *a milk-bottle*; une bouteille **de** lait : *a bottle of milk.*

Une boîte **à** allumettes : *a match-box*; une boîte **d'**allumettes : *a box of matches.*

Masculine and feminine :

Le portrait, **un** portrait; **le** tempérament, **un** tempérament; **le** rhume, **un** rhume; **le** dimanche, **un** dimanche; **le** jour, **un** jour; **le** dîner, **un** dîner; **l'**air, **un**‿air; **l'**exercice, **un**‿exercice; **le** lit, **un** lit; **le** bruit, **un** bruit; **le** peignoir, **un** peignoir; **le** café, **un** café; **l'**appartement, **un**‿appartement; **le** vestibule, **un** vestibule; **le** coffre, **un** coffre; **le** corridor, **un** corridor; **le** divan, **un** divan; **le** salon, **un** salon; **le** rideau, **un** rideau; **le** robinet, **un** robinet; **le** fourneau, **un** fourneau; **le** gaz, **un** gaz; **le** péché, **un** péché; **le** morceau (*pluriel* **les** morceau**x**), **un** morceau; **le** sucre, **un** sucre; **le** lait, **un** lait; **le** chocolat, **un** chocolat; **le** nez (nä), **un** nez, **les** nez.

La rougeole, **une** rougeole; **la** grippe, **une** grippe; **la** forêt, **une** forêt; **la** saison, **une** saison; **l'**idée, **une** idée; **la** nuit, **une** nuit; **la** course, **une** course; **la** foule, **une** foule; **l'**intention, **une** intention; **la** journée, **une** journée; **l'**heure, **une** heure; **la** cuisine, **une** cuisine; **la** salle, **une** salle; **la** casserole, **une** casserole; **l'**eau, **une** eau; **l'**allumette, **une** allumette; **la** cafetière, **une** cafetière; **la** fois, **une** fois; **la** chaise, **une** chaise; **l'**entrée, **une** entrée; **la** bouche, **une** bouche.

o o o

Did you read that list of words **aloud**? This is a very important part of your course. Try to acquire the habit of studying aloud. It will help your memory and enable you to speak more fluently.

35e LEÇON

Trente-sixième (36e) Leçon

Réveil en musique

1 Ayant constaté (1) que les‿enfants dorment toujours,

2 Mme Duval laisse le chocolat sur le fourneau,

3 et passe dans la salle de bains,

4 où elle procède à sa toilette.

5 Il est sept‿heures et demie;

6 c'est dimanche matin, et tout‿est tranquille dans la maison.

7 Tout le monde fait la grasse matinée (2).

8 Il pleut‿à verse (3),

9 et le mieux est de rester au lit.

10 Mais tout‿à coup une marche militaire éclate,

11 et réveille brusquement les dormeurs.

12 Est-ce un régiment qui passe dans la rue?

13 Non, c'est tout simplement la radio (4) des voisins.

PRONONCIATION. — rävà-y' añ müzic'. — **1** à-yañ coñstatä ... dorrm' ... — **2** ... làs' ... — **4** ... prosàd' a sa twalàt. — **6** ... tootà trañkil' ... — **7** tool' moñd' ... gras' matinä ! — **8** ilpluht' a vàrrs'. — **9** äl' miuh ... — **10** ... tootacoo ün' marrsh' militàrr äclat', — **11** ä rävà-y' brüsk'mañ là dorrmurr. — **12** às' uñ räzhimañ ... — **13** ... too siñpl'mañ la radio dà vwaziñ.

Musical awakening *(Awak. in music)*

1 Having made sure that the children are still (*always*) sleeping, — **2** Mme D. leaves the chocolate on the stove, — **3** and goes into the bath-room, — **4** where she proceeds with her toilet. — **5** It is half past seven ; — **6** it is Sunday morning, and everything is quiet in the house. — **7** Every body is "lazing" in bed ("*makes the fat morning*"). — **8** It is pouring with rain (*it rains to pour*), — **9** and the best *thing* is to stay in bed. — **10** But all of a sudden ("*all at blow*") a military march blares out — **11** and abruptly ("*brusquely*") wakens the sleepers. — **12** Is it a regiment passing (*which passes*) in the street? — **13** No, it is merely (*all simply*) the neighbour's radio.

NOTES. — **(1)** Present participle, always in **ant**. — Donnant : *giving* ; passant : *passing* ; laissant : *leaving* ; dormant : *sleeping*, etc. — Constater : *to note a fact, to perceive.*

(2) *Just as* : le jour, la journée ; *we have* : le matin, la matinée (*also meaning a day performance, in English "a matinee"*), *and* le soir, la soirée.

(3) A verse : *from* verser, *to pour* ; une averse : *a shower.*

(4) Le voisin : *the neighbour* ; la voisine (vwazin') : *the neighbour (female).*

36e LEÇON

EXERCICE. — **1** Je constate qu'il n'y a pas d'allumettes dans la boîte. — **2** Le mieux est d'en demander au voisin. — **3** Tout‿à coup, nous nous sommes trouvés face à face. — **4** Prêtez-moi du papier (papi**ä**) à lettres, s. v. p. — **5** En voulez-vous du gris ou du bleu? — **6** Cela m'est‿égal.

Trente-septième (37e) Leçon

On réclame (N. 2) Mme Duval

1 Le fracas de la radio surprend (**1**) Mme Duval

2 en plein milieu de sa toilette.

3 Elle se dépêche (**2**) de la terminer,

4 en (**3**) pensant‿aux‿enfants,

5 qui sûrement vont réclamer leur chocolat.

6 Car tous les dimanches ils prennent leur chocolat au lit.

1 I note (*or perceive*) that there are no matches in the box. — **2** The best *thing* is to ask (*to*) the neighbour *for* some. — **3** All at once, we (*have*) found ourselves face to face. — **4** Lend me some note-paper, please. — **5** Do you want it (*some*) gray or blue? — **6** It is all the same (*equal*) to me.

o o o

Notons‿les expressions :

J'aime faire **la grasse matinée** : *I like to "laze" in bed.*

Le mieux est de ne pas‿**en** parler : *The best thing is not to speak of it.*

Il pleut‿**à verse** : *It is pouring down with rain.*

Je lui ai **tout simplement** demandé son nom (noñ) : *I merely asked him his name.*

PRONONCIATION. — oñ räclam' ... — **1** l'fracâd' la radio sürrprañ ... — **2** añ pliñ miliuhd' ... — **3** àls däpàsh' ... tàrminä, — **4** pañsañt' ôz' añfañ, — **5** ki sürr'mañ voñ räclamä lurr ... — **6** carr too là ... ilpran' lurr shocola ôli.

Mme Duval is in *demand* (*One* demands *Mme D.*)

1 The uproar (*fracas*) of the radio surprises Mme D. — **2** right *in the* (*in full*) middle of her toilet. — **3** She hastens (*dispatches herself*) to finish it, — **4** (*in*) thinking of (*at*) the children, — **5** who will be sure to call for (*request*) their chocolate. — **6** For every Sunday (*all the S.*) they have their chocolate in bed.

NOTES. — **(1)** Surprendre : *to surprise, is conjugated like* prendre : je surprends, nous surprenons, vous surprenez, il surprend, ils surprennent (sürprànn'); j'ai surpris.

(2) Se dépêcher (*"to dispatch oneself"*) : *to hurry* or *make haste.* Je me dépêche, nous nous dépêchons, vous vous dépêchez, ils se dépêchent; je me suis dépêché. — Dépêchez-vous! *Make haste!*

(3) In French, the present participle is nearly always preceded by **en**, whereas in English it either stands alone or is preceded by *on, while, when,* etc.

37e LEÇON

7 En effet, à peine est-elle sortie **(4)** de la salle de bains

8 qu'elle entend **(5)** appeler de deux côtés à la fois :

9 — Maman! — Petite mère!

10 — Voilà, mes chéris! Un peu de patience!

11 Et comme elle porte les deux tasses de chocolat fumant **(6)**

12 avec du pain beurré **(7)**,

13 elle entend une autre voix, celle de M. Duval :

14 — Marguerite! Et mon café?

EXERCICE. — **1** On ne peut pas penser à tout. — **2** A quoi pensez-vous? — **3** Ne faites pas deux choses à la fois. — **4** Dépêchons-nous, nous sommes déjà en retard. — **5** J'ai à peine le temps de terminer ce travail. — **6** M. P. est-il à la maison (*ou* chez lui) ? — Non, il est sorti.

o o o

Notons bien :

Elle l'a dérangé **en plein milieu** de son travail : *She disturbed him right in the middle of his work.*

Asseyez-vous ici, **au milieu** : *Sit down here in the middle.*

Pensez-**y** : *Think of it (" at " it).*

Prenez-**en** : *Take some.*

Trente-huitième (38e) Leçon

Au revoir aux Duval!

1 Nous sommes‿obligés **(1)** d'abandonner pour le moment l'histoire des Duval,

7 añ'n'äfà apàn' àtàl' sorrti'd' ... — **8** kàl' añtañ app'läd' ... — **9** mamañ p'tit' màrr'. — **10** vwala, mà shärri uñpuhd' pasiañs'. — **11** ... fümañ. — **12** ... piñ burrä. — **13** àl añtañ ün ôtr' vwa, sàl' d' ... — **14** marrgh'rit'.

7 Indeed (*in effect*), she is hardly out of the bath-room — **8** before (*that*) she hears calls (*to call*) from both (*two*) sides at once (*at the time*) : — **9** Mummie! — (*Little*) Mother! — **10** There, my darlings! A little (*of*) patience! — **11** And as she takes (*carries*) the two cups of steaming (*smoking*) chocolate, — **12** with (*some*) buttered bread, — **13** she hears another voice (*that of*), M. D.'*s* : — **14** Margaret! What about (*And*) my coffee?

---

(4) Sortir : *to go out*; il est sorti : *he has gone out* or *he is out.* — La peine : *the pain, the trouble.*

(5) Entendre : *to hear. Conjug. like* prendre, *save for the 3d person plural and the past participle* : j'entends, nous‿entendons, vous‿entendez, il entend, ils‿**entendent** (ilz' añtañd'), j'ai entend**u.**

(6) Fumer : *to smoke.* Fumez-vous la cigarette ou la pipe? — Je ne fume pas du tout.

(7) Le beurre (burr) : *the butter*; beurrer (burrä) : *to butter*; beurré (burrä) : *buttered.*

---

1 One cannot think of everything. — **2** What are you thinking of? — **3** Do not do two things at once. — **4** Let us make haste, we are already late. — **5** I have hardly (*the*) time to finish this work. — **6** Is M. P. at home? — No, he is out.

PRONONCIATION. — ôrr'vwarr ô düval'. — **1** noo som'z oblizhä dabañdonä poorl'momañ listwarr' ...

Good bye to the Duvals!

1 We are obliged to leave the story of the D.*s* for the moment,

---

NOTES. — **(1)** Obliger : *to oblige, regular verb.* — **Une** histoire : *a story* (or *history*).

2 et cela pour une raison que nous vous donnerons (**2**) plus tard.

3 Nous nous‿occuperons maintenant d'un jeune étranger (**3**)

4 qui vient passer quelques mois en France

5 afin de se perfectionner dans la connaissance de la langue (**4**).

6 Mais nous retrouverons (**5**) nos‿amis Duval,

7 car le monde est petit,

8 et il n'y a que les montagnes (**6**)

9 qui ne se rencontrent (**7**) pas.

10 En‿attendant (**8**), nous vous‿invitons

11 à suivre (**9**) avec nous les‿aventures du jeune Paul Martin.

EXERCICE. — **1** Excusez-moi, je suis‿obligé de partir. — **2** Quand partirez-vous pour l'étranger? — **3** Savez-vous quand‿ils partiront? — Non, je n'en‿ai pas connaissance. — **4** Si vous voulez, nous nous rencontrerons au coin de la place.. — **5** Très bien, je vous‿y attendrai à six‿heures et demie. — **6** Pour aller à la gare, vous n'avez qu'à suivre cette rue.

2 ä s'**la** ... ràz**oñ** ... don'r**oñ** plü tarr. — **3** ... nooz' ocüp'r**oñ** miñt'n**añ** duñ zhunn' ätrañzh**ä**. — **4** ki vi**iñ** pas**ä** kàlk' mwa añ frañs'. — **5** afi**ñd**' s'pàrrfàcsion**ä** ... conàs**añs**' d' la l**añ**gh'. — **6** ... r'troov'r**oñ** nôz' ami ... — **7** carrl'm**oñd**'. — **8** ... moñt**a**gñ'. — **9** ... rañc**oñ**tr' ... — **10** añ'n'atañd**añ** noo vooz' iñvit**oñ**. — **11** a süivr' ... làz' avañt**ü**rr' dü zhunn' pôl marrt**iñ**.

2 and we shall tell you the reason why later. — **3** We shall now occupy ourselves with (*of*) a young foreigner — **4** who is coming to spend (*pass*) a few months in France — **5** in order to perfect (*himself in the*) *his* knowledge of the language. — **6** But we shall meet (*re-find*) our friends D. again, — **7** for the world is small — **8** and it is (*there are*) only (*the*) mountains — **9** that do not meet (*each other*). — **10** Meanwhile (*In waiting*), we invite you — **11** to follow with us the adventures of (*the*) young Paul M.

---

(2) Here we meet the future tense of verbs. It is quite simple : nous donnons, *we give*; nous donnerons : *we shall give* (See **N. 1**).

(3) Un‿étranger, *feminine* un**e** étrangèr**e** (ätrañzhà**rr'**) : *a foreigner* or *a stranger*. A l'étranger : *abroad.*

(4) La langue : *the tongue* or *language.* Un**e** langue étrangèr**e** : *a foreign language.*

(5) Trouver : *to find*; retrouver : *to find again.* — Nous trouvons : *we find*; nous trouverons : *we shall find.*

(6) L**a** montagne, *un***e** *montagne.*

(7) Rencontrer : *to meet* or *encounter, regular verb.*

(8) Attendre : *to wait, is conjugated like* entendre (*See Less.* **37**, *note* **5**). — Inviter : *to invite, regular v.*

(9) Suivre : *to follow, irreg. v., with which we shall deal later on.*

---

1 Excuse me, I am obliged to go (*depart*). — **2** When will you leave (*depart*) for abroad? — **3** Do you know when they (*will*) leave? — No, I have no knowledge of it. — **4** If you like (*will*), we will meet (*ourselves*) at the corner of the square. — **5** Very well, I shall expect you at half past six. — **6** To go to the station, you have only to follow this street.

38e LEÇON

Trente-neuvième (39e) Leçon

A la douane : un moment délicat

1 — Vous n'avez rien‿à déclarer?
2 Paul, qui a dans sa poche une cinquantaine (**1**) de cigarettes,
3 répond sans lever les‿yeux : — Non, je ne pense pas.
4 — Ouvrez vos valises, dit le douanier.
5 Et il ajoute : — Pas de tabac, pas d'alcool?
6 Paul semble avoir de la difficulté
7 à faire entrer la clé dans la serrure,
8 et ne répond pas.

9 Le douanier fouille (**2**) la valise ouverte,
10 n'y trouve que du linge, des vêtements,
11 des‿objets de toilette et des livres.
12 Paul a maintenant ouvert sa seconde valise,
13 mais le douanier dit : — C'est bon!
14 Avec un bout (**3**) de craie, il marque les deux valises d'un signe mystérieux,

PRONONCIATION. — a la dwan' : uñ momañ dälica. — **1** ... ri iñ'n'a däclarä? — **2** pôl ... dañ sa posh' ün' siñcañtàn' d' cigarràt'. — **3** räpoñ sañl'vä làz'iuh : ... pañs'. — **4** oovrä vô valiz' dil' dwaniä. — **5** ... azhoot' : pâd' taba pâdalcol? — **6** ... sañbl' ... dificültä. — **7** a fàr' añträ la clä — särrürr'. — **8** ä n'räpoñ pâ. — **9** ... foo-y' ... oovàrrt'. — **10** ni troov' k' dü liñzh' dà vàt'mañ, — **11** dàz' obzhàd' twalàt' ... — **12** ... sa s'goñd' (**1**). — **13** ... di sàboñ! — **14** ... bood' crà' ilmarrk' — sigñ' mistäriuh.

(**1**) Second, seconde, *are pronounced* s'goñ, s'goñd'.

At the Customs : a delicate moment

1 Have you anything (*you have nothing*) to declare? — **2** P., who has in his pocket about 50 cigarettes, — **3** replies (*responds*) without raising (*to raise*) his (*the*) eyes : No, I don't think *I have*. — **4** Open your bags, says the customs officer. — **5** And he adds : No tobacco, no spirits (*alcohol*)? — **6** P. seems to have some difficulty — **7** in fitting (*to make to enter*) the key into the lock, — **8** and does not answer. — **9** The customs officer searches the open bag, — **10** finds (*there*) only linen, clothes, — **11** toilet things (*objects of t.*) and books. — **12** P. has now opened his second bag, — **13** but the customs officer says : All right (*It is good*)! — **14** With a bit of chalk, he marks both (*the two*) bags with (*of*) a mysterious sign.

NOTES. — **(1)** Une cinquantaine de... : environ cinquante. — Une dizaine de : environ dix. — Une douzaine de... : *a dozen.* — Une vingtaine (viñtàn') de : environ vingt. — Une trentaine, une quarantaine, une soixantaine, une centaine, environ 30, 40, 60, 100. — Une quinzaine de jours : *a fortnight,* (*about* 15 *days*).

(2) Fouiller (foo-iä) : *To search, to look through.* — Fouillez dans vos poches : *Look through your pockets.* — J'ai déjà fouillé dans mes poches *ou simplement* : Je me suis déjà fouillé : *I have already looked through my pockets.*

(3) Le bout : *the end* or *bit.* Allons jusqu'au bout de la rue : *Let us go right* (*till*) *to the end of the street.* — Avez-vous un bout de ficelle (fissàl)? *Have you a bit of string?* — Un bout de papier : *A bit of paper.* — **La** craie. **La** ficelle. **Le** papier.

15 et passe au voyageur suivant (**4**).

16 Mais Paul se méfie (**5**), et conserve son‿air innocent,

17 s'efforçant (**6**) de ne pas penser aux paquets de cigarettes

18 qu'il sent (**7**) dans la poche gauche de son pantalon.

EXERCICE. — **1** Comment vous sentez-vous maintenant? — Je me sens (*ou* ça va) mieux, merci. — **2** J'ai fouillé dans toutes mes poches, sans trouver mes clés. — **3** Passons à la leçon suivante.

1 How do you feel now? — I feel better, thank you. — **2** I have looked through all my pockets, without finding my keys. — **3** Let us pass on to the next lesson.

o o o

As an additional exercise, *please write out the different forms of the following regular verbs :*

déclarer, penser, ajouter, sembler, entrer, fouiller, trouver, marquer, passer, conserver, se méfier, s'efforcer.

In this way :

Je déclare, nous déclarons, vous déclarez, il déclare, ils déclarent, j'ai déclaré.

For the reflexive verbs :

je me méfie, nous nous méfions, etc.
je m'efforce, nous nous efforçons, etc.

Si vous avez de la difficulté à comprendre une expression, soulignez- (*underline*) la, et faites un signe en marge (*margin*). Puis, écrivez le numéro de la page sur plusieurs pages suivantes, pour vous rappeler (*remind*) de la revoir (*see it again*).

15 ä pas' ô vwa-yazh**urr** süiv**añ**. — **16** ... s'mäfi' ä coñs**à**rrv' soñ'n'**à**rr' inos**añ**. — **17** säforrs**añ**d' n'pâ pañsä ô pak**à**d' ... — **18** kils**añ** ... posh' g**ô**sh' d' soñ pañtal**oñ**.

15 and passes *on* to the next (*following*) traveller. — **16** But P. is mistrustful (*"mistrusts himself"*), and keeps on (*conserves*) his innocent look, — **17** doing his best not to think of (*at*) the packets of cigarettes — **18** which he feels in his left trouser pocket (*in the l. p. of his tr.*).

---

(4) Suivant, *following* (*from* suivre, *to follow*).

(5) Se méfier de : *to mistrust*; se fier (fiä) à : *to trust.* Méfiez-vous de lui! *Don't trust* (*Mistrust*) *him!* — Fiez-vous‿à elle : *Trust her!*

(6) S'efforcer : *to make efforts, to do one's utmost.* Je m'efforce de ne pas‿y penser : *I try hard not to think of* ***it***.

(7) Sentir (sañt**irr**) : *to feel.* Je sens (sañ), nous senton**s**, vous sentez, il sent (sañ), ils sentent (sañt'), j'ai senti.

Sentez-vous le froid? *Do you feel the cold?* (*When transitive in English, is reflexive in French :* Je **me** sens mieux : *I feel better.*)

Expressions à noter :

Fouillez-vous! *Look through your pockets!*

Restez‿ici, **pendant que** je regarde qui est là : *Stay here, while I look who is there.*

Chez le coiffeur (kwaff**urr**) : (*At the hairdresser's*). Au **suivant** de ces messieurs! (mäss'i**uh**) : *Next gentleman, please!*

En‿attendant, je vais travailler un peu : *Meanwhile, I am going to do a little work.*

Nous‿allons‿en France, **afin d'**étudier (*ou* pour étudier) la langue : *We are going to France, in order to* (or *to*) *study the language.*

Nous sommes‿**à l'**étranger : *We are abroad.*

Nous partons **pour l'**étranger : *We are starting for abroad.*

39e LEÇON

Quarantième (40e) Leçon

Premier contact

1 Paul est confortablement‿installé,

2 seul dans‿un compartiment de seconde **(1)** classe,

3 dans‿un coin, dans le sens de la marche.

4 Ses valises sont dans le filet au-dessus de sa tête.

5 Il regarde le paysage avec une avide curiosité,

6 en pensant : C'est ça, la France!

7 Les maisons, les routes, les gens,

8 les champs cultivés, les‿arbres même **(2)**,

9 tout l'intéresse et lui semble différent.

10 Il lit les‿enseignes et les panneaux de publicité :

11 Café. Epicerie. Hôtel du Lion d'Or **(3)**.

12 Savon X... **(N. 4)**. Apéritif Y... Pilules Chose, etc. **(4)**.

13 La France est pour lui comme un‿immense livre vivant,

PRONONCIATION. — pr'miä coñtact'. — **1** ... coñforr-tabl'mañt iñstalä, — **2** ... coñpartimañd' sgoñd' ... — **3** dañ-zuñcwiñ ... sañs' ... — **4** ... filà ôd'süd'sa tàt'. — **5** ... pàyi-zazh' ... avid' cüriôzitä, — **6** ... pañsañ ... — **7** ... làroot' làzhañ. — **8** làshañ cültivä, làzarrbr' màm'. — **9** too liñtäràs' ... sañbl' difärañ. — **10** ... làzañsàgñ' ... panôd' püblicitä : — **11** ... äpis'ri' ... lioñ dorr. — **12** savoñ ix' àpäritif igràc pilül' shôz' àt'sätära. — **13** ... uñ'n'im'mañs' ... vivañ. —

First contact

1 P. is comfortably settled (*installed*), — **2** alone in a second-class compartment, — **3** in a corner, *facing the engine* (*"in the sense of the march"*). — **4** His bags are in the rack above (*of*) his head. — **5** He looks *at* the land-scape with (*an*) avid curiosity, — **6** (*in*) thinking : So this is (*It is that*), France! — **7** The houses, the roads, the people, — **8** the cultivated fields, even the trees, — **9** everything interests him and seems different to him. — **10** He reads the *shop*-signs and the advertisement board-ings : — **11** Café. Grocer (*Grocery*). Golden Lion Hotel. — **12** X Soap. Y Aperitive. So and so (*Thing*) Pills, etc. — **13** France is to him like an immense living book,

NOTES. — **(1)** **Le** premi**er**, **la** premiè**re** : *the first.* Le deuxième, la deuxième, *ou* Le second (s'goñ), la seconde (s'goñd') : *The second.*

(2) **La** route; **le** champ; **un‿**arbre; **les** *gens* (*always plural*). — Les‿arbres **même** *or* **Même** les‿arbres : *Even the trees.* — Les **mêmes‿**arbres (màmz'**arr**brr') : *The same trees.*

(3) **Une** enseigne; **un** panneau (*plural in* **x**); **la** publi-cité. — Une épicerie : *A grocer's shop*; **un‿**épicier (äpiciä) : *A grocer* (*from* épice, *spice*).

(4) **Un** savon; **un‿**apéritif; **une** pilule.

14 où il prend sa véritable première leçon de français.

EXERCICE. — **1** Que fait-il? — Il lit‿un livre. — **2** Le savon est sur la table de toilette. — **3** Il n'a plus de **(N. 5)** cheveux sur la tête. — **4** Il y a une enseigne au-dessus de la porte. — **5** Y a-t-il beaucoup de gens dans la rue? — **6** Pas plus que d'ordinaire.

Notons :

J'aime à voyager **dans le sens de la marche** : *I like to travel facing the engine.*

Le journal est **sur** la table : *The newspaper is on the table.*

La lampe est **au-dessus de** la table : *The lamp is above the table.*

Quarante et unième (41e) Leçon

"La Marseillaise" (1)

1 Allons‿enfants de la patrie,
2 Le jour de gloire est‿arrivé.
3 Contre nous de la tyrannie (2),
4 L'étendard sanglant‿est levé! (*bis*)
5 Entendez-vous dans nos campagnes (3)
6 Mugir ces féroces soldats,

14 ... väritabl' pr'miàr'.

14 in which (*where*) he is taking his first real (*veritable*) French lesson (*less. of. Fr.*).

---

1 What is he doing? — He is reading a book. — **2** The soap is on the toilet-table. — **3** He has no longer any hair on his head. — **4** There is a sign-board over the door. — **5** Are there many people in the street? — **6** Not more than usual.

o o o

Exercice supplémentaire. — Je m'y intéresse : *I take interest in it.* Nous nous‿intéressons. Vous vous‿y intéressez. Il s'y intéresse. Ils s'y intéressent. Je m'y suis‿intéressé. Ils s'y sont ‿intéressés. Elles s'y sont‿intéressées.

There is no exercise to-day, but we ask you to learn the song by heart. If you have our gramophone records, or if you know the tune of it, more or less.

o o o

PRONONCIATION. — la marrsà-yàz'. — **1** aloñz' añfañ ... patrië. — **2** ... glwarr ... — **3** ... tirranië. — **4** lätañdarr sañglañ't'à lëvä. — **5** ... cañpagnë. — **6** müzhirr sà färôsë solda.

“ La Marseillaise ”

1 Come (*Let us go*), children of the fatherland, — **2** The day of glory has come (*is arrived*). — **3** Against us, of (*the*) tyranny, — **4** The blood-stained standard is upraised! — **5** Do you hear in our fields (*“countries”*), — **6** *the shouts of* (*bellow*) those ferocious soldiers,

---

NOTES. — **(1)** « La Marseillaise », hymne (imn') national (nasional) français. Composé en 1789 (dix-sept cent quatre-vingt-neuf) pour l'armée du Rhin ; chanté à Paris par les volontaires de Marseille.

(2) Inversion poétique, pour : « L'étendard sanglant de la tyrannie est levé contre nous, » Le sang (sañ) : *The blood.* — Sanglant : *Bloody* or *Blood-stained.*

(3) A la campagne : *In the country.* — Que préférez-vous, la ville ou la campagne ? — Cela dépend de la saison (sàzoñ).

41e LEÇON

7 Qui viennent **(4)** jusque dans nos bras
8 Egorger **(5)** nos fils, nos compagnes **(6)** !

9 Aux‿armes, citoyens! Formez vos bataillons!
10 Marchons, marchons! Qu'un sang impur abreuve **(7)** nos sillons!

Quarante-deuxième (42e) Leçon

REVISION ET NOTES

Pens**er**, *to think*.

Indic. present : je pens**e**, nous pens**ons**, vous pens**ez**, il pens**e**, ils pens**ent**.

Future : je pens**erai**, nous pens**erons**, vous pens**erez**, il pens**era**, ils pens**eront**.

The other regular verbs in **er** are formed on the same pattern e.g. :

Parl**er**, *to speak*.

Future : je parl**erai**, nous parl**erons**, vous parl**erez**, il parl**era**, ils parl**eront**.

Try to write out the future tense of the following verbs by yourself.

7 ... v**iàn**ë zhüskë ... bra. — **8** ägorzh**ä** nô fis' ... coñp**a**gnë. — **9** ôzarrmë citwa-yiñ ... bata-y**oñ**. — **10** marrsh**oñ** ... kuñ sañ iñp**ü**rr abr**u**vë nô si-y**oñ**.

7 Who are coming, right (*till*) into our arms — 8 to slay (*slit the throat of*) our sons and our women (*companions*)! — 9 To (*the*) arms, citizens! Form up your battalions! — 10 March on (*Let us march*), march on! Let an impure blood soak our soil (*"water" our furrows*)!

---

(4) Il vient (vi-**iñ**) : *He comes*; ils viennent (vi**àn**') : *they come.*

(5) La gorge (gorrzh) : *The throat.* — Egorger : *To cut the throat of.*

(6) Le compagnon (coñpany**oñ**) : *The companion.* — *Feminine :* la compagne.

(7) **Qu**'il parle! *Let him speak!* Parlons! *Let us speak!* — Parlez! *Speak!* Qu'ils parlent! *Let them speak!* — Abreuver les chevaux (sh'v**ô**) : *To water the horses.* — S'abreuver : *To slake one's thirst.*

Donn**er**, *to give.* Entr**er**, *to go in.* Répét**er**, *to repeat.* Ferm**er**, *to close.* Commenc**er**, *to begin.*

2 On : *one, people,* is extensively used in French, and often corresponds to the English **passive form** :

On dit que... : literally *" One says that... "* : *It is said that...*

On le demande : liter. *" One asks (for) him "* : *he is wanted.*

On chante souvent cette chanson : *This song is often sung.*

3 The present participle, which in English may be preceded by *on, while, when, by, etc...,* generally goes with **en** in French :

Vous m'obligerez **en** les‿invitant : *you will oblige me by inviting them.*

Il est parti **en** chantant : *He went away singing.*

42e LEÇON

Je me suis coupé **en** me rasant : *I cut myself while shaving.*

En‿arrivant‿à Londres (loñdr') : *On arriving in London.*

4 L'alphabet (la-lfabà) **français :**

a (a) ; **b** (bä) ; **c** (sä) ; **d** (dä) ; **e** (uh) ; **f** (àf) ; **g** (zhä) ; **h** (ash) ; **i** (i *or* ee) ; **j** (zhi) ; **k** (ka) ; **l** (àl) ; **m** (àm) ; **n** (àn') ; **o** (o) ; **p** (pä) ; **q** (kü) ; **r** (àrr) ; **s** (àss) ; **t** (tä) ; **u** (ü) ; **v** (vä) ; **x** (ix) ; **y** (*i grec* : igr**à**k, " *Grecian i* ") ; **z** (zàd) ; **w** (" *double v* " : doobl' vä).

5 Des, de. Not only in the negative (*See Less.* 28, *par.* 3), but also after an **adverb of quantity,** such as **plus, beaucoup, peu,** *etc..,* **de** *or* **d'** are used instead of **des, de la, du :**

J'ai **du** temps : *Il have time,* but : J'ai beaucoup **de** temps: *I have much time.* — Je n'ai plus **de** temps; *I have no time left.*

Il a **des**‿amis : *He has friends,* but : Il a peu **d'**amis : *He has few friends.* — Il n'a plus **d'**amis : *He has no more friends.*

Voulez-vous **du** vin? *Will you have some wine?* but : Ne voulez-vous plus **de** vin : *Won't you have any more wine?* — Voulez-vous un peu **de** vin? *Will you have a litle wine?*

Masculin et Féminin. — **Le** réveil, **un** réveil; **le** bain, **un** bain; **le** monde, **un** monde; **le** régiment, **un** régiment; **le** voisin, **un** voisin; **le** fracas, **un** fracas; **le** milieu, **un** milieu; **le** côté, **un** côté; **le** pain, **un** pain; **le** beurre, **un** beurre; **l'**étranger, **un** étranger; **le** tabac, **un** tabac; **l'**alcool, **un**‿alcool; **le** linge, **un** linge; **le** vêtement, **un** vêtement; **l'**objet, **un**‿objet; **le** bout, **un** bout; **le** signe, **un** signe; **le** voyageur, **un** voyageur; **l'**air, **un**‿air; **le** paquet, **un** paquet; **le**

pantalon, **un** pantalon; **le** contact, **un** contact; **le** compartiment, **un** compartiment; **le** sens, **un** sens; **le** filet, **un** filet; **le** paysage, **un** paysage; **le** champ, **un** champ; **l'**arbre, **un**‿arbre; **le** panneau, **un** panneau (*pluriel* **les** panneau**x**) ; **le** lion, **un** lion; **l'**or, **un**‿or; **le** savon, **un** savon; **l'**apéritif, **un**‿apéritif; **l'**étendard, **un** étendard; **le** soldat, **un** soldat; **le** bras, **un** bras; **le** fils, **un** fils; **le** bataillon, **un** bataillon; **le** citoyen, **un** citoyen; **le** sang, **un** sang; **le** sillon, **un** sillon; **le** papier, **un** papier; **le** savon, **un** savon.

Il n'a plus d'amis

La musique, **une** musique; **la** marche, **une** marche; **la** radio; **une** radio; **la** voix, **une** voix; **l'**histoire, **une** histoire; **la** connaissance, **une** connaissance; **la** langue, **une** langue; **la** montagne, **une** montagne; **l'**aventure, **une** aventure; **la** douane, **une** douane; **la** poche, **une** poche; **la** cigarette, **une** cigarette; **la** difficulté, **une** difficulté; **la** clé, **une** clé; **la** serrure, **une** serrure; **la** craie, **une** craie; **la** voyageuse, **une** voyageuse; **la** classe, **une** classe; **la** tête, **une** tête; **la** curiosité, **une** curiosité; **la** route, **une** route; **l'**enseigne, **une** enseigne; **la** publicité, **une** publicité; **l'**épicerie, **une** épicerie; **la** pilule, **une** pilule; **la** patrie, **une** patrie; **la** gloire, **une** gloire; **la** tyrannie, **une** tyrannie; **la** campagne, **une** campagne; **la** compagne, **une** compagne; **l'**arme, **une** arme.

42e LEÇON

Quarante-troisième (43e) Leçon

C'est complet (1)

1 — Monsieur veut-il (**2**) déjeuner?

2 C'est l'employé du wagon-restaurant qui, passant dans le couloir,

3 s'est‿arrêté (**3**) à la porte du compartiment.

4 — Deuxième service à midi et demi, troisième service à deux‿heures.

5 — Et le premier service? demande Paul.

6 — Il n'y a plus de place, monsieur; c'est complet.

7 — Alors, donnez-moi un ticket pour le deuxième.

8 — Voici, monsieur.

9 — Merci; le wagon-restaurant est-il loin?

10 — En tête du train; vous‿avez trois voitures à traverser.

11 Resté seul, Paul lit (**4**) le prospectus que l'employé lui a donné :

12 Déjeuner à prix-fixe : quinze francs, vin non compris (**5**).

13 Hors-d'œuvre (**6**) variés, poisson, viande garnie,

14 légume, fromage et dessert.

15 Il est onze heures dix;

PRONONCIATION. — sà coñplà. — **1** vuh-til däzhuhnä. — **2** ... lañplwa-yä ... vagoñ ràstôrañ ... pasañ ... coolwarr. — **3** sàt aràtä ... — **4** ... midi äd'mi ... duhzurr. — **5** ... d'mañd'. — **6** ... plüd'plas' ... — **7** donä mwa un' tikà. — **9** màrrci ... lwiñ? — **10** ... triñ ... vwatürr'a travàrrsä. — — **11** ... prospàctüs'. — **12** däzhunä a prifix ... viñ noñ coñpri. — **13** orrduvr' varriä, pwasoñ, viañd' garrni'. — **14** lägüm', fromazh' ä däsàrr. — **16** ... sàloñ.

It is full up *(complete)*

1 Will you be wanting lunch, Sir? — **2** It is the attendant (*employée*) from the dining-car who, passing in the corridor, — **3** has stopped (*"is" arrested himself*) at the door of the compartment. — **4** Second service at 12,30, third service at 2 o'cl. — **5** What about (*And*) the first service? inquires (*demands*) P. — **6** There is no room left (*no more place*), Sir; it is full up (*complete*). — **7** Then, give me a ticket for the 2nd service. — **8** Here you are (*Here is*), Sir. — **9** Thanks; is the dining-car far (*the d.-c. is it far*)? — **10** In *the* front (*head*) of the train; you have three carriages to go through. — **11** Left (*Remained*) alone, P. reads the hand-bill which the attendant has given him. — **12** Table-d'hôte (*Lunch at fixed price*) : 15 fr., wine not included (*comprised*). — **13** Varied hors-d'œuvre, fish, meat *with vegetables* (*garnished*), — **14** Vegetable, cheese and dessert. — **15** It is ten past eleven (*11,10*).

NOTES. — **(1)** L'autobus (lôtobüs) est complet : *The motor-bus is full up.*

(2) Vouloir (vollwarr) : *To want* or *Will.* Je veux (vuh), nous voulons, vous voulez, il veut (vuh), ils veulent (vull); j'ai voulu (voolü).

(3) *See Less.* **35**, *par.* **5**.

(4) Lire (lirr') : *To read.* Je lis (li), nous lisons (lizoñ), vous lisez (lisä), il lit (li), ils lisent (liz'); j'ai lu (lü).

(5) Comprendre (coñprañdr') : *To comprehend, to understand* or *to include. Conjugated like* prendre (*to take*) : Je comprends (coñprañ), nous comprenons, vous comprenez, il comprend, ils comprennent (coñpràn), j'ai compris (coñpri).

(6) Un hors-d'œuvre, des hors-d'œuvre (*pas d's au pluriel*).

43e LEÇON

16 c'est encore presque une heure et demie à attendre; c'est long.

EXERCICE. — **1** Où l'autobus s'arrête-t-il? — Un peu plus loin, au coin de la rue. — **2** Que lisez-vous là — Un prospectus; l'avez-vous lu? — **3** Oui, mais je ne l'ai pas compris.

o o o

Notons :

Je **me suis‿arrêté** un moment : *I stopped for a moment.*

Le vin n'est pas **compris** : *Wine is not included.*

Je vais‿au concert **de temps‿en temps** : *I go to the concert from time to time.*

Quarante-quatrième (44e) Leçon

Que voulez-vous boire (1)?

1 Paul est‿assis **(2)** près de la fenêtre,

2 à côté d'un vieux monsieur décoré, à moustache blanche **(3)**.

16 (*It is*) Still almost an hour and *a* half to wait; it is a long time.

---

1 Where does the motor-bus stop? — A little further on, at the corner of the street. — **2** What are you reading there? — A prospectus; have you read it? — **3** Yes, but I did not understand it.

o o o

Exercice supplémentaire. — **1** Me comprenez-vous? — **2** Je ne comprends pas tout. — **3** M'avez-vous compris? — **4** Je vous‿ai parfaitement (parrfàt'**mañ**) compris. — **5** Nous ne lisons jamais ce journal. — **6** Moi, je le lis de temps en temps (tañzañ**tañ**). — **7** Il n'a rien lu aujourd'hui. — **8** Je ne veux pas de légumes. — **9** Elle n'a pas voulu attendre.

1 *Do you understand me?* — **2** *I do not understand everything.* — **3** *Have you understood me?* — **4** *I have understood you perfectly.* — **5** *We never read this paper.* — **6** (Me), *I read it from time to* (in) *time.* — **7** *He has read nothing to-day.* — **8** *I do not want any vegetables.* — **9** *She did not want* (has not wanted) *to wait.*

PRONONCIATION. — k'voollävoo bwarr? — **1** ... àtasi pràd' la f'nàtr'. — **2** a côtä ... **viuh** m'siuh a moos**tash**' **blañsh**.

What will you *have to* drink?

1 P. is seated near (*of*) the window, — **2** by the side (*at side*) of an old gentleman *with a decoration* (*decorated*) and *with* (*at*) *a* white moustache.

NOTES. — **(1)** Boire, *to drink, irreg. verb* : Je bois (bwa), nous buvons, vous buvez, il boit (bwa), ils boivent (bwav'); j'ai bu.

(2) Asseyez-vous : *Sit down.* — Il est‿assis : *He is seated.* — Elle est‿assis**e** (asiz) : *She is seated.*

(3) Un livre blanc (blañ) : *A white book.* — Une page blan**che** (blañsh') : *A white page* (*feminine*).

44e LEÇON

3 En face de lui, à la même table,
4 se trouvent deux dames, apparemment la mère et la fille.
5 Un garçon vient de **(4)** servir les hors-d'œuvre :
6 salade de tomates, sardines à l'huile, beurre,
7 œufs **(5)** durs mayonnaise.
8 Un autre garçon s'approche et demande :
9 — Que voulez-vous boire, messieurs-dames? **(6)**
10 — Une demi-bordeaux **(7)** rouge, répond le vieux monsieur.
11 — La même chose pour nous, dit la plus‿âgée des deux dames.
12 Paul, qui boit ordinairement **(1)** de la bière,
13 n'a pas prẹparé sa réponse.
14 Il juge plus simple de répéter à son tour :
15 — La même chose pour moi.

EXERCICE. — **1** Est-ce loin pour aller à la gare? — Non, c'est tout près (prà) *ou* c'est‿à côté. — **2** C'est juste en face. — **3** Etes-vous prêts (prà) messieurs? — **4** Les dames ne sont pas prêtes (pràt). — **5** Attendez votre tour. — **6** Chacun (shaku**ñ**) à son tour. — **7** Il a déjà bu tout son vin.

---

1 Is it far (*to go*) to the station? — No, it is quite close. — **2** It is just opposite. — **3** Are you ready, gentlemen? — **4** The ladies are not ready. — **5** Wait *for* your turn. — **6** Each one in (*at*) his turn. — **7** He has already drunk all his wine.

3 añfas'd'lüi. — **4** s'troov'duh d**a**m' aparram**añ** m**à**rr' ... fi'y'. — **5** ... viiñd' sàrrvi·r là **(1)** orrd**u**vr' : — **6** sal**a**d' d'tom**a**t' sarrdinalüil', burr'. — **7** uh dürr mayonàz'. — **8** uñ'n'**ô**tr' ... sapr**o**sh' ... — **9** ... mäsi**uh** d**a**m'. — **10** ... d'm**i** borrd**ô** roozh räp**oñ** l' ... — **11** ... plüz'äzhä' ... — **12** ... ki bwa' orrdinàrr'm**añ**d' la bi**à**rr'. — **13** ... präparä ... — **14** ... zhüzh' plü siñpl' d'räpätä a soñ toorr...

(1) *In* hors, *the* h *is not mute. It should not be aspirated, but there is no liaison.*

3 Facing (*In face of*) him, at the same table, — **4** are (*find themselves*) two ladies, apparently (*the*) mother and (*the*) daughter. — **5** A waiter has just (*comes from*) served the hors-d'œuvre : — **6** tomato salad, sardines in (*at the*) oil, butter, — **7** hard-*boiled* eggs *with* mayonnaise. — **8** Another waiter comes along (*approaches himself*) and inquires (*demands*) : — **9** What will you *have to* drink, ladies *and* gentlemen? — **10** Half a *bottle of* claret (*red bordeaux*), answers the old gentleman. — **11** The same (*thing*) for us, says the elder (*more aged*) of the two ladies. — **12** P., who usually (*ordinarily*) drinks beer, — **13** has not prepared his answer. — **14** He considers it (*judges*) simpler to repeat in (*at*) his turn : — **15** The same (*thing*) for me.

(4) Je viens de Bruxelles (brüsàl) : *I come from Brussels.* — Je viens de manger : *I have just eaten.* — Il vient de partir : *He has just left.*

(5) Un‿œuf (uñ'n'**u**f), deux‿œufs (duhz'**uh**). Un‿œuf mayonnaise *meaning* : Un‿œuf *à la sauce* mayonnaise.

(6) Messieurs-dames : *Familiar for* Mesdames et Messieurs, *which is a somewhat solemn form of address.*

(7) Une demi-bordeaux, *meaning* : Une demi-*bouteille de* bordeaux. **(N. 2.)**

Exercice supplémentaire. — Je trouverai, nous trouverons, vous trouverez, il trouvera, ils trouveront.

I shall find, we shall find, you will find, he will find, they will find.

Please write the same exercise with : Je demanderai, je préparerai, je jugerai.

Quarante-cinquième (45e) Leçon

La vie est belle!

1 Après les hors-d'œuvre, on sert **(1)** du rôti de veau aux pommes frites **(2)**,

2 suivi de petits pois.

3 D'habitude, Paul ne boit guère **(3)** en mangeant;

4 mais, suivant l'exemple de ses compagnons de table,

5 il a bu un demi-verre de vin,

6 et, ma foi, cela ne lui a pas semblé désagréable.

7 Il vide son verre, et le remplit **(4)** aussitôt.

8 Décidément, ce vin est bon.

9 Quand vient **(5)** le fromage, la bouteille est presque vide.

Notons :

Est-il **près de** vous? *Is he near you?*
Est-il **prêt à** partir? *Is he ready to leave?*
Asseyez-vous **près** (*ou* **à côté**) **de** moi : *Sit down near me* (or *by my side*).
Il est‿assis **en face de** moi : *He sits opposite me.*
Chacun **à** son tour : *Each one in his turn.*
Il **vient** d'arriver : *He has just arrived.*

PRONONCIATION. — **1** ... rôtid' vô ô pom' fritt'. — **2** süivid' p'**ti** pwa ... — **3** ... n'bwa gàrr' ... — **4** ... läxa**ñ**pl'. — **5** ... d'mi vàrrd'**viñ**. — **6** ... ma fwa ... däzagräabl'. — **7** l'rañplit'ôsitô. — **8** däsidämañ s'viñ. — **9** ... la bootày' à pràsk' vid'.

(The) Life is fine!

1 After the hors-d'œuvre, (*one serves*) roast (*of*) veal with (*to the*) fried potatoes *is served,* — **2** followed by *green* (*small*) peas. — **3** As a rule, P. hardly ever drinks with his meals; — **4** but, following the example of his table companions, — **5** he has drunk half a glass of wine, — **6** and, *indeed* (*my faith*), he did not find it (*that has not seemed to him*) unpleasant. — **7** He empties his glass, and fills it up *immediately* (*as soon*). — **8** Decidedly, this wine is good. — **9** When the cheese comes, the bottle is almost empty.

NOTES. — **(1)** Servir, *to serve, irreg.* Je sers (sàrr), nous servons (sàrrv**oñ**), vous servez (sàrrv**ä**), il sert (sàrr), ils servent (sàrrv'), j'ai servi.

Note the use of on *instead of the passive form in English.*

(2) La pomme : *The apple*; la pomme (de terre) (*"apple of earth"* : *the potatoe.* — Un bifteck (biftàk) aux pommes : *A steak with potatoes.* — Frit (fr**i**) : *fried.*

(3) Il ne sort guère de chez lui : *He hardly ever leaves his home.* — Je n'ai guère le temps : *I have hardly time.*

(4) Emplir : *To fill*; remplir : *to fill up,* or *fill again.* — Plein (pliñ) : *Full*; *feminine* : pleine (pl**à**n).

(5) *Or* : Quand le fromage vient, *but the inversion is more usual in this phrase.* — Venir : *To come*; je suis venu : *I have come.*

45e LEÇON

10 Alors, Paul boit‿à petits coups,
11 savourant le liquide généreux.
12 Il se sent **(6)** de bonne humeur,
13 aimablement disposé envers tout le monde.
14 La vie est belle !

EXERCICE. — **1** Que buvez-vous en mangeant ? — **2** Je ne bois guère : un peu d'eau (dô) ou une tasse de thé (tä). — **3** En France, tout le monde boit du vin, de la bière ou du cidre. — **4** C'est l'habitude du pays (pàyi). — **5** Je sais ; on mange aussi beaucoup de pain (piñ). — **6** Oui, comme on dit, le Français — **7** est‿un monsieur décoré, — **8** qui redemande du pain — **9** et ne sait pas la géographie !

Quarante-sixième (46e) Leçon

Un peu de conversation

1 C'est le moment du café et des cigarettes.
2 Le vieux monsieur allume **(1)** un cigare,
3 après‿avoir demandé poliment :

10 bwat'ap'ti coo. — **11** savoorañ l'likid' zhänäruh. — **12** ... d'bonümurr. — **13** ... añvàrr tool'moñd'.

10 Then, P. *sips* (*drinks at little "blows"*), — **11** savouring the noble (*generous*) liquid. — **12** He feels (*himself*) jolly (*of good humour*), — **13** amiably disposed towards everybody (*all the world*). — **14** (*The*) Life is fine!

---

(6) Sentir : *To feel* or *Smell*. Je sens (sañ), nous sentons, vous sentez, il sent, ils sentent (sañt'), j'ai senti.

---

1 What do you drink *with your meals* (*while eating*)? — **2** I hardly drink *anything* : a little water, or a cup of tea. — **3** In France, everybody drinks wine, or beer, or cider. — **4** It is the custom of the country. — **5** I know, *People* (*One*) also eat *a lot of* (*much*) bread. — **6** Yes, as it is said (*one says*), the Frenchman — **7** is a gentleman *who wears a* (*decorated*). — **8** (*who*) asks *for more* (*re-asks*) bread, — **9** and knows no geography!

o o o

Notons :

Aimez-vous les **petits pois**? *Are you fond of green peas?*

Cela **ne se fait guère** : *That is hardly ever done.*

Il est venu, mais est reparti **aussitôt** : *He came, but left again immediately.*

Aussitôt que je l'ai vu, je le lui ai dit : *As soon as I saw him, I told it to him.*

Comment **vous sentez-vous** maintenant? *How are you feeling now?*

PRONONCIATION. — **2** l'viuh m'siuh alüm' ... — **3** ... polimañ.

A little conversation

1 It is *time for* (*the moment of*) coffee and cigarettes. — **2** The old gentleman lights a cigar, — **3** after *asking* (*to have asked*) politely :

NOTES. — **(1)** Allumer, *to light*, j'allume, nous‿allumons, vous‿allumez, il allume, ils‿allument (alüm') (*regular verb*). — J'ai allumé. — Avez-vous‿une allumette (alümàt')? *Have you a match?*

4 — La fumée ne vous dérange pas, mesdames?

5 — Mais pas du tout, monsieur; nous fumons nous-mêmes.

6 — Me permettrez-vous (2), mesdames, de vous‿offrir une cigarette?

7 Paul offre sa boîte de cigarettes anglaises,

8 et les deux dames en prennent chacune (N. 3) une,

9 en le remerciant.

10 — Vous‿êtes‿anglais, monsieur? ajoute (3) la mère.

11 — Oui, madame; excusez-moi si je ne parle pas bien le français.

12 — Oh! mais vous parlez très bien!

13 — Je voudrais parler l'anglais aussi bien, dit la jeune fille (4).

14 Paul rougit (5) du compliment,

15 mais ne trouve rien‿à répondre.

EXERCICE. — 1 Dans le train. — 2 Pardon, madame, la fumée ne vous dérange pas? — **3** Mais pas du tout, monsieur; fumez donc. — **4** Merci, mais je ne

---

1 In the train. — **2** Pardon *me*, Madam, *do you object to smoking* (*the smoke does not disturb you*)? — **3** No, not at all,

4 la fümä' ... mädam'. — **5** ... noo màm'. — **6** m'pàrmàträ voo ... — **7** ... sa bwat'. — **8** ... añ pràn' shacün' ün'. — **9** ... r'màrrsiañ. — **10** voozàt'zañglä ... azhoot'. — **11** ...excüzä... — **13** zh'voodrà ... la zhun' fi'y'. — **14** ... roozhi dü coñplimañ. — **15** riiñ'n'a räpoñdr'.

4 *Does my smoking* (*The smoke does not*) disturb you, (*my*) ladies? — **5** *No* (*But*), not at all, (*Sir*); we smoke ourselves. — **6** Will you allow me (*My ladies*) to offer you a cigarette? — **7** Paul offers his box of English cigarettes, — **8** and the two ladies (*of them*) take one each, — **9** (*in*) thanking him. — **10** Are you English, (*monsieur*)? adds the mother. — **11** Yes, Madam; excuse me if I do not speak (*the*) French well. — **12** Oh! but you speak very well! — **13** I *wish I could* (*would like to*) speak (*the*) English as well, says the (*young*) girl. — **14** Paul blushes at (*of*) the compliment, — **15** but can find no reply.

(2) Permettre : *To allow*; je permets (pàrrmà), nous permettons, vous permettez, il permet (pàrrmà), ils permettent (pàrrmàt'); j'ai permis.

Future : je permettrai, nous permettrons, vous permettrez, il permettra, ils permettront.

(3) Ajouter (azhootä) : *To add*, j'ajoute, nous‿ajoutons, vous‿ajoutez, il ajoute, ils‿ajoutent, j'ai ajouté (*regular verb*).

(4) La fille : *The daughter* or *The girl*; *in the latter meaning, usually with young* : la jeune fille. — Je voudrais : *I would like.*

(5) Rougir : *To redden* or *To blush*; je rougis, nous rougissons, vous rougissez, il rougit, ils rougissent; j'ai rougi (*regular verb*).

46e LEÇON

fume jamais. — **5** Alors, pourquoi me demandez-vous? — **6** Je parlais **(1)** de la fumée de la locomotive.

o o o

Notons pour aujourd'hui :

Je **n'ai rien** trouvé à répondre : *I could find no answer.*
Je voudrais une boîte de cigarettes : *I would like a box of cigarettes.*
Prenez-**en chacun** trois : *Take three each.*

Quarante-septième (47e) Leçon

Paul donne un bon conseil

1 — Est-ce la première fois que vous venez en France?

2 — Oui, mademoiselle; jusqu'ici **(1)**, je n'ai pas‿eu l'occasion de parler français.

3 — Mais vous l'avez étudié longtemps à l'école?

4 — Oui, pendant cinq ans; mais je n'y ai pas ‿appris **(2)** grand-chose.

5 — Comment! pas grand-chose! Vous parlez couramment **(3)** !

6 — C'est vrai; mais depuis **(N. 4)** quatre mois,

7 j'étudie chaque jour avec des disques,

Sir; *do* smoke (*then*). — **4** Thanks, but I never smoke. — **5** Then, why do you ask me? — **6** I was speaking of the smoke of the engine.

(1) Je parle : *I speak*; je parlais (parrlà) : *I spoke* or *I was speaking*.

o o o

Exercice supplémentaire. — *Mettez au futur les verbes* ajouter, allumer, déranger, fumer, *sur le modèle suivant :*

Parler, je parle, je parlerai, nous parlerons, vous parlerez, il parlera, ils parleront.

PRONONCIATION. — coñsày'. — **1** às' la pr'miàrr' fwa. — **2** ... zhüskisi zh'nà pazü locazi-**oñ** ... — **3** ... lavä ätüdiä loñt**añ**. — **4** ... pañd**añ** ciñk**añ** ... zh'niàp**â**zapri grañsh**ô**z. — **5** ... coorramañ. — **6** sàvr**à** ... d'püi. — **7** zhätüdi' ... disk.

Paul gives *(a)* good advice

1 Is *it* (*this*) the first time that you have been *to* (*in*) France? — **2** Yes, Mademoiselle; until *now* (*here*), I have not had the *opportunity* (*occasion*) to speak French. — **3** But you have studied it *a* long time at (*the*) school? — **4** Yes, *I have*, for five years; but I *did not learn* (*have not learnt*) much there. — **5** *What!* (*How!*) not much! You speak fluently! — **6** It is true; but *for the last* (*since*) four months, — **7** I *have been studying* (*study*) every day with *gramophone* records,

---

NOTES. — **(1)** Jusque (zhüsk') : *Until*; jusqu'ici *or* jusqu'à présent : *until now*; jusque-là : *until then.*

(2) Apprendre, j'ai appris; prendre, j'ai pris. — *Note the use of* y, *for* there.

(3) Couramment : *Literally "runningly"*; *from* courir, *to run.*

47e LEÇON

8 et c'est pour cela que je commence à me tirer d'affaire.

9 — C'est merveilleux! En quatre mois!

10 Moi aussi, je veux‿étudier l'anglais avec des disques.

11 — Essayez **(4)**, mademoiselle; je suis sûr que vous réussirez **(5)** !

EXERCICE. — **1** Avez-vous réussi à apprendre le français? — **2** Pas‿encore, mais j'ai bon‿espoir (àspw**arr**), — **3** je l'étudie un peu chaque jour. — **4** Depuis combien de temps l'étudiez-vous? — **5** Depuis presque (pràsk') deux mois. — **6** Etes-vous content des résultats (räzült**a**) ? — **7** Oui, très content; j'espère parler couramment avant trois mois d'ici.

8 ... am' tirrä daf**à**rr. — **9** sà màrrvày**uh**! ... — **10** ...zh'vuh-zätüdiä ... — **11** äsàyä ... räüsirrä.

8 and that is why I am beginning to *get on* (*"pull myself out of affair"*). — 9 It is marvellous! In four months! — 10 I too (*Me too I*) want to study English with records. — 11 Try, (*Mademoiselle*) I am sure that you will succeed!

---

(4) Essayer : *To try* (*regular verb*). J'essaye *or* j'essaie, nous‿essayons, vous‿essayez, il essaye, ils‿essayent (äsày').
(5) Réussir (räüsi**rr**) : *to succeed. Like* finir, *to finish.* J'ai réussi, j'ai fini.

---

1 Have you succeeded in learning French? — 2 Not yet, but I have great hopes. — 3 I study it a little *every* (*each*) day. — 4 How long have you been studying it (*Since how much time do you study it?*) — 5 *For* (*Since*) almost two months. — 6 Are you *pleased* (*content*) with the *result*(*s*)? — 7 Yes, very pleased; I hope to speak fluently within (*before*) three months from *now* (*here*).

o o o

Exercice supplémentaire. — *Conjuguer par écrit* (*in writing*) réussir *sur le modèle de* finir : je finis, nous finissons, vous finissez, il finit, ils finissent, j'ai fini.

Puis, apprendre *et* surprendre *sur le modèle de* prendre : je prends, nous prenons, vous prenez, il prend, ils prennent; j'ai pris.

o o o

Notons :

Je suis‿ici depuis huit jours : *I have been here a week* (*eight days*).

Il n'y est pas pour **longtemps** : *He is not there for long.*

Vous vous‿êtes bien **tiré d'affaire** : *You got on* (or *got out of it*) *all right.*

Laissez-moi vous donner **un** bon conseil : *Let me give you some* (*a*) *advice.*

47e LEÇON

Quarante-huitième (48e) Leçon

Touchons du bois

1 Le temps passe, et les garçons sont pressés de préparer le troisième service.

2 L'addition payée, nos voyageurs se séparent,

3 et Paul (1) revient‿à son compartiment.

4 Mais‿il n'est plus seul :

5 un jeune homme est‿installé dans le coin en face du sien (N. 5).

6 Il lit‿un journal français,

7 et lève les‿yeux (2) à l'entrée de Paul.

8 Les deux jeunes gens (3) échangent‿un sourire

9 et Paul s'assied sans mot dire.

10 — Vous‿allez jusqu'à Paris? demande l'étranger (4).

11 — Oui; et vous‿aussi?

12 — Moi aussi; nous‿arriverons dans deux‿heures, si le train n'a pas de retard.

13 — Jusqu'à présent, il n'en‿a pas (5).

14 — Touchons du bois! dit l'autre, en souriant.

PRONONCIATION. — tooshoñ dü bwa. — **1** l'tañ pass... pràsä... — **2** ladisioñ pàyä nô vwayazhurr ... — **3** ... r'viiñt'a soñ. — **4** màzil ... — **5** ... àtiñstalä ... añfas' dü siiñ. — **6** il lituñzhoorrnal ... — **7** làv' làziuh ... — **8** zhun'zhañ äshañzh' tuñ soorrirr. — **9** ... sasiä ... mo. — **10** voozalä ... lätrañzhä. — **11** . . voozôsi? — **12** noozarriv'roñ dañ duhzurr ... pâd'r' tarr. — **13** ... il naññapâ. — **14** ...añ soorriañ.

Let us touch wood

1 (*The*) Time passes, and the waiters are in a hurry (*pressed*) to prepare the 3rd service. — **2** The bill paid, our travellers part (*separate themselves*), — **3** and Paul returns to his compartment. — **4** But he is no *longer* (*more*) alone : — **5** a young man is *settled* (*installed*) in the corner *facing his* (*in face of his*). — **6** He is reading a French paper, — **7** and raises his eyes at Paul's entrance. — **8** The two young people exchange a smile, — **9** and Paul sits down without saying a word. — **10** *Are you* (*you are*) going *as far as* (*until*) Paris? asks the stranger. — **11** Yes, *I am*, and you too? — **12** So am I (*Me too*); we shall arrive in two hours, if the train is not behind time. — **13** *So far* ("*Until at present*") it *is not* (*has not any*). — **14** Let us touch wood! says the other, (*in*) smiling.

NOTES. — **(1)** Revenir : je reviens, nous revenons, vous revenez, il revient, ils reviennent; je suis revenu.

(2) Je n'ai pas fermé l'œil (lu'y') de la nuit : *I did not sleep a wink last night* ("have not closed the eye of the night"). — Ouvrez les‿yeux (làziuh)! *Open your* (*the*) *eyes!*

(3) Nous‿avons changé de places : *We changed places.* — Nous‿avons‿échangé nos‿impressions : *We exchanged our impressions.* — Voulez-vous‿échanger des leçons avec moi? *Will you exchange lessons with me?*

(4) Un‿étranger (*feminine* une étrangère) : *A foreigner* or *A stranger.* A l'étranger : *Abroad.*

(5) Avez-vous du feu (fuh)? *Have you a light* (*fire*)? — Je n'en‿ai (nañ nà) pas : *I have not* (*of it*).

Les choux (6)

15 Savez-vous planter les choux,
16 A la mode, à la mode,
17 Savez-vous planter les choux

18 A la mode de chez nous?
19 On les plante avec la main,
A la mode, etc. **(7)**.

Quarante-neuvième (49e) Leçon

REVISION ET NOTES

1 Our verbs. — A few more verbs in **ir,** have come our way : **finir, réussir, rougir.** These behave like, **remplir** and **garnir**. (See lesson **35**.)

Je finis, nous finissons, vous finissez, il finit, ils finissent, j'ai fini.

Je réussis, nous réussissons, vous réussissez, il réussit, ils réussissent, j'ai réussi.

We are only just beginning to tackle French verbs,

15 ... plañtä là shoo... — **18** d'shänoo. — **19** ... avàc la miñ.

The cabbages

15 Do you know how to plant cabbages. — **16** *In* (*At*) the fashion, in the fashion, — **17** Do you know how to plant cabbages, — **18** In the fashion *we do* (*of*) at home; — **19** One plants them with the hand, In the fashion, etc.

---

(6) Le chou (sh**oo**) : *The cabbage.* Les choux (sh**oo**) : *The cabbages.*

(7) Les‿enfants qui chantent cette ronde continuent, en‿imitant les gestes (*gestures*) : On les plante avec le doigt (dwa, *finger*), avec le pied (piä, *foot*), avec le nez (nä, *nose*), etc., etc.

Sans mot dire *ou* sans dire un mot.

o o o

Notons :

Je **ne suis pas pressé** : *I am not in a hurry.*

Pressez-vous! *Hurry! Make haste!*

Ce n'est pas votre place, c'est **la mienne** : *It is not your seat, it is mine.*

Je ne l'ai pas trouvé **jusqu'à présent** : *I have not found it so far.*

Garçon, **l'addition**! *Waiter, the bill!*

---

and it is too soon yet for more than a cursory glance to the conjugation tables at the end of the present Course.

We want your French to " grow on you " in a natural way, without any hothouse forcing.

If you are puzzled by certain forms, please be patient for a little longer.

This is still the **passive stage** of your study. Your why's and wherefore's will be answered later, but for the moment we ask you to be satisfied with **understanding** the text of the lessons.

The **active stage** will be beginning in a week's time, and then you will really start to use the knowledge you have been building up.

49e LEÇON

2 Demi is invariable when it stands before the noun : **une demi-bouteille** (with hyphen), but varies when it comes after : **une bouteille et demie**, *a bottle and a half.* — Une demi-heure : *Half an hour.* Une heure et demie : *An hour and a half.*

3 Chaque : *each (adjective) is always followed by a noun.* — **Chacun**, *feminine* **chacune** : *each one (pronoun) stands alone.* — Chaque jour, je vais à l'école : *Every day I go to school.* — Chacun pour soi : *Each* (or *Every*) *one for himself.* — Il y a deux oranges pour chacun de vous : *There are two oranges for each of you.* — Je pense à elle chaque fois que je la rencontre : *I think of her every time I meet her.*

4 Depuis, *since*, is used in a peculiar way — that is, peculiar to an English mind.

Je suis‿ici **depuis** trois semaines : *literally* : " *I am here since three weeks* " : *I have been here three weeks.*

Depuis quand est-il parti? *literally* : *Since when is he gone? How long has he been away?*

(Note that *How long*, in other cases, is : *Combien de temps?* — Combien de temps y resterez-vous? *How long will you stay there?*)

5 Son frère : *his or her brother.* — **Sa** sœur (surr) : *his or her sister.* Mon frère et **le sien** : *My brother and* *his or hers.* Ma sœur et **la sienne** : *My sister and his or hers.*

Plural : les siens, les siennes.

Mon père, **ma** mère : *my father, my mother.* Votre père et **le mien** : *your father and mine.* — Votre mère et **la mienne** : *your mother and mine.* — Vos parents et **les miens** : *your parents and mine.*

Notre, nos, *our*; **votre, vos**, *your*; le *or* la nôtre, *plural* les nôtres : *ours*; le *or* la vôtre, *plural* les vôtres : *yours.*

Masculin et Féminin. — **Le** hors-d'œuvre, **un** hors-d'œuvre; **le** poisson, **un** poisson; **le** légume, **un** légume; **le** fromage, **un** fromage; **le** dessert, **un** dessert; **le** beurre, **un** beurre; **l'**œuf, **un**‿œuf; **le** tour, **un** tour **(1)**; **le** rôti, **un** rôti; **le** veau, **un** veau; **le** pois, **un** pois; **l'**exemple, **un** exemple; **le** verre, **un** verre; **le** coup, **un** coup; **le** liquide, **un** liquide; **le** monde, **un** monde; **le** moment, **un** moment; **le** cirage, **un** cirage; **le** compliment **un** compliment; **le** conseil, **un** conseil; **l'**an, **un**‿an; **le** mois, **un** mois; **le** disque, **un** disque; **le** bois, **un** bois; **le** sourire, **un** sourire; **le** mot, **un** mot; **le** retard, **un** retard; **le** chou, **un** chou (*plur.* les choux) ; **le** pied, **un** pied; **le** nez, **un** nez.

(1) Le tour : *the turn*; *but* **la** tour : *the tower.*

La voiture, **une** voiture; **la** viande, **une** viande; **la** fenêtre, **une** fenêtre; **la** moustache, **une** moustache; **la** table, **une** table; **la** salade, **une** salade; **la** tomate, **une** tomate; **la** sardine, **une** sardine: **l'**huile, **une** huile; **la** chose, **une** chose; **la** bière, **une** bière; **la** réponse, **une** réponse; **la** vie, **une** vie; **la** pomme, **une** pomme; **l'**humeur, **une** humeur; **la** conversation, **une** conversation; **la** fumée, **une** fumée; **la** boîte, **une** boîte; **la** fois, **une** fois; **l'**occasion, **une** occasion; **l'**école, **une** école; **l'**affaire, **une** affaire; **l'**addition, **une** addition; **l'**entrée, **une** entrée; **la** mode, **une** mode; **la** main, **une** main.

49e LEÇON

Cinquantième (50e) Leçon

En route pour Paris

1 — Est-ce que vous resterez **(1)** longtemps‿ à Paris?

2 — Je ne sais **(2)** pas‿encore au juste; mais ‿en tout cas, au moins quinze jours. Et vous?

3 — Oh, moi, je suis parisien;

4 je suis né à Paris, et y habite depuis vingt-trois‿ans.

5 — Est-ce que vous n'êtes **(1)** jamais‿allé à l'étranger?

6 — Ma foi non. Ou plutôt si **(3)**, je suis‿ allé à Bruxelles,

7 mais je ne considère pas cela comme l'étranger,

8 puisque **(4)** tout le monde y parle français.

9 Ce **(5)** doit‿être embarrassant de se trouver dans‿un pays

10 dont‿on **(6)** ne parle pas la langue.

11 — Oui, c'est gênant au début; mais c'est‿ intéressant aussi,

12 à cause du **(7)** changement; tout vous semble nouveau.

PRONONCIATION. — añroot' ... — **1** àsk' voo ràst'rä. — **2** zh' n'sà pâzañcorr' ô zhüst'; màzañtoocâ ômwiñ ... — **3** ... zh'süi parriziiñ. — **4** zh'süi nä ... ä i abit' d'püi ... — **5** àsk' voonàt' zhamàzalä alätrañzhä? — **6** ... plütô ... brüs-sàl'. — **8** püisk' ... — **9** s'dwat'àtr' añbarrasañ ... pàyi. — **10** doñt'oñ n' parrl' pâ la lañg'. — **11** ... sàzhànañ ô däbü ... — **12** acôz dü shañzh'mañ ... noovô.

On the way to *(" In road for ")* Paris

1 Will you stay long in *(at)* Paris? — **2** I don't know yet *exactly* (*"at the just"*); but in any *(all)* case, at least *a fortnight* *(15 days)*. And you? — **3** *I?* Oh, *(me)* I am *a* Parisian; — **4** I was *(am)* born in Paris, and have lived there for *(inhabit there since)* 23 years. — **5** *Have* *(are)* you never *been* *(gone)* abroad? — **6** *Well* *(my faith)*, no. Or rather yes, I have been *(am gone)* to Brussels, — **7** but I do not consider that as abroad, — **8** since everybody speaks French there. — **9** It must be embarrassing to find oneself in a country — **10** the language of which one does not speak. — **11** Yes, it is *a nuisance* *(annoying)* at first *(the start)*, but it is interesting as well, — **12** *on account* (*"at cause"*) of the change; everything seems new, *(to you)*.

NOTES. — **(1)** Est-ce que vous resterez? *literally* : *"Is it that you'll stay?"* : *Shall you stay? is colloquial for* : Resterez-vous? — Avez-vous mangé? *or* Est-ce que vous‿avez mangé? *Have you eaten?* — Etes-vous là? *or* Est-ce que vous‿êtes là? *Are you there?*

(2) Savoir (sav**warr**) : *to know*; je sais (s**à**), nous savons, vous savez, il sait (s**à**), ils savent (sav'); j'ai su.

(3) Si *is used for* oui *when there is a contradiction.* Etes-vous allé en France? — Oui. *Have you been to France?* — *Yes.* — N'êtes-vous jamais allé en France? — Si. *Have you never been to France?* — *Yes, I have.*

(4) *Since,* meaning *seeing that,* is puisque (püisk'), and not depuis (d'p**ü**i) *which relates to time.*

(5) Devoir (d'v**warr**) : *must.* Je dois (dwa), nous devons, vous devez, il doit (dwa), ils doivent (dwav'); j'ai dû.

(6) Dont (dôn) *means* of which, *or* whose **(N. 2)**.

(7) *Because* : Parce que. — *Because of* or *On account of* : A cause de.

50e LEÇON

13 On‿apprend non seulement la langue,

14 mais‿aussi à observer les choses et les gens.

50

EXERCICE. — 1 Nous voici encore en retard à cause de vous! — **2** Excusez-moi, j'ai eu une visite juste au moment de partir. — **3** C'est‿un monsieur dont j'ai oublié le nom. — **4** et qui a le talent de venir toujours au mauvais (môv**à**) moment. — **5** N'en parlons plus, et en route! — **6** Nous‿avons encore juste le temps, si nous nous pressons.

Cinquante et unième (51e) Leçon

Connaissez-vous M. Duval?

1 — Que ferez-vous **(1)** à Paris?

2 — Eh bien, je me promènerai **(2)**,

3 je visiterai les monuments, les musées, les théâtres,

4 je ferai connaissance de la ville et de ses‿environs,

13 oñ'naprañ ... — **14** màzôsi a obsarrvä (*hard* s) là shôz'-zälàzhañ.

13 One learns not only the language, — **14** but also to observe (*the*) things and (*the*) people.

---

1 Here we late *again* (*still*) on account of you! — **2** Excuse me, I had a *visitor* (*visit*) just as I was leaving. — **3** It is a gentleman whose name I have forgotten, — **4** and who has the *way* (*talent*) of always coming at the *wrong* (*bad*) moment. — **5** Let us *talk* (*speak*) no more about it, and *go* (" *in road* ")! — **6** We have just time yet if we hurry.

o o o

Notons :

Est-ce que je le sais? — **Oui.** *Do I know it?—Yes.*

Est-ce que je ne le sais **pas**? — **Si**. *Do I not know it?—Yes, you do.*

Ce doit‿être vrai, **puisque** vous le dites : *It must be true, since you say so.*

C'est la dame **dont** je vous‿ai parlé : *It is the lady of whom I have spoken to you.*

Où **êtes**-vous né? *Where were you born?*

Je **suis** né à Londres : *I was born in London.*

PRONONCIATION. — **1** k'f' rävooza ... — **2** zh'm'pro-män'rà. — **3** zh' vizit'rà là monümañ, là müzä', là täâtr'. — **4** zh'f'rà conàsañs' ... sàzañviroñ,

Do you know M. Duval?

1 What will you do in Paris? — **2** Well, I shall *walk about* (*promenade myself*), — **3** I shall visit the monuments, the museums, the theatres, — **4** I shall *get acquainted with* (*make acquaintance of*) the town and its surroundings.

NOTES. — **(1)** Faire, *to do* or *to make*. Je fais, nous faisons, vous faites, il fait, ils font, j'ai fait. — *Future :* je ferai (f'rà), nous ferons, vous ferez, il fera, ils feront.

(2) Se promener (prom'nä) : *To go for a walk* or *walks.*

51e LEÇON

5 et d'une façon générale je me perfectionnerai en français.

6 — En quinze jours, vous n'aurez **(3)** pas le temps de vous‿ennuyer **(4)** ;

7 mais ne connaissez-vous personne **(5)** à Paris?

8 — Non, personne. Pourtant, j'ai une lettre d'introduction pour un‿ami de ma famille,

9 un Français qui a passé quelque temps en Angleterre,

10 mais que je n'ai pas rencontré personnellement.

11 Il s'appelle **(6)** M. Duval; peut-être le connaissez-vous?

12 — Duval? J'en connais plusieurs; mais‿il y en‿a des centaines, et peut-être des milliers **(7)** à Paris!

5 ... fa**soñ** zhänä**ra**l' zh'm' pàrrfàksion'**rà** ... — **6** ...d'voozañ'-nüi-**yä**. — **7** ... pàrr**soñ'**. — **8** ... poor**tañ** ... làtr' diñtrodüc'-**sioñ** ... fami'**y'**. — **9** ... kàlk'**tañ** añ'nañgl'**tàrr**. — **10** ...pàrr-sonàl'**mañ**. — **11** il sa**pàl'** ... — **12** ... plüzi**urr** màzilian'**na** dà sañ**tàn'** ... mili**ä**.

5 and *in a general way* (*of a gen. fashion*) I shall perfect my (*myself in*) French. — **6** In a fortnight, you will not have time to *get bored* (*annoy yourself*) ; — **7** but do you know nobody in Paris? — **8** No, nobody, However, I have a letter of introduction to a friend of my family, — **9** a Frenchman who *spent* (*has passed*) some time in England, — **10** but whom I have not met personally, — **11** *His name is* (*He calls himself*) M. Duval ; perhaps (*do*) you know him? — **12** M. Duval? I know several (*of them*) ; but there are (*of them*) hundreds and perhaps thousands in Paris!

Je me promène (prom**à**n'), nous nous promenons, etc., *Future :* je me promènerai (promàn'r**à**), nous nous promènerons, etc.

(3) J'aurai, nous‿aurons, vous‿aurez, il aura, ils‿auront : *I shall have, we shall have*, etc.

(4) *From* ennui (*masc.*), *sometimes used in English :* S'ennuyer, *to be* or *get bored*. Je m'ennuie, nous nous‿ennuyons, vous vous‿ennuyez, il s'ennuie, ils s'ennuient ; je me suis‿ennuyé. — *Active form :* Il m'ennuie, *he bores me.*

(5) Il y a **une** personne dans la chambre : *There is a person in the room.* — Il **n'**y a **personne** dans la chambre : *There is nobody in the room.* — Plusieurs personnes lui ont parlé : *Several persons spoke to him.* — Personne **ne** lui a parlé : *Nobody spoke to him.*

(6) Comment vous‿appelez-vous? *What is your name?* — Je m'appelle Marie : *My name is Mary.*

(7) *Two hundred francs :* Deux cents francs. *Two thousand francs :* Deux mille francs. *Hundreds of francs :* Des centaines (*fem.*) de francs. *Thousands of francs :* Des milliers (*masc.*) de francs.

51e LEÇON

EXERCICE. — **1** Allons nous promener, si vous voulez. — **2** Je veux bien; par où allons-nous? — **3** Allons d'abord vers le centre de la ville. — **4** Comment s'appelle cette grande place? — **5** C'est la place de la République, — **6** et ce grand bâtiment (bâtim**añ**), doit‿être l'Hôtel de Ville.

Cinquante-deuxième (52e) Leçon

Allons faire un tour (1)

1 Quand le train arriva **(2)** à Paris, nos deux‿amis se séparèrent **(2)**,

2 en se promettant **(3)** de se retrouver bientôt.

3 Paul monta dans‿un taxi, et donna l'adresse de l'Hôtel de Verdun.

4 C'est‿un petit‿hôtel sans prétentions,

5 Boulevard Magenta, à proximité de la Gare du Nord;

1 Let us go for a walk, if you like. — **2** *Willingly* (*I will well*); *which way* (*by where*) do we go? — **3** Let us go first towards the centre of the town. — **4** What is the name of this great square? — **5** It is Republic Square. — **6** and that great building must be the Town Hall ("*Hotel of Town*").

o o o

Notons :

Quand avez-vous **fait connaissance**? *When did you get acquainted* (*with each other*) ?

Vous‿êtes-vous‿ennuyé tout seul? *Did you feel bored all by yourself?*

Je **ne m'ennuie** jamais : *I never feel bored.*

Personne ne sait qui est cette personne : *Nobody knows who that person is.*

De cette façon, vous le ferez facilement : *In this way, you will do it easily.*

PRONONCIATION. — **1** ... nô duhzami s'säparr**à**rr. — **3** ... dañzuñtaxi ... vàrrd**uñ**. — **4** s**à**tuñp'titôt**à**l ...

Let us go for a stroll *(to make a "tour")*

1 When the train *reached* (*arrived at*) Paris, our two friends parted, — **2** (*in*) promising each other to *meet* (*find each other*) again soon. — **3** Paul got (*mounted*) into a taxi and gave the address of the Verdun Hotel. — **4** It is a small hotel without *any* pretensions, — **5** *in* Boulevard Magenta, *in the vicinity* (*at proximity*) of the North Station,

---

NOTES. — **(1)** Je vais faire un tour : *I am going for a stroll* (*to make a "turn" or "tour"*).

(2) Here we meet the past definite, or preterite, see par. **1**, Lesson 56.

(3) *You may have already noticed that* se *is used both for* himself, themselves, *or* each other. — Il **se** donne un jour pour le faire : *He gives himself one day to do it* (*in*). — Ils **se** donnent‿un jour pour le faire : *They give themselves*, etc. — Ils **se** donnent tout ce qu'ils‿ont : *They give each other all they have.*

6 et depuis des‿années **(4)**, le père de Paul y descend,

7 chaque fois qu'il vient‿à Paris.

8 Les chambres sont confortables,

9 avec l'eau chaude et froide et le chauffage central.

10 Paul se présenta, et on lui donna **(5)** une chambre

11 au deuxième étage, avec balcon sur la rue.

12 Il se lava rapidement la figure et les mains

13 et se hâta de sortir faire un tour dans les rues.

EXERCICE. — **1** Séparons-nous ici. — **2** Quand nous retrouverons-nous? — **3** Eh bien, ce soir, vers neuf heures (nuv**urr**), au Café de la Paix (p**à**) ? — **4** Oui, mais je ne suis pas sûr d'être libre avant neuf heures et demie; — **5** j'ai des lettres à écrire après dîner. — **6** Alors, disons neuf heures et demie; au revoir. — **7** A tantôt.

o o o

Notons :

Si vous voulez, **nous nous retrouverons**‿ici : *If you like, we will meet here.*

A quel hôtel **descendez-**vous? *At what hotel are you putting up?*

Permettez-moi de **me présenter** : *Allow me to introduce myself.*

Je **me** lave **la** figure : *I am washing my face.*

Voulez-vous **vous** laver **les** mains? *Will you wash your hands?*

6 ... dpüi dàzanä'. — **7** ... viiñtapari. — **9** ... lô shôdäfrw**a**d' äl' shôf**a**zh' sañtr**a**l. — **10** ... ä oñ lüi dona... — **12** ils' lava rapid'm**añ**... — **13** ä së ât**a**d'sorrt**irr** fàrruñt**oorr** dañlàrü.

6 and *for* (*since*) years, Paul's father *has put up* (*descends*) there, — **7** every time he comes to Paris. — **8** The rooms are comfortable, — **9** with (*the*) hot and cold water and (*the*) central heating. — **10** Paul introduced (*presented*) himself, and *was given* (*one gave him*) a room — **11** *on* (*at*) the second floor, with *a* balcony over*looking* the street. — **12** He rapidly washed *his* (*himself the*) face and (*the*) hands, — **13** and hastened (*himself*) to go out for a stroll *through* (*in*) the streets.

---

(4) A year *is* un‿an *or* une année (ünan**ä**). Année *is used* **1)** for a year's time : Pendant toute une année : *For a whole year's time;* **2)** *in the plural, when the number of years is not definite :* Je suis resté **plusieurs‿années** en‿ Allemagne (alm**a**gn') : *I remained several years in Germany.* — J'y suis resté **trois‿ans** : *I remained there* (*for*) *three years.*

(5) *The passive form is often used in English where the active form with the pronoun* **on** *is used in French :* On dit qu'il est riche : *It is said that he is rich* or *He is said to be rich.* — On lui demanda de revenir : *He was asked to come again.* — On parle anglais : *English spoken.*

o o o

1 Let us part here. — **2** When shall we meet again? — **3** Well, this evening, about (*towards*) 9 o'cl., at the Café de la Paix (of the Peace). — **4** Yes, but I am not sure of being free, before 9.30; — **5** I have some letters to write after dinner. — **6** Then, let us say 9.30; good-bye. — **7** So long.

Exercice supplémentaire. — *Mettez au présent et au futur les verbes de la leçon qui sont au passé défini,* et *vérifiez à l'aide de la clé ci-dessous* (of the key below) *:*

1 arrive, arrivera; se séparent, se sépareront. — **3** monte, montera; donne, donnera. — **10** se présente, se présentera; donne, donnera. — **12** se lave, se lavera. — **13** se hâte, se hâtera.

52e LEÇON

Cinquante-troisième (53e) Leçon

Il faut (1) faire comme tout le monde

1 Ce qui frappe surtout Paul dans la rue,
2 ce sont (2) les terrasses des cafés.
3 Il n'a pas l'habitude de voir les gens
4 tranquillement‿installés à boire en plein‿air,

5 et les regarde avec étonnement.
6 Il fait beau (3) et c'est l'heure de l'apéritif.
7 Il faut se conformer aux‿usages du pays,
8 pense-t-il (4), et il s'assied‿à une table libre.
9 A peine est-il assis qu'un garçon s'approche :
10 — Et pour Monsieur?
11 Comme Paul hésite à répondre,
12 le garçon suggère : — Un vermouth-citron?
13 — Oui, dit Paul à tout hasard (5).
14 Et, comme la boisson lui plaît,
15 il se répète mentalement : un vermouth-citron, un vermouth-citron...

PRONONCIATION. — ilfô ... tool'm**oñd'**. — **1** s'kifr**ap'** sürr**too**. — **2** ... làtàrr**ass'** ... — **3** labit**üd'** ... — **4** trañkil'**mañt'** iñstal**ä** ... añ pliñ'n**àrr** ... — **5** äton'm**añ**. — **6** il'fàb**ô**. — **7** ... ôzüz**azh'** dü p**à-yi**. — **8** pañs'til ... sasiäta üñ' t**abl'**. — **9** apàn'àtilasi. — **12** ... süghzh**àrr** vàrrm**oot'** citr**oñ**. — **13** ... atoo az**arr**. — **14** ... lüi pl**à**. — **15** ils' räp**àt'** mañtal'm**añ**.

One must do like everybody else *(all the world)*

1 What (*That which*) especially (*above all*) strikes P. in the street — **2** (*"it"*) are the café terraces. — **3** He *is not used* (*has not the habit*) to see (*the*) people — **4** quietly *sitting over their drinks* (*installed to drink*) in *the open* (*full*) air, — **5** and looks at them with astonishment. — **6** It is (*makes*) fine, and it is *cocktail time* (*the hour of the aperitive*). — **7** One must conform (*oneself*) to the customs (*usages*) of the country, — **8** he thinks (*thinks he*), and he sits down at a *vacant* (*free*) table. — **9** He has hardly sat down before (*at pain is he sitting, that*) a waiter *comes up* (*approaches himself*) : — **10** And for *the* gentleman? — **11** As Paul hesitates to reply, — **12** the waiter suggests : a vermouth *with* lemon? — **13** Yes, says P. taking a chance. — **14** And, *as he likes* the drink (*pleases him*), — **15** he mentally repeats to himself : a verm.-citr.

NOTES. — **(1)** Il faut : *It is necessary to, one must, one needs.* — Il faut rester ici : *One* (or *We*) *must stay here.* — Il faut du temps pour cela : *One needs time for that.*

(2) C'est moi : *It is I.* — **Ce sont** les autres : *It is the others.*

(3) Quel temps fait-il? *What is the weather like?* (*does it make?*). — Il fait beau temps, *ou* Il fait beau : *It is fine weather,* or *It is fine.* Il fait chaud : *It* (*the weather*) *is warm.* Il fait froid : *It is cold.*

(4) Pense-t-il (*the t is inserted for euphony*). — S'assied‿à : sasiät a. *Final* **d** *pronounced* **t** *in the* liaison.

(5) *In* hasard, *the* h *is "aspirate", which does not mean that it should be pronounced, but merely that no "liaison" is to be made before it.* — **Le** hasard; *but* **l'**hôtel, **l'**homme (h *mute*).

53e LEÇON

EXERCICE. — **1** A votre santé ! — **2** A la vôtre ! — **3** Quel beau temps nous‿avons pour la saison (sàz**oñ**) ! — **4** Oui, il fait presque aussi chaud qu'en‿été. — **5** Et nous sommes‿à peine sortis de l'hiver (liv**àrr**). — **6** Oui, il n'y a pas‿à dire, ce printemps (priñt**añ**) est magnifique !

○ ○ ○

Notons :

Il ne fait jamais comme **tout le monde** : *He never behave (does) like everybody else!*

Je l'ai dit **à tout hasard** (too az**a**rr), *ou* **au petit bonheur** : *I said it at random.*

Je **n'ai pas l'habitude de boire** : *I am not used to drinking.*

Ce vin **me plaît** : *I like this wine.*

Il **fait** trop froid pour rester **en plein‿air** : *It is too cold to remain in the open air.*

Il faut rentrer : *We must get indoors.*

Il n'y a pas‿à dire : *There is no disputing it.*

Cinquante-quatrième (54e) Leçon

La foule parisienne (1)

1 Paul, confortablement‿assis dans son fauteuil (2) d'osier,

2 jouit (3) du spectacle de la foule

3 qui défile devant ses‿yeux,

4 tout‿en fumant une cigarette

5 et buvant lentement son‿apéritif.

6 Il remarque que les gens marchent moins vite qu'à Londres ;

1 (*To*) Your health! — **2** (*To*) Yours! — **3** What fine weather we are having for the season! — **4** Yes, it is almost as warm as in summer. — **5** And we are hardly (*gone*) out of the winter. — **6** Yes, there is no gainsaying it (*there is not to say*), this is a magnificent spring (this spr. is magn.)!

o o o

Exercice supplémentaire. — *Mettons la leçon au futur* . Il faudra faire comme tout le monde.

Clé : **1** ... frappera ... — **2** ce seront ... — **3** Il n'aura pas ... — **5** les regardera ... — **6** Il fera beau et ce sera ... — **7** Il faudra ... — **8** pensera-t-il ... s'assiéra. — **9** ... sera-t-il ... s'approchera. — **11** ... hésitera ... — **12** ... suggérera. — **13** ... dira ... — **14** ... lui plaira. — **15** il se répétera ...

PRONONCIATION. — la fool' parrizi**àn**'. — **1** coñfor-tabl'm**añ**t'asi ... fôt**u**'y' dôziä. — **2** zhooî ... — **3** d'vañ sàziu**h**. — **4** tootañ fümañt'ün'. — **5** lañt'm**añ** s**oñ**'napäritif. — **6** ... là zhañ marsh' mwiñ vit' kal**oñ**dr'.

The Parisian crowd

1 P., comfortably seated in his *wicker* (*osier*) arm-chair, — **2** enjoys the *sight* (*spectacle*) of the crowd — **3** which *passes* (*defiles*) before his eyes,, — **4** while *he smokes* (*all in smoking*) a cig. — **5** and slowly drinks his aperitive. — **6** He *notices* (*remarks*) that people walk (*march*) less quickly than in London;

NOTES. — **(1)** Parisien (zii**ñ**), *feminine* : parisienne (ziàn').

(2) Un fauteuil : *An arm-chair*; une chaise (chàz') : *a chair.*

(3) Jouir de quelque chose : *To enjoy something.* Je jouis, nous jouissons, etc. (*like,* finir, *see Less.* **49**).

Il nous‿observe, **tout‿en** lisant son journal : *He is watching (observing) us, whilst reading his paper.*

Ce qu'il vous‿a dit est **plus‿**ou **moins** vrai : *What he told you is more or less true.*

54e LEÇON

7 beaucoup ont l'air de flâner sans but,
8 simplement pour prendre l'air.
9 Quelques-uns, par groupes de trois‿ou quatre,
10 discutent‿avec animation, en gesticulant.
11 Personne ne semble s'occuper du voisin.
12 Ces gens ont vraiment l'air chez‿eux (**4**) dans la rue.
13 Des camelots passent, criant des journaux (**5**) du soir : *L'Intran! France-soir* (**6**) dernière!
14 Une autre chose n'échappe pas‿à Paul :
15 il n'y a pour ainsi dire que des grandes personnes (**7**).
16 Où sont donc les‿enfants?

EXERCICE. — **1** Enfin, nous voici chez nous! — **2** Etes-vous si fatiguée (**1**) que cela? — **3** Oui; nous nous sommes promenés (**1**) un peu trop longtemps, — **4** et puis, vous marchez un peu vite pour moi. — **5** J'en suis désolé; mais pourquoi ne me l'avez-vous pas dit?

(1) Fatigu**ée** *applies to a female person*; fatigu**é** *to a male.* — Je me suis promen**é** (*a man speaking*). Je me suis promen**ée** (*a woman speaking*); nous nous sommes promen**és** (*several men, or men and women*); nous nous sommes promen**ées** (*several women*).

o o o

Notons :

Je l'ai **simplement** prié de **repasser** : *I merely asked him to call (pass) again...*

Elle n'a **pour ainsi dire** rien répondu : *She answered as good as (" so to say ") nothing.*

7 bôc**oo** oñ ... sañ bü. — **8** siñpl'm**añ** ... — **9** kàlk'z**uñ** ... trwazook**a**tr', ... — **10** discüt' tavàc animasi**oñ** añ zhàsticül**añ**. — **12** sàzh**añ** oñ ... shäz**uh** ... — **13** dä cam'l**ô** pass', criy**añ** dà zhoorrn**ô** ... liñtr**añ**, frañs'sw**arr**! dàrrni**àrr**'. — **14** ...näsh**a**p' pâzap**ô**l. — **15** poorriñsid**irr**' ... grañd' pàrrs**on**'. — **16** oo son doñc làzañf**añ**?

7 many *appear* (*have the air*) to be strolling *aimlessly* (*without aim*), — **8** *merely* (*simply*) to "take the air". — **9** Some (*ones*), in (*by*) groups of three or four, — **10** are in animated conversation (*in*) gesticulating. — **11** No one seems to be concerned with the people around. — **12** Those people really appear (*have the air*) to be at home in the street. — **13** (*Some*) Street-hawkers pass, crying the evening papers : *L'Intran*! *France-Soir*, latest! — **14** Another thing does not escape P. : — **15** there are *so to speak* ("*for thus to say*") only grown-ups, — **16** Where then are the children?

---

(4) Etre chez soi : *To be at home*; je suis chez moi, vous‿êtes chez vous, il est chez lui, elle est chez‿elle, ils sont chez‿eux; elles sont chez‿elles.

(5) **Un** jour**nal**, **deux** jour**naux**.

(6) *L'Intran*, pour *l'Intransigeant*, et *France-Soir*, sont deux journaux parisiens. — Dernière! pour Dernière édition!

(7) Les grandes personnes : *The "grown-ups"*.

1 At last, here we are at home! — **2** Are you as tired as that? — **3** I am; we have walked ("*promenaded*") a little too long, — **4** and then, you walk a little fast for me. — **5** I am *frightfully sorry* ("*desolated of it*"); but why didn't you say so (*haven't you said it to me*)?

Cinquante-cinquième (55e) Leçon

Un peu de calcul

1 Paul finit son vermouth, et en posant **(1)** son verre,

2 il remarque que la soucoupe blanche porte une inscription : 1,30.

3 C'est sans doute le prix de la consommation.

4 Ce n'est pas cher. Et quel pourboire **(2)** donner?

5 — Si je donne vingt centimes, cela fait un franc cinquante juste.

6 — Mais est-ce suffisant?

7 A ce moment même **(3)**, un consommateur voisin

8 est‿en train de payer le garçon.

9 Paul s'efforce de voir quel pourboire il laisse;

10 mais‿il n'y réussit pas.

11 Dans le doute, il **(4)** tend‿au garçon un billet de dix francs.

12 Le garçon lui **(4)** rend une pièce de cinq francs,

PRONONCIATION. — calcül. — **1** ... ä añr' pôz**añ** s**o**ñ v**à**rr'. — **2** ... iñscripsi**oñ** ... — **3** ... l'prid'la coñsomasi**oñ**. — **4** s'nàpâsh**àrr** ... poorrbw**arr**' ... — **5** sizh'don' ... s'**la** fà ... zh**ü**st'. — **6** màz**às**' süfiz**añ**? — **7** as' momañm**àm**' ... — **8** àtañtr**iñd**' pày**ä**l' garrs**oñ**. — **9** ... säff**orrs**'. — **10** màzil ... — **11** dañl'd**oot**' il tañtôgarrs**oñ** ün' pi**às**'. — **12** ... lüi rañtün' pi**às**' ...

A little reckoning *(calculation)*

1 P. drinks up (*finishes*) his vermouth, and (*in*) putting down his glass, — **2** (*he*) notices that the white *saucer* (*undercup*) bears (*carries*) an inscription : 1.30 — **3** It is *no* (*without*) doubt the price of the *drink* (*consummation*). — **4** It is not expensive (*dear*). And what tip *is he* to give? — **5** If I give 20 centimes, that makes 1.50 francs *exactly* (*just*). — **6** But is it sufficient? — **7** At this very moment, a neighbour*ing drinker* ("*consumer*") — **8** is in *the act of* (*train to*) paying the waiter. — **9** P. exerts ("*efforces*") himself to see what tip he leaves; — **10** but he does not succeed (*to it*). — **11** In (*the*) doubt, he holds out a ten franc bill to the waiter. — **12** The waiter gives him back a five franc piece,

---

NOTES. — **(1)** Poser (pôzä) : *To put down*, or *To pose*. — Composer : *To compose*. — Disposer : *To dispose*. — Reposer : *To set down again*, or *To rest*. (Le repos : *Rest, repose*.) — Déposer : *To depose*. — Exposer : *To exhibit, to expose*.

(2) *Can you tell from this sentence whether* pourboire *is masculine or feminine? — Yes, because* quel *is a masculine form; feminine would be* quelle.

(3) A ce moment même : *At that very moment*; à ce même moment : *at this same moment*.

(4) Tendre : *To hold out* or *To tender*. Je tends (tañ), nous tendons, vous tendez, il tend (tañ), ils tendent (tañd'); j'ai tendu. — Rendre : *To give back* or *To render*. Je rends, nous rendons, *etc*. (*like* tendre).

Avez-vous une **pièce de deux francs**? *Have you a two-franc bit?*

55e LEÇON

13 trois de un franc, et une de cinquante centimes.

14 C'est là une indication suffisante :

15 Paul laisse sur la table la pièce de cinquante centimes.

16 Le garçon la prend, en disant : — Merci bien, monsieur.

La mère Michel (5)

17 C'est la mère Michel
Qui a perdu son chat,

18 Qui crie par la fenêtre

19 Qui est-ce qui le lui rendra.

20 C'est le père Lustucru
Qui lui a répondu :

21 — Allez, la mère Michel,
Votre chat n'est pas perdu!

14 ... iñdicasioñ süfizañt', — **16** ... lapr**añ**, añdiz**añ**. — **17** ... mish**àl** ki a p**à**rrd**ü** soñ sh**a**. — **18** ki cri' parrlaf'n**àtr'**. — **19** ki**às'** kil'lüi rañdr**a**. — **20** sàl'p**àrr** lüstücr**ü**.

13 three one-franc ones and a fifty-centime one. — **14** That is (*It is there*) a sufficient hint (*indication*) : — **15** P. leaves the fifty-centime coin on the table. — **16** The waiter takes it, (*in*) saying : *Many thanks* (*thank you well*), Sir.

Mother Michael

17 It is mother Michael — Who has lost her cat, — **18** Who cries out of (*by*) the window — **19** Who (*is it that*) will give it back to her. — **20** It is father L. — Who has answered her : — **21** Come, mother Michael, your cat is not lost!

---

(5) La mère Michel *is as well-known in France as* Old Mother Hubbard *in England. This is only the first verse of the song.*

o o o

Exercice supplémentaire. — *Mettons la leçon au futur.* *Clé* : **1** ... finira. — **2** ... remarquera. — **3** Ce sera ... — **4** Ce ne sera pas ... donnera-t-il? — **5** Si je donne (*no future in French after* if) ... cela fera — **6** ... sera-ce ... — **8** sera... — **9** ... s'efforcera ... laissera — **10** réussira ... — **11** ...tendra. — **12** ... rendra ... — **14** Ce sera ... — **15** ... laissera... — **16** ... la prendra.

o o o

Notons :

Votre travail est-il prêt? — Je suis juste **en train de** le terminer. — *Is your work ready?—I am just finishing it now.*

Quand me rendrez-vous cet argent? — Le mois prochain, **sans** doute. — *When will you return that money to me? — Next month, no doubt.*

J'ai essayé de faire comme lui, mais je **n'y ai pas réussi**. — *I tried to do like him, but I did not succeed.*

55e LEÇON

Cinquante-sixième (56e) Leçon

REVISION ET NOTES

1 Our verbs. — The past definite (*or* preterite, *or* " narrative " past) is as follows for regular verbs in **er** :

Donner, *to give.* Je donnai, *I gave*; nous donnâmes, *we gave*; vous donnâtes, *you gave*; il donna, *he gave*; ils donnèrent, *they gave.*

It is used much less extensively in French than in English, the past indefinite (j'ai donné, nous avons donné, etc...) being preferred.

This applies particularly to the first and second persons plural (*nous donnâmes, vous donnâtes*), the ending in *âmes* and *âtes* sounding somewhat priggish to French ears.

Thus, *We arrived at six yesterday evening* can be translated : Nous‿**arrivâmes** à six‿heures hier soir, but the more colloquial form is : Nous **sommes‿arrivés** à six heures hier soir.

And : *you gave me good advice* will be : Vous **m'avez donné** un bon conseil, *and not* : Vous me *donnâtes* un bon conseil; which would be affected and pretentious.

French verbs are rather complicated, compared to English ones, and we are not yet through with them. They are divided into " conjugations " according to their endings.

We have seen regular verbs in **er**, like **parler, donner**, then in **ir**, like **finir, réussir**; there are others in **oir**, like **voir** (*to see*), and finally in **re**, like **rendre, tendre.**

These four different forms represent only the **regular forms** of French verbs; there are also the **irregular forms**, of which we have already met a few, like : **Aller**, *to go*, je vais, nous allons, vous allez, il va, ils vont, ils sont allés.

The task of mastering French verbs may seem formidable, but we hasten to re-assure you : by taking the difficulties gradually and separately, you will achieve success without any undue effort.

Please do not be impatient. Just have confidence in the way we are leading you. By daily practice, you will find that you will assimilate the intricacies of the language in the same natural way as French children do.

2 Dont (doñ) : *of which, of whom, whose.* — Voici l'homme dont je vous‿ai parlé : *Here is the man of whom I spoke to you.* — Votre mère, dont je connais le bon goût (goo) : *Your mother, whose good taste I know.* — La chambre dont la porte est restée ouverte : *The room, the door of which has remained open.*

3 Marcher is the *act of walking.* — Marchons‿un peu : *Let us walk a little.* — Vous marchez plus vite que moi : *You walk faster than I.*

Se promener is *to go for a walk.* — Il se promène une heure chaque matin : *He goes for* (or *takes*) *an hour's walk every morning.*

4 Je me lave les mains : *I wash my hands.* — Il se toucha le nez (nä) : *He touched his nose.* — Il s'est cassé (casä) la jambe (zhañb') : *He broke his leg.*

5 Masculine and Feminine :

Le musée, **un** musée ; **le** millier, **un** millier ; **le** chauffage, **un** chauffage ; **l'**étage, **un**‿étage ; **le** balcon, **un** balcon ; **l'**air, **un**‿air ; **l'**apéritif, **un**‿apéritif ; **l'**usage, **un**‿usage ; **le** hasard, **un** hasard ; **le** fauteuil, **un** fauteuil ; **le** spectacle, **un** spectacle ; **le** groupe, **un** groupe ; **le** camelot, **un** camelot ; **le** calcul, **un** calcul ; **le** verre, **un** verre ; **le** prix, **un** prix ; **le** pourboire, **un** pourboire ; **le** centime, **un** centime ; **le** franc, **un** franc ; **le** doute, **un** doute ; **le** chat, **un** chat.

La façon, **une** façon ; **la** lettre, **une** lettre ; **la** famille, **une** famille ; **la** centaine, **une** centaine ; **la** connaissance, **une** connaissance ; **l'**année, **une** année ; **l'**eau, **une** eau ; **la** main, **une** main ; **la** figure, **une** figure ; **la** rue, **une** rue ; **la** terrasse, **une** terrasse ; **la** boisson, **une** boisson ; **la** foule, **une** foule ; **la** soucoupe, **une** soucoupe ; **la** consommation, **une** consommation ; **la** pièce, **une** pièce ; **la** fenêtre, **une** fenêtre.

Cinquante-septième (57e) Leçon

L'heure du dîner

1 Les restaurants ne manquent **(1)** pas‿à Paris.

2 Il n'y a que l'embarras du choix :

3 prix-fixe **(2)** populaires à sept ou huit francs, vin compris,

4 restaurants moyens **(3)** de dix à douze francs,

PRONONCIATION. — **1** ... n'mañk'pâza ... — **2** ...lañbarrâ dü shwa. — **3** prifix' popülàrr' ... — **4** ... mwa-yiñ ...

We are now beginning the active stage of our study. It will mean adding five minutes to your daily study, during which we want you to do the following exercise :

When you have been through Lesson **57** in the usual way, return to Lesson **1**. After listening to it again and reading the French text through, cover it up with a piece of paper, and try to reproduce it, **orally and in writing,** from the English translation opposite. You can correct yourself as you go, by glancing at the French paragraph.

We are sure you will find this process quite easy and by repeating it every day you will automatically **consolidate your knowledge and become fluent.**

This **" second wave "** following at a distance of 56 lessons back, will work wonders.

Dinner-time *(" The hour of the dinner ")*

1 Restaurants are not *wanting* (*missing*) in Paris. — **2** *There are plenty to choose from* (*There is only the "embarassment of the choice"*) : — **3** popular *restaurants at* fixed prices, at 7 or 8 francs, wine included, — **4** medium-*class* restaurants, from 10 to 12 francs,

NOTES. — **(1)** Manquer : *To miss, to be missing, to fail, to lack.* — Le temps me manque : *Time fails me.* — Je manque de temps : *I lack time.* — Que vous manque-t-il? *What are you in need of?*

(2) Prix-fixe, *for* restaurants à prix-fixe.

(3) Moyen, *feminine* moyenne (mwa-y**à**n) : *Average, medium.* — *We have seen :* le Français moyen.

Il ne me manque rien : *I lack* (or *want*) *nothing.*

Vous n'avez que **l'embarras du choix** : *you have plenty to choose from.*

Il faut manger **selon** son‿appétit : *One must eat according to one's appetite.*

57e LEÇON

5 ou établissements de luxe.

6 Chacun peut **(4)** choisir, selon ses goûts, sa bourse et son‿appétit.

7 La carte est‿affichée **(5)** à l'extérieur,

8 et on peut la consulter avant de se décider.

9 C'est ce que fait Paul ; il a déjà examiné le menu de trois‿ou quatre restaurants.

10 Il n'a pas très faim **(N. 2)**, il n'est pas pressé de dîner.

11 On lui a dit que les Français sont grands mangeurs **(6)** de grenouilles.

12 Il est tout surpris de ne pas‿encore avoir vu ce plat « national »,

13 et continue à le chercher.

EXERCICE. — **1** Que faut-il (fôt**i**l) faire, selon vous ? — **2** Il n'y a qu'une chose à faire : attendre. — **3** Attendre ! c'est facile à dire ; mais si on ne trouve pas le voleur ? — **4** C'est l'affaire de la police ; — **5** vous‿avez bien donné tous les détails (dät**a**'y) ? — **6** Oui, j'ai raconté tout ce que je sais. — **7** Si vous manquez d'argent, je peux vous‿en prêter.

5 ... ätablis'**mañd'** lüx. — **6** ... shwaz**irr** s'loñ sà **goo**, sa**boorrs'** ä soñ'napäti. — **7** ... àtafish**ä'** aläxtär**iurr**. — **8** ä oñ ... av**añd's'** d**ä**sid**ä**. — **9** sàsk' f**à** ... dàzh**a** äxamin**ä** lum'n**üd'** trwaz oo katr' ... — **10** ... tràf**iñ** ... — **11** ... mañzh**urr** d'gr'**noo'y'**. — **12** sürprid' n'pâzañc**orr** ... pla nasi-o**nal**. — **13** continü' alshàrrsh**ä**.

5 or "de luxe" establishments. — **6** Every one may choose according to his tastes, his purse and his appetite. — **7** The menu is posted *outside* (*at the exterior*), — **8** and one can consult it before making up one's mind. — **9** This is what P. is doing; he has already examined the menu of three or four restaurants. — **10** He is not very hungry, and is not in a hurry *to have dinner* (*to dine*). — **11** He has been told that the French are great frog-eaters. — **12** He is quite surprised that he has not yet seen that "national" dish; — **13** and *goes on looking for it* (*continues to seek it*).

---

(4) *Remember :* Pouvoir, je peux, nous pouvons, vous pouvez, il peut, ils peuvent; j'ai pu (*irregular*).

(5) La carte est‿affich**ée** ou : **Le** menu est‿affich**é**. — Une affiche : *A poster.* — Afficher : *To post, to placard.*

(6) Mangeur : *Eater.* — Manger (mañzhä) : *To eat*; je mange, nous mangeons, vous mangez, il mange, ils mangent (mañzh'); j'ai mangé. — La grenouille : *The frog.* — Manger des grenouilles : *To eat frogs. But when used of a cashier,* « manger la grenouille » *means : to make off with the cash.*

---

1 What *is to be done* (*is it necessary to do*), according to you? — **2** There is only one (*but one*) thing to do : wait. — **3** Wait! that is easy to say; but if the thief is not found? — **4** That is the business of the police; — **5** you have *surely* (*well*) given all the *particulars* (*details*)? — **6** I have; I have *told* (*related*) all I know. — **7** If you are in need of money, I can lend you some.

o o o

Exercice supplémentaire. — *Conjuguez au présent de l'indicatif :* choisir (*like* finir), comprendre, surprendre (*like* prendre); chercher (*like* parler).

o o o

Second wave : *go back to the first lesson, as explained in lesson 56.*

57e LEÇON

Cinquantième-huitième (58e) Leçon

Paul se régale (1)

1 Au cinquième restaurant dont‿il examine le menu,

2 Paul a une heureuse (2) surprise :

3 bien (3) qu'il n'y figure pas de grenouilles,

4 il y a du moins des‿escargots,

5 et c'est là un plat spécialement français,

6 qu'il s'est bien promis de goûter.

7 Il entre sans plus réfléchir (4),

8 et ce n'est qu'au moment de commander son menu

9 qu'une hésitation lui vient :

10 l'idée d'avaler des‿escargots le dégoûte quelque peu.

11 — Mais bah! puisque des millions de Français le font,

12 pourquoi pas moi aussi?

13 La vue des‿escargots le rassure :

14 ils sont gros, propres, bien préparés,

15 et répandent‿une (5) odeur appétissante.

16 Bravement, il en‿extrait un de sa coquille,

PRONONCIATION. — **1** ... doñtil ... — **2** ... ün' uh**ru**hz' ... — **3** ... pâd' gr' **noo**'y'. — **4** ... dümwiñ dàzàs-carr**gô**. — **5** ... pla späsi-al'**mañ** ... — **6** promid'goot**ä**. — **7** ... räfläsh**irr**. — **9** kün' äzitasi-**oñ** ... — **10** lidä' ... kàlk' **puh**. — **11** mà **bâ** püisk' dà mili**oñd**' frañs**àl**' **foñ**. — **13** lav**ü**' ... l'ras**ürr**' (*clean* s). — **14** ... **grô** propr' ... — **15** äräp**añd**'-tün' od**urr** ... — **16** brav'**mañ**, il **añ**'näxtr**à**tu**ñd**' sa coki'y'.

Paul *gives himself a treat ("regales himself")*

1 At the fifth restaurant the menu of which he *scans* (*examines*), — **2** Paul has a happy surprise : — **3** although there *are no frogs listed* (*do not figure any frogs there*), — **4** there are at least (*of the*) snails, — **5** and *that is* (*it is there*) a specially French dish, — **6** which he has quite made up his mind to *try* (*taste*). — **7** He enters without *a second thought* (*"without more to reflect"*), — **8** and it is only at the moment of *ordering* (*commanding*) his meal — **9** that he hesitates (*a hesit comes to him*) : — **10** the idea of swallowings snails rather disgusts him. — **11** *Nonsense!* (*"But bah"*), since millions of Frenchmen do it, — **12** why not I (*me*) too? — **13** The sight of the snails reassures him : — **14** they are big, clean, well prepared, — **15** and have (*spread*) an appetizing smell. — **16** Bravely, he extracts one (*of them*) from its shell,

---

NOTES. — **(1)** Il nous‿a régalés : *He gave us a treat.* — C'est moi qui régale! *I stand the drinks!*

(2) Heureux (uhr**uh**), *feminine* heureuse : *happy, lucky.* — C'est‿heureux (sàt'uhr**uh**) pour vous : *It is lucky for you.* — Il est malheureux : *He is unhappy*, or *unfortunate.* Le bonheur (bon**urr**') : *happiness.*

(3) *Although* : Bien que, *or* Quoique (kwak').

(4) Réfléchir : *To reflect, to think over.* — Y avez-vous réfléchi? — *Have you thought it over? Conjuguer comme* finir.

(5) Répandre : *To spread. Conjuguer comme* répondre (*to answer*). — Il a répandu des bruits (brü**i**) sur vous : *He spread rumours* (*noises*) *about* (*on*) *you.*

58ᵉ LEÇON

17 et le porte à sa bouche.

18 — Excellent! pense-t-il, et il se régale en finissant la douzaine.

EXERCICE. — **1** Qu'est-ce que vous‿avez (*ou* qu'avez-vous) commandé? — **2** Une omelette et une côtelette (côtl**à**t') de mouton aux pommes. — **3** Et comme dessert (däs**à**rr)? — **4** De la compote d'abricots. — **5** Comment trouvez-vous le vin? — **6** Je n'y ai pas‿encore goûté.

Cinquante-neuvième (59e) Leçon

Un petit tour après dîner

1 Paul mange encore une aile de poulet **(1)**,

2 un‿artichaut, du camembert, et boit‿une demi-bouteille de vin ordinaire.

3 L'addition se monte à onze francs,

17 älporrt'a sa **boosh'**. — **18** äksàlañ ... ils' rägal' ...doozàn'.

17 and puts it in his mouth. — **18** Excellent! he thinks, and he enjoys (*regales himself in*) finishing the dozen.

---

1 What have you ordered? — **2** An omelette and a mutton-*chop* (*cutlet*) with potatoes. — **3** And *for* (*as*) dessert? — **4** Some *stewed* (*compote of*) apricots. — **5** How do you *like* (*find*) the wine? — **6** I have not tried (*tasted to*) it yet.

o o o

Exercice supplémentaire. — Conjuguer par écrit (*in writing*) au présent de l'indicatif : promettre (*comme* mettre), et au présent et futur : régaler, porter (*comme* parler).

(Mettre, *to put* : je mets, nous mettons, vous mettez, il met, ils mettent, j'ai mis).

o o o

Notons :

Est-ce **un bonheur** ou **un malheur**? *Is it a piece of luck or a misfortune?*

Réfléchissez-y bien avant de **vous décider** : *Think it over well before making up your mind.*

Je **me** sens **quelque peu** fatigué : *I am feeling somewhat tired.*

Il y a **une vue** magnifique sur la mer (màrr) : *There is a magnificent sea-view* (*view on the sea*).

Ne voulez-vous pas **goûter à** cette omelette? *Won't you try this omelette?*

Seconde vague (vagh') : *la 2e Leçon*

PRONONCIATION. — **1** ... ünàld' poolà. — **2** uñ'n'arr-tishô, dü camañbàrr ... bwat'ün' ... viñ orrdinàrr. — **3** la-disioñ ...

A little stroll after dinner

1 P. still eats a chicken wing. — **2** an artichoke, some camembert, and drinks half a bottle of *table* (*ordinary*) wine. — **3** The *bill* (*addition*) amounts (*mounts itself*) to 11 fr.

NOTES. — **(1)** Le poulet : *The chicken.* — La poule : *The hen.* — Le coq (cok) : *The cock.*

59e LEÇON

4 y compris un franc de pain et couvert (**2**)

5 et douze pour cent de service.

6 Il n'est que huit heures et quart, et Paul,

7 qui veut se coucher de bonne heure (**3**),

8 décide de faire un petit tour sur les grands boulevards.

9 En consultant son plan de Paris, il voit qu'ils sont tout près.

10 Il y a foule sur les boulevards,

11 aussi bien sur les trottoirs qu'aux terrasses des cafés.

12 Les magasins sont fermés, mais la plupart des devantures restent‿éclairées (**4**).

13 Les réclames lumineuses (**5**) brillent de tous côtés,

14 et çà et là (**6**) un cinéma ou un théâtre fait‿une débauche de lumière.

4 ... piñ ä coovàrr. — 6 ... üit'urräkarr. — 12 ... ràst't'ä-clàrrä'. — 13 ... räclam' lüminuhz' bri'y' d'too côtä. — 14 ... sa ä la ... fàt'ün' däbôsh'd' lümiàrr.

4 *including* (*there "comprised"*) 1 fr. *for* (*of*) bread and cover charge, — **5** and 12 % *for* (*of*) service. — **6** It is only a quarter past eight, and P. — **7** who wants to go to bed early, — **8** decides to go for (*make*) a little stroll on the "great" boulevards. — **9** *Referring to* (*In consulting*) his plan of Paris, he sees that they are quite *close* (*near*). — **10** There is *a* crowd on the boulevards, — **11** on the side-walks as well as on (*at*) the café terraces. — **12** The shops are closed, but (*the*) most (*part*) of the shop-windows remain alight. — **13** (*The*) Luminous advertisements shine *on* (*of*) all sides, — **14** and here and there a cinema or a theatre makes an orgy (*debauch*) of *light*.

---

(2) Le couvert *comprend* le couteau (cootô), *knife*; la fourchette (foorrshàt'), *fork*; la cuiller (cüyàrr), *spoon*; les‿assiettes (làzasiàt') *plates*; les verres (vàrr'), *glasses*; la serviette (sàrrviàt'), *napkin*; le sel (sàl), *salt*; le poivre (pwavr'), *pepper*; la moutarde (mootarrd'), *mustard*; l'huile (lüil'), *oil*; et le vinaigre (vinàgr'), *vinegar.*

(3) De bonne heure *ou* tôt (tô). — Bientôt : *soon.* — Tôt ou tard (tô-ootarr) : *Sooner or Later.* — Tantôt : *By and by, later on.*

(4) Eclairer (äclàrä) : *To light*; de clair : *clear* or *light.*

(5) Lumineux, *feminine* lumineuse, *like* heureux, heureuse, joyeux (zhwa-yuh), joyeuse, etc.

(6) Çà et là, *and not "ici et là"* : *Here and there.*

We cannot repeat it too often : *resist your natural inclination to put the stress on the beginning of each word, and to slur vowel sounds!*

59e LEÇON

EXERCICE. — **1** Encore un peu de sauce (s**ô**s') — **2** Non, merci, j'en‿ai assez. — **3** Vous ne mangez rien! Reprenez de la viande (via**ñ**d') ! — **4** Un tout petit morceau (morrs**ô**), s'il vous plaît. — **5** Voulez-vous me passer la moutarde, s. v. p.? — **6** La voici, mais je crois (crwa) bien que le pot (po) est vide.

o o o

Notons :

C'est cinq francs, **y compris** le service (*ou* service compris) : *It is 5 francs, service included.*

Je crois que la plupart des‿invités sont‿arrivés de **bonne heure** : *I believe most of the guests have come early.*

Il y a un‿arbre (uń'n**arr**br') **çà et là** : *There is a tree here and there.*

Soixantième (60e) Leçon

Paul n'est pas né d'hier (1)

1 Paul se promenait (2) tranquillement dans la foule,

2 quand‿un homme se baissa (3) brusquement devant lui,

3 et ramassa quelque chose presque sous ses pieds.

4 — Ah! Ça, c'est de la chance! fit (4) l'homme.

5 Et il montra à Paul l'objet qu'il venait (2) de trouver :

1 A little more (*Still a little*) sauce? — **2** No thanks, I (*of it*) have enough. — **3** You are eating nothing! *Have another helping of* (*Take again some*) meat! — **4** A very (*quite*) small piece, please. — **5** Will you pass me the mustard, please? — **6** Here it is, but *I am afraid* (*believe well*) the pot is empty.

o o o

Exercice supplémentaire. — Mettons la leçon au futur. *Nous vous donnons la clé, à cause des verbes‿irréguliers que vous ne connaissez pas‿encore :*

1 ... mangera — **2** ... boira — **3** ... se montrera ... — **4** Il ne sera... — **7** ... voudra — **8** décidera — **9** ... il verra qu'ils seront — **10** Il y aura — **12** ... seront fermés ... resteront — **13** ... brilleront — **14** ... fera.

Seconde vague : *la 3e Leçon.* Ce n'est pas trop difficile, n'est-ce pas?

PRONONCIATION. — di-yàrr. — **1** ... s'prom'nà. — **2** kañt'uñ'nom...

Paul was not born *(of)* yesterday

1 P. was quietly walking *among* (*in*) the crowd, — **2** when a man *stooped* (*lowered himself*) suddenly ("brusquely") in front of him, — **3** and picked up something almost *from* under his feet. — **4** Ah! That's a stroke of luck! *said* (*made*) the man. — **5** And he showed P. the object which he had just found :

NOTES. — **(1)** Le *d'* est spécial à cette locution. — On dit, par exemple : Je suis *né le* huit décembre, *ou* : Il est né à Berlin (bàrrl**iñ**).

(2) Nous rencontrons‿ici **l'imparfait** (*imperfect*). Voir Leçon **63**, paragr. **1**.

(3) Baisser : *To lower* or *Go down.* — Se baisser : *To stoop.* — Le baromètre baisse : *The glass is falling.* — Baissez-vous! *Stoop!* or *Bend down!*

(4) Fit *est‿employé ici pour* dit. *C'est le passé défini de* faire : Je fis, nous fîmes, vous fîtes, il fit, ils firent (firr).

60e LEÇON

6 une bague en‿or **(5)**, ornée de brillants.

7 — Elle est belle, n'est-ce pas?

8 Ça vaut **(6)** bien mille ou mille deux cents francs, chez‿un bijoutier **(7)**.

9 Tenez **(8)**, je veux vous faire profiter de l'occasion.

10 Deux cents francs, et je vous la laisse!

11 Paul n'avait **(2)** pas‿encore prononcé un seul mot.

12 Il regarda la bague — les brillants étaient vraiment bien‿imités —,

13 puis l'homme, et dit simplement :

14 — Inutile, mon vieux, je connais le truc!

15 L'autre s'éloigna **(9)** sans‿insister.

EXERCICE. — **1** Oh, pardon! je ne vous‿avais pas vu! — **2** J'espère que je ne vous‿ai pas fait mal? — **3** Non, ce n'est rien, cela ne vaut pas la peine d'en parler. — **4** Laissez-moi vous‿aider à les ramasser. — **5** Avec plaisir, car j'ai de la peine à me baisser. — **6** Je vous‿en prie; voilà qui est fait!

6 ün' bag'**añ**'**norr** o**r**rnä'd' bri-**yañ**... — **8** ... shäzuñ bizhootiä. — **9** t'nä, zh'v**uh**... — **12** ... biiñ'nimitä ... — **14** ... trük. — **15** ... sañz'iñsistä.

6 a gold ring, ornamented with brilliants. — **7** It is fine, isn't it? — **8** It (*That*) is worth 1,000 or 1,200 francs at a jeweller's. — **9** Look here (*Hold*), I will *let* (*make*) you *avail yourself* (*profit*) of the *opportunity* (*occasion*). — **10** 200 francs, and I leave it to you! — **11** P. had not yet *uttered* (*pronounced*) *one* (*a single*) word. — **12** He looked *at* the ring — the brilliants were *a really good imitation* (*well imitated*), — **13** then *at* the man, and *merely* (*simply*) said : — **14** No use, old chap (*my old*), I'm up to that dodge! — **15** The other *one* took himself off without insisting.

---

(5) Une bague *en*‿or : *A gold ring.* — Une boîte *en*‿ argent : *A silver box.* — *En* quoi est-ce? *What is it made of?* — C'est‿*en* cuivre : *It is* (*made of*) *copper.*

(6) Valoir, *to be worth* (*"to have value"*). *Irregular :* Je vaux (v**ô**), nous valons, vous valez, il vaut (v**ô**), ils valent (val), j'ai valu.

(7) Un bijou, des bijou**x** (bizh**oo**) : *A jewel, jewels.*

(8) Tenir : *To hold. Se conjugue comme* venir : Je tiens (ti**iñ**), nous tenons, vous tenez, il tient (ti**iñ**), ils tiennent (ti**àn**'), j'ai tenu.

(9) S'éloigner : *To make off, to go away, from* loin (lwiñ) *far.*

Ça (sa), familier pour **cela.**
Utile : *Useful.* — **Inutile :** *Useless.*

---

1 Oh! pardon *me*! I had not seen you! — **2** I hope that I have not hurt (*made ill to*) you? — **3** No, it is nothing; it is not worth (*the trouble*) mentioning (*to speak of it*). — **4** Let me help you to pick them up. — **5** With pleasure, for I have some trouble in bending down. — **6** (*I pray you " of it "*); there you are (*there is which is done*)!

60e LEÇON

Nototons :

Vous m'avez **fait mal**! *You have hurt me!*
Cela **n'en vaut pas la peine** : *It is not worth the trouble.*
Profitez de l'occasion! *Seize the opportunity!*
Profitez-en (profitäzañ) ; *Avail yourself of it!*
Est-ce **bien‿utile** (biiñ'nütil') : *Is it really useful?* or *Is it any use?*

Soixante et unième (61e) Leçon

Bonne nuit!

1 Il n'était pas‿encore onze heures lorsque **(1)** Paul rentra à l'hôtel.

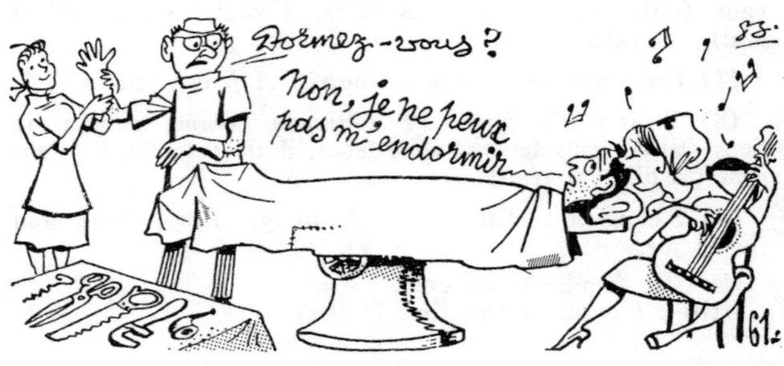

2 Il avait sommeil **(N. 2)** et monta tout droit à sa chambre.
3 Il se déshabilla **(2)**, se brossa les dents, et se mit‿au lit **(3)**.
4 Mais‿il ne put s'endormir **(4)** tout de suite.
5 Le bruit de la rue le tenait‿éveillé.

Exercice supplémentaire. — *Mettons la leçon au présent de l'indicatif.*

Clé : **1** ... se promène ... — **2** ... se baisse ... — **3** ... ramasse ... — **4** ... fait... — **5** ... montre... vient... — **11** ... n'a — **12** ... regarde ... sont — **13** dit (*no change*) ... — **15** ... s'éloigne...

o o o

Deuxième vague : *la 4e Leçon*

PRONONCIATION. — bon' nüi! — **1** ... pâzañc**o**rr' ... lorrsk' ... — **2** ... som**à**'y' ... toodrw**a** a ... — **3** ils' däzabiy**a** ... s'mitôli. — **4** m**à**zil ... tood'süit' ... — **5** l't'n**à**t' äv**à**-y**ä**.

Good night!

1 It was not yet 11 o'cl. when P. *returned* (*"re-entered"*) to the hotel. — **2** He was sleepy and went (*all*) straight up to his room. — **3** He undressed and *went* (*put himself*) to bed. — **4** But he could not *get to* sleep at once. — **5** The noise of the street kept (*was holding*) him awake.

NOTES. — **(1)** Lorsque *ou* quand.

(2) S'habiller (sabi-y**ä**) : *To dress*; se déshabiller (s'däzabi-y**ä**) : *To undress.* — Je m'habille (mab**i**'y), nous nous‿habillons (noo noozabi-y**oñ**), vous vous‿habillez (voo voozabi-y**ä**), il s'habille, ils s'habillent (sab**i**'y'); je me suis‿habillé (süizabi-y**ä**).

Brosser : *To brush*; la brosse : *the brush.*

(3) Mettre, *to put* : je mets, nous mettons, etc., *fait au passé défini* : je mis (m**i**), nous mîmes (m**i**m'), vous mîtes, il mit (m**i**), ils mirent (mirr). Je me mets‿au (m**à**zô) travail : *I am setting* (or *beginning*) *to work.* Je me mis‿au (mîzô) travail : *I set myself* (or *began*) *to work.*

(4) Dormir : *To sleep.* — S'endormir : *To go to sleep.* — Dormez-vous? *Are you sleeping?* — Non, je ne peux pas m'endormir : *No, I cannot go to sleep.*

6 Pourtant, la fenêtre et les persiennes étaient fermées **(5)**.

7 Alors, il ralluma **(6)** l'électricité,

8 et se mit‿à lire un journal français,

9 qu'il avait‿acheté et mis dans sa poche.

10 En fixant son‿attention sur ce qu'il lisait,

11 il oublia peu à peu le bruit de la rue.

12 Au bout **(7)** d'un quart d'heure, il éteignit **(8)** de nouveau,

13 et s'endormit profondément.

EXERCICE. — **1** Je ne trouve pas ma brosse à dents! — **2** N'est-elle pas‿à sa place habituelle — **3** Elle n'y est plus **(N. 5)**; — **4** pourtant je suis sûr de l'y avoir laissée. — **5** Vous m'étonnez (mäton**ä**); personne n'est venu ici en votre absence. — **6** Ah! la voici : elle était tombée derrière (dàrri**àrr'**) la table de toilette!

o o o

Notons :

Il **se mit‿à** chanter (shant**ä**) : *He began to sing.*
Mettez-vous‿au travail! *Set (yourself) to work!*
Nous‿apprenons (nooz apr' n**oñ**) **peu à peu** le français : *We are learning French gradually (little by little)*.
Allumez, éteignez (ätàgn**ä**) la lumière! *Turn on, turn out the light!*
Allez **tout droit**, puis tournez **à droite** : *Go straight on then turn to the right.*
Regardez **derrière** vous! *Look behind you!*

6 ... laf'nàtr' älà pàrrsiàn' ätà fàrrmä'. — **8** äs' mitalirr' — **9** ... avàtash' tä ä mi. — **10** ... soñ'n'atañsioñ ... — **11** il-oobli-ya ... — **12** ôboo ... ätàgnid' noovô. — **13** ... sañdorrmi profoñdämañ.

6 Still, the window and (*the*) shutters were closed. — **7** Then he *turned on the light again* ("*rekindled the electricity*"), — **8** and *began* (*set himself*) to read a French paper — **9** which he had bought and put in his pocket. — **10** *By* (*In*) fixing his attention on what he was reading, — **11** he *gradually* (*little "at" little*) forgot the noise of the street. — **12** At the end of a quarter of *an* hour, he *turned off* (*extinguished*) *the light* again (*of new*), — **13** and *fell into* a deep sleep ("*went to sleep profoundly*").

---

(5) Pouvez-vous dire si *persienne* est masculin ou féminin? — Oui, je vois qu'on dit **une** *persienne*, puisque fer**mées** prend deux **e**, et est donc au féminin.

(6) Allumer : *To light, to kindle.* — Rallumer : *To relight.* — La lumière électrique *ou simplement* l'électricité.

(7) Le bout (boo) : *The end.* — Au **bout** de la rue : *At the end of the street; but : at the* end *of the book :* à **la fin** du livre. **(N. 4.)**

(8) Eteindre (ätiñdr) : J'éteins, nous‿éteignons, vous‿éteignez, il éteint, ils‿éteignent (ätàgn'). — *Passé défini :* J'éteignis, nous‿éteignîmes, vous‿éteignîtes, il éteignit, ils‿éteignirent. — *Imparfait :* J'éteignais, nous‿ éteignions, vous‿éteigniez, il éteignait, ils‿éteignaient.

---

1 I *cannot* (*do not*) find my tooth-brush! — **2** Isn't it in its usual place? — **3** It is no *longer* (*more*) there; — **4** still, I am sure *I left* (*to have left*) it there. — **5** You *surprise* ("*astonish*") me; nobody, *has* (*is*) come here in our absence. — **6** Ah! here it is! It *had* (*was*) fallen behind the wash-*stand* (*table*)!

o o o

Exercice supplémentaire. — Mettons la leçon au présent. *Clé :* **1** ... n'est ... rentre ... — **2** ... a ... monte... — **3** ... se déshabille ... se brosse ... se met ... — **4** ... ne peut. — **5** ... tient éveillé. — **6** ... sont. — **7** ... rallume ... — **8** ... se met ... — **9** ... a... — **10** ...lit. — **11** ... oublie. — **12** ... éteint ... — **13** ... s'endort.

Deuxième vague : *la 5e Leçon*

61e LEÇON

Soixante-deuxième (62e) Leçon

Il pleut (1)

1 Le lendemain **(2)** matin, il pleuvait.
2 Paul prit son petit déjeuner au lit :
3 un bol de café au lait et deux croissants **(3)**.
4 Comme il avait bien dîné la veille **(4)**,
5 ce léger repas lui suffit.
6 Puis, il sonna de nouveau le garçon, et demanda :

7 — Puis-je **(5)** prendre un bain?
8 — Certainement, monsieur. Je vais faire couler l'eau.
9 La salle de bains est‿au fond du couloir.
10 D'ailleurs **(6)**, je vous‿appellerai dès que le bain sera prêt.
11 Quand le garçon vint frapper à la porte quelques minutes plus tard,

PRONONCIATION. — **ilpluh. — 1 ... lañd'miñ. — 2 ... p'ti däzhunä ô li... — 4 ... la và'y'. — 5 s'läzhä r'pâ. — 9 ..., àtôfoñ... — 10 da-yurr zh'voozapàl'rà dàk'l'biñ s'ra prà.**

It is raining

1 The next morning, it was raining. — **2** P. *had* (*took*) his *breakfast* (*little lunch*) in bed : — **3** a bowl of coffee with milk and two rolls (*crescents*). — **4** As he had dined well the day before, — this light meal *was sufficient for* (*sufficed*) him. — **6** Then, he rang for the waiter *again* (*of new*), and asked : — **7** Can I *have* (*take*) a bath? — **8** Certainly, Sir. I will *turn on* ("*make to flow*") the water. — **9** The bath-room is at the *end* (*bottom*) of the passage. — **10** Anyway ("*Of elsewhere*") I shall call you as soon as the bath *is* (*will be*) *ready*. — **11** When the waiter came *and knocked* (*to knock*) at the door a few minutes later,

---

NOTES. — (1) Pleuvoir (pluvw**arr**) : *To rain*; il pleut (pluh) : *it is raining*; il pleuvait (pluv**à**) : *it was raining*; il a plu (plü) : *it has rained*. — La pluie (plü**i'**) : *The rain.*

(2) Demain : *To-morrow*. — Le lendemain : *The next day*. — Demain soir : *To-morrow evening*. — Le lendemain soir : *The next evening*.

(3) Un croissant (crwasa**ñ**) : *A "crescent"* (*crescent-shaped roll*).

(4) La veille (v**à**-y') : *The eve, the day before*. — La vieille (vi**à**'y) femme : *The old woman*. — Hier (i-y**àrr**) : *Yesterday*.

(5) Je peux (puh) : *I can* or *may*. — But, for euphony's sake, the interrogative form is : Puis-je? (pü**i**zh') *or* Est-ce que je peux? — *One can also say :* Je puis *instead of* je peux.

(6) Ailleurs (a-y**urr**) : *Elsewhere*. — D'ailleurs : *Besides, moreover*. — D'ailleurs le tailleur est‿ailleurs (da-y**urr**, l'ta-y**urr** àta-y**urr**) : *Besides, the tailor is elsewhere* (which sounds exactly like : *le tailleur est tailleur* : the tailor is *a* tailor).

12 Paul s'était déjà rendormi (7).
13 Il se leva, et, en pyjama et en pantoufles,
14 suivit le garçon jusqu'à la salle de bains,
15 où on l'entendit bientôt siffler joyeusement.

Le bon fromage (8)

16 Ah, mesdames, voilà du bon fromage!
17 Voilà du bon fromage au lait,
18 Il est du pays de celui qui l'a fait!
19 Celui qui l'a fait était de son village,
20 Ah, mesdames, voilà du bon fromage,
21 Voilà du bon, etc.

o o o

Notons :

Je **suis rentré** de bonne heure : *I have come home early.*

Il me semble que **j'ai sommeil**, et pourtant, **je n'arrive pas‿à m'endormir** : *It seems to me that I am sleepy, and still I can't manage to go to sleep.*

Je viendrai **demain matin** sans faute : *I'll come tomorrow morning without fail.*

Je ne l'ai fait que le **lendemain matin** : *I only did it the next morning.*

Il y était‿allé **la veille au soir** : *He had gone there the evening before.*

Dès que je serai prêt, je vous‿appelerai : *As soon as I am ready, I'll call you.*

13 ... ä añ pizhama ä añ pañtoofl'. — **14** ... zhüs'ka. — **15** ... bi-iñtô siflä zhwa-yuhz' mañ. — **16** ... mädam'. — **18** ... dü pà-yi d's'lüi...

12 P. had already gone to sleep again. — **13** He got up, and in *his* pyjamas and (*in*) slippers, — **14** followed the waiter *to* (*until*) the bath-room, — **15** where *he was soon heard* (*one heard him soon*) whistling *merrily* (*joyously*).

The good cheese

16 Ah, my ladies, *here* (*there*) is some good cheese! — **17** Here is some good milk-cheese, — **18** It is from the country of *the man* (*this one*) who made it. — **19** He who made it was from his village, etc.

---

(7) Je m'endors : *I am going to sleep.* — Je me suis endormi (süizañdorrmi) : *I have gone to sleep.* — Je me suis rendormi : *I have gone to sleep again.* — Je m'étais rendormi : *I had* (*was*) *gone to sleep again.*

(8) "Le bon fromage" est une chanson qui ne finit jamais.

o o o

Exercice supplémentaire. — Mettons tous les verbes de la leçon au **présent**, au **passé défini** et à l'**imparfait.**

Clé : **1** il pleut, il plut, il pleuvait. — **2** prend, prit, prenait. — **4** il a, il eut (ü), il avait — **5** cela suffit, suffit (*no change*), suffisait. — **6** sonne, sonna, sonnait — demande, demanda, demandait — **7** je puis (ou *peux*), je pus (pü), je pouvais. — **8** Je vais, j'allai, j'allais, — je fais, je fis, je faisais; elle coule, elle coula, elle coulait — **9** est, fut (fü), était — **10** j'appelle, j'appelai, j'appelais — **11** il vient, il vint, il venait — **12** il s'est, il se fut, il s'était — il se rendort, il se rendormit, il se rendormait — **13** il se lève, il se leva, il se levait — **14** il suit (süi), il suivit, il suivait — **15** on entend, on entendit, on entendait — il siffle, il siffla, il sifflait.

This exercise is meant to acquaint and familiarize you with the different forms of the verbs; you are not expected to know them yet.

Deuxième vague : *la 6e Leçon*

62e LEÇON

Soixante-troisième (63e) Leçon

REVISION ET NOTES

1 The respective use of the imperfect and past definite is rather puzzling to the English student of French, but presents no insuperable difficulty.

First, let us be quite clear about the differences in form between the two tenses, and look them up in the conjugation tables at the end of the book; all that is required of us for the moment is to be able to tell them from each other.

For instance : *il montait* : *he was going up* is imperfect, while *il monta* : *he went up* is past definite.

Then, let us observe more closely the use of both tenses.

In lesson **60**, we see : *Paul se promenait* : *P. was walking*; that is easy : the English " progressive form " corresponds to the French imperfect.

Paul se promena would be : *Paul walked.*

Still, the following instances (paragr. **5**) : *l'objet qu'il venait de trouver*, then (paragr. **11**) : *Paul n'avait pas encore prononcé un mot*, and finally (paragr. **12**) : *les brillants étaient vraiment bien imités*, do not correspond to English progressive form.

In the first two cases, the action expressed is " imperfect ", because it happens at the same time or just before another action.

In the third case, the verb expresses no action, but a durable state.

Let us see a few more phrases, which will help us to understand :

Il **n'était** (*imperfect*) pas là quand j'arrivai (*past definite*) : *He was not there when I arrived.*

Chaque fois qu'il **sortait** (*imperfect*), il **oubliait** (*imperfect*) quelque chose : *Every time he went out, he forgot something.*

Thist last instance shows us that the imperfect is used to express a **recurring or habitual** act.

But we repeat that for the present your sole task is **to understand the text of the lessons**, and you need not trouble unduly about the construction. Your daily study will make you familiar with its intricacies, and you will use them **instinctively**, in the natural way, after a little groping.

2 To be cold, warm : avoir froid, chaud. In the same way : avoir sommeil : *to be sleepy*; avoir faim (fiñ) : *to be hungry*; avoir soif (swaf) : *to be thirsty*; avoir peur (purr) : *to be afraid.*

Avez-vous chaud? *Are you warm?*

Il **a** faim : *He is hungry.*

Nous n'**avons** pas‿encore sommeil : *We are not sleepy yet.*

De quoi **avez**-vous peur? *What are you afraid of?*

3 Valoir : *to be worth.* Je vaux (vô), nous valons, vous valez, il vaut (vô), ils valent, j'ai valu.

In a similar way : **falloir**, impersonal verb : Il faut que... *It is necessary that.* Il a fallu que... *It has been necessary to...*

4 La fin, le bout are both *the end.* But **la fin** indicates, *finality*, while **le bout** often corresponds to *extremity.*

A la fin de sa vie : *At the end of his life.*

63e LEÇON

Au bout de la rue : *At the end of the street.*

5 Plus. — Il n'est **plus** un enfant : *He is no longer a child.* — Il n'y a **plus** de vin : *There is no wine left.*

6 Masculine and Feminine :
L'embarras, **un**‿embarras; **le** choix, **un** choix; **le** prix, **un** prix; **l'**établissement, **un**‿établissement; **le** luxe, **un** luxe; **le** goût, **un** goût; **l'**appétit, **un**‿appétit; **le** menu, **un** menu; **le** plat, **un** plat; **l'**escargot, **un**‿escargot; **le** poulet, **un** poulet; **l'**artichaut, **un**‿artichaut; **le** camembert, **un** camembert; **le** pain, **un** pain; **le** couvert, **un** couvert; **le** service, **un** service; **le** boulevard, **un** boulevard; **le** trottoir, **un** trottoir; **le** magasin, **un** magasin; **le** côté, **un** côté; **le** pied, **un** pied; **l'**objet, **un**‿objet; **l'**or, **un**‿or; **le** brillant, **un** brillant; **le** bijoutier, **un** bijoutier; **le** mot, **un** mot; **le** truc, **un** truc; **le** sommeil, **un** sommeil; **le** lit, **un** lit; **le** bruit, **un** bruit; **le** lendemain, **un** lendemain; **le** bol, **un** bol; **le** lait, **un** lait; **le** croissant, **un** croissant; **le** repas, **un** repas; **le** couloir, **un** couloir; **le** pyjama, **un** pyjama; **le** fromage, **un** fromage; **le** pays, **un** pays; **le** village, **un** village; **le** couteau, **un** couteau; **le** sel, **un** sel; **le** poivre, **un** poivre; **le** vinaigre, **un** vinaigre; **l'**arbre, **un**‿arbre; **le** cuivre, **un** cuivre; **l'**argent, **un**‿argent; **l'**accent, **un**‿accent.

Soixante-quatrième (64e) Leçon

Paul est distrait

1 Paul était revenu (1) dans sa chambre,

2 avait mis une (2) chemise, un caleçon et des chaussettes propres,

La bourse, **une** bourse; **la** carte, **une** carte; **la** faim, **une** faim; **la** soif (swaf, *thirst*), **une** soif, **la** grenouille, **une** grenouille; **la** surprise, **une** surprise; **l'**hésitation, **une** hésitation; **l'**idée, **une** idée; **la** vue, **une** vue; **l'**odeur, **une** odeur; **la** coquille, **une** coquille; **la** bouche, **une** bouche; **la** douzaine, **une** douzaine; **l'**aile, **une** aile; **la** réclame, **une** réclame; **la** débauche, **une** débauche; **la** lumière, **une** lumière: **la** foule, **une** foule; **la** chance, **une** chance; **la** bague, **une** bague; **l'**occasion, **une** occasion; **la** nuit, **une** nuit; **la** dent, **une** dent; **la** brosse, **une** brosse; **la** fenêtre, **une** fenêtre; **la** persienne, **une** persienne; **l'**électricité, **une** électricité; **la** poche, **une** poche; **l'**attention, **une** attention; **la** veille, **une** veille; **l'**eau, **une** eau; **la** minute, **une** minute; **la** pantoufle, **une** pantoufle; **la** pluie, **une** pluie; **la** boîte, **une** boîte; **la** mer, **une** mer.

Deuxième vague : *la 7e Leçon. (Revision et Notes.)*

PRONONCIATION. — distrà. — 2 avà mi ün' sh'miz', uñ cal'soñ ... shôsàt'...

Paul is absent-minded

1 P. *had* (*was*) returned (*in*) to his room, — 2 had put *on* a clean shirt, *clean* drawers and socks,

---

NOTES. — **(1)** Revenir, je reviens, nous revenons, vous revenez, il revient, ils reviennent. — *Futur :* je reviendrai, nous reviendrons, vous reviendrez, il reviendra, ils reviendront. — *Imparfait :* je revenais, nous revenions, vous reveniez, il revenait, ils revenaient. — *Passé défini :* je revins, nous revînmes (r'viñm'), vous revîntes (r'viñt'), il revint, ils revinrent; je suis revenu.

(2) Mettre, je mets, nous mettons, vous mettez, il met, ils mettent. — *Futur :* je mettrai, nous mettrons, *etc.* — *Imparfait :* je mettais, nous mettions, vous mettiez, *etc.* — *Passé défini :* je mis, nous mîmes, vous mîtes, il mit, ils mirent. — J'ai mis.

3 et était‿en train de nouer sa cravate devant la glace,

4 quand‿il se rappela qu'il avait‿oublié son savon dans la salle de bains :

5 Il acheva de s'habiller — pantalon, gilet, veston, souliers —,

6 et, suivant sa mauvaise habitude, se brossa les cheveux en dernier.

7 Puis, il alla chercher son savon,

8 mais la salle de bains était‿occupée.

9 — Bah! se dit-il, je prendrai **(3)** mon savon plus tard,

10 ou mieux, je vais **(4)** dire au garçon de le rapporter dans ma chambre.

11 Et puis, s'il est perdu, ce n'est‿après tout qu'un petit malheur **(5)** !

3 ... àtàt'añtriñ... — **4** kañt'il... — avàt'oobli-yä. — **5** ash'vad' sabi-yä ... zhilà, vàstoñ, sooliä. — **6** ... làsh'vuh añdàrrniä. — **8** ... ätàt'ocüpä'. — **11** ... s'nàt' apràtoo kuñp'ti malurr.

3 and was tying his tie in front of the mirror. — **4** when he *remembered* (*recalled to himself*) that he had forgotten his soap in the bath-room. — **5** He *finished* (*"achieved"*) dressing — trousers, waistcoat, coat, shoes, — **6** and following his bad habit, brushed *his* (*himself the*) hair(*s*) (*in*) last. — **7** Then, he went to *fetch* (*seek*) his soap, — **8** but the bath-room was occupied. — **9** Bah! he said to himself, I shall get my soap later, — **10** or better, I will tell the waiter to *take* (*bring*) it back to my room. — **11** And then, if it is lost, it is only a small misfortune after all.

---

(3) Prendre, je prends (prañ), nous prenons, vous prenez, il prend, ils prennent. — *Futur :* je prendrai, nous prendrons, vous prendrez, il prendra, ils prendront. — *Imparfait :* je prenais, nous prenions, vous preniez, il prenait, ils prenaient. — *Passé défini :* je pris, nous prîmes, vous prîtes, il prit, ils prirent. J'ai pris.

(4) Aller, je vais, nous allons, vous allez, il va, ils vont. — *Futur :* j'irai, nous irons, vous irez, il ira, ils iront. — *Imparfait :* j'allais, nous allions, vous alliez, il allait, ils allaient. — *Passé défini :* j'allai, nous allâmes, vous allâtes, il alla, ils allèrent. — Je suis allé.

(5) Ce n'est qu'à force de répéter les verbes irréguliers que nous pouvons les apprendre (*learn them*). Nous avons encore les auxiliaires :

Etre (àtr'), je suis, nous sommes, vous‿êtes, il est, ils sont. — *Futur :* je serai, nous serons, vous serez, il sera, ils seront. — *Imparfait :* j'étais, nous‿étions (ät'ioñ), vous‿étiez, il était, ils‿étaient. — *Passé défini :* je fus (ü), nous fûmes, vous fûtes, il fut, ils furent. — J'ai été.

Avoir, j'ai, nous‿avons, vous‿avez, il a, ils‿ont. — *Futur :* j'aurai, nous‿aurons, vous‿aurez, il aura, ils‿auront. — *Imparfait :* j'avais, nous‿avions, vous‿aviez, il avait, ils‿avaient. — *Passé défini :* j'eus (zhü), nous‿eûmes (noozüm'), vous‿eûtes (voozüt'), il eut (ilü), ils‿eurent (ilzürr'). — J'ai eu (*ü*).

64e LEÇON

EXERCICE. — **1** Habillez-vous vite, le temps presse. — **2** Voilà, je n'ai plus que mes souliers à mettre. — **3** N'oubliez pas votre chapeau cette fois-ci. — **4** Zut! j'ai cassé mon lacet (las**à**) ! C'est toujours comme cela quand‿on‿est pressé (ou quand‿on se dépêche). — **5** En‿avez-vous un de rechange? — **6** Non, mais celui-ci est‿encore assez long; — **7** je vais m'arranger pour le nouer quand même (*ou* tout de même).

o o o

Exercice supplémentaire. — *Prenons deux autres verbes de la leçon, et conjugons-les :*

Se rappeler : je me rappelle, nous nous rappelons, vous vous rappelez, il se rappelle, ils se rappellent. — *Futur :* je me rappellerai, nous nous rappellerons, vous vous rappellerez, il se rappellera, ils se rappelleront. — *Imparfait :* je me rappelais, nous nous rappelions, vous vous rappeliez, il se rappelait, ils se rappelaient. — *Passé défini :* je me rappelai, nous nous rappelâmes, vous vous rappelâtes, il se rappela, ils se rappelèrent. — Je me suis rappelé. (*You will notice that the* **l** *is doubled before a mute syllable :* rappe**ll**e, rappe**ll**ent, rappe**ll**erez, etc...)

Achever : j'achève, nous‿achevons, vous‿achevez, il achève, ils‿achèvent. — *Futur :* j'achèverai, nous‿achèverons, vous‿achèverez, il achèvera, ils‿achèveront. — *Imparfait :* j'achevais, nous‿achevions, vous‿acheviez, il achevait, ils‿achevaient. — *Passé défini :* j'achevai, nous‿achevâmes, vous‿achevâtes, il acheva, ils‿achevèrent. — J'ai achevé. (*The* **e** *mute becomes* **è** *before a mute syllable.*)

o o o

Nous vous demandons un peu de patience *pour ces quelques leçons : c'est‿un effort spécial que nous faisons pour nous familiariser avec les verbes.*

Do not be frightened *by the apparent maze of French verbs. You will be able to find your way about it in a few days' time.*
Be satisfied *with understanding the text of the lessons for the present — and that surely is not too hard?*

---

1 Dress (*yourself*) quickly, time presses. — **2** There, I have *only got* (*no more than*) my shoes to put *on*. — **3** Do not forget your hat this time. — **4** Dash it! I have broken my *boot*-lace! It is always like that when one is in a hurry. — **5** Have you *a spare* one (*of "rechange"*)? — **6** No, but this one is still long enough; — **7** I shall manage (*arrange myself*) to tie it up all the same.

o o o

Notons aujourd'hui :

Allez chercher votre chapeau (shap**ô**) ! *Go and fetch your hat!*

Je vais **m'arranger quand même**! *I am going to manage nevertheless* (or *all the same*).

Avez-vous un pneu (p'n**uh**) **de rechange**? *Have you a spare tire?*

Portez cette bague chez le bijoutier : *Take this ring to the jeweller's.*

Deuxième vague : *la 8e Leçon*

o o o

Pendant quelques leçons encore, *il vous faudra un peu plus de temps chaque jour pour l'étude. Nous vous recommandons de reviser fréquemment ces leçons, et de ne pas vous décourager.*

64e LEÇON

Soixante-cinquième (65e) Leçon

Où en sommes-nous? (1)

1 Laissons‿un moment notre ami Paul,

2 et voyons où nous‿en sommes dans l'étude du français.

3 Hier, nous‿avons pris une indigestion de verbes.

4 Les verbes, voilà notre bête noire.

5 Rien que pour les verbes réguliers, nous‿avons quatre conjugaisons :

6 En « er » **(N. 2)**, comme donner **(2)**, parler, aimer, passer, inviter, etc...

7 En « ir », comme finir **(3)**, réussir, remplir.

8 En « oir », comme recevoir **(4)**, apercevoir.

PRONONCIATION. — oo añ **som**'noo? — **1** làsoñz'uñ momañ. — **2** vwa-yoñ oo nooz'añ ... — **3** i-yàrr nooz'avoñ... priz' ün' iñdizhàstioñ... — **4** ... bàt' nwarr'. — **5** ... nooz'avoñ. — **6** añ'ë **arr** (1) ... àt sätära. — **7** añ i àrr... räüsirr... — **8** añ' o i àrr. — **9** añfiñ añ àrr ë (1) ...

(1) The sign ë indicates e mute, corresponding to the sound of u in *but* or *fur.*

How far have we got? (Where are we *of* it?)

1 Let us leave our friend P. for a moment, — 2 and see how far we have got in the study of French. — 3 Yesterday, the verbs gave us indigestion. — 4 The verbs, *they are* (*there is*) our *bugbear* (*black beast*). — 5 (*Nothing but*) For the regular verbs *alone*, we have four conjugations : — 6 Ending in "er", such as to give, to speak, to love, to pass, to invite, etc. — 7 In "ir", such as to finish, to succeed, to fill. — 8 In "oir", such as to receive, to perceive

---

NOTES. — **(1)** Où sommes-nous? *Where are we?* — Où en sommes-nous? *How far are we with it?*

---

(2) Donner : je donn**e**, nous donn**ons**, vous donn**ez**, il donn**e**, ils donn**ent**. — *Futur :* je donn**erai**, nous donn**erons**, vous donn**erez**, il donn**era**, ils donn**eront**. — *Imparfait :* je donn**ais**, nous donn**ions**, vous donn**iez**, il donn**ait**, ils donn**aient**. — *Passé défini :* je donn**ai**, nous donn**âmes**, vous donn**âtes**, il donn**a**, ils donn**èrent**. — J'ai donn**é**. (*Verbe régulier.*)

(3) Finir : je fin**is**, nous fin**issons**, vous fin**issez**, il fin**it**, ils fin**issent**. — *Futur :* je fin**irai**, nous fin**irons**, vous fin**irez**, il fin**ira**, ils fin**iront**. — *Imparfait :* je fin**issais**, nous fin**issions**, vous fin**issiez**, il fin**issait**, ils fin**issaient**. — *Passé défini :* je fin**is** (*comme au présent*), nous fin**îmes**, vous fin**îtes**, il fin**it** (*comme au présent*), ils fin**irent**. — J'ai fin**i**. (*Verbe régulier.*)

(4) Recevoir : je reç**ois** (**ç** *to preserve the* s *sound*), nous rec**evons**, vous rec**evez**, il reç**oit**, ils reç**oivent**. — *Futur :* je rec**evrai**, nous rec**evrons**, vous rec**evrez**, il rec**evra**, ils rec**evront**. — *Imparfait :* je rec**evais**, nous rec**evions**, vous rec**eviez**, il rec**evait**, ils rec**evaient**. — *Passé défini :* je reç**us**, nous reç**ûmes**, vous reç**ûtes**, il reç**ut**, ils reç**urent**. — J'ai reç**u**. (*Verbe régulier.*)

65e LEÇON

9 Enfin, en « re », comme rendre **(5)**, descendre, perdre.

10 En‿outre **(6)**, nous‿avons les verbes irréguliers,

11 qui, comme dans les‿autres langues, sont souvent les plus‿usités.

12 Comment apprendrons-nous tout cela?

13 Peu à peu, par la pratique quotidienne.

14 Nous voici à peu près à la moitié **(7)** du cours,

15 Etes-vous satisfait de vos progrès? Nous l'espérons.

16 Disons-nous bien que le plus dur est déjà fait,

17 et ayons bon‿espoir : tout‿ira bien!

EXERCICE. — *Comme exercice, nous‿allons‿ aujourd'hui conjuguer, sur le modèle des notes de la leçon, les verbes :* parler, aimer, passer (*Note* **2**). Réussir, remplir (*Note* **3**). Apercevoir (*Note* **4**). Descendre, perdre (*Note* **5**). — (*Tous verbes réguliers.*)

o o o

C'est notre grande offensive *contre les verbes. Encore quelques jours seulement, et nous les‿aurons!*

10 añ'**noo**tr' nooz'av**oñ** ... v**à**rrb'z'ir'rägüliä. — **11** ... làz'-ôtr' lañgh' ... làplüz'üzitä. — **13** ... pratik' kotidi**àn**'. — **14** la mwatiä dü **coo**rr. — **15** ... satisf**à**d'vô progr**à**... — **17** ä à-y**oñ** boñ'n'äspw**arr** toot'irr**a** bi**iñ**!

9 Finally, in "re", such as to give back (*or* render), to go down, to lose. — **10** In addition we have the irregular verbs — **11** which, as in (*the*) other languages, are often the most used. — **12** How shall we learn all that? — **13** Little by little, through (*by*) daily practice. — **14** Here we are *approximately* (*"at little near"*) half-way through the course. — **15** Are you satisfied *with* (*of*) your progress (*plural*)? We hope *so* (*it*). — **16** Let us *bear in mind* (*say to ourselves well*) that the hardest *part* is already done, — **17** and let us be of good cheer (*have good hope*) : all will go well!

---

(5) Rendre : je rends (rañ), nous rend**ons**, vous rend**ez**, il rend, ils rend**ent** (rañd'). — *Futur :* je rend**rai**, nous rend**rons**, vous rend**rez**, il rend**ra**, ils rend**ront**. — *Imparfait :* je rend**ais**, nous rend**ions**, vous rend**iez**, il rend**ait**, ils rend**aient**. — *Passé défini :* je rend**is**, nous rend**îmes**, vous rend**îtes**, il rend**it**, ils rend**irent**. — J'ai rend**u**. (*Verbe régulier.*)

---

(6) En‿outre *ou* en plus.
(7) Une demi-journée : *A half day.* — La moitié d'une journée : *The half of a day.*

Notons :

C'est ma **bête noire** : *It is my bugbear.*

Où en‿êtes-vous de votre lecture? *How far have you got in your reading?*

Nous n'en sommes pas‿encore là : *We are not yet that far.*

Il **s'est fait mal** à la jambe; **en‿outre**, il **a mal à** la tête : *He has hurt his leg; moreover, he has a headache.* **(N. 3).**

Je **le** crains; je **l'**espère : *I fear so; I hope so.*

Deuxième vague : *la 9e Leçon*

65e LEÇON

Soixante-sixième (66e) Leçon

Encore les verbes

1 Quant‿aux (1) verbes‿irréguliers, nous les rencontrons dans chaque leçon,

2 mais leurs‿habitudes sont si étranges que nous sommes‿encore loin de bien les connaître (2).

3 Ce n'est qu'à force de les fréquenter que nous nous familiariserons avec eux.

4 « Aller », par exemple, fait‿au présent : je vais, nous‿allons, vous‿allez, il va, ils vont,

5 et au futur : j'irai, nous‿irons, vous‿irez, il ira, ils‿iront.

6 « Prendre », au lieu de se conformer à « rendre », fait‿au présent :

7 je prends, nous prenons, vous prenez, il prend, ils prennent,

8 à l'imparfait : je prenais, nous prenions, vous preniez, il prenait, ils prenaient,

9 et au passé défini : je pris (comme j'ai pris), nous prîmes, vous prîtes, il prit, ils prirent.

10 « Mettre », régulier au présent (je mets, nous mettons, etc.) et à l'imparfait (je mettais, nous mettions, etc.),

11 devient‿au passé défini : je mis (comme j'ai mis), nous mîmes, vous mîtes, il mit, ils mirent.

PRONONCIATION. — **1** kañt'ô **và**rr**b**'z'ir'rägüliä. — **2** ... lurrz'abit**üd**' ... noo som'z'añ**corr**' lwiñ ... con**à**tr'. — **3** ... familiariz'**roñ** avàc uh. — **4** ... fàt'ô präz**añ**. — **5** ä ô füt**ürr**. — **6** ... ô li**uh**d's' coñformä. — **10** ... rägüliä ô... — **11** d'viiñt'ô...

The verbs again

1 As for the irregular verbs, we meet them in each lesson, — **2** but their *ways* (*habits*) are so strange that we are still far from knowing them well. — **3** It is only by (*dint of*) meeting them often (*frequenting them*) that we shall become *familiar* (*familiarize ourselves*) with them. — **4** To go, for instance, *gives* (*makes*) *in* (*at*) the present : I go, we go, etc., — **5** and *in* (*at*) the future : I shall go, etc. — **6** "To take", instead of conforming itself *with* (*to*) "to give back *or* render", gives in the present : — **7** I take, we take, etc., — **8** *in* (*at*) the imperfect : I was taking, we were taking, etc., **9** and *in* (*at*) the past definite : I took (like "I have taken"), we took, etc. — **10** "To put" regular in the present, (I put, etc.) and in the imperfect (I was putting, etc.), — **11** becomes in the past definite : I put (like "I have put") we put, etc.

NOTES. — **(1)** Quant‿à moi (kañtamwa) : *As for me.* — Quant‿aux autres (kañtôzôtr') : *As for* (or *as to*) *the others.* — *Ne confondons pas‿avec quand* (*when*) *qui se prononce la même chose :* Quand‿il arriva (kañt'il).

(2) Connaître : *To know,* meaning *to be acquainted with.* — Savez-vous où il habite? Non, je ne le sais pas : *Do you know where he lives? No I don't know.* — *Mais :* Savez-vous où il habite? Non, je ne le connais pas : *Do you know where he lives? No, I do not know him.*

66e LEÇON

12 Ces‿irrégularités sont déplorables; mais qu'y faire? (**3**)

13 On ne peut changer ni les gens, ni (**5**) les verbes :

14 il faut bon gré mal gré (**4**) les prendre comme ils sont.

EXERCICE. — Encore une fois, prenons des verbes réguliers : conjuguez, sur les modèles de la leçon précédente : arriver, chercher (*Note* **2**). Garnir, rougir (*Note* **3**). Vendre (*to sell*), tendre (*Note* **5**). (pp. 192 et 194).

Soixante-septième (67e) Leçon

Il n'y a pas moyen de faire autrement

1 Paul était déjà à Paris depuis trois jours,

2 et il commençait‿à connaître (**1**) un peu la ville,

3 lorsque l'idée lui vint de faire usage de sa lettre d'introduction,

12 sàz'ir'rägülarritä ... mà kifàrr'? — **13** oñ'n'puh shañzhä.

12 Those irregularities are deplorable; but what can we do about it? — **13** One can change neither (*the*) people nor (*the*) verbs : — **14** one has no choice but to take them as they are.

---

(3) Qu'y faire? *pour* Que pouvons-nous‿y faire?
(4) De bon gré *ou* volontiers (voloñtiä) : *willingly.* — De mauvais gré : *Unwillingly.* — Bon gré mal gré : *Willing or not.*
(5) Ni... ni : *Neither... nor,* always used with *ne.* Il **ne** sait **ni** lire **ni** écrire : *He can neither read nor write.*

Notons :

Je ne **sais** pas qui elle est; je ne la **connais** pas : *I do not know who she is; I am not acquainted with her.*

A force de patience, on‿**arrive à** tout : *By (dint of) patience, one overcomes everything.*

Lisez un peu, **au lieu de** ne rien faire : *Read a little, instead of doing nothing.*

Qu'y faire? Il **nous faut**‿y aller, **bon gré mal gré** : *What can we do? We must go (there), whether we like it or not.*

Nous **n'y** pouvons rien, **ni** vous **ni** moi : *Neither you nor I can help it.*

Deuxième vague : *la 10e Leçon*

PRONONCIATION. — pâ mwa-yiñd' fàrr' ôtr'mañ. — **2** ... comañsàt' a conàtr' ... — **3** lorrsk' ... üzazh' ...

It can't be helped

1 Paul *had already been in Paris* (*was already in P. since*) three days, — **2** and he was beginning to know the town a little, — **3** when it occurred (*the idea came*) to him to make *use* (*"usage"*) of his letter of introduction,

---

NOTES. — **(1)** Connaître (*to be acquainted with*) *et non* savoir.

4 et de se présenter chez les Duval.

5 Quinze ans auparavant (**2**), M. Duval avait passé un mois en‿Angleterre,

6 comme pensionnaire (**3**) chez les parents de Paul.

7 Mais celui-ci ne se rappelait pas l'avoir vu :

8 il était‿alors trop jeune.

9 Son père était venu plusieurs fois à Paris dans l'intervalle,

10 et chaque fois, il avait rendu visite aux Duval.

11 Paul savait que M. Duval était‿occupé dans la journée.

12 C'est pourquoi il décida d'aller le voir vers six heures et demie du soir.

13 Il hésitait cependant, craignant (**4**) d'avoir l'air de vouloir se faire inviter (**5**) à dîner.

14 Mais‿il n'y avait pas moyen de faire autrement.

EXERCICE. — **1** Je craignais (*ou* j'avais peur) de ne pas vous trouver à la maison à cette heure-ci. — **2** Effectivement, je n'y suis pas d'habitude avant sept heures; — **3** mais ce soir, je suis rentré plus tôt. — **4** C'est‿une chance; je voulais vous demander si vous‿êtes libre dimanche prochain. — **5** Dimanche? mais oui, certainement. — **6** Alors, je compte sur vous sans faute. — **7** Je n'y manquerai pas.

5 kiñz'**añ** ôparrav**añ** ... uñ mwa añ'n'añgl'**tàrr**. — **6** ... pañ-si-on**àrr'**. — **8** il ätàt' al**orr**. — **11** ... ätàt' ocüpä.

(You should have no difficulty now with the pronunciation, save for the **liaison***; therefore, we shall gradually reduce the figured pronunciation.)*

4 and to present himself at the Duvals'. — **5** Fifteen years before, M. D. had spent a month in England, — **6** as a lodger *in the house of* (*at*) Paul's parents. — **7** But *the latter* (*this one*) did not remember having seen him : — **8** he was too young at the time. — **9** His father had been several times to Paris in the interval, — **10** and each time he had *called on* (*rendered visit to*) the Duvals. — **11** P. knew that M. D. was at work during the day. — **12** And so, (*this is why*) he decided to go and see him *about* (*towards*) 6.30 *in* (*of*) the evening. — **13** He hesitated, however, fearing *to look* (*have the air*) *as if he wanted to get invited* (*to want to make himself invited*) to dinner. — **14** But it could not be helped (*there was not means to do otherwise*).

---

(2) Auparavant, *ou simplement* avant.

(3) La pension : *The pension,* or *the boarding-house,* or *board.* — Combien prenez-vous pour la pension complète? *How much do you charge* (*take*) *for full board?*

(4) Craindre : *To fear.* Je crains, nous craignons, vous craignez, il craint, ils craignent. — J'ai craint. — Avoir peur de quelque chose, craindre quelque chose : *To be afraid of something.*

(5) Se faire *correspond souvent à* to get. *Il est alors suivi de l'infinitif.* — Je veux *me faire couper* les cheveux : *I want to get my hair cut.* — Attention à ne pas *vous faire écraser* (äcrazä)! *Mind you do not get run over* (*"squash-ed"*)*!* — Il cherche toujours à *se faire remarquer* : *He is always trying to get noticed.*

---

1 I feared I would not find you at home at this hour. — **2** Indeed (*Effectively*), I am not usually in(*there*) before seven; — **3** but this evening I *have come home* (*am re-entered*) earlier. — **4** That is a *piece of* luck; I wanted to ask you whether you are free next Sunday. — **5** Sunday? Why, (*But*) yes, certainly. — **6** Then, I count on you for certain (*without fault*). — **7** I shall not fail (*to it*).

Notons :

Comment **l'idée vous‿en‿est-elle venue?** *How did it occur to you?*

Je **crains bien** de vous déranger; *I am very much afraid I am disturbing you.*

Je me rappelle l'avoir déjà vu: *I remember having seen him before.*

Je ne **manquerai** pas de venir : *I shall not fail to come.*

Venez **vers** midi : *Come about 12 o'cl.*

Soixante-huitième (68e) Leçon

Soyez le bienvenu!

1 C'est Mme Duval qui est venue ouvrir la porte à Paul.

2 Il lui explique qui il est, en lui remettant **(1)** la lettre de son père.

3 — Entrez donc, monsieur; mon mari vient justement de rentrer;

4 il sera ravi de vous voir!

5 Débarrassez-vous **(2)** de votre pardessus!

6 Et elle annonce à M. Duval, qui se montre à la porte de droite :

7 — C'est‿une visite pour toi **(N. 1)** : Monsieur Martin, qui vient d'Angleterre.

8 M. Duval prend la lettre qu'elle lui tend;

Exercice supplémentaire. — *Voyons‿un peu aujourd'hui* vouloir, *to want* : je veux, nous voulons, vous voulez, il veut, ils veulent. — *Futur* : je voudrai, nous voudrons, vous voudrez, il voudra, ils voudront. — *Imparfait* : je voulais, nous voulions, vous vouliez, il voulait, ils voulaient. — *Passé défini* : je voulus, nous voulûmes, vous voulûtes, il voulut, ils voulurent. — J'ai voulu.

Deuxième vague : *la 11e Leçon*

PRONONCIATION. — swa-yäl' biiñv'nü. — **5** ... parr-d'sü. — **7** sàt'ün' vizit' poorr twa!

(Be the) Welcome!

1 It is Mrs. D. who has (*is*) come to open the door *for* (*to*) P. — **2** He explains to her who he is, (*in*) handing her his father's letter. — **3** Do come in, Sir; my husband has just *this moment* come home; — **4** he will be *delighted* (*ravished*) to see you! — **5** *Take off* (*Get rid of*) your overcoat! — **6** And she announces to M. D., who comes out of the door *on the* (*of*) right : — **7** Here is a visitor for you : Mr. Martin, who comes from England. — **8** M. D. takes the letter that she is holding out to him;

NOTES. — **(1)** Remettre : *To hand* or *deliver,* or *to set* or *put off.* — Lui avez-vous remis ma réponse? *Did you deliver my answer to him* (or *her*)? — Remettez ce vase à sa place : *Put back this vase in its place.* — Ne remettez pas‿à demain ce que vous pouvez faire aujourd'hui : *Do not put off till to-morrow what you can do to-day.*

(2) Débarrasser *est le contraire d'*embarrasser.

Je n'ai pu **placer** un seul mot! *I could not get a word in edgeways.*

9 mais à peine y a-t-il jeté un coup d'œil qu'il s'écrie :

10 — Soyez le bienvenu! Quelle heureuse **(3)** surprise!

11 Et comment vont vos parents, toujours bien, j'espère?

12 Mais je vous laisse debout! Entrez donc ici, et asseyez-vous!

13 Le voyage ne vous‿a pas trop fatigué? **(4)**

14 Marguerite, apporte donc le porto!

15 Paul, ne pouvant placer un mot, se contente de sourire largement.

C'est une visite pour toi

EXERCICE. — **1** Oh! oh! Déjà debout, de si bonne heure (*ou* si tôt) ! — **2** Oui, je ne pouvais plus dormir — **3** et il fait si beau que je me suis levé. — **4** Qu'allez-vous faire jusqu'à l'heure du petit déjeuner? — **5** Je vais faire un petit tour dans le parc. — **6** Pensez-vous que je trouverai à acheter un journal? — **7** Oui il y a un kiosque (k**io**sk') ouvert, à l'entrée du parc.

9 màz'apàn' ... uñ coodu'y' ... — **12** ... añträ doñk' isi ... — **13** l'vwa-yazh' n'vooz'a ... fatigä?

9 but he has hardly glanced at it (*thrown a "blow of eye"*) (*that*) he exclaims : — **10** Welcome to you! What a happy surprise! — **11** And how are your parents, keeping (*always*) well, I hope? — **12** But I am leaving you standing! Do come in here, and sit down! — **13** The journey has not tired you too much? — **14** Margaret, do bring the port-wine! — **15** Paul, *unable* (*not being able*) to place a word, contents himself with smiling broadly.

---

(3) Heureux (uhr**uh**), *feminine* : heureuse (uhr**uh**z').
(4) *Ou* : Est-ce que le voyage ne vous‿a pas trop fatigué? *ou* : Le voyage ne vous‿a-t-il pas trop fatigué?

---

1 Oh oh! Up already, so early! — **2** Yes, I couldn't sleep any longer — **3** and it is so fine that I have got up. — **4** What are you going to do until breakfast-time? — **5** I am going for a little stroll in the park. — **6** Do you think I shall be able to buy a newspaper? — **7** Yes, there is a news-stand open, at the entrance *to* (*of*) the park.

o o o

Exercice supplémentaire. — *Conjuguez, sur le modèle habituel, les verbes réguliers suivants :* expliquer, placer, laisser, apporter.

Notons :

A peine était-il arrivé **qu'**il est reparti : *He had hardly arrived before he left again.*

Je l'ai remarqué du premier **coup d'œil** : *I noticed it at the first glance.*

Jetez-y un coup d'œil : *Take a quick look at it.*

Ne restez pas debout! *Do not remain standing!*

J'ai **remis** mon départ à demain : *I have put off my departure till to-morrow.*

Deuxième vague : *la 12e Leçon*

68e LEÇON

Soixante-neuvième (69e) Leçon

A la fortune du pot

1 De gré ou de force, Paul a dû accepter de dîner chez les Duval (1).

2 — Vous savez, c'est‿à la fortune du pot, s'excuse Mme Duval,

3 avant de rentrer à la cuisine,

4 où elle ouvre hâtivement une boîte de homard,

5 et fait‿une omelette aux tomates pour grossir (2) le menu.

6 Les deux‿enfants, que leur père a présentés à Paul,

7 se tiennent (3) dans‿un coin, et chuchotent‿en regardant « l'Anglais ».

8 — A table! annonce Mme Duval, et on passe à la salle à manger.

9 Il y a un potage aux légumes, puis le homard à la vinaigrette,

10 l'omelette, un chou-fleur (4), et pour finir, du gruyère et des pommes.

11 Le repas est‿animé, grâce à M. Duval,

12 qui ne cesse d'évoquer les souvenirs lointains (5) de son séjour en‿Angleterre.

PRONONCIATION. — alafortün' düpo. — **2** ... sàt'ala. — **3** ... oovr' âtivmañ ün' bwat dë omarr. — **5** ä fàt' ün' om'làt' ... — **6** là duhz' añfañ... — **7** ... dañz'uñ cwiñ ... shüshot't'añr'garrdañ ... — **9** lë omarr ala vinàgràt'. — **10** ... shoo-flurr ... dü grü-yàrr' ädàpom' — **11** lër'pâ àtanimä. — **12** kin'sàs' dävokä làsoov'nirr lwiñtiñd' soñ säzhoorr añ'n'añgl'tàrr'.

Pot Luck

1 Willy-nilly, P. has had to accept (*to dine*) *dinner with* (*at*) the Duvals'. — **2** You know, it is pot luck, Mrs. D. *apologizes* (*excuses herself*) — **3** before returning (*re-entering*) to the kitchen, — **4** where she hastily opens a *tin* (*box*) of lobster, — **5** and makes an omelette *with* (*to the*) tomatoes, to fill out (*make bigger*) the menu. — **6** The two children whom their father has introduced to P., — **7** keep (*hold themselves*) in a corner, and whisper while looking at the "Englishman". — **8** *Dinner is ready* (*To table!*), announces Mrs. D., and *they* (*one*) go *in*to the dining-room. — **9** There is vegetable soup, then the lobster with oil and vinegar sauce, — **10** the omelette, a cauliflower, and, to end, Swiss cheese and apples. — **11** The meal is lively, thanks to Mr. D., — **12** who never stops recalling *the far off memories* ("*souvenirs*") of his *stay* (*sojourn*) in England.

NOTES. — **(1)** De gré ou de force *ou* Bon gré mal gré. — Dû (dü) : *participe passé de* devoir : *must, to have to,* or *to owe.* — Je dois (dwa) commencer demain : *I have to begin to-morrow.* Nous devons, vous devez, il doit, ils doivent; j'ai dû. — Combien vous dois-je (dwazh') : *How much do I owe you?* — Vous ne me devez (voon'mëd'**vä**) rien du tout : *You owe me nothing at all.*

(2) Grossir, *de* gros, *big*; *feminine*, grosse : *to get* or *make bigger.* — Trouvez-vous vraiment que j'ai grossi? *Do you really think* (*find*) *I have grown stouter?*

(3) *Rappelons* : Tenir, *to hold, comme* venir : je tiens, nous tenons, vous tenez, il tient, ils tiennent, j'ai tenu.

(4) **Le** chou : *The cabbage*; **la** fleur : *the flower*; **le** chou-fleur : *the cauliflower; plur.* : **les** choux-fleurs.

(5) Y a-t-il **loin** d'ici à la gare? *Is it far from here to the station?* — Voyez cet arbre dans **le lointain** : *See that tree in the distance.*

69e LEÇON

Au clair de la lune

13 Au clair de la lune,
Mon‿ami Pierrot,

14 Prête-moi ta plume,
Pour écrire un mot.

15 Ma chandelle est morte **(6)**,
Je n'ai plus de feu;

16 Ouvre-moi ta porte
Pour l'amour de Dieu **(7)** !

EXERCICE. — *Voyons un peu le verbe* ouvrir : j'ouvre, nous‿ouvrons, vous‿ouvrez, il ouvre, ils‿ouvrent. — *Futur* : j'ouvrirai, nous‿ouvrirons, vous‿ouvrirez, il ouvrira, ils‿ouvriront. — *Imparfait* : j'ouvrais, nous‿ouvrions, vous‿ouvriez, il ouvrait, ils‿ouvraient. — *Passé défini* : j'ouvris, nous‿ouvrîmes, vous‿ouvrîtes, il ouvrit, ils‿ouvrirent. — *Participe passé* : j'ai ouvert **(oovàrr)**.

o o o

Proverbes : Tel père, tel fils : Like (*such*) father, like son.

Et, au contraire : **A père avare, fils prodigue** : "*To miserly father, prodigal son.*"

13 ôclàrrd' la lünë moñ'n'ami piàrro. — **14** pràtë mwa ... — **16** ... lamoorr dë diuh!

By the moonlight
(" At the clear of the moon ")

13 By the moonlight, My friend P., — **14** Lend me your pen. To write a word. — **15** My candle is dead, I have no (*more*) fire *left*; — **16** Open your door to me, For the love of God!

---

(6) Il est mort (morr) : *He is dead*; elle est morte (morrt') : *she is dead.* « Un quart d'heure avant sa mort (morr), il était‿encore en vie » (vi) : *A quarter of an hour before his death, he was still alive (in life).*

(7) Grâce à Dieu, *ou* Dieu merci : *Thank God.* — Pour l'amour de Dieu : *For the love of God,* or *For God's sake.*

o o o

Notons :

Quand **devez-vous** partir? *When have you* (or *are you*) *to leave?*

Je m'excuse : *I apologize.*

Il **ne s'est même pas‿excusé** : *He has not even apologized.*

Je **garderai le meilleur souvenir de mon séjour** ici : *I shall keep the happiest memory of my stay here.*

o o o

Proverbes : Un bon tiens vaut deux tu l'auras : " *A good* ' *take* ' *is worth two* ' *thou shalt have it* '." A bird in the hand is worth two in the bush.

L'oisiveté est la mère de tous les vices : " *Idleness is the mother of all vices.* " The devil finds work for idle hands to do.

Deuxième vague : *la 13e Leçon*

69e LEÇON

Soixante-dizième (70e) Leçon

REVISION ET NOTES

1 Le tutoiement (tütwama**ñ**) : *the use of thee and thou.* — A la 38e leçon, nous avons dû abandonner les Duval. En voici la raison : c'est que dans une famille française de classe moyenne, on ne se dit pas " vous "; on emploie le **tu** (*thou*) et le **toi** (*thee*), plus intimes, et nous voulions remettre à plus tard l'introduction de cette forme, qui vient encore compliquer notre étude des verbes.

Le moment est venu de nous‿y mettre. Voici quelques exemples :

Donner : vous donnez, **tu donnes** (don').

Finir : vous finissez, **tu finis** (fini).

Recevoir : vous recevez, **tu reçois** (r'sw**a**).

Entendre : vous entendez, **tu entends** (añt**añ**).

Au futur, nous aurons : tu donneras, tu finiras, tu recevras, tu entendras.

A l'imparfait : tu donnais, tu finissais, tu recevais, tu entendais.

Au passé défini : tu donnas, tu finis (*comme au présent*), tu reçus, tu entendis.

Les auxiliaires : tu as (**â**) *you have* or *thou hast*; tu es (**à**) : *you are*, or *thou art.*

Futur : tu auras, tu seras (s'r**â**).

Imparfait : tu avais, tu étais.

Passé défini : tu eus (**ü**), tu fus (f**ü**).

Votre : **ton** (*devant un nom masculin*) ; **ta** (*féminin*) ; vos : **tes**.

Le vôtre : **le tien**; la vôtre : **la tienne**; les vôtres : **les tiens** ou **les tiennes** (*féminin*).

A partir de la prochaine leçon, nous étudierons régulièrement le tutoiement.

2 L'alphabet (lalfab**à**). — Voici l'alphabet français, avec la prononciation de chaque lettre : **a** (a) ; **b** (bä) ; **c** (sä) ; **d** (dä) ; **e** (ë *or* ä) ; **f** (àf) ; **g** (zhä) ; **h** (ash) ; **i** (ee) ; **j** (zhee) ; **k** (ka) ; **l** (àl) ; **m** (àm') ; **n** (ãn') ; **o** (o) ; **p** (pä) ; **q** (kü) ; **r** (àrr) ; **s** (às) ; **t** (tä) ; **u** (ü) ; **v** (vä) ; **x** (iks) ; **y** (*i grec* : igr**àk**) ; **z** (zàd) ; **w** (*double vé* : doobl' vä).

3 Mal (que nous trouvons dans les mots‿anglais *maladjustment, maladministration, malady* (*français* : maladie), *malcontent, malfeasance,* etc..., est le contraire de bien.

On dit en français : J'ai mal à la tête : *I have a headache*; *ou* La tête me fait mal : *My head aches.* — Elle m'a fait mal : *She has hurt me.*

C'est un malheur : *It is a misfortune.* — Quel bonheur (bon**urr'**) ! *ou* Quelle chance! *What a piece of luck! (happiness)*.

Masculin et Féminin :

Le caleçon, **un** caleçon; **le** pantalon, **un** pantalon; **le** gilet, **un** gilet; **le** soulier, **un** soulier; **le** cheveu, **un** cheveu; **le** savon, **un** savon; **le** malheur, **un** malheur; **le** verbe, **un** verbe; **le** cours, **un** cours; **le** progrès, **un** progrès; **l'**espoir, **un**‿espoir; **l'**exemple, **un**‿exemple; **le** moyen, **un** moyen; **l'**usage, **un**‿usage; **le** mois, **un** mois; **le** parent, **un** parent (**la** parente, **une** parente) ; **l'**intervalle, **un**‿intervalle; **l'**air, **un**‿air; **le** pardessus, **un** pardessus; **le** coup, **un** coup; **l'**œil, **un**‿

œil; **le** voyage, **un** voyage; **le** mot, **un** mot; **le** pot, **un** pot; **le** homard, **un** homard (uñ om**arr**, *without liaison*) ; **le** potage, **un** potage; **le** chou, **un** chou; **le** gruyère, **un** gruyère; **le** repas, **un** repas; **le** souvenir, **un** souvenir; **le** séjour, **un** séjour; **le** feu, **un** feu; **l'**amour, **un**‿amour; **le** dieu, **un** dieu; **le** kiosque, **un** kiosque; **le** pneu, **un** pneu; **le** parc, **un** parc; **le** journal, **un** journal; **le** déjeuner, **un** déjeuner.

La chemise, **une** chemise; **la** chaussette, **une** chaussette; **la** cravate, **une** cravate; **la** glace, **une** glace; **l'**habitude, **une** habitude; **l'**étude, **une** étude; **l'**indigestion, **une** indigestion; **la** bête, **une** bête; **la** langue, **une** langue; **la** pratique, **une** pratique; **la** moitié,

---

Soixante et onzième (71e) Leçon

C'est‿entendu (1) !

1 — Si notre appartement n'était pas si petit, dit M. Duval,

2 je ne vous laisserais **(N. 1)** pas rester à l'hôtel;

3 mais, comme vous voyez, nous sommes déjà à l'étroit **(2)** ici...

4 — Oh, monsieur, je vous remercie de l'intention,

5 mais de toutes façons **(3)** j'aurais peur de vous déranger,

6 et d'ailleurs je suis très bien à l'hôtel, je vous‿assure.

une moitié; **la** force, **une** force; **l'**idée, **une** idée; **la** lettre, **une** lettre; **la** porte, **une** porte; **la** visite, **une** visite; **la** surprise, **une** surprise; **la** fortune, **une** fortune; **la** cuisine, **une** cuisine; **la** boîte, **une** boîte; **l'**omelette, **une** omelette; **la** tomate, **une** tomate; **la** table; **une** table; **la** pomme, **une** pomme; **l'**Angleterre, **une** Angleterre; **la** lune, **une** lune; **la** plume, **une** plume; **la** chandelle, **une** chandelle; **l'**entrée, **une** entrée; **la** vie, **une** vie; **la** mort, **une** mort; **la** fleur, **une** fleur.

Deuxième vague : *la 14ᵉ Leçon* (*Revision*).

PRONONCIATION. — sàt'añtañdü. — **1** ... aparrt'**mañ**. — **3** ... alätrw**a** ici ... — **6** ... zh'voozas**ürr** (*clean s*) ...

It is settled *(heard)*!

1 If our flat were not so small, says M. Duval, — **2** I would not let you stay at the hotel; — **3** but, as you see, we are already *cramped* (*"at the narrow"*) here... — **4** Oh, thank you very much for wishing to; — **5** but *any way* (*of all fashions*) I should be afraid of disturbing you, — **6** and besides I am *quite all right* (*very well*) at the hotel, I assure you.

NOTES. — **(1)** Entendre, *to hear.* Je ne vous‿ai pas‿ entendu : *I did not hear you.* — C'est‿entendu, *ou* C'est convenu : *It is settled* or *agreed.*

(2) Ces souliers sont trop‿étroits pour vous : *These shoes are too tight* (*narrow*) *for you.* — Cette rue est vraiment étroite : *This street is really narrow.*

(3) Vous n'y arriverez jamais de cette façon-là : *You will never manage it in that way.* — De quelle façon l'avez-vous terminé? *In what way did you finish it?*

7 — Que voulez-vous (4) ? Nous n'y pouvons rien.

8 Cependant, je compte bien que nous nous verrons souvent

9 durant votre séjour à Paris,

10 et qu'après-demain dimanche vous passerez la journée (5) avec nous.

11 — Avec le plus grand plaisir.

12 — Avez-vous déjà été à Versailles? Non?

13 Alors c'est‿entendu : nous‿irons tous‿ensemble à Versailles.

14 — Oh oui, papa! s'écrie Anne-Marie en battant (6) des mains.

15 Il y a assez longtemps que tu nous promets de nous‿y emmener (7).

8 zh'coñt' biiñ. — 13 ... noozirr**oñ** toos' añsañbl' ... — 15 ... promàd' noozi añm'nä.

EXERCICE. — **1** Il fait vraiment trop froid pour aller se promener ce matin. — **2** Vous trouvez? moi, j'aime le froid; **3** je ne me sens (sañ) jamais‿aussi bien qu'en‿hiver (kañ'n'i**vàrr**). — **4** Et pour moi, vive l'été! Rien n'égale la chaleur du soleil (sol**à**'y) ! — **5** Le printemps (priñt**añ**) et l'automne (lôt**on**') ont pourtant bien leur charme aussi.

7 There it is, you see (*What will you?*) We can't help it. — **8** Still, I *trust* (*count well*) that we shall often see each other — **9** during your *stay* (*sojourn*) in Paris, — **10** and that on Sunday, the day after to-morrow, you will spend the day with us. — **11** With the greatest pleasure. — **12** Have you already been to Versailles? No? — **13** Then that is settled: we shall all go together to Versailles. — **14** Oh yes, daddy! exclaims A.-M., clapping her hands. — **15** *You have been long enough promising* (*It is long enough that you promise*) to take us there!

(4) Que voulez-vous? *dit-il en haussant les épaules* (*shrugging his shoulders*) *est une expression bien française. Elle signifie à peu près :* Oh well, there you have it!

(5) La journée (*the whole day*), et non *le jour.*

(6) Battre, *to beat. Se conjugue comme* « entendre », perdre, etc. : je bats (ba), j'entends, je perds (pàrr). J'ai battu, entendu, perdu. — La bataille (bata-y') : *The battle,* avec un seul **t.** — Applaudir : *To applaud* (*verbe régulier*).

(7) Mener : *To lead, to take.* Menez-nous à la rue principale : *Take us to the main street.* — Emmener (añm'nä) : *To take* (*with one*). — Vous n'allez pas‿emmener votre chien (shiiñ)? *You are not going to take your dog with you?* — Il a emmené toute sa famille au cinéma : *He took his whole family to the pictures* (*movies*).

---

1 It *is* (*makes*) really too cold to go for a walk this morning. — **2** *Do you think so* (*You find*)? (*me*), *I* like the cold; — **3** I never feel (*myself*) so well as in winter. — **4** And for me, *hurrah for* (*long live the*) summer! Nothing equals the heat of the sun! — **5** (*The*) spring and (*the*) autumn have their charm also.

71e LEÇON

Exercice supplémentaire. — *Voyons aujourd'hui le verbe* attendre (*to wait*) :

Présent : J'attends, il attend, nous‿attendons, vous‿attendez, ils‿attendent.

Imparfait : J'attendais, tu attendais, il attendait, nous‿attendions, vous‿attendiez, ils‿attendaient.

Passé défini : J'attendis, tu attendis, il attendit, nous‿attendîmes, ils‿attendirent.

Futur : J'attendrai, tu attendras, il attendra, nous‿attendrons, vous‿attendrez, ils‿attendront.

Conditionnel : J'attendrais, tu attendrais, il attendrait, nous‿attendrions, vous‿attendriez, ils‿attendraient.

Participe passé : J'ai attendu.

C'est un verbe régulier, comme entendre, battre, descendre. *Exercez-vous donc, par écrit* (*in writing*), *avec ces trois verbes.*

Soixante-douzième (72e) Leçon

Les questions au capitaine

1 Notre ami Paul est‿en train (1) de lire un journal.

2 Lisons un peu avec lui, par-dessus (2) son épaule :

3 Le capitaine d'un transatlantique s'est‿amusé à dresser la liste

4 des questions qui lui sont le plus souvent posées :

5 — Avez-vous déjà fait naufrage?

6 — Combien de fois avez-vous traversé l'Atlantique?

7 — Y a-t-il beaucoup de baleines sous cette latitude?

8 — Quel est le meilleur (3) remède contre le mal de mer?

Notons :

Emmenez-moi! (añm' nä mwa) : *Take me with you!*
Vive la France! Vive l'Angleterre! *Hurrah for France! for England!*
Nous **comptons bien** que vous nous‿écrirez : *We trust that you will write to us.* — **C'est‿entendu** : *It is agreed.*
Il y a longtemps que je vous‿observe : *I have been watching you for a long time.*

Et notre deuxième vague? comment va-t-elle? — *Aujourd'hui nous‿en sommes à la 15e Leçon.*

PRONONCIATION. — là kàs'tioñ ô capitàn': — **1** àt'-añtriñd' ... — **2** lizoñ uñpuh ... parrd'sü soñ'n'äpôl'. — **3** ... sàt' amüzä. — **5** ... nôfrazh ... — **7** ... bôcood' balàn'. — **8** ... l'mà-yurr r'màd' coñtr' l'mald'màrr.

The questions to the captain

1 Our friend Paul is reading a paper. — **2** Let us read (*a little with him*) over his shoulder for a while : — **3** The captain or a *liner* ("*transatlantic*") *has* (*is*) amused himself by making up *a* (*the*) list — **4** of the questions which are most often put to him : — **5** Have you *been shipwrecked* yet ("*made shipwreck*")? — **6** How many times have you crossed the Atlantic? — **7** Are there many whales in (*under*) this latitude? — **8** Which is the best remedy against sea-sickness?

NOTES. — **(1)** *Ou* : Notre ami Paul lit‿un journal.
(2) Par-dessus : *Over.* — Mon pardessus : *My overcoat.* — Au-dessus de ma tête : *Above my head.* **(N. 2.)**
(3) Meilleur *est‿adjectif variable, et* mieux, *adverbe* : Ma pomme est meilleure que la vôtre : *My apple is better than yours.* — Vous sentez-vous mieux, ce matin? *Are you feeling better this morning?*

72e LEÇON

9 — Pourquoi est-on toujours en train de peindre le navire **(4)** ?

10 — Quels pourboires doit-on **(5)** donner? et à qui?

11 — Me laisserez-vous un jour monter sur la passerelle **(6)** ?

72

12 — Vous rappelez-vous mon cousin, qui a fait la traversée avec vous en 1955 **(7)** ?

13 — Je suppose que les passagers vous font **(8)** un grand nombre de questions absurdes?

14 La réponse à cette dernière phrase est‿invariablement : — Oui.

EXERCICE. — **1** Vous‿êtes‿anglais? — Non, je suis‿américain. — **2** De quelle partie des‿Etats-Unis (ätaz'üni) venez-vous? — **3** Je viens de New-York; mais je suis natif de l'Ouest **(N. 4)** (lwàst'). — **4** Avez-vous fait une bonne traversée? — **5** Non; j'ai eu le mal de mer presque tout le temps. — **6** La mer était très mauvaise.

---

1 Are you (*you are*) English? — No, I am American. — **2** From what part of the U.S. do you come? — **3** I come from New York, but I was born in (*am native of*) the West. — **4** Have you *had* (*made*) a good crossing? — **5** No, I was seasick almost the whole time. — **6** The sea was very *rough* (*bad*).

9 ... àt'oñ añtriñd' piñdr'. — **10** ... dwat'oñ ... — **11** më làs rä voo... la pas'ràl' ... — **12** voorrap'lä voo moñ cooziñ ... ... travàrrsä. — **13** zh'süpôzk' lä pasazhä voo foñt' uñ ... kàs'-tioñz' absürrd'. — **14** ... dàrrniàrr' fraz'àt iñvarriabl'mañ.

9 Why is the ship always being painted (*Why is one alw. painting the sh.*)? — **10** What tips is one to give? and to whom? — **11** Will you let me come up (*mount*) on the bridge one day? — **12** Do you remember my cousin, who made the crossing with you in 1955? — **13** I suppose that the passengers *ask* (*make*) you a great *many* (*number of*) absurd questions? — **14** The answer to that last sentence is invariably : Yes.

---

(4) Encore un cas où la forme active française correspond à la forme passive en anglais.

(5) *Ou* : Quels pourboires faut-il donner?

(6) La passerelle d'un navire : *The ship's bridge.* — Le pont (poñ) d'un navire : *The ship's deck.* — *Mais* : Les ponts (poñ) de Paris : *The bridges of Paris.*

(7) Mil neuf cent cinquante-cinq (milnufsañsiñkañtsiñk) (*voir* **N. 3**). — Le cousin, *au féminin* : la cousine.

(8) *Ou* : vous posent, *mais pas « vous demandent »*.

Exercice supplémentaire. — *Prenons le verbe* lire, *au futur et au conditionnel* : Je lirai, tu liras, il lira, nous lirons, vous lirez, ils liront. — Je lirais, tu lirais, il lirait, nous lirions, vous liriez, ils liraient.

Maintenant, faisons la même chose avec : poser (je poserai, etc.), laisser (je laisserai, etc...), être (je serai, etc.), *et* avoir (j'aurai, et., etc.).

Notons :

Posez-moi des questions, je vous répondrai : *Ask me questions, I shall answer you.*

La mer est très **mauvaise** aujourd'hui : *The sea is very rough to-day.*

Je vais vous porter **sur** mes‿épaules : *I am going to carry you on my shoulders.*

Je lisais **par-dessus** votre épaule : *I was reading over your shoulder.*

Deuxième vague : *la 16e Leçon*

Soixante-treizième (73e) Leçon

Quelques mots pour rire (1)

1 Continuons à lire avec Paul, dans la page gaie (2) de son journal :

2 **Tout s'explique.** — Enfin, voulez-vous me dire, Marie, comment‿il se fait

3 que je vous surprends à ne rien faire chaque fois que je viens‿ici?

4 — C'est probablement parce que Madame porte des semelles en caoutchouc!

5 **Consultation.** — J'ai grand mal au nez; que dois-je faire?

6 — Je l'ignore; moi-même, j'ai eu très mal à une dent dernièrement.

7 — Et qu'avez-vous fait?

8 — Je l'ai fait arracher; mais ce n'est pas‿un conseil que je peux vous donner;

9 consultez d'abord un médecin.

10 **Au restaurant.** — Garçon, savez-vous que j'ai souvent mangé de (3) meilleur poisson que celui-ci?

11 — Peut-être bien, monsieur, mais pas‿ici.

12 **Le courage des femmes.** — Il est certain que les femmes supportent bien mieux la douleur que les‿hommes;

PRONONCIATION. — **2** ... comañt' ils'fà... — **3** shak'-fwah' kzh' vi-iñz' isi? — **4** ... dàs'màl' añ ca-ootshoo. — **11** ... pâz'ici ...

A few jokes *(words to laugh)*

1 Let us go on reading with P., in the *comic* (*gay*) page of his paper. — **2 Everything is explained.** — *Now* (*at last*) will you tell me, Mary, how it *happens* (makes itself) — **3** that I *catch* (*surpr.*) you doing nothing *every* (*each*) time I come here? — **4** Probably, because Madam wears rubber soles! — **5 Consultation.** — *My nose is very painful* (*I have great "ill" at the nose*); what should I do? — **6** I *do not know* (*am ignorant of it*); I myself suffered very much from a tooth *lately* (*lastly*). — **7** And what did you do? — **8** I had it pulled out; but this is no advice that I can give you : — **9** first consult a doctor. — **10 At the restaurant.** — Waiter, do you know that I have often eaten better fish than this? — **11** *That* may well be, Sir, but not here. — **12 The courage of women.** — It is certain that women *bear* (*support*) *pain* far better than men;

NOTES. — **(1)** Il a toujours le mot pour rire : il plaisante (plàzañt') toujours : *He is always joking.* — Ce n'était qu'une plaisanterie (plàzañt'ri') : *It was only a joke.* — Vous plaisantez, j'espère? *You are joking, I hope?*

(2) Allons, soyons (*ou* soyez) gais! *Come, (let us) be gay : Come, cheer up!*

(3) Généralement, on remplace *du, de la, des* par *de*, quand le nom qui suit (*follows*) est **précédé** d'un‿adjectif. — J'ai mangé **du** poisson; j'ai mangé **de** bon poisson; j'ai mangé **du** poisson frais. — *Ce n'est pas‿une règle absolue, mais c'est plus correct.* Ainsi, par exemple : *Ah, mesdames, voilà* du *bon fromage* serait mieux dit : *Ah, mesdames, voilà* de *bon fromage.*

73e LEÇON

13 je le constate tous les jours.
14 — Ah! vous‿êtes dentiste?
15 — Non, je suis marchand de chaussures **(4)**.

15 ... marrsh**añ**d' shôs**ürr**'!

EXERCICE. — **1** Comment va votre rhume (rüm') ? — **2** Pas bien; je crois bien que je vais faire venir un médecin. — **3** Vous‿avez raison, il ne faut pas plaisanter avec ces choses-là. — **4** En tout cas, je ne sortirai pas de la journée. — **5** Est-ce que je puis (*ou* Puis-je) faire quelque chose pour vous? — **6** Merci; mais j'ai tout ce qu'il me faut.

Notons :

Je ne sais pas **comment cela s'est fait** : *I do not know how this has happened.*

Il est toujours **à ne rien faire** : *He never has anything to do* (*is always at doing nothing*).

Avez-vous **bien tout ce qu'il vous faut**? *Are you sure you have all you need?*

Il **s'est fait arracher** trois dents : *He had three teeth pulled out.*

Est-ce une **plaisanterie**? *Is this a joke?*

Soixante-quatorzième (74e) Leçon

Le dimanche matin

1 — Je crois que nous‿aurons beau temps, dit M. Duval.
2 — Oui, répond sa femme, il a plu **(1)** cette nuit, mais les trottoirs sont déjà secs **(2)** ;

13 I observe it everyday. — **14** Ah! *Are you* (*you are*) *a* dentist? — **15** No, I sell shoes (*am dealer of shoes*).

---

(4) Les chaussures, *toutes sortes de souliers* : le soulier bas (*low*); la bottine (*boot*), la botte (*top-boot*), la pantoufle (*slipper*), le chausson (*house-shoe*), le sabot (*wooden shoe*), etc., etc.

---

1 How *is* (*goes*) your cold? — **2** Not well; *I think* (*believe well*) *I shall call* (*make to come*) a doctor. — **3** You are right; one must not *take these things lightly* (*joke with th. things*). — **4** In any case, I shall not go out (*of*) the *whole* day. — **5** Can I do anything for you? — **6** Thank you; but I have all I need.

o o o

Exercice supplémentaire. — *Reprenons la leçon* **25**, *et mettons-la à l'imparfait. Puis, comparons notre travail avec la clé suivante :*

Qui étaient les Duval? — **1** ... avait ... — **2** ... était — **3** ... était ... avait — **4** ... était — **5** ... s'occupait ... — **6** ... n'avaient — **7** venait ... — **8** ... habitaient ... — **11** menaient ... restaient ... — **12** C'étaient...

Vraiment, nous croyons cet exercice un peu trop facile pour vous.

Deuxième vague : *la 17e Leçon*

PRONONCIATION. — **1** zh'crwak' nooz'ôroñ.

On Sunday morning

1 I believe we shall have fine weather, says M. D. — **2** Yes, answers his wife; it (*has*) rained *last* (*this*) night, but the pavements (*sidewalks*) are already dry;

NOTES. — **(1)** Plu *est le participe passé de* pleuvoir (*to rain*) *et de* plaire (*to please*). — Il a plu : *It* (*has*) *rained.* — Cela m'a plu : *That* (*has*) *pleased me.*

(2) Sec (sàk) *fait au féminin* sèche (sàsh'). — La rue est sèche : *The street is dry.*

3 il sera quand même **(3)** plus prudent de prendre nos parapluies.

4 — Les‿enfants sont prêts? **(4)**

5 — Oui, ils jouent dans le salon.

6 — Il est neuf‿heures moins cinq; le jeune Martin ne va pas tarder **(5)** à arriver.

7 — Il est gentil, ce garçon, quoiqu'un **(6)** peu timide.

8 — Oh! s'il ne parle guère **(7)**, c'est qu'il ne connaît pas‿encore assez bien le français.

9 — Tu crois? Après tout, c'est bien possible.

10 — Si tu m'avais vu quand j'étais‿en‿Angleterre,

11 j'osais à peine dire un mot,

12 tellement j'avais peur de me tromper **(8)**.

13 — Tu t'es bien rattrapé **(9)** depuis! dit Mme Duval, en pouffant de rire.

EXERCICE. — **1** Je crois que vous feriez bien de prendre un parapluie, — **2** car il ne va pas tarder à

4 làz' añ**fañ** ... — **7** ilà zhañti. — **8** ... pâz'añc**orr**'. — **10** ... zhät**à**z' añ'n'añgl't**à**rr'. — **11** zhôz**à** ap**à**n'.

3 it will be (*all the same*) *safer* (*more prudent*) to take our umbrellas, *though.* — **4** Are the children ready? — **5** Yes, they are playing in the drawing-room. — **6** It is five minutes to nine; (*the*) young Martin *will not be long coming.* — **7** He is nice, that boy, although a little *shy* (*timid*). — **8** Oh! if he does not speak much, it is because he does not know French well enough yet. — **9** *Do* you *think so* (*believe*)? After all, it is *quite* (*well*) possible. — **10** If you had seen me when I was in England, — **11** I hardly dared to *speak* (*say*) a word, — **12** I *was so* (*so much I was*) afraid of making a mistake. — **13** You *have made up for it* (*"have well caught up yourself"*) since! says Mme D., *choking with* (*"puffing of"*) laughter.

---

(3) Quand même *ou* tout de même.

(4) *Ou* : Les‿enfants sont-ils prêts? *ou* : Est-ce que les‿enfants sont prêts?

(5) Ne tardez pas : Ne vous mettez pas‿en retard. — Ça ne tardera pas‿à commencer : *It will not be long before it begins.* — Neuf heures : *pron.* nuv**u**hrr.

(6) Quoique *ou* Bien que : *Although.* — Gentil (zhañt**i**) *fait‿au féminin* gentille (zhañt**i**'y). — Un gentilhomme (zhañt**i**y**o**m') : *A gentleman* or *A nobleman.*

(7) *Ou* : S'il ne parle pas beaucoup.

(8) Vous vous trompez, vous faites‿erreur (f**à**t'z' àrr'r**u**rr) : *You are mistaken.* — Un tel homme : *Such a* man. — Tellement : *"suchly"* : *So much ou* tant.

(9) Attraper : *To catch.* — Rattraper : *To catch again* or *To catch up.* — Vous m'avez bien‿attrapé! *You did catch me!* — Si vous marchez vite, vous pouvez‿encore le rattraper : *If you walk quickly, you can still catch him up.*

---

1 I believe you would do well to take an umbrella, — **2** for it is going to rain before long. — **3** I never take *one* (*any*) : my

74e LEÇON

pleuvoir. — **3** Je n'en prends jamais : mon‿imperméable (moñ'n' iñpàrrmä**abl'**) me suffit. — **4** Oserai-je vous prier de me faire une petite commission? — **5** Mais certainement; qu'est-ce que c'est? — **6** Je me suis trompée de parapluie, hier soir, chez les Durand; — **7** auriez-vous l'obligeance (loblizh**añs'**) de le reporter?

Notons :

Le train ne **va pas tarder** à partir : *It will not be long before the train starts.*

Il ne peut **dire** deux mots sans **se tromper** (*ou* sans faire de faute) : *He cannot speak two words without making a mistake.*

Ne vous trompez pas de route (r**oot'**) : *Do not take the wrong road.*

J'ai plusieurs **commissions** à faire : *I have several errands to do.*

Ayez (àyä) **l'obligeance** d'aider cet aveugle (av**uh**gl') à traverser : *Be so kind as to help this blindman to cross over.*

Sourd (soorr) : *deaf*. Muet (müà) : *dumb*.

Soixante-quinzième (75e) Leçon

C'est dommage (1)

1 A ce moment, on sonne.

2 C'est Paul, tout‿essoufflé **(2)** d'avoir monté l'escalier quatre à quatre.

3 — J'espère que je ne vous‿ai pas fait attendre?

4 — Pas du tout; vous‿êtes juste à l'heure.

5 Allons, les‿enfants, en route!

raincoat (*waterproof*) *is sufficient* (" *suffices me* "). — **4** Dare *I* (*Shall I dare*) *ask* (*pray*) you to do a little errand for me? — **5** Oh (*But*) certainly; what is it? — **6** I (*fem.*) took the wrong umbrella yesterday evening, at the D's; — **7** would you *be so kind* (" *have the obligingness* ") *as* to *take* (*carry*) it back?

Deuxième vague : *la 18e Leçon*

PRONONCIATION. — sà domazh'. — **2** ... toot'äsooflä... — **3** zhën' voozà pâ fà atañdr'...

It is a pity

1 At that moment, *there is a ring at the door* (*one rings*). — **2** It is P., all out of breath *for having* (*to have*) *run up* (*mounted*) the stairs four *steps at a time* (*to four*). — **3** I hope I have not *kept you waiting* (*made you wait*)? — **4** Not at all; you are just in time. — **5** Come, children, let us be off!

NOTES. — **(1)** Quel dommage! *What a pity* ("*damage*"). — Le dommage n'est pas grand : *There is not much harm done.*

(2) Souffler (sooflä) : *To blow.* — Le vent (vañ) souffle : *The wind blows.* — S'essouffler (säsooflä) : *To get out of breath.* (Verbe régulier.)

6 Toute la bande descend rapidement l'escalier.

7 — Si vous voulez, dit M. Duval, nous‿irons à pied (**N. 6**) jusqu'à l'autocar (**3**) ;

8 il y en‿a à peine pour cinq minutes (**4**).

9 Pourvu qu'il n'y ait (**8**) pas trop de foule! s'inquiète-t-il (**5**).

10 Mais ses craintes sont vaines (**6**),

11 car ils‿arrivent juste à temps pour trouver place

12 dans‿un‿autocar qui va partir.

13 M. Duval, assis près de Paul, pousse un soupir de soulagement (**7**).

14 — Dommage, dit-il, que les‿autocars n'aient pas d'impériale (**9**), comme à Londres.

15 C'est une des choses que vous faites mieux en‿Angleterre.

7 ... nooz'iroñ apiä ... — **8** iliañ'na ... siñ minüt' ... — **11** carr ilz'arriv' ... — **12** dañz' uñ'nôtocarr ... — **15** ... fät' miuhz' añ'n'añgl'tàrr'.

EXERCICE. — **1** Je crois que nous ferions mieux de courir. — **2** Mais non, ne vous‿inquiétez pas : nous‿avons bien le temps. — **3** C'est si désagréable de manquer son train! — **4** Soyez tranquille : je vous dis que votre montre avance. — **5** Pourvu que vous‿ayez raison!

6 *The whole party* (*"All the band"*) go rapidly down the stairs. — **7** If you like, says M. D., we'll *walk* (*"go to foot"*) *to* (*till*) the motor-coach; — **8** *it is barely five minutes' walk* (*there is of it at pain for* 5 *min.*). — **9** *If only* (*Provided*) there is not too much *of a* crowd! *he says apprehensively* (*he "unquiets" himself*). — **10** But his fears are *unfounded* (*vain*), — **11** for they arrive just in time to find seats (*place*) — **12** in a motor-coach which is *about* (*going*) to start. — **13** M. D. seated near P., *utters* (*pushes*) a sigh of relief. — **14** Pity, he says that (*the*) motor-coaches have no top deck, as in London. — **15** It is one of the things which you do better in England.

---

(3) Un‿autocar : *A motor-coach,* or *"char à bancs"*. — Un‿autobus (ôto**büs**') : *A motor-bus.* — Une motocyclette (motosicl**àt**') *ou simplement* Une moto : *A motor cycle.* — Une auto (ôt**o**) : *A motor car.*

(4) *Ou* : C'est une affaire d'à peine cinq minutes; *ou* : c'est‿à peine à cinq minutes.

(5) Inquiéter (iñkiät**ä**) : *To make uneasy.* — Ne vous‿inquiétez pas! *Do not be uneasy!* — Voilà ce qui m'inquiète : *That is what troubles me.*

(6) Vain (viñ) *fait au féminin* vaine (vàn').

(7) Soulager : *To relieve.* — Soupirer : *To sigh.* (Verbes réguliers, comme pousser.)

(8) Pourvu qu'il **ait** le temps! *If only he has time!* — Dommage qu'ils ne vous‿**aient** (à') rien dit! *Pity they did not tell you anything!* — Il ait, *au lieu de* il a, *et* ils‿aient, *au lieu de* ils‿ont, *sont‿au subjonctif.* Nous nous‿en‿occuperons plus tard; pour le moment, nous vous le faisons seulement remarquer.

(9) L'impériale : *"The imperial"* : *The upper deck of a motor-bus.*

---

1 I believe we *had* (*would do*) better run. — **2** Oh no, do not worry : we have *plenty of* (*well the*) time. — **3** Missing one's train is so unpleasant! — **4** Calm down (*be calm*) : I tell you your watch *is fast* (*advances*). — **5** As long as you are (*subj.*) right!

75e LEÇON

Notons :

Vous‿ai-je **fait** attendre? *Have I kept you waiting?*
Nous **ferions** mieux d'y aller voir : *We had better go and see.*
Pourvu qu'il n'ait pas‿oublié! *If only he has not forgotten!*
Il n'y a **pas de quoi s'inquiéter** : *There is no reason to be uneasy.*
Ma montre **avance**. — La mienne **retarde** : *My watch is fast. — Mine is slow.*

Soixante-seizième (76e) Leçon

Dans le parc de Versailles

1 — Eh bien, que dites-vous de cette façade?
2 Y a-t-il rien de plus‿imposant et de plus‿harmonieux à la fois (1) ?
3 M. Duval rayonne (2), toute sa personne exprime l'orgueil du propriétaire.
4 — C'est vraiment splendide, approuve Paul.
5 Je n'ai jamais rien vu de pareil (3).
6 — Et cette perspective admirable, avec ses...
7 André! ne te penche (4) pas comme ça sur le bassin,
8 tu vas tomber à l'eau!
9 — Mais, papa, je regardais seulement s'il y avait des poissons!
10 — Des poissons! Tu en verras tout‿à l'heure, plus loin.

Exercice supplémentaire. — *Quel est le participe passé des verbes* attendre, être, descendre, vouloir, avoir, faire, croire?
Clé : attendu, été, descendu, voulu, eu (ü), fait, cru.

Deuxième vague : *la 19e Leçon*

PRONONCIATION. — dañl' parrkd' vàrrsa-y'. — **2** àtil ri-iñd' plüz'iñpôzañ äd' plüz' arrmoni**uh** alafwa. — **3** ... ràyo**ñ**' ... lorrg**uh**'y' ... — **5** ... parräy' ... — **6** pàrrspàcti**v**' — **7** nët' pañsh'p**â** ... — **8** toñbä al**ô** ... — **10** tootal**urr**' ...

In the park of Versailles

1 Well, what do you say *to* (*of*) this façade? — **2** Is there *anything* (*nothing*) both (*of*) more imposing and (*of*) more harmonious (*at the same time*)? — **3** M. D. is beaming; his whole person expresses the pride of ownership (*the owner*). — **4** It is really splendid, *agrees* (*approves*) P. — **5** I have never seen anything like it. — **6** And this admirable view (*perspective*), with its... — **7** Andrew! do not lean over the pond like that, — **8** you'll fall *in*to the water! — **9** But, daddy, I was only looking to see if there were any fishes! — **10** Fishes! You'll see some presently, further *on.*

NOTES. — **(1)** A la fois *ou* en même temps.

(2) Un rayon (rà-y**oñ**) de soleil : *A sunbeam.* — La propriété : *The property.*

(3) Pareil (par**à**y') : Semblable : *Similar, like.* — Il est pareil aux‿autres : Il est comme les‿autres. — C'est tout pareil : *It is just the same.*

(4) « Il est dangereux de se pencher au dehors », *lit-on dans les wagons français, et à côté, en‿anglais : "Do not lean out."*

11 Comme je disais...

12 — Pourquoi, dis, papa, qu'il n'y en‿a pas (**5**), des poissons? demande la petite Anne-Marie.

13 — Pourquoi? Parce qu'on n'en‿a pas mis (**6**), voilà tout.

14 — Et pourquoi qu'on n'en‿a pas mis?

15 — Parce que... Oh! Marguerite, dit M. Duval à sa femme, occupe-toi donc un peu des‿enfants,

16 qu'ils nous laissent la paix une minute!

Au clair de la lune *(suite)*

17 Au clair de la lune,
Pierrot répondit :

18 Je n'ai pas de plume (**7**),
Je suis dans mon lit.

19 Va chez la voisine (**8**),
Je crois qu'elle y est,

20 Car dans sa cuisine
On bat le briquet (**9**) !

12 kilni añ'n'a **pâ**. — **13** parrsk'oñ'n'añ na **pâ** mi. — **16** làss' la **pà** ün' minüt'.

11 As I was saying... — **12** Why, tell me, daddy, aren't there any fishes? asks little A.-M. — **13** Why? Because no one put any in, that's all. — **14** And why hasn't any one put any in? — **15** Because... Oh! Margaret, says M. D. to his wife, do *mind* ("*occupy yourself of*") the children a little, — **16** let us have (*let them leave to us*) a minute's peace from them!

By the moonlight (*continued*)

17 By the moonlight, Pierrot answered : — **18** I have no pen, I am in (*my*) bed. — **19** Go to the neighbour's, I believe she is in, — **20** For in her kitchen, the flint is being struck!

---

(5) La petite Anne-Marie ne parle pas correctement. Elle devrait dire : Pourquoi n'y en‿a-t-il pas? *ou* Pourquoi est-ce qu'il n'y en‿a pas? — De même, *phrase 14* : Pourquoi n'en‿a-t-on pas mis? *ou* Pourquoi est-ce qu'on n'en‿a pas mis?

(6) *Literally* : "Because one has not put any of them."

(7) La plume : *The pen* or *The feather*. — Les belles plumes font les beaux‿oiseaux (bôz'wazô) : *Fine feathers make fine birds. Notez que* beau *fait* belle *au féminin, et* beaux *au pluriel.* — Un‿oiseau (uñ'n'wazô) : *A bird.*

(8) Le voisin (vwaziñ), *au féminin* : la voisine, *comme* le cousin, la cousine.

(9) Le briquet (brikà) : *Flint,* désigne maintenant *the cigar-lighter.* — Je n'ai plus d'essence (däsañs') dans mon briquet : *I have no petrol left in my lighter.*

EXERCICE. — *Mettons‿au futur les verbes de la leçon.*

Clé : **1** direz-vous — **2** Y aura-t-il. — **3** rayonnera, exprimera. — **4** Ce sera, approuvera. — **5** Je n'aurai — **6** Tu ne te pencheras pas — **8** tu tomberas. — **9** je regarderai... s'il y a (*pas de futur après " si "*) — **11** je dirai — **12** il n'y en‿aura pas, demandera — **13** on n'en‿aura pas mis — **15** tu t'occuperas — **16** ils nous laisseront — **17** répondra — **18** je n'aurai pas, je serai — **19** Tu iras, je croirai, elle y sera — **20** on battra...

Soixante-dix-septième (77e) Leçon

REVISION ET NOTES

1 Le conditionnel n'est pas difficile; comparons-le au futur :

Donner, *futur* : je donner**ai**, tu donner**as**, il donne**ra**, nous donner**ons**, vous donner**ez**, ils donner**ont**.
Conditionnel : je donner**ais**, tu donner**ais**, il donner**ait**, nous donner**ions**, vous donner**iez**, ils donne**raient**.

Quelques‿exemples :

J'aur**ai** le temps : *I shall have time.*
J'aur**ais** le temps : *I should have time* (*Dans* j'au**rais**, *le son* (*sound*) rais *est le même que* rai *dans* j'aur**ai**, *mais prononcé un peu plus long*).

Tu fini**ras** bientôt : *you* (or *thou*) *will soon finish.*
Tu fini**rais** bientôt : *you* (or *thou*) *would soon finish.*

Il parti**ra** demain : *He will leave to-morrow.*
Il parti**rait** demain : *He would leave to-morrow.*

Notons :

Il n'y **a rien de pareil** : *There is nothing like it.*
Occupez-vous de vos‿affaires : *Mind your own business.*
Les **belles** plumes font les **beaux‿**oiseaux : *Fine feathers make fine birds.*
Je reviendrai **tout‿à l'heure** (*ou* : tout de suite) : *I shall be back presently.*

N'oublions pas la deuxième vague :
la 20e Leçon

Nous prendr**ons** le train : *We will take the train.*
Nous prendr**ions** le train : *We would take the train.*

Vous manger**ez** tout cela : *You will eat all that.*
Vous manger**iez** tout cela : *You would eat all that.*

Ils vous suiv**ront** partout : *They will folllow you everywhere.*
Ils vous suivr**aient** partout : *They would follow you everywhere.*

2 Sur : *on*; **dessus** (d'sü) :*on it*; **par-dessus :** *over*; **au-dessus de :** *above.*

Mes livres sont **sur** la table. Où sont-ils? — Ils sont **dessus**.

Il regarde **par-dessus** votre épaule.

C'est‿**au-dessus de** son‿intelligence.

De même, nous‿avons : **sous** (soo), *under*; **dessous** (d'soo) *under it*; **par-dessous** : *underneath*; **au-dessous de** : *below*.

3 Mille ne varie pas au pluriel : Deux mille deux cents‿hommes : *Two thousand two hundred men.* Dans les dates de l'ère chrétienne, on‿écrit **mil** et non *mille*, excepté pour **l'an mille** et **l'an deux mille** : Nous sommes‿en mil neuf cent cinquante-six.

Notez que le *trait d'union* (*hyphen*) ne s'emploie qu'entre les nombres au-dessous de cent.

Et aussi que **cent** est‿invariable quand‿il est suivi d'un‿autre nombre :

L'année a trois cent soixante-cinq jours.

Deux **cent** trente-six francs.

Deux **cents** francs.

4 Les quatre points cardinaux sont : le nord (norr) ; le sud (süd), l'est (làst) et l'ouest (lw**à**st).

— Je n'ai pas besoin de girouette (zhirr**wàt**', *weathercock*) pour savoir d'où vient le vent (vañ, *wind*).

— Comment cela?

— Au nord, il y a une usine à gaz (*gas-works*) ; à l'est, une chocolaterie (*chocolate factory*) ; au sud, une savonnerie (*soap factory*) et à l'ouest, des‿abattoirs (*slaughter-house*).

5 L'heure qu'il est : Il est midi juste : *It is exactly 12 o'cl.* — Il est midi cinq : *5 past 12.* — Il est midi moins cinq : *5 to 12.* — Il est minuit et demi : *half past twelve* (*at night*). — Il est onze heures un quart : *a quarter past 11*; il est onze heures trois quarts *ou* midi moins‿un quart : *a quarter to twelve.* Il est‿à peu près neuf‿heures : *It is about 9 o'cl.*

6 Aller à pied : marcher, *to walk, to go on foot.* Aller à cheval (sh'v**al**, *horse*) : *To ride* (*a horse*). — Aller en voiture : *To drive* or *ride in a carriage.* — Aller à bicyclette: *To ride a bicycle.* — Aller en‿auto: *To drive* (or *ride in*) *a motor-car.* Aller en chemin de fer : *To go by rail.*

7 Te et **toi.** Te *s'emploie* avant *le verbe, et* toi, après *comme* me *et* moi. — Veux-tu **te** cacher? *Will you hide* (*yourself*) ? Cache-**toi** : *Hide* (*yourself*).

Masculin et Féminin :

L'appartement, **un**‿appartement; **le** séjour, **un** sĕjour; **le** plaisir, **un** plaisir; **l'**hiver, **un**‿hiver; **le** printemps, **un** printemps; **l'**été, **un**‿été; **l'**automne, **un**‿automne; **le** charme, **un** charme; **le** transatlantique, **un** transatlantique; **le** naufrage, **un** naufrage; **le** remède, **un** remède; **le** mal, **un** mal; **le** navire, **un** navire; **le** pourboire, **un** pourboire; **le** pont, **un** pont; **le** passager (**la** passagère), **un** passager (**une** passagère), **le** nombre, **un** nombre; **le** mot, **un** mot; **le** caoutchouc, **un** caoutchouc; **le** nez, **un** nez; **le** conseil, **un** conseil; **le** médecin, **un** médecin; **le** poisson, **un** poisson; **le** courage, **un** courage; **le** rhume, **un** rhume; **le** trottoir, **un** trottoir; **le** parapluie, **un** parapluie; **l'**imperméable, **un**‿imperméable; **le** dommage, **un** dommage; **l'**escalier, **un**‿escalier; **le** pied, **un** pied; **l'**autocar, **un**‿autocar; **le** soupir, **un** soupir; **le** soulagement, **un** soulagement; **le** parc, **un** parc; **le** rayon, **un** rayon; **l'**orgueil, **un**‿orgueil; **le** bassin, **un** bassin; **le** lit, **un** lit; **le** briquet, **un** briquet; **le** soulier, **un** soulier; **le** soleil, **un** soleil; **le** cheval, **un** cheval; **le** froid, **un** froid.

L'intention, **une** intention; **la** façon, **une** façon; **la** peur, **une** peur; **la** main, **une** main; **la** question, **une** question; **l'**épaule, **une** épaule; **la** liste, **une** liste; **la** fois, **une** fois; **la** baleine, **une** baleine; **la** latitude, **une** latitude; **la** mer, **une** mer; **la** passerelle, **une** passerelle; **la** traversée, **une** traversée; **la** réponse, **une**

réponse; **la** phrase, **une** phrase; **la** partie, **une** partie; **la** page, **une** page; **la** semelle, **une** semelle; **la** dent, **une** dent; **la** douleur, **une** douleur; **la** chaussure, **une** chaussure; **la** chose, **une** chose; **la** pluie, **une** pluie; **la** commission, **une** commission; **l'**obligeance, **une** obligeance; **la** route, **une** route; **la** bande, **une** bande; **la** minute, **une** minute; **la** foule, **une** foule; **la** crainte, **une** crainte; **la** place, **une** place; **l'**impériale, **une** impériale; **la** montre, **une** montre; **la** façade, **une** façade; **la** perspective, **une** perspective; **l'**eau, **une**

Soixante-dix-huitième (78e) Leçon

Je n'en‿ai pas l'habitude

1 Il faisait si beau que nos‿amis décidèrent de se promener jusqu'au déjeuner,

2 et de remettre à l'après-midi la visite de l'intérieur du château (1).

3 Vers onze heures et demie, les‿enfants commencèrent‿à se plaindre (2) de la faim,

4 et on se dirigea (3) vers un restaurant que M. Duval connaissait dans la ville.

5 Chacun mangea (3) de bon‿appétit,

6 et M. Duval régla l'addition, malgré les protestations de Paul,

7 qui obtint cependant d'offrir le café.

8 Les‿enfants n'y avaient pas droit,

eau; **la** paix, **une** paix; **la** plume, **une** plume; **la** cuisine, **une** cuisine; **la** girouette, **une** girouette; **la** chaleur, **une** chaleur; **la** pantoufle, **une** pantoufle; **la** bataille, **une** bataille; **la** botte, **une** botte; **la** moto, **une** moto; **la** voiture, **une** voiture; **la** bicyclette, **une** bicyclette.

En deuxième vague, *voyons‿aujourd'hui la 21e Leçon (Revision et Notes)*.

PRONONCIATION. — zh'n'añ'n'àpâ labitüd'. — **3** vàrr oñzurr' äd'mi' comañsàrrtas' pliñdr'd'la fiñ. — **4** vàrr uñ rästôrañ. — **5** ... d'boñ'n'apäti.

I am not used to it (*I have not the habit of it*)

1 It was so fine that our friends decided to keep walking until lunch-*time*, — **2** and to leave (*re-put*) till the afternoon the visit to the interior of the chateau. — **3** About 11.30, the children began to complain of hunger, — **4** and *they made for* (*one directed oneself towards*) a restaurant which M. D. knew in the town. — **5** Every one ate *with* good appetite, — **6** and M. D. settled the bill, in spite of P's protests, — **7** who was allowed, however to pay for coffee. — **8** The children *were not entitled* (*had no right*) to it,

---

NOTES. — **(1)** Les châteaux du XVIIe siècle (*century*), comme celui de Versailles, ne sont que des résidences. Les forteresses féodales (*feudal*), qu'on nomme en anglais *castles,* s'appellent des **châteaux forts.**

(2) Se plaindre (*to complain*) *se conjugue comme* craindre (*to fear*) : je me plains (pliñ), tu te plains, il se plaint, nous nous plaignons (plàgñ**oñ**), vous vous plaignez, ils se plaignent (plàgñ'), je me suis plaint. — Que craignez-vous? *What are you afraid of?* — De quoi vous plaignez-vous? *What are you complaining of?*

(3) On se dirigea (dirrizh**a**), on mangea (mañzh**a**) : l'**e**

9 mais leur mère leur donna à chacun un « canard »,

10 c'est-à-dire un morceau de sucre trempé **(4)** dans son café,

11 pour les récompenser d'avoir été bien sages.

12 — Une cigarette? dit Paul à Mme Duval.

13 — Oh! Monsieur, je n'en‿ai pas l'habitude.

14 — Essayez pour une fois; vous verrez qu'elles sont très douces **(5)**.

15 Et Mme Duval se laissa persuader **(6)**.

EXERCICE. — **1** Je n'ai pas l'habitude de me plaindre, mais vraiment c'est trop fort! — **2** Que vous‿est-il donc arrivé? — **3** C'est le troisième jour qu'on m'apporte du café absolument froid. — **4** Eh bien, sonnez le garçon, et rendez-le lui. — **5** Mais j'ai déjà sonné quatre fois, et personne ne vient!

9 ... a shakuñ uñ can**arr**. — **10** sàtadi**rr**' uñ morrs**ô**d' süc**r**'.

9 but their mother gave them each a "duck", — **10** that is to say a lump of sugar dipped in her coffee, — **11** to reward them for having been *very good* (*"well sage"*). — **12** A cigarette? said P. to Mme D. — **13** Oh (*Sir*), I am not used to it. — **14** Try for once; you will see (*that*) they are very mild. — **15** And Mme D. let herself be persuaded.

---

après le g ne se prononce pas, mais sert seulement à lui conserver le son doux (*soft*), comme dans *girouette* (zhirrouàt); devant a, o, u, le g a le son dur : gâteau (gât**ô**) (*cake*), garçon, gourmand, guttural, guitare (ghit**arr**').

(4) Tremper (trañpä) : *To dip, to soak.* — Je suis trempé jusqu'aux‿os (zhüskôz**ô**s) : *I am "soaked to the bones" : wet through.*

(5) Doux (d**oo**), *feminine* douce (d**oo**s') : *mild*, or *sweet* (or *soft*). — Il fait très doux : *It is very mild weather.*

(6) (N. 2) Observons l'usage de l'imparfait et du passé défini. Nous voyons l'imparfait au paragr. **1** (*il faisait*), au paragr. **4** (*M. D. connaissait*), au paragr. **8** (*n'y avaient*). Dans chaque cas, ce n'est pas‿une **action** qui est‿exprimée (*expressed*), mais‿un **état de choses** (*state of things*). Partout‿ailleurs, c'est le passé défini.

---

1 I am not used to complaining, but this is really too *much* (*strong*). — **2** What has (*then*) happened to you? — **3** This is the third day that they have brought me absolutely cold coffee. — **4** Well, ring for the waiter, and give it back to him. — **5** But I have already rung four times, and no one comes!

O O O

Proverbes : Pierre qui roule n'amasse pas mousse : " *A rolling stone gathers no moss.* " (**La** pierre, **la** mousse.)
Quand le vin est tiré, il faut le boire : " *When the wine is drawn, one has to drink it.* "

78e LEÇON

Notons :

Ils‿ont **mangé de bon‿appétit** : *They ate heartily.*

Laissez-moi **régler l'addition** : *Let me settle the bill.*

Vous‿êtes **trempé jusqu'aux os**! *You are wet through!*

Ces cigarettes sont très **douces** : *These cigarettes are very mild.*

Vous‿**en‿avez l'habitude** : *You are used to it (or to them).*

Soixante-dix-neuvième (79e) Leçon

Sait-on jamais? (1)

1 Le château de Versailles est grand,

2 et contient (2) des souvenirs historiques et des‿œuvres d'art (3) admirables;

3 mais la visite en‿est fatigante,

4 surtout avec deux‿enfants qu'il faut toujours surveiller.

5 Au bout d'une heure, notre petite troupe en‿eut‿assez,

6 et revint dans le parc, se reposer sur un banc à l'ombre (4).

7 Les‿oiseaux chantaient dans les‿arbres,

8 et les‿hirondelles volaient très haut dans le ciel bleu.

Exercice supplémentaire. — *Complétez les mots‿inachevés dans les phrases suivantes :*
1 Dès qu'il l... vit, il l... l... donna : *As soon as he saw him, he gave it* (masc.) *to him.*
2 Dès qu'il l... vit, il l... l... donna : *As soon as he saw her, he gave them to her.*
3 Dès qu'il l... vit, il l... l... donna : *As soon as he saw them, he gave it* (fém.) *to them.*

Clé : **1** le, le lui. — **2** la, les lui. — **3** les, la leur.

Deuxième vague : *la 22e Leçon*

PRONONCIATION. — sà**toñ** zham**à**? — **2** dà soov'**nir** isto**rik'** à dàz **uh**vr'd'arr admirr**abl'**. — **3** añ'n'à fati**gañt'**. — **4** **duhz'** añ**fañ**... sürrvà-**yä**. — **5** ... añ'n **ü**'t'a**sä**. — **6** sürr uñ **bañ** alo**ñbr'**. — **7** làzwa**zô** ... làza**rrbr'**. — **8** làziroñ**dàl'** ... trà **ô** dañl'si**àl** bluh.

Does one ever know?

1 The chateau of Versailles is large, — **2** and contains historical souvenirs and works of art well worth seeing (*admir*), **3** but it is tiring to visit it, — **4** *especially* (*above all*) with two children *who must always be watched* (*whom one must always "survey"*). — **5** At the end of an hour, our little party had enough of it, — **6** and returned (*in*) to the park, to rest on a bench *in* (*at*) the shade. — **7** The birds were singing in the trees, — **8** and the swallows were flying (*very*) high *up* in the blue sky.

NOTES. — **(1)** Savoir (*irrégulier*) : je sais, tu sais, il sait, nous savons, etc., j'ai su.
(2) Contenir, *se conjugue comme* tenir : je tiens, tu tiens, il tient, nous tenons, vous tenez, ils tiennent, etc., j'ai tenu.
(3) Une œuvre (ün' **uh**vr') *est le résultat d'un travail. C'est aussi un travail, dans le sens plus noble.* — Se mettre à l'œuvre : se mettre au travail.
(4) **A** l'ombre : *In the shade*; **au** soleil : *in the sun.*

79e LEÇON

9 — Quelle belle journée! s'exclama M. Duval; on se croirait‿en plein‿été.

10 — Pourvu que cela dure! dit Mme Duval.

11 — Mais tu vois bien qu'il n'y a pas le moindre nuage!

12 Le temps s'est complètement mis‿au beau.

13 — Sait-on jamais? Il arrive que... mais mon Dieu **(5)**, où donc sont nos parapluies?

14 Nous‿avons oublié de les retirer du vestiaire en sortant!

9 ... oñs'crwarat' añ pliñ'n' ätä. — **12** ... miz'ôbô. — **14** noozavoñ'z'oobliäd' làr' tirä dü västiàrr'.

EXERCICE. — **1** Est-ce que je fais‿encore beaucoup de fautes en parlant? — **2** Cela dépend; quand vous vous surveillez, vous n'en faites guère. — **3** Vous me rassurez; de toutes façons, je me fais comprendre? — **4** Mais certainement; votre prononciation s'améliore de jour en jour. — **5** Il faut que je continue à travailler, et je sens que tout‿ira bien.

Notons :

Sa santé **s'améliore de jour en jour** : *His health is getting better from day to day.*

Proverbe : Une hirondelle ne fait pas le printemps : *One (A) swallow does not make a summer (the spring).*

Il fait trop chaud **au soleil**; allons plutôt **nous‿asseoir à l'ombre** : *It is too hot in the sun; let us rather go and sit in the shade.*

J'espère que le temps va **se mettre au beau** : *I hope the weather is going to turn fair.*

9 What *a* fine day! exclaimed M. D.; one would think we were (*one would believe oneself*) *in the height of* (*full in the*) summer! — **10** If only it lasts! said Mme D. — **11** But you can (*do well*) see that there is not the *slightest* (*least*) cloud! — **12** The weather has completely set (*itself*) to fair. — **13** Does one ever know? It happens that... Good Lord! (*But my God*) where are (*then*) our umbrellas? — **14** We forgot to get them back from the cloak-room when we left.

---

(5) Mon Dieu! *est‿une exclamation inoffensive, comme en‿anglais* Dear me!

1 Do I still make many mistakes in speaking? — **2** That depends; when you watch *over* yourself, you hardly make any. — **3** You reassure me; in any case, *do* I make myself understood? — **4** Oh, certainly; your pronunciation *is getting better* (*ameliorating itself*) *every day* (*from day to day*). — **5** I must *keep on* (*continue*) working and I feel that all will go well.

Exercice supplémentaire. — *Mettons la leçon d'aujourd'hui au futur.*

Clé : Saura-t-on? — **1** ... sera — **2** ...contiendra ... — **3** ...sera ... — **4** ...faudra... — **5** ...aura... — **6** ...reviendra. — **7** ...chanteront ... — **8** ...voleront... — **9** s'exclamera... se croira... — **11** ...tu verras... n'y aura pas... — **12** ...se sera... sera... — **13** Saura-t-on... arrivera... seront... — **14** ...aurons.

Deuxième vague : *la 23e Leçon*

79e LEÇON

Quatre-vingtième (80e) Leçon

Petits dialogues

1 — Bonjour, cher monsieur; comment‿allez-vous?

2 — Très bien, merci, et vous-même? (*A part*) : Qui est-ce?

3 — Comme je suis‿heureux de vous rencontrer!

4 — Le plaisir est partagé! (*A part*) : Je ne vois pas du tout qui cela peut‿être.

5 — Il faut‿absolument nous revoir.

6 — Volontiers. (*A part*) : Mais je ne l'ai jamais vu!

7 — Voulez-vous venir dîner à la maison jeudi en huit (**1**) ?

8 — J'accepte en principe; mais je suis très‿occupé, et si par hasard j'étais‿empêché...

9 — Vous me téléphoneriez. C'est‿entendu.

10 — Parfaitement. (*A part*) : Comment lui faire dire son nom?

11 Ah! j'y suis! (*Haut*) : A propos, cher ami, est-ce que votre nom prend‿un‿o!

12 — Un‿o? Mais je m'appelle Duval!

---

13 — Tiens! Monsieur Duval? vous‿êtes donc rentré de vacances!

PRONONCIATION. — p'ti dialog. — **1** comañ't'alävoo? — **3** ... zh'süiz' uhr**uhd**'. — **4** ... kisla puht'**à**tr'. — **5** ... ilfô' t'absolümañ noor'vwarr. — **6** voloñtiä. — **7** ... dinä a-lamàzoñ zhuhdi añ üit'? — **8** ... tràz'ocüpä ... zhät**à**z'añpàshä. — **9** ... s**à**t'añtañdü. — **11** ... prañ't'uñ' n'o?

Little dialogues

1 Good morning, (*my dear Sir*); how are you? — **2** Very well thanks, and yourself? (*Aside*) : Who is he? — **3** How pleased I am to meet you! — **4** The pleasure is mutual! (*Aside*) : I can't see who it can be at all. — **5** We absolutely must see each other again. — **6** Willingly. (*Aside*) : But I have never seen him! — **7** Will you come *to dinner* (*to dine*) at *my place* (*the house*) Thursday week? — **8** I accept in principle; but I am very busy, and if by chance I were prevented... — **9** You would phone me. It is settled. — **10** Perfectly. (*Aside*) : How *can I* make him tell his name? — **11** Ah, I'*ve got it* (*am there*) (*Aloud*) : By the way, old chap, *do you spell your name with* (*does your name take*) an o? — **12** An o? But my name is Duval!

13 *Hello!* (*Hold!*) M. D.! so you are *back* (*re-entered*) from *your* holidays?

NOTES. — (1) Lundi prochain : *Next Monday.* — Dimanche dernier : *Last Sunday.* — Mardi en huit : *Tuesday week.* — Mercredi en quinze : *Wednesday fortnight.*

80e LEÇON

14 — Comme vous voyez; tout‿a une fin; mais vous, vous vous préparez à partir?

15 — Non pas! (2) Il m'est‿impossible de prendre des vacances!

16 — Pourquoi? Votre bureau pourra très bien marcher en votre absence.

17 — Oh! certainement. Mais je ne tiens (3) pas‿à ce que le patron s'en‿aperçoive (4).

14 too**t**'a' ün'fi**ñ**... präparäz'a parti**rr**. — **15** ilm**à**t' iñposi**bl**. — **17** ...sañ'n'apàrrsw**av**'.

EXERCICE. — **1** Aujourd'hui, la bonne a encore cassé une assiette de porcelaine. — **2** Une seule? Alors, il y a du progrès? — **3** Non; c'était la dernière assiette.

Notons :

Je **tiens** beaucoup **à** ma peau (pô) : *I value my own skin very much.*

Ils **tiennent‿à** venir avec nous : *They insist on coming with us.*

Faites-vous des progrès? *Are you improving?*

Il ne me reste qu'une seule cigarette : *I have only one cigarette left.*

Il ne m'en reste pas‿une seule : *I have not a single one left.*

14 As you see; *there is an end to everything* (*Ev. has an end*); but *what about* you! are you getting ready to go? — **15** Not a bit of it, *I can't possibly.* (*It is to me impossible to*) take a holiday! — **16** Why? Your office can (*future*) carry on (*march*) very well in your absence. — **17** To be sure. But I do not care *for* (*that*) my employer *to* (*should*) *notice* (*perceive*) it!

---

(2) Non pas! *est plus catégorique que* Non, *ou même que* Pas du tout!

(3) Je ne tiens pas‿à la voir : *I do not care to see her.* — Je n'y tiens pas : *I do not care for it.* — Y tenez-vous beaucoup? *Do you care much for it? Are you bent* (or *set*) *on* (*getting* or *keeping*) *is?*

(4) Observons de nouveau le subjonctif, que nous ne connaissons pas‿encore : il s'en‿aperçoit (*indicatif présent*) : *He notices* (or *perceives*) *it.* — Je veux **qu**'il s'en‿aperçoi**ve** (*subjonctif*) : *I want him to notice it.*

---

1 To-day, the maid broke a china (*porcelain*) plate again. — **2** Only (*A single*) one. Then, there is some improvement? — **3** No; it was the last plate.

o o o

Exercice supplémentaire. — Quel est le passé composé de 1) venir? 2) aller? 3) être? 4) voir? 5) vouloir? 6) entendre? 7) prendre? 8) faire? 9) avoir? 10) pouvoir? 11) tenir? 12) apercevoir? 13) perdre? 14) savoir?

Clé : 1) je suis venu; 2) je suis allé; 3) j'ai été; 4) j'ai vu; 5) j'ai voulu; 6) j'ai entendu; 7) j'ai pris; 8) j'ai fait; 9) j'ai eu (ü); 10) j'ai pu; 11) j'ai tenu; 12) j'ai aperçu; 13) j'ai perdu; 14) j'ai su.

Deuxième vague : *la 24e Leçon*

80e LEÇON

Quatre-vingt-unième (81e) Leçon

Faisons nos comptes (1)

1 Ce soir-là, comme tous les soirs, M. Duval, qui était‿un‿homme méthodique,

2 nota sur son‿agenda (2) les dépenses de la journée.

3 — Bigre! fit-il, nous‿approchons de soixante francs!

4 — Ça (3) n'a rien d'étonnant, dit Mme Duval, occupée à arranger ses cheveux pour la nuit devant la glace.

5 Heureusement, ce n'est pas tous les jours dimanche!

6 — Voyons, nous sommes le vingt-quatre; depuis le début du mois,

7 je trouve un total de cent francs de menues (4) dépenses;

8 combien te reste-t-il sur les mille francs du ménage?

9 — Je ne sais pas‿au juste, mais ne t'inquiète pas, je joindrai (5) les deux bouts.

PRONONCIATION. — **fëzoñ nô coñt'. — 1** ... **ki ät-àt' uñ'n'om' mätodik. — 2** ... **soñ'n'azhiñda. — 3 fitil, nooz' aproshoñ**

Let us do our accounts

1 That evening, as on every other evening, M. D., who was a methodical man, — **2** *wrote down* (*noted*) the expenses of the day in (*on*) his diary. — **3** My word! he said, we are *nearing* (*approaching of*) 60 francs! — **4** *There is nothing surprising in that* (*"That has nothing of astonishing"*), said Mme D., busy *doing* (*arranging*) her hair for the night in front of the looking-glass. — **5** Fortunately it is not Sunday every day! — **6** Let's see, *to-day is* (*we are*) the 24th; *from* (*since*) *the beginning* (*debut*) of the month, — **7** there's been a total of 100 francs of *petty* (*small*) expenses; — **8** how much *have you left* (*does it remain to you*) *of* (*on*) *the* 1,000 (*of the*) household *money*? — **9** I don't know exactly but don't worry, I shall *make* (*join*) both ends *meet*.

NOTES. — (1) Compter (coñtä) : *To count, to reckon.* — Le compte : *The account* or *reckoning.* — Ne comptez pas sur moi : *Do not count on* (or *expect*) *me.* — On ne peut pas compter sur lui : *He is not reliable.*

(2) Un‿agenda (azhiñda) est‿un carnet (carrnà, *notebook*) pour inscrire chaque jour ce qu'on doit faire.

(3) Ça : *familier pour* cela. — Ça ne fait rien! *It doesn't matter!*

(4) Le menu : *la liste détaillée des plats.* — Menu, *adjectif*, signifie *de peu d'importance*, ou *détaillé.*

(5) Joindre (zhwiñdr') : *To join.* Verbe régulier, *se conjugue comme* craindre (*to fear*) : je joins, je joignais, j'ai joint.

Quel jour **sommes-nous**? *What is the day?*
Nous sommes le mardi dix-huit : *To-day is Tuesday, the eighteenth.*

10 Seulement, il me faudra quarante francs pour acheter des souliers neufs **(6)** à André,

11 et une petite robe d'été pour Anne-Marie.

12 — Mettons que je dépense encore soixante francs,

13 Nous‿arriverons‿à environ huit cent cinquante francs,

14 ce qui laissera une marge de cent cinquante francs à placer.

15 Ce n'est pas le Pérou **(7)** ; mais du moins, le budget est bouclé, et en‿excédent, c'est l'essentiel!

EXERCICE. — **1** Combien vous reste-t-il? — **2** Environ soixante-dix francs, et huit livres **(1)** sterling. — **3** Allez-vous changer vos livres aujourd'hui? **4** Il le faut bien. — **5** Voici l'adresse d'un bureau de change.

10 ... dà sooliä nuf a... — **13** nooz' arriv'rroñ'z'a añvirroñ ... — **15** l'büdzhà à booclä, ä añ'n'äksädañ, sà làs'sañsiàl.

10 Only, I need (*it is necessary to me*) 40 francs to buy new shoes for André, — **11** and a little summer frock for Anne-Marie. — **12** Let us *say* (*put*) that I *shall* spend *another* (*again*) 60 francs, — **13** we shall *go up to* (*arrive at*) about 850 francs, — **14** which will leave a margin of 150 francs to *be invested* (*place*). — **15** It is not *a hoard* ("*the Peru*"), but *at* (*of the*) least the budget is *balanced* (*buckled up*), and *with a surplus* (*in excess*); that is the *main thing* ("*essential*").

---

(6) Neuf (nuf) : *New, fait au pluriel* neufs (nuf), *et au féminin* neuve (nuv').
(7) Le Pérou, c'est-à-dire les mines d'or du Pérou : la richesse.

---

1 How much have you left? — **2** About 70 fr., and £8. — **3** Are you going to change your pounds to-day? — **4** I *must* (*it is necess. well*). — **5** Here is the address of an exchange-office.

(1) Le livre : *the book*; **la** livre : *the pound* (*weight, or sterling*).

o o o

Exercice supplémentaire. — *Mettez‿au futur* : je suis, tu as, nous prenons, vous voyez, ils savent.
Clé : je serai, tu auras, nous prendrons, vous verrez, ils sauront.

Notons :

Il n'arrive pas‿à **joindre les deux bouts** : *He can't manage to make both ends meet.*
Voici tout **ce qui me reste** : *Here is all I have left.*
Il **faut bien** que je m'y habitue : *I must get used to it.*
Il le **faudra bien** : *It will be necessary.*
C'est **l'essentiel** : *That is the main thing.*

Deuxième vague : *la 25e Leçon*

81e LEÇON

Quatre-vingt-deuxième (82e) Leçon

Et maintenant, causons (1)

1 — Venez me voir à mon bureau, avait dit M. Duval à Paul.

2 — Ce serait‿avec plaisir; mais j'aurais peur de vous déranger dans votre travail.

3 — Pas du tout. Venez vers trois‿heures après-midi **(2)**,

4 c'est le moment où nous sommes le moins‿occupés.

5 M. Duval était chef de service, et travaillait dans‿une grande pièce **(3)**,

6 avec deux dactylos sous ses‿ordres.

7 Lorsque Paul arriva, il le présenta : M. Paul Martin, Mlle Odette, Mlle Thérèse.

8 Mlle Thérèse était‿une jolie brunette de moins de vingt‿ans,

9 Mlle Odette, une vieille **(4)** fille à cheveux gris et à lunettes.

10 M. Duval était‿installé à une grande table,

PRONONCIATION. — **2** s's'r**à**t'av**à**c ... — **3** ... vàrr trwaz' **urr**' apràmidi. — **4** sàl' moma**ñ** oo... l'mwiñz' ocüpä. — **5** ... dañz' ün'grañd' pi**à**s'. — **6** dactil**o** soo sàz'**o**rrdrr'. — **8** madmwaz**à**l' tär**à**z' ät**à**t'ün'. — **10** ...ätàt'iñstalä...

And now let us talk

1 *Call on* (*Come to see*) me at my office, M. D. had said to P. — **2** (*It would be*) With pleasure, but I should be afraid of disturbing you in your work. — **3** Not at all. Come about 3 *p. m.* (*afternoon*), — **4** it is the moment *when* (*where*) we are least busy. — **5** M. D. was *head of a department* (*"chief of service"*), and worked in a large room, — **6** with two typists under *him* (*his orders*). — **7** When P. arrived, he introduced him : M. P. M., Mlle O., Mlle T. — **8** Mlle T. was a pretty brunette *under* (*of less than*) twenty (*years*), — **9** Mlle O., an elderly spinster with grey hair and spectacles. — **10** M. D. sat (*"was installed"*) at a large table,

NOTES. — **(1)** Causer (cozä) : *To talk.* — Nous‿en causerons (noozañ côz'r**oñ**) : *We'll talk it over.* — Nous‿en recauserons : *We'll return to the matter.*

(2) A huit‿heures du matin : *At eight a. m.* — A quatre heures après-midi : *At four p. m.* — A sept‿heures du soir : *At seven p. m.* (*A partir de 6 heures, on dit* du soir, *et non* après-midi.) — A onze heures du soir : *At 11 o'cl. at night.*

(3) Une pièce est *a room* en général. — Un‿appartement de trois pièces : *A three-room flat.* — Dans‿un bureau, on parle de pièces et non de « chambres ».

(4) *Rappelons que* vieux *fait‿au féminin* vieille.

82° LEÇON

11 chargée (**N. 3**) de papiers dans des corbeilles,

12 avec un téléphone et plusieurs boutons **(5)** de sonnettes.

13 — Asseyez-vous, dit-il en désignant un large fauteuil de cuir brun **(6)**.

14 Et maintenant, causons.

EXERCICE. — **1** Savez-vous taper à la machine **(1)**? — **2** Je crois bien, je suis sténo-dactylo! — **3** Oh! excusez-moi, j'ignorais... — **4** Je vous‿en prie, il n'y a pas de mal. — **5** En ce cas, voudriez-vous me faire un petit travail? — **6** A votre service; de quoi s'agit-il?

(1) Taper à la machine *ou* écrire à la machine. — Une machine à écrire : *A typewriter.* — La sténographie : *shorthand.* Ecrire en sténo *ou* sténographier : *to write shorthand.*

Notons :

Il est revenu au moment **où** je ne l'attendais pas : *He returned at the moment when I was not expecting him.*

J'apprends **à taper à la machine** : *I am learning typing.*

De quoi **s'agit-il**? *What is it about?*

Il **ne s'agit de rien de grave** : *It is not about anything serious.*

Son revolver (r'volvàrr) était **chargé** : *His revolver was loaded.*

11 dañ dà corrb**à**'y'. — **13** asàyävoola ditil añ däzign**añ**'t' uñ larrzh' fôt**u**'y'd' cüirr bruñ. — **14** ä miñt'n**añ** côz**oñ**.

11 *laden* (*charged*) with papers in trays, — **12** with a telephone and several bell *knobs* (*buttons*). — **13** Sit down, he said, *indicating* a wide brown leather arm-chair. — **14** And now, let us talk.

---

(5) Un bouton : *A button, a knob, also a pimple.* — Une sonnette : *An electrical bell,* or *a small bell* (*also* une clochette). — Une cloche : *A* (*church*) *bell.*

(6) Le cuir : *Leather,* d'où **la cuirasse**, qui à l'origine était en cuir et non en métal.

---

1 *Can you type* (*Do you know* (*how*) *to "tap at the machine"*). — **2** *I should think so* (*I believe well*), I am *a* shorthand-typist! — **3** Oh, excuse me, *I had no idea* (*ignored*). — **4** *Not at all* (*I beg you*), there is no harm done. — **5** In that case, perhaps *you would like* (*would you*) to do a little work *for* me? — **6** At your service; *what is it about* (*of what does it "act itself"*)?

o o o

Exercice supplémentaire. — *Mettez‿au futur et au conditionnel :* je viens; tu as; nous sommes; vous dites; ils causent.

Clé : je viendrai, je viendrais; tu auras, tu aurais; nous serons, nous serions; vous direz, vous diriez; ils causeront, ils causeraient.

Ignorer signifie en français exclusivement : *ne pas savoir, être ignorant de*; tandis que **to ignore** correspond à : **ne pas remarquer,** ou **ne pas vouloir remarquer.**

He ignored me : Il fit mine de ne pas m'apercevoir.

I shall ignore it : Je fermerai les yeux là-dessus.

Deuxième vague (sans oublier l'exercice) :
la 26e Leçon

82e LEÇON

Quatre-vingt-troisième (83e) Leçon

Une promenade dans Paris

1 — Comment avez-vous passé la matinée?

2 — Oh! très‿agréablement. Je me suis promené du côté (1) des Champs-Elysées;

3 j'ai vu le tombeau du Soldat Inconnu, sous l'Arc de Triomphe...

4 — Qu'est-ce que vous‿en pensez?

5 — Il est‿impressionnant, par sa simplicité, dans ce cadre grandiose...

6 Et la flamme symbolique, qui ne s'éteint (2) jamais...

7 — Oui, c'est‿un magnifique symbole, mais avez-vous poussé (3) jusqu'au Bois?

8 — Non, je suis descendu vers la Seine,

9 à peu près en face de la Tour Eiffel,

10 et j'ai suivi les quais jusqu'à Notre-Dame (4).

11 C'est‿une promenade ravissante;

12 puis, j'ai déjeuné près du Luxembourg (5).

13 Le Quartier Latin me plaît particulièrement.

PRONONCIATION. — **2** ... tràz'agräabl'mañ ... shañz' älizä'. — **3** l'toñbô du solda iñconü ... larrc d'trioñf'. — **5** ilàt' iñpràsionañ... — **6** ... kin'sätiñ... — **8** ... la sàn'. — **9** ...la toor àfàl — **10** ... là kà zhüska notr'dam', — **12** lüxañboor. — **13** l'karrtiä latiñ ... parrticüliàrrmañ.

A stroll through *(in)* Paris

1 How did you spend the morning? — **2** Oh, very *pleasantly* (*agreeably*). I went for a walk *towards* (*of the side of*) the Champs-Elysées; — **3** I saw the grave of the Unknown Soldier, under the Arch of Triumph. — **4** What do you think of it? — **5** It is impressive, *in* (*by*) its simplicity, in *those* grandiose *surroundings* (*that gr. frame*). — **6** And the symbolic flame, which never goes out. — **7** Yes, it is a magnificent symbol; but did you *go as far as* (*push till*) the Bois? — **8** No, I went down to(*wards*) the Seine, — **9** *nearly* (*at little near*) opposite the Eiffel Tower, — **10** and I followed *the embankment* ("the quays") *as far as* (*till*) Notre-Dame. — **11** It is a delightful (*ravishing*) walk; — **12** then, I lunched near the Luxemburg. — **13** *I am particularly fond of the Latin Quarter* (*The Lat. Qu. pleases me partic.*).

NOTES. — **(1)** Du coté de : *In the direction of.* — A côté de : *By the side of*; *close to.* — C'est tout‿à côté : *It is quite close.* — C'est de ce côté-là : *It is in that direction.*

(2) Eteindre (ätiñdr') : *To put out, extinguish, se conjugue comme* craindre. — Avez-vous éteint la lumière? *Did you put out the light?*

(3) *Ou* : Etes-vous‿allé jusqu'au... — Le Bois, pour le Bois de Boulogne (*Boulogne Wood*).

(4) La Cathédrale de Notre-Dame (*Our Lady*).

(5) Le Palais du Luxembourg, où siège (*sits*) le Sénat, dans les jardins du Luxembourg.

83e LEÇON

14 — Oui, c'est le royaume (**6**) de la jeunesse :
15 on‿y étudie, et on s'y amuse aussi!

Le bon tabac

16 J'ai du bon tabac (**7**) dans ma tabatière,
17 J'ai du bon tabac, tu n'en‿auras pas!
18 J'en‿ai du bon et du râpé,
19 Qui n'est pas pour ton vilain (**8**) nez!
20 J'ai du bon tabac, etc...

Proverbe : Dans le royaume des‿aveugles (av**uh**gl') les borgnes sont rois : *In the kingdom of the blind, the one-eyed are kings.*

o o o

Exercice supplémentaire. — *Mettons‿à l'imparfait* : je vois, tu penses, nous‿éteignons, vous descendez, ils plaisent.
Clé : je voyais, tu pensais, nous‿éteignions, vous descendiez, ils plaisaient.

Quatre-vingt-quatrième (84e) Leçon

REVISION ET NOTES

1 Le subjonctif s'emploie :

1) Après‿un verbe exprimant la volonté (*will*), la crainte (*fear*), le doute (*doubt*) ou en général une émotion (**sauf l'espoir**) :

Je **veux** que vous **partiez** : *I want you to leave.*
J'**ai peur** qu'il ne **comprenne** pas : *I am afraid he won't understand.*

14 l'rwayôm' d'la zhunàs'. — **15** oñ'n'i'ätüdi'. — **16** ... dü boñ taba. — **19** ... toñ viliñ nä!

14 Yes, it is the kingdom of youth; **15** you study there and enjoy yourself there too!

16 I have some good snuff in my snuff-box, — **17** I have some good snuff, *you shall* (*thou shalt*) not have any! — **18** I have some, good and grated — **19** which is not for thy ugly nose! — **20** I have some good snuff, etc.

---

(6) Le roi : *The king.* — La reine (ràn') : *The queen.* — Le palais royal (rwa-yal) : *The royal palace.*

(7) Le tabac à priser : *Snuff.* — Je ne fume pas, et je ne chique pas non plus : je prise : *I do not smoke, and neither do I chew : I take snuff.* — La tabatière : *The snuff-box.* — La blague (blag') à tabac : *The tobacco-pouch. Pour être strictement grammatical, on devrait dire :* de bon tabac, *et non* du bon tabac. *Mais tenons-nous-en à la chanson!*

(8) Vilain (viliñ), *féminin* vilaine (vilàn') *est le contraire de* beau (*féminin* belle).

Deuxième vague : *la 27e Leçon*

Je **doute** que nous‿**ayons** le temps : *I doubt whether we shall have time.*

Je **suis‿étonné** qu'il ne **soit** pas là : *I am surprised that he is not there.*

2) Après‿une négation ou une question impliquant l'incertitude :

Je **ne suppose pas** qu'il **finisse** à temps : *I do not suppose he will finish in time.*

Croyez-vous vraiment que nous **puissions** le faire? *Do you really believe we can do it?*

3) Après‿un superlatif :

Ce film est **le plus** mauvais que j'**aie** jamais vu : *This film is the worst I have ever seen.*

84e LEÇON

C'est **le mieux** que **je puisse** faire : *It is the best I can do.*

4) Après **afin que, pour que, de peur que** (*for fear that*), **sans que, quoique** *ou* **bien que** (*although*), **jusqu'à ce que, à moins que** (*unless*), **avant que, pourvu que,** etc...

Voici le subjonctif des verbes réguliers :

Parler : que je parle, que tu parles, qu'il parle, que nous parlions, que vous parliez qu'ils parlent.

Finir : que je finisse, que tu finisses, qu'il finisse, que nous finissions, que vous finissiez, qu'ils finissent.

Recevoir : que je reçoive, que tu reçoives, qu'il reçoive, que nous recevions, que vous receviez, qu'ils reçoivent.

Entendre : que j'entende, que tu entendes, qu'il entende, que nous‿entendions, que vous‿entendiez, qu'ils‿entendent.

Quelques formes de verbes‿irréguliers :

Avoir : que j'aie (**ã**') que tu aies (**ã**'), qu'il ait, que nous‿ayons (ä-yo**ñ**), que vous‿ayez, qu'ils‿aient (**ã**).

Etre : que je sois, que tu sois, qu'il soit, que nous soyons (swa-yo**ñ**), que vous soyez, qu'ils soient (sw**a**').

Faire : que je fasse, que tu fasses, qu'il fasse, que nous fassions, que vous fassiez, qu'ils fassent (fas').

Pouvoir : que je puisse, que tu puisses (püiss), qu'il puisse, que nous puissions, que vous puissiez, qu'ils puissent :

Vouloir : que je veuille (v**u**-y'), que tu veuilles, qu'il veuille, que nous veuillons (vu-y**oñ**), que vous veuillez, qu'ils veuillent (v**u**-y').

Aller : que j'aille (zh**a**-y'), que tu ailles, qu'il aille, que nous‿allions (ali**oñ**), que vous‿alliez, qu'ils‿aillent (**a**-y').

Nous ne vous demandons pas d'apprendre ces formes du subjonctif par cœur (curr, heart), *mais de les lire attentivement, et de les comparer avec les formes correspondantes de l'indicatif présent, à l'appendice grammatical.*

2 Faire, laisser, gouvernent l'infinitif en français. Ainsi :

Je vais me **faire couper** les cheveux : *I am going to get my hair cut.*

Il s'est **fait faire** un complet neuf : *He had a new suit of clothes made.*

Laissez-vous persuader : *Let yourself be persuaded.*

Je me **fais comprendre** en français : *I make myself understood in French.*

Il s'est **fait prendre** sur le fait : *He got caught* (*taken*) *in the act* (" *on the fact* ").

3 Charger *est* to charge *ou* to load. **Se charger de quelque chose** : *To take a thing upon oneself.* Je m'en charge! *I take it upon myself,* ou *Leave it to me!*

Mais‿attention! How much do you charge? *se dit* : Combien prenez-vous? — *His charge is too high* : Il prend trop cher.

4 Masculin et Féminin :

Le château, **un** ch. (*pluriel* : les château**x**) ! **l'**intérieur, **un**‿int.; **l'**appétit, **un**‿ap.; **le** droit, **un** d.; **le** canard, **un** c.; **le** morceau, **un** m. (*pluriel* : les morceau**x**) ; **le** sucre, **un** s.; **le** souvenir, **un** s.; **le** parc, **un** p.; **le** banc, **un** b.; **l'**oiseau, **un**‿o. (*pluriel* : les‿oiseau**x**) ; **l'**arbre, **un**‿ar.; **le** ciel, **un** c.; **le** nuage, **un** n.; **le** parapluie, **un** p.; **le** vestiaire, **un** v.; **le** dialogue, **un** d.; **le** plaisir, **un** p.; **le** principe, **un** p.; **le** hasard, **un** h.; **le** nom, **un** n.; **le** bureau, **un** b. (*pluriel* : les bureau**x**) ; **le** patron, **un** p.; **le** progrès, **un** p.; **le** compte, **un** c.; **le** soir, **un** s.; **l'**agenda, **un**‿ag.; **le** début, **un** d.; **le** total, **un** t. (*pluriel* : les totau**x**) ; **le** ménage, **un** m.; **le** bout, **un** b.; **le** budget, **un** b.; **le** travail, **un** t. (*pluriel* : les travau**x**) ; **le** service, **un** s.; **l'**ordre, **un**‿o.; **le** téléphone, **un** t.; **le** bouton, **un** b.; **le** fauteuil, **un** f.; **le** coin, **un** c.; **le** côté, **un** c.; **le** champ (shañ, *field*), **un** ch.; **le** tombeau, **un** t. (*plur.* : les tombeau**x**) ; **le** soldat, **un** s.; **l'**arc, **un**‿arc; **le** triomphe, **un** t.; **le** cadre, **un** c.; **le** symbole, **un** sy.; **le** quai, **un** quai; **le** quartier, **un** qu.; **le** royaume, **un** r.; **le** mal, **un** mal; **le** nez, **un** nez; **le** revolver, **un** r.; **le** bois, **un** b.; **le** palais, **un** p.; **l'**aveugle, **un** (*ou* **une**) av.; **le** borgne, **un** b.; **le** roi, **un** roi; **le** cœur, **un** c.; **le** complet, **un** c.; **le** fait, **un** f.

La faim, **une** f.; **la** ville, **une** v.; **l'**addition, **une** ad.; **la** fois, **une** f.; **la** visite, **une** v.; **la** troupe, **une**

Quatre-vingt-cinquième (85e) Leçon

Echange (1) de leçons

1 Paul venait maintenant chaque après-midi au bureau de M. Duval.

2 Il lisait tranquillement un journal pendant que M. Duval travaillait,

t.; l'ombre, **une** ombre; l'hirondelle, **une** h.; **la** fin, **une** fin; l'absence, **une** a.; **la** faute, **une** f.; **la** façon, **une** f.; **la** prononciation, **une** p.; **la** santé, **une** s.; l'assiette, **une** ass.; **la** porcelaine, **une** p.; **la** peau, **une** peau; **la** dépense, **une** d.; **la** marge, **une** m.; **la** pièce, **une** p.; **la** lunette, **une** l. (*meaning spy-glass; always plural in the sense of " spectacles "* : les lunettes) ; **la** corbeille, **une** c.; **la** sonnette, **une** s.; **la** cloche, **une** c.; **la** promenade, **une** p.; **la** simplicité, **une** s.; **la** flamme, **une** fl.; **la** tour, **une** t. (*meaning tower*; **le** tour : *the turn or the tour*) ; **la** jeunesse, **une** j.; **la** machine, **une** m.; **la** sténo (*ou* sténographie), **une** s.; l'adresse, **une** ad.; **la** cathédrale, **une** c.; **la** blague, **une** b.

o o o

Tous les jours de la semaine sont masculins : **le** dimanche, **le** lundi, **le** mardi, **le** mercredi, **le** jeudi, **le** vendredi, **le** samedi.

De même les noms des mois. (V. leçon **91**, par. **2.**)

Deuxième vague : *la 28e Leçon*

PRONONCIATION. — äshañzh' dël'soñ. — **2** ... lizà trañkilmañ uñ zhoorrnal'...

Exchange of lessons

1 Paul was now coming every afternoon to M. D.'s office. — **2** He would read a newspaper quietly while M. D. worked.

NOTES. — **(1)** Echanger : *To exchange.* — Changer : *To change.* — Avez-vous changé tout votre argent? *Have*

3 et quand celui-ci avait‿un moment de libre (**2**),

4 ils causaient de choses‿et d'autres.

5 Parfois (**3**) M. Duval était‿appelé dans le bureau d'à côté,

6 et alors Paul bavardait avec la jolie Mlle Thérèse.

7 Elle ne savait pas du tout l'anglais,

8 et il s'amusait à lui en‿apprendre quelques mots,

9 qu'elle prononçait de la façon la plus drôle.

10 Paul prit (**4**) si bien goût à ce jeu

11 qu'il lui proposa de continuer les leçons en dehors du (**5**) bureau.

12 Elle accepta, et les deux jeunes gens se retrouvèrent chaque soir.

13 Cependant, ils n'en dirent rien à ce bon M. Duval.

EXERCICE. — **1** Avez-vous un quart d'heure de libre? — **2** Mais oui, que désirez-vous? — **3** Allons

3 ... s'lüi si avàt'uñ. — **4** d'shôz'zädôtr'. — **5** parrfwa ... ätàt' ap'lä. — **6** ... bavarrdàt' avàc la zholli'. — **8** ... il samüzà a lüi añ'n'aprañdr' kàlk' mô. — **10** ... pri si biiñ goo as' zhuh. — **11** ... añdë-orr. — **12** ... duh zhun' zhañs' r'troovàrr'. — **13** ilnañdirr' riiñ as'boñ.

3 and when the latter had a moment *to spare* (*"of free"*), — **4** they would talk *of one thing and another* (*"of things and of others"*). — **5** At times, M. D. was called into the *next* office (*"of aside"*), — **6** and then P. would chat with (*the*) pretty Mlle Th. — **7** She did not know any English at all, — **8** and he amused himself *teaching* (*to teach*) her (*of it*) a few words, — **9** which she would pronounce in the *funniest* (*most "droll"*) way, — **10** Paul took *such a liking to* (*"so well taste to"*) this game — **11** that he suggested to her that they would continue (*proposed to her to continue*) the lessons outside (*of*) the office. — **12** She accepted, and the two young people *met* (*found each other again*) every evening. — **13** However, they *did not mention* (*said nothing of*) it to the good M. D.

---

you changed all your money? — Le bureau de change : *The exchange-office.* — Voulez-vous échanger des leçons avec moi? *Will you exchange lessons with me?* — Comme vous‿avez changé depuis que je ne vous‿ai vu! *How you have changed since I saw you (last)!*

(2) Je n'ai pas‿un moment **de** libre : *I have not one moment to spare (or free).* — Voici quelque chose **d'**amusant : *Here is something amusing.* — Je n'ai rien fait **de** mal : *I have done no harm.*

Celui-ci *ou* Ce dernier.

(3) Parfois *ou* quelquefois.

(4) Notez le passage de l'imparfait (revoir la leçon **63**, par. **1**) au passé défini. Jusque-là, il s'agit d'un état de choses; maintenant, la narration reprend.

Le goût : *Taste*; goûter : *to taste.* — Le jeu : *The game*; jouer (zhooä) : *to play.*

(5) Hors de : *Out of.* En dehors de : *Outside (of).* — *Mais nous dirons :* Il fait bon dehors : *It is fine (good) out of doors.* Restez dehors : *Stay outside.*

---

1 Have you a quarter of *an* hour to spare? — **2** *Certainly* (*But yes*), what do you want? — **3** Let us go for a little stroll

faire un petit tour dehors, pour nous dégourdir un peu **(1)** les jambes (zhañb'). — **4** A vrai dire, je me sens un peu paresseux (parrãsuh) ; **5** ne voulez-vous pas plutôt jouer aux cartes? — **6** Très bien, faisons une partie **(2)**.

Et nous noterons aujourd'hui :

Nous‿avons causé **de choses‿et d'autres** : *We talked of one thing and another.*

C'est dans la maison **d'à côté** : *It is in the next house,* or *next-door.*

J'ai besoin de **me dégourdir les jambes** : *I want to stretch my legs.*

Voulez-vous **faire une partie**? *Will you have a game?*

A vrai dire, je n'en‿ai pas‿envie : *To tell the truth, I don't feel like it.*

Quatre-vingt-sixième (86e) Leçon.

Etes-vous prêts‿à partir?

1 — Tu devrais avoir honte **(1)** ! dit Mme Duval.

2 Un grand garçon de presque neuf ans, et qui ne sait pas‿encore se laver les mains comme il faut **(2)** !

out of doors, to stretch ("*un-numb*") our legs a little. — **4** *To tell the truth* ("*To true say*"), I feel (*myself*) a little lazy; — **5** won't you rather play (*at the*) cards? — **6** Very well, let us *have* (*make*) a game.

(1) Engourdir : *to numb*; dégourdir : *to take the numbness off.* — C'est un dégourdi : *He is a smart one.*
(2) Un jeu de cartes : *A pack of cards.* — Une partie de cartes : *A game of cards.* — Ceci n'est qu'un jeu pour moi : *This is only* (*child's*) *play for me.* — Aimez-vous le jeu d'échecs (däshàc)? *Do you like the game of chess?* — Oui, faisons une partie : *Yes, let us have a game.*

o o o

Exercice supplémentaire. — *Mettez la leçon au présent, puis au futur.*

Clé : **1** vient, viendra. — **2** lit, lira; travaille, travaillera. — **3** a, aura. — **4** causent, causeront. — **5** est, sera. — **6** bavarde, bavardera. — **7** sait, saura. — **8** s'amuse, s'amusera. — **9** prononce, prononcera. — **10** prend, prendra. — **11** propose, proposera. — **12** accepte, acceptera; se retrouvent, se retrouveront. — disent, diront.

Deuxième vague : *la 29e Leçon*

PRONONCIATION. — àt'voo pràz'a parrtirr. — **1** d'vrà avwarr oñt'. — **2** ...pràsk' nuv'añ ... sà pàz'ancorr' ... comilfô.

Are you ready to go *(depart)*?

1 You ought to *be ashamed of yourself* (*have shame*)! says Mme D. — **2** A big boy, (*of*) almost nine (*years*), and who still *cannot* (*does not know*) yet wash his hands *properly* (*as it must*).

NOTES. — (1) Tu devrais, *infinitif* devoir. — J'ai honte, vous‿avez honte (*without liaison*) : *I am ashamed, you are ashamed.*
(2) Comme il faut (*literally : as it must*) : *As is fitting, properly.* — Des gens comme il faut : *People of the right sort.* — Ce n'est pas comme il faut : *It is not proper.*

3 — Mais, maman, ce n'est pas ma faute, l'encre ne veut pas s'en‿aller **(3)** !

4 — D'abord, un garçon soigneux **(4)** ne se tache pas les doigts en‿écrivant,

5 et puis, si tu avais bien frotté avec la brosse à ongles et le savon...

6 Tiens, comme cela ! et Mme Duval brosse consciencieusement les doigts d'André,

7 jusqu'à ce que les taches d'encre aient **(5)** disparu.

8 — Tu me fais mal ! proteste-t-il vainement.

9 — Et maintenant, finis vite de te préparer, ou tu vas être en retard pour l'école.

10 Et toi, Anne-Marie, tu es prête ?

11 — Oh ! maman, répond fièrement la fillette, il y a des siècles **(6)** que j'attends !

12 — Alors, partons, nous n'avons pas de temps à perdre !

13 Mais ses‿yeux s'abaissent **(7)** vers les pieds d'Anne-Marie.

14 — Mon Dieu ! quelle enfant ! Tu ne vas tout de même pas aller à l'école en pantoufles !

3 pâ ma **fôt'** lañcr' n'vuh pâ sañ'nal**ä**. — **4** daborr ... swagn**uh** ... làdw**a** añ'näcriv**añ**. — **5** la bross'a **o**ñgl' älsav**oñ**. — **6** tiiñ ... consiañsiuhz'm**añ** (*clean* s s). — **7** zhüsk**a**sk' ... **à**' disparr**ü**. — **8** ... vàn'm**añ**. — **9** ... tü vâ **à**tr' añr't**a**rr poorr läc**o**l'. — **11** ... fiàrr'm**añ** la fiy**à**t' ili**a** dà si**à**cl'. — **12** pâd'tañz'a pàrrdrr'. — **13** mà sàzi**uh** sab**à**ss' vàrr là pi**ä**. — **14** ... kàl' añf**añ**... al**ä** aläc**o**l' añ pant**oo**fl'.

3 But, mummy, it is not my fault, the ink won't come off! — **4** First, careful boy doesn't stain his fingers *when* (*in*) writing, — **5** and then, if you had rubbed hard with the nail-brush and (*the*) soap. — **6** *See* (*Hold*)! like that! and Mme D. brushes A's fingers thoroughly, — **7** until the inkstains have disappeared. — **8** You are *hurting me* (*doing me harm*)! he vainly protests. — **9** And now, finish *getting ready* (*prepare yourself*) quickly, or you'll be late for (*the*) school. — **10** And you A. M., *are you* (*you are*) ready? — **11** Oh! mummy, answers the little girl proudly, *I have been waiting for centuries*! (*there are centuries that I wait*) — **12** Then, let us go, we have no time to *waste* (*lose*). — **13** But *she looks down at* (*her eyes lower themselves towards*) A.-M.'s feet. — **14** Good Gracious! what *a* child! *You don't think you are going* (*you are not all the same going*) to (*the*) school in *your bedroom* slippers!

(**3**) S'en‿aller (sañ'nal**ä**) : partir : *To go away*, or *off*. — Allez-vous-en! (alävooz**añ**) : *Go away!* — Je m'en vais : *I am off*.

(**4**) Avec soin (swiñ) : *With care*. — Soigner (swagn**ä**) *ou* prendre soin de : *To take care of*. — Prenez bien soin de lui *ou* Soignez-le bien! *Take good care of him!*

(**5**) Aient, *et non* « *ont* » : *subjonctif, après* jusqu'à ce que.

(**6**) Un siècle : *A century*. — Séculaire : *Secular*.

(**7**) Baisser, s'abaisser, verbes parents de (*related to*) bas (bâ) : *low*. — Un bas : *A stocking*. — A bas! *Down with!*

86e LEÇON

EXERCICE. — 1 J'ai la main gauche tout‿engourdie. — **2** Laissez-moi vous la frotter comme il faut. — **3** Là, cela va-t-il mieux? — **4** Oui, merci, cela s'en va peu à peu. — **5** Maintenant, c'est tout‿à fait passé.

Expressions à noter :

Soignez-vous bien! *ou* **Prenez bien soin de vous!** *Take good care of yourself!*

Ces gens-là ne sont pas **comme il faut** : *Those people are not the right sort.*

N'avez-vous pas honte (pâ **oñt'**)? *Are you not ashamed (of yourself)?*

Il y a longtemps qu'elle est là : *She has been there a long time.*

Quatre-vingt-septième (87e) Leçon

Soyez bien avec votre concierge (1)

1 Il importe d'être en bons termes avec son concierge.

2 C'est‿à la fois un tyran et un serviteur **(2)**, un démon et un‿ange gardien;

3 il représente le propriétaire de l'immeuble **(3)**, et est‿en même temps au service des locataires.

4 Qui reçoit le « denier à Dieu » **(4)** quand vous‿emménagez? — Le concierge.

1 My left hand is *quite* (*all*) numb. — **2** Let me rub it properly *for* (*to*) you. — **3** There, is it (*going*) better? — **4** Yes, thanks, it is going off *gradually* (*little " at " little*). — **5** Now it is quite *gone* (*past*).

o o o

Exercice supplémentaire. — *Reprenons la leçon, en remplaçant* tu *et* toi *par* vous.

Clé : **1** Vous devriez — **2** si vous aviez — **3** Tenez! — **8** Vous me faites mal — **9** finissez ... de vous ... ou vous allez être — **10** Et vous ... êtes-vous. — **14** Vous n'allez pas.

Ces gens-là ne sont pas comme il faut

Deuxième vague : *la 30e Leçon*

PRONONCIATION. — swa-yä biiñ avàc... coñsiàrrzh'. — **1** il iñporrt' dàtr' añ boñ tàrrm'. — **2** sàtalafwa uñ tirrañ ä uñ' n'añzh' garrdiiñ. — **3** ...propriätàrr'd'lim'mubl'... sàrrvis... locatàrr'. — **4** ... l'd'niä a diuh... vooz añmänazhä.

Stand (be) well with your " concierge "

1 It *is* import*ant* to be *on* (*in*) good terms with your conc. — **2** *He* (*It*) is at once a tyrant and a servant ("*servitor*"), a demon and a guardian angel; — **3** he represents the owner of the building, and is at the same time *in* (*at*) the service of the tenants. — **4** Who receives the "*God's penny*" when you move in? — The conc.

NOTES. — **(1)** Le *ou* la concierge : *Both door-keeper and caretaker in Parisian houses.*

(2) Un domestique (domästic) : *A servant.*

(3) Un meuble : *A piece of furniture.* — Les meubles : *The furniture.* — Un‿immeuble : *A building.*

(4) Le « denier à Dieu », cadeau (cadô, *present*) traditionnel que font les nouveaux (noovô, *new*) locataires.

87e LEÇON

5 Qui vous présente la quittance **(5)** de loyer, et touche l'argent du terme **(6)** ? — Le concierge.

6 Qui reçoit votre courrier pour vous, et vous le monte quand cela lui plaît? — Le concierge.

7 Qui répond‿aux demandes de renseignements **(7)** sur votre compte, et vous fait‿à son gré blanc **(8)** ou noir?

8 Qui vous tire le cordon **(9)** avec plus‿ou moins d'empressement,

9 quand vous rentrez le soir après dix‿heures?

10 Qui vous transmet les plaintes de vos voisins du dessous,

11 si vous faites du bruit dans votre appartement?

12 Qui est chargé de tenir les‿escaliers propres et de faire enlever les‿ordures ménagères **(10)** ?

13 Qui devient brusquement aimable avec tout le monde, à l'approche des‿étrennes **(11)** ? — Le concierge, toujours le concierge!

5 ... la kit'tañs' d'lwa-yä ä toosh' larrzhañ dü tärrm'. — **6** ... coorriä. — **7** ... räpoñ't'ôd'mañd' d'rañsàgn'mañ ... coñt' ... fàt' a soñ grä blañ oo nwarr. — **8** ...plüz'oo mwiñd'añpràss'-mañ. — **9** ... aprà dizurr'. — **10** trañsmà là pliñt' d'vô vwa-ziñ düd'soo. — **11** aparrt'mañ. — **12** ... làz' àscaliä... fàrr' añl'vä làz'orrdürr' mänazhàrr'. — **13** ... brüsk'mañ àmabl' ... lapprosh' dàzätrànn'.

5 Who presents you with the receipt for the rent, and *takes* ("*touches*") the quarter's money? — The conc. — **6** Who receives your mail for you, and takes it up to you when he thinks he will? — The conc. — **7** Who answers (*to the*) *inquiries* (*demands of information*) *about you* (*on your account*) and makes you white or black as he pleases? — **8** Who "*pulls the cord*" *for you* with more or less eagerness, — **9** when you come home after ten at night? — **10** Who passes on to you the complaints of your neighbours on the *floor* below, — **11** if you make *a* (*some*) noise in your flat? — **12** Who is responsible for *keeping* ("*charged to hold*") the stairs clean, and to *have* (*make*) the household rubbish removed? — **13** Who suddenly becomes affable to everybody, when Christmas Boxes are in the offing? — The conc., always the conc.

---

(5) La quittance : le reçu acquitté.

(6) Le terme : trois mois *ou* un trimestre de loyer.

(7) Renseigner (ransàgñä) : *To give information to.* — Se renseigner : *To inquire.* — J'ai de bons renseignements sur lui : *I have good reports of him.* — Renseignez-vous à l'autre guichet (ghishà) : *Enquire at the next booking-office.*

(8) Un livre blanc (blañ) : *A white book.* — Une page blanche (blañsh') : *A white page.*

(9) Le cordon qui ouvre la porte d'entrée de l'immeuble de l'intérieur.

(10) Ménager, *fémin.* ménagère, *adjectif venant de* ménage (le). — La ménagère : *The housewife.*

(11) Les‿étrennes : cadeaux de Nouvel An (*New Year presents*), correspondant‿aux cadeaux de Noël (noàl' *Christmas*) en‿Angleterre.

87e LEÇON

EXERCICE. — **1** Où se trouve le bureau de renseignements, s. v. p.? — **2** Plus loin, après les guichets (ghish**à**) des billets. — **3** A peu près en face de l'horloge que vous voyez là-haut. — **4** Je suppose qu'il est‿ouvert? — **5** Oh oui, madame, il est‿ouvert toute la journée. — **6** Merci bien.

Notons pour aujourd'hui :

Il importe de ne pas l'oublier : *It is important not to forget it.*
N'importe! *No matter!*
N'y touchez pas! *Do not touch it!*
Combien avez-vous **touché?** *How much* (*money*) *did you get?*
Pourriez-vous me renseigner? *Could you give me some information?*
Il n'est pas très **pressé** : *He is not in a great hurry.*
Il n'est pas très‿**empressé** : *He is not very eager.*
Je **suis bien** avec lui : *I stand well with him.*
Le pari mutuel (*mutual bet*), aux courses : *The totalisator.*

Quatre-vingt-huitième (88e) Leçon

Une véritable occasion (1)

1 — Mes‿enfants, dit M. Duval ce soir-là, j'ai du nouveau pour vous.
2 — Oh! qu'est-ce que c'est, papa, dis vite?
3 — Allons, devinez un peu... et toi aussi, maman.
4 — Tu as une augmentation?
5 — Hélas! non; cela ne vient pas si vite, et surtout par le temps qui court (2).

1 Where *is* (*finds itself*) the Information Office, please? — **2** Further *on*, after the ticket-offices. — **3** Nearly opposite the clock that you see up there. — **4** I suppose it is open? — **5** Oh yes, Madam, it is open all day. — **6** Many thanks.

Exercice supplémentaire. — Quel est le participe passé de *recevoir, plaire, répondre, comprendre, faire, transmettre, tenir, devenir?*

Voici : reçu, plu, répondu, compris, fait, transmis, tenu, d

Deuxième vague : *la 31e Leçon*

PRONONCIATION. — ...occazi-**oñ** (*clean* z). — **1** màz-añf**añ** ... dü noov**ô**. — **2** ... kàsk's**à**. — **3** d'vinä ' uñp**uh**. — **4** tü-**â**', ün' ôgmañtasi**oñ**. — **5** ä**las**...

A real opportunity

1 (*My*) Children, said M. D. that evening, I have some news for you. — **2** Oh, what is it, daddy, tell us quickly? — **3** Come, guess a little... and you too, mother. — **4** You have got a *rise* (*augment.*)? — **5** Alas, no; that doesn't come so fast, and especially *at the present time* (*by the time that runs*).

NOTES. — **(1)** Une occasion (*attention à la prononciation!*) : *An occasion*, or *an opportunity*, or *a bargain*. — Je n'ai pas‿eu l'occasion de le faire : *I have not had the occasion* (*opportunity*) *to do it*. — Ce n'est pas cher (shàrr), c'est‿une occasion! *It is not dear, it is a bargain!* — Je l'ai acheté d'occasion : *I bought it second-hand.*

(2) *Rappelons :* courir, je cours, tu cours, il court, nous courons, vous courez, ils courent. J'ai couru. — *Au futur, deux* **r**, *qu'on prononce :* je courrai (coor'**rà**), tu courras, il courra, nous courrons, vous courrez, ils courront.

6 — J'y suis! tes vacances **(3)** sont fixées!

7 — On ne peut rien te cacher!

8 C'est cela; et cette année, je les prends de bonne heure :

9 à partir du vingt juillet **(N. 2)**.

10 — C'est-à-dire dans quinze jours **(N. 3)**, et nous n'avons encore rien décidé!

11 — Ne te tracasse pas! tout‿est déjà arrangé.

12 Mon collègue Bernard possède une petite villa près de Saint-Malo,

13 et comme il ne peut‿y aller avant fin septembre cette année,

14 il nous la louera **(4)** jusqu'au vingt septembre, à un prix d'ami.

15 C'est‿une véritable occasion! Six cents francs seulement, pour les deux mois!

6 tà vaca**ñs**'... — **7** oñn'p**uh**. — **9** ... viñ zhüi-y**à**. — **10** nav**oñ** añcorr'. — **11** **toot**'à däzh**a**. — **12** moñ col'l**àgh**' bàrrnarr posàd' (*hard* s)... vil'l**a** pràd' siñ mal**o**. — **13** ...n'**puht**'i alä... sàpt**añ**br'. — **14** ...n**oo** la loo'r**a** ... pri dam**i**. — **15** sàtün' värritabl'.

EXERCICE. — **1** Où passez-vous vos vacances cette année? — **2** Ma femme veut‿aller à la mer; mais personnellement (pàrrsonàlm**añ**) je préférerais la montagne. — **3** Alors, il y a un moyen de vous‿arranger; — **4** allez à Nice, la montagne y est tout près de la mer. — **5** Mais malgré tout, on ne peut‿être aux deux‿endroits (duhzañdrw**a**) à la fois!

6 I'*ve got it* (*am there*)! your holidays are fixed *up*! — **7** Nothing can be *kept* (*hidden*) *from* (*to*) you! — **8** That is it, and this year, I am taking them early : — **9** (*to depart*) from the 20th *of* July. — **10** That is (*to say*), in a fortnight, and we have not decided anything yet! — **11** Do not worry! everything is already *settled* (*arranged*). — **12** My colleague B. *owns* (*possesses*) a little villa near Saint-Malo, — **13** and as he cannot go there before *the* end *of* September this year, — **14** he will let it to us until the 20th *of* September, for *very little* (*friend's price*). — **15** It is a real bargain! Only, 600 francs, for the two months!

---

(3) Les vacances (*holidays, vacation*) se disent toujours au pluriel. — Une vacance : *A vacancy.*

(4) Louer (looä) : *To let* or *to hire.* — Appartement‿à louer : *Flat to* (*be*) *let.* — *Nous‿avons vu hier* le loyer (*the rent*) *et* le locataire (*the tenant*), qui sont des mots de la même famille. — Je loue, tu loues, il loue, nous louons, vous louez, ils louent (l**oo**'); j'ai loué. *Futur :* je louerai (loo'rr**à**), tu loueras, il louera, nous louerons, vous louerez, ils loueront. (L'*e* ne se prononce pas, mais allonge (*lengthens*) le son *ou.*)

1 Where are you *spending* (*passing*) your holidays this year? — **2** My wife wants to go to the sea-*side*; but personally I would prefer the mountains. — **3** Then there is a *way* (*means*) of *managing it* (*to arrange yourselves*) : — **4** go to Nice, the mountains (*there*) are quite close to the sea. — **5** But, in spite of everything, one cannot be in *both* (*the two*) places at once!

88e LEÇON

Nous noterons pour cette fois :

Il a acheté **une voiture d'occasion** : *He has bought a second-hand car.*

J'y suis! J'ai deviné! : *I've got it! I've guessed!*

J'avais raison, **malgré tout!** *I was right, in spite of everything!*

Chambre meublée à louer : *Furnished room to be let.*

Quatre-vingt-neuvième (89e) Leçon

Mme Duval se fâche (1)

1 — C'est‿à voir, dit Mme Duval. Comment est-elle, cette villa?

2 — Admirablement située, avec un jardinet **(2)**, en vue de la mer.

3 Il y a trois pièces et la cuisine au rez-de-chaussée **(3)**,

Exercice supplémentaire. — *Relisons encore la leçon, en remplaçant* tu *et* toi *par* vous.

Comme ceci : **2** dites — **3** et vous‿aussi — **4** Vous‿avez — **6** vos vacances — **7** vous cacher — **11** Ne vous tracassez pas.

En plus, mettons‿au futur : *j'ai, cela vient, j'y suis, on peut, je prends, il possède.*

Clé : j'aurai, cela viendra, j'y serai, on pourra, je prendrai, il possédera.

Les verbes sont‿encore un peu difficiles, n'est-ce pas? Du courage, cela viendra peu à peu. Il faut du temps pour faire connaissance.

Deuxième vague : *la 32e Leçon*

PRONONCIATION. — s'fâsh'. — **1** sàtavwarr... comañ àtàl'. — **2** ... zharrdinä añ vü' dlamàrr. — **3** trwa piàs' àla cüizin' ôrräd'shôsä'.

Mme D. gets angry

1 That *remains to be seen* (*is to see*), says Mme D. *What is it like* (*How is it*), this villa? — **2** Wonderfully situated, with a little garden, in sight of the sea. — **3** There are three rooms and the kitchen *on* (*at*) the ground floor,

---

NOTES. — **(1)** Se fâcher (s'fâshä) : *To get angry* : se mettre en colère. — Je me fâche, tu te fâches, il se fâche, nous nous fâchons, etc. (*régulier*). Etre fâché : *To be angry,* or *sorry.* — J'en suis fâché : *I am sorry!*

(2) Le jardin (zharrdiñ) : *The garden.* — Le jardinet (zharrdinà) : *The little garden.* — Le jardinier (zharrdiniä) : *The gardener.*

(3) Le mot **pièce** désigne toutes sortes de chambres ou salles. — Le rez-de-chaussée : rez (rä) *est‿un vieux mot signifiant* : au niveau (nivô, *level*) de. — La chaussée (shösä') : *The road.*

4 quatre chambres à coucher au premier **(4)**,
5 et bien‿entendu une cave et un grenier.
6 L'eau courante, le gaz et l'électricité.
7 D'ailleurs, vous‿allez la voir.
8 Et M. Duval tire son portefeuille **(5)** de la poche de son veston,
9 et en‿extrait‿une photo qu'il passe à sa femme.
10 Les deux‿enfants se serrent **(6)** contre elle pour mieux voir.
11 — Là, c'est la fenêtre de ma chambre! décide Anne-Marie.
12 — Non, c'est la mienne! s'écrie André, en saisissant la photo.
13 Mais Anne-Marie tire de son côté, et crac! voilà la photo déchirée.
14 — Ah! vous‿en faites du joli! gronde Mme Duval.
15 Vous mériteriez **(7)** que je vous‿envoie tous les deux coucher sans souper!

Proverbes : On‿a souvent besoin d'un plus petit que soi.
La raison du plus fort est toujours la meilleure.

EXERCICE. — **1** Je ne l'ai pas fait exprès (àxprà) ; j'espère que vous n'êtes pas fâché. — **2** Vous‿auriez pu **(N. 4)** tout de même faire attention — **3** avant de lancer cette pierre! — **4** C'est ma faute, je vous demande pardon. — **5** Allons, n'en parlons plus, jeune homme; serrez-moi la main.

4 shañbr' a cooshä ôpr'miä. — **5** ... biiñ'n'añtañdü ... gr'niä. — **7** ...vooz'alä... — **8** ...soñ porrt'fuy'... vàsstoñ. — **9** ä añ'n'äxtràt' ün' foto... sa fam'. — **10** là duhz'añfañs' sàrr'. — **11** ...añ sàzisañ. — **13** ...däshirrä'. — **14** ... vooz' añ fàt' düzholi. — **15** ... märrit' riäk' zhvooz' añvwa' too làduh ... sañ soopä!

4 four bed-rooms *on* (*at*) the first *floor*, — **5** and *of course* (*well heard*) a cellar and a loft. — **6** (*The*) running water, (*the*) gas and (*the*) electricity. — **7** Besides, you are going to see it. — **8** And M. D. draws his pocket-book from his coat pocket, — **9** and takes out a photograph which he passes to his wife. — **10** The two children press (*themselves*) against her, so that they can see better. — **11** There, this is the window of my room! decides A.-M. — **12** No, it is mine! cries A., seizing the photo. — **13** But A.-M. pulls from her side and *rip!* (*there is*) the photo torn. — **14** Ah! That's a nice way to go on! ("*You do of it, of the pretty*") scolds Mme D. — **15** *Both of you deserve to be sent off* (*You'd deserve that I send you both*) to bed without *any* supper!

---

(4) Au premier, *ou* au premier‿étage (pr'miär' ätazh).

(5) Porter : *To carry.* — La feuille : *The leaf* or *sheet.* — Les‿arbres perdent déjà leurs feuilles : *The trees are already losing their leaves.* — Prêtez-moi une feuille de papier : *Lend me a sheet of paper.*

(6) Serrer (sàrr'rä) : *To press, to squeeze.* — Serrer la main à quelqu'un : *To shake hands with somebody.*

(7) Mériter : *To merit,* or *deserve.* — Le mérite : *Merit.* — Il n'a que ce qu'il mérite : *It serves him right.*

---

1 I didn't do it on purpose; I hope you are not angry. — **2** You might have *paid* (*made*) attention, *though* (*all of same*), — **3** before *throwing* (*to throw*) that stone! — **4** It is my fault; I beg *your* pardon. — **5** *Come* (*Let us go*), *let us say* (*speak*) no more about it, young man; shake hands with me.

89e LEÇON

Que notons-nous aujourd'hui? Voilà :

Je suis très **fâché d'apprendre** que vous‿avez‿été malade : *I am very sorry to hear that you were ill.*
Il **se fâche** chaque fois qu'il la voit : *He gets angry every time he sees her.*
Je lui **ai serré** la main : *I shook hands with him* (or *her*).
L'avez-vous **fait exprès**? *Did you do it on purpose?*

Quatre-vingt-dixième (90e) Leçon

Encore deux mois... (1)

1 Nous n'ignorons pas que le français est‿une langue compliquée et difficile.
2 Peu de Français peuvent se flatter de la connaître parfaitement.
3 Mais nous n'en demandons pas tant :
4 nous voulons simplement arriver à comprendre et nous faire comprendre aisément,
5 dans les circonstances ordinaires de la vie courante.
6 Au bout de trois mois d'étude, à raison d'une demi-heure par jour,
7 c'est-à-dire en somme après quarante-cinq heures de travail facile,
8 n'avons-nous pas déjà un résultat encourageant?
9 Comme une boule de neige qu'on roule,
10 nos connaissances **(N. 5)** s'accroissent **(2)** de jour en jour,

Exercice supplémentaire. — *Quel est le participe présent de* voir, être, avoir, entendre, courir, entrer, serrer, saisir, déchirer, faire, envoyer, lancer?

Voilà : voyant, étant, ayant (à-**yañ**), entendant, courant, entrant, serrant, saisissant, déchirant, faisant, envoyant, lançant.

Deuxième vague : *la 33e Leçon*

PRONONCIATION. — **1** ... àt'ün'**lañgh'** coñplik**ä'** ä difisil'. — **4** ...siñpl'**mañ** arrivä ... àzäm**añ**. — **5** ... circoñs**tañs'** orrdinàrr'... — **6** ... arràz**oñd'** ün' d'mi-**urr'**. — **7** sàtad**irr'**... — **8** räzült**a** añcoorrazh**añ**. — **9** ... bool dä n**àzh'**... **10** nô conàss'**sañs'** sacrw**as'**.

Two months more...

1 We *are well aware* (*do not "ignore"*) that French is a complicated and difficult language. — **2** Few French people can flatter themselves that they know it perfectly. — **3** But we do not ask *for* so much (*of it*) : — **4** we merely want to *succeed in* (*arrive at*) understanding and making ourselves understood easily, — **5** in the ordinary circumstances of *everyday* (*running*) life. — **6** At the end of three months' study, at *the rate* (*reason*) of half an hour *a* (*per*) day, — **7** that is (*to say*) *in all* (*in sum*) after 45 hours of easy work, — **8** is not the result already encouraging (*have we not already an encouraging result*)? — **9** Like a rolling snowball (*which one rolls*), — **10** our knowledge(*s*) *is* (*are*) increasing from day *to* (*in*) day,

---

NOTES. — **(1)** *Observez l'usage d'*encore : **Encore** deux mois : *Two months more,* et par. 13 : Chantons‿**encore** une chanson : *Let us sing another song.*

(2) Croître : *To grow* (grandir). — S'accroître : *To increase* (augmenter). — *Se conjuguent comme* connaître : je connais, tu connais, il connaît, nous connaissons, vous connaissez, ils connaissent; j'ai connu. — Je croîs, tu croîs, il croît, nous croîssons, vous croîssez, ils croissent; j'ai crû.

Remarquez la confusion possible avec **croire** (*to believe*) : *je crois, tu crois, il croit,* nous croyons, vous croyez, ils croient; *j'ai cru.*

La seule différence est l'accent circonflexe, qui allonge un peu le son (*sound*).

Il faut connaître les verbes *croître* et *s'accroître,* mais

11 et dans deux mois d'ici, quand nous serons‿à la fin du cours,

12 nous parlerons couramment!

13 En‿attendant, chantons‿encore une petite chanson

Les petits bateaux

14 Maman, les petits bateaux
Qui vont sur l'eau,

15 Ont-ils des jambes?

16 Mais oui mon grand bêta **(3)**,
Car s'ils n'en‿avaient pas

17 Bien sûr qu'ils ne marcheraient pas!

Nous vous proposons *de relire la leçon, en remplaçant* nous *par* vous.

Cela donnera : **1** Vous n'ignorez — **3** vous n'en demandez — **4** vous voulez... vous faire — **8** n'avez-vous — **10** vos — **11** vous serez — **12** vous parlerez — **13** chantez.

C'est‿un exercice que vous trouverez sans doute trop facile. Allons, **tant mieux!** (*So much the better!*)

11 s'roñz'alafiñ dü coorr. — **12** ...parrl'roñ coorramañ. — **13** añ'n'atañdañ shañtoñz' añcorr'. — **14** ... làp'ti batô. — **15** oñt'il... — **16** mà wi ... bàta... silnâñ'navàpâ.

11 and in two months from *now* (*here*), when we *reach* (*shall be at*) the end of the course, — **12** we shall speak fluently ! — **13** *Meanwhile* (*In waiting*), let us sing another little song :

The little boats

14 Mummy, the little boats that go on the water, — **15** Have they any legs? — **16** *Yes, they have* (*but yes*), *you* (*my*) big silly, For if they hadn't any, — **17** *Of course* (*well sure that*) they wouldn't *go* (*march*) !

---

nous vous conseillons d'employer de préférence les synonymes *grandir* et *augmenter*, plus faciles à manier (*to handle*).

(3) Il est bête : *He is silly.* — Une bête : *A beast.* — Ne faites pas de mal aux bêtes *ou* aux‿animaux (animô) : *Do not hurt animals.*

You fool! ne se dit pas en français « Vous » imbécile! *mais simplement* : Imbécile! *ou encore* : Espèce (äspàs') d'imbécile! (*Species of*).

o o o

Notons ces quelques‿expressions :

Je n'**en** demande pas tant! *I do not ask for so much as that!*

Tant mieux pour vous, **tant pis** (pi) pour moi! *So much the better for you, so much the worse for me!*

En somme, vous‿êtes satisfait? *Are you pleased, on the whole?*

En‿**attendant, je repasserai** ma leçon : *Meanwhile, I shall revise (go over again) my lesson.*

A raison d'un franc **par** jour, vous‿**économiserez** trois cent soixante-cinq francs **par** an : *At the rate of 1 franc a day, you will save 365 francs a year.*

Bien‿entendu, vous venez aussi : *Of course, you are coming too.*

Deuxième vague : *la 34e Leçon*

90e LEÇON

Quatre-vingt-onzième (91e) Leçon

REVISION ET NOTES

1 Le participe passé. — Avec l'auxiliaire **être**, la chose est simple : le participe s'accorde en genre et en nombre avec le sujet du verbe, comme un‿adjectif :

Il est flatt**é** (*flattered*), **ils** sont flatt**és**.

Elle est flatt**ée**, **elles** sont flatt**ées**.

Mais‿avec l'auxiliaire **avoir**, la règle (ràgl', *rule*) est plus compliquée : le participe s'accorde avec le complément direct (*object*) du verbe, mais seulement si ce complément est‿énoncé **avant** :

J'ai visit**é** **la ville** (*complément* après, *participe invariable*).

La ville que j'ai visit**ée** (*complément* avant, *accord du participe*).

Il a **bu** de la **bière** (*participe invariable*).

La bière qu'il a **bue** (*accord du participe*).

Elle a chanté des **chansons**.

Les **chansons** qu'elle a chant**ées**.

Vous‿y êtes? Ce n'est pas la mer à boire.

2 Les mois de l'année sont :

Janvier, février, mars (marrs'), avril, mai, juin (zhüi**ñ**), juillet (zhüi-y**à**), août (oot') septembre (sàp-**tañ**br'), octobre, novembre, décembre.

Les jours de la semaine : dimanche, lundi, mardi, mercredi, jeudi, vendredi, samedi.

Pour la date, on dit, par exemple :

Nous sommes le jeudi quinze novembre.

Je resterai ici jusqu'au vingt-cinq mai.

Et moi, je pars le dix-huit.

(*Nombre cardinaux, et non pas‿ordinaux comme en‿anglais, excepté pour* **le premier** : Je viendrai **le premier** ou **le deux** juin).

3 Dans, en. Revenons‿encore sur ces deux mots. Voyons les phrases suivantes :

Je le ferai **dans** quinze jours : *I shall do it in a fortnight from now. I shall start it in a fortnight's time.*

Je le ferai **en** quinze jours : *I shall do it within a fortnight (meaning : it will take me a fortnight to finish it).*

J'apprendrai le français **dans** cinq mois : *I shall learn French in five months from now* or *in another five months.*

J'apprendrai le français **en** cinq mois : *I shall learn French within five months.*

Vous pouvez me l'expliquer **dans** cinq minutes : *You can explain it to me in five minutes from now.*

Vous pouvez me l'expliquer **en** cinq minutes : *It will take you five minutes to explain it to me.*

4 J'aurais pu, vous auriez dû : *I could have, you should have.* La construction française est‿ici l'inverse de l'anglaise. C'est littéralement : **I should have** *been able to*, et **you should have** " *ought to* ".

Des‿exemples vous feront mieux voir la différence :

Nous‿aurions pu venir à temps : *We might have (" should have been able to ") come in time.*

Ils‿auraient dû nous prévenir : *They should have warned (" should have ought to warn ") us.*

5 Connaître, *to know, to be acquainted with,* nous donne le mot : la connaissance, *acquaintance* ou *know-*

ledge. Mais notons que dans le sens de *savoir* (*knowledge*), il est généralement employé au pluriel :

Quelles sont **vos** connaissanc**es** en français? *What is your knowledge of French?*

J'ai fait **la** connaissanc**e** de votre directeur : *I have made the acquaintance of* (*got acquainted with*) *your director...*

Cependant, on dit :

Pas‿à ma connaissance. *Not to my knowledge.*

La connaissance du bien et du mal : *The knowledge of good and evil.*

Notons‿aussi l'expression perdre connaissance, *qui signifie* : se trouver mal *ou* s'évanouir (s'ävanooirr) : *to faint* or *swoon.*

Je perdis connaissance (*ou* je me trouvai mal, *ou* je m'évanouis) et ne revins‿à moi qu'au bout d'une heure : *I fainted, and did not come to for an hour.*

6 Masculin et féminin :

L'échange, **un**‿éch.; **le** goût, **un** g.; **le** jeu, **un** j.; **le** résultat, **un** r.; **le** cours, **un** c.; **le** bateau, **un** b. (*pluriel* : bateau**x**); **le** doigt (dwa), **un** d.; **l'**ongle, **un**‿o.; **le** siècle, **un** s.; **l'**œil (l**u**'y'), **un**‿œil (uñ' n**u**'y) (*pluriel* : les‿yeux; [làzi**uh**]); **le** pied (pi**ä**), **un** p.; **le** prix (pr**i**), **un** p. (*pluriel* : les prix); **le** *ou* **la** concierge, **un** *ou* **une** c.; **le** terme, **un** t.; **le** tyran, **un** t.; **le** serviteur, **un** s.; **le** *ou* **la** domestique, **un** *ou* **une** d.; **le** démon, **un** d.; **l'**ange, **un**‿a.; **l'**immeuble, **un**‿i.; **le** *ou* **la** locataire, **un** *ou* **une** l.; **le** denier,

un d. ; **le** loyer, **un** l. ; **le** reçu, **un** r. ; **le** courrier, **un** c. ; **le** renseignement, **un** r. ; **le** compte, **un** c. ; **le** cordon, **un** c. ; **l'**empressement, **un**‿e. ; **l'**escalier, **un**‿e. ; **le** monde, **un** m. ; **le** moyen, **un** m. ; **l'**endroit, **un**‿e. ; **le** guichet, **un** g. ; **le** jardin, **un** j. ; **le** rez-de-chaussée, **un** r. (ıád'shôsä) ; **le** grenier, **un** g. ; **le** portefeuille, **un** p. ; **le** veston, **un** v. ; **le** souper, **un** s. ; **le** côté, **un** c. ; **le** pardon, **un** p.

La jambe, **une** j. ; **la** carte, **une** c. ; **la** partie, **une** p. ; **l'**envie, **une** e. ; **la** circonstance, **une** c. ; **l'**étude, **une** é. ; **la** somme, **une** s. ; **la** boule, **une** b. ; **la** neige, **une** n. ; **la** connaissance, **une** c. ; **l'**eau, **une** eau (*pluriel* : les eau**x**) ; **la** honte, **une** h. ; **la** faute, **une** f. ; **l'**encre, **une** e. ; **la** brosse, **une** b. ; **l'**école, **une** é. ; **l'**augmentation, **une** a. ; **les** vacances (*féminin pluriel*) ; **la** villa, **une** v. ; **l'**occasion, **une** o.. **la** quittance, **une** q. ; **la** demande, **une** d. ; **la** plainte, **une** p. ; **l'**ordure, **une** o. ; **les** étrennes (*féminin pluriel*) ; **l'**approche, **une** a. ; **la** montagne, **une** m. ; **l'**horloge, **une** h. ; **la** cave, **une** c. ; **la** feuille, **une** f. ; **la** poche, **une** p. ; **la** photo, **une** ph. ; **la** fenêtre, **une** f. ; **l'**attention, **une** a. ; **la** pierre, **une** p.

o o o

Ces listes de mots se font de plus‿en plus longues; relisez-les de temps‿en temps à voix haute (aloud) : *c'est‿aussi une utile revision de votre vocabulaire.*

Deuxième vague : *la 35e Leçon*

91e LEÇON

Quatre-vingt-douzième (92e) Leçon

Y croyez-vous? (1)

1 Un gros monsieur se promène au jardin public,

2 quand‿il remarque un petit‿homme maigre (N. 2)

3 qui, courbé en deux, cherche apparemment quelque chose dans le sable de l'allée.

4 — Qu'est-ce que vous‿avez perdu? (2)

5 — Oh! c'est‿une pièce de un franc que je viens de laisser tomber,

6 et que je n'arrive pas‿à retrouver.

7 Le gros monsieur met son lorgnon (3),

8 et se penche à son tour vers le sol (4).

9 Au bout de quelques‿instants il aperçoit‿ une pièce,

10 la ramasse et s'écrie triomphalement :

11 — Tenez, les voici, vos cinq francs!

12 — Mais, fait le petit homme, ce n'est pas cinq francs que j'ai perdus, c'est un franc.

PRONONCIATION. — i crwa-yä voo. — **1** uñ grô m'si**uh**. — **2** kañt'il... uñ p'tit'**om**' m**à**gr'. — **3** ...apparram**añ**... lalä. — **4** k**à**sk'voozavä. — **5** ...sàtün'pi**às**' d'uñfrañ. — **6** ...narriv'-p**âz**' arrtroovä. — **9** ôb**ood**' kàlk'z iñst**añ**, il apàrrsw**at**'ün'. — **10** ...tri-ioñfal'm**añ**.

Can you believe *(do you bel. in)* it?

1 A stout gentleman is taking a walk *in* (*at*) the public garden, — **2** when he notices a little *thin* (*meagre*) man, — **3** who, *doubled* (*curved*) in two is apparently looking for something in the gravel of the *path* (*alley*). — **4** What have you lost? — **5** Oh, (*it is*) a 1 franc coin which I have just *dropped* (*let fall*), — **6** and which I cannot manage to *find* (*again*). — **7** The stout gent. puts *on* his pince-nez, — **8** and likewise bends down towards the ground. — **9** After a few moments, he *catches sight of* (*perceives*) a coin, — **10** picks it up, and exclaims triumphantly : — **11** *Here!* (*Hold*) *here* (*they*) are your 5 francs! — **12** But, *says* (*makes*) the little man, it is not 5 francs I have lost, it is 1 franc.

NOTES. — **(1)** Le croyez-vous? *serait* : *Do you believe it?* **Y** croyez-vous? *a un sens plus fort, correspondant à* : *Can you believe it?* — *De même, on dit* : Je ne vois pas : *I do not see*; *mais* : Je n'**y** vois pas : *I cannot see.*

(2) *Ou* : Qu'avez-vous perdu?

(3) Le lorgnon, *ou* le pince-nez (*"pinch-nose"*), ou le binocle : *Eye-glasses.* — Les lunettes : *Spectacles.* — La lorgnette *ou* les jumelles : *Binoculars, opera-glass.* — Le monocle : *Monocle.*

(4) Le sol : *The ground.* — Le soleil : *The sun.*

92e LEÇON

13 — C'est ma foi vrai. je n'y pensais plus, dit le monsieur, désappointé,

14 et, rejetant **(5)** dans le sable la pièce de cinq francs,

15 il se remet‿à chercher avec ardeur.

EXERCICE. — **1** Je vous‿en prie, ne jetez pas les‿enveloppes (lãz' añv' **lo**p') de vos lettres, — **2** mais donnez-les moi, à cause des timbres (ti**ñ**br'). — **3** Vous‿en faites collection? — **4** Non, ce n'est pas pour moi, c'est pour mon neveu (n'v**u**h). — **5** Mais‿ il n'a que cinq ans! — **6** N'importe, cela l'amuse, et ne fait de mal à personne.

Voici ce que nous noterons aujourd'hui :

Qu'avez-vous **laissé tomber**? *what did you drop?*
Je **n'y ai plus pensé** : *It has gone out of my mind.*
Tout cela est‿arrivé **à cause de** lui : *All that happened because of him.*
Je **n'y** vois pas : *I cannot see.*

Quatre-vingt-treizième (93e) Leçon

Faites‿attention à « faire » !

1 Voici quelques‿exemples de **(1)** divers‿ emplois du verbe faire :

2 — Il *fait* bon ici! — Oui, il ne *fait* ni trop chaud, ni trop froid.

13 dazappwiñtä. — **14** ä, rëzh'tañ... — **15** ils' r'màt'a shàrrshä avàc arrdurr.

13 *Indeed, so it is* (*"It is my faith true"*), I *had forgotten* (*thought no more of*) it, says the stout gent, disappointed, — 14 and, throwing the five franc piece back into the sand, — 15 he *resumes his search eagerly* (*puts himself again to search with ardour*).

---

(5) *Nous‿avons vu :* lancer une pierre, *to throw a stone.* — Jeter (zh'tä) *est‿aussi "to throw", mais généralement* sans viser (*aiming*), *ou :* *to throw away.* — Ce chapeau n'est plus bon qu'à jeter : *This hat is only good for throwing away.*

---

1 Please, do not throw away the envelopes of your letters, — 2 but give them to me, *because* (*at cause*) of the stamps. — 3 *Do* You *collect* (*make a " collection ". of*) them? — 4 No, it is not for me, it is for my nephew. — 5 But he is only five! — 6 No matter, *it* (*that*) amuses him, and doesn't do any one any harm.

o o o

Exercice supplémentaire. — *Nous‿allons reprendre la leçon, au passé; nous‿aurons‿ainsi l'occasion d'observer le* passé défini *et l'imparfait :*

1 ...se promenait (*imparf.*). — **2** ...remarqua (*passé déf.*). — **3** ...cherchait (*imparf.*). — **7** ...mit (*passé déf.*). — **8** se pencha (*passé déf.*). — **9** ...aperçut (*passé déf.*). — **10** ...ramassa (*passé déf.*) ...s'écria (*passé déf.*). — **12** ...fit (*passé déf.*). — **13** dit (*passé déf., comme le présent*). — **15** ...se remit (*passé déf.*).

Relisez s.v.p. le paragraphe 1 de la leçon 63.

Deuxième vague : *la 36e Leçon*

PRONONCIATION. — fàt'z'atañsioñ. — **1** ... kàlk' zäxañpl' dë divàrrz' añplwa. — **2** ...boñ ici.

Pay *(make)* attention to " faire "

1 Here are a few instances of different uses of the verb *faire* (*to do* or *make*) : — 2 It is nice here! — Yes, it is neither too hot nor too cold.

NOTES. — **(1)** Divers *ou* différents (difärañ).

3 — Il se *fait* tard. — Oui, il *fait*‿à peine jour dehors, et il *fait* déjà nuit dans la maison.

4 — Nous *ferions* volontiers une partie de cartes. — Ne voulez-vous pas plutôt *faire* un bout de promenade?

5 Chaque soir, nous *faisions* de la musique, ou bien elle me *faisait* la lecture.

6 Il est temps que vous vous *fassiez* couper les cheveux **(2)**.

7 Excusez-moi de vous *faire* attendre, je suis‿en train de me *faire* la barbe **(3)**.

8 Il est fourbu; il a *fait* plus de trente kilomètres à pied.

9 Cela ne *faisait* pas son‿affaire; il *faisait* le sourd dès qu'on lui en parlait.

10 Ne *faites* pas l'idiot! Vous me *faites* peur avec vos farces **(4)** !

11 — Comment trouvez-vous ces fleurs? — Elles *font* très bien dans ce vase.

12 Elle m'a dit qu'elle se *ferait* catholique.

13 Le fromage n'était pas‿assez *fait*, mais‿en revanche le poisson l'était trop.

14 Allons, maintenant, *fais* tes prières **(5)** !

EXERCICE. — **1** Avez-vous *fait* une bonne partie de tennis? — **2** Oui, mais je me suis *fait* battre; — **3** je crois bien que je me *fais* trop vieux; et vous,

3 ilfàt' apàn' ...dë-orr. — **4** voloñtiä ün'. — **5** ...oo biiñ àl... làctürr'. — **7** ...süiz' añtriñd'. — **8** ...kilomàtr' apiä. — **9** ...pâ soñ'n'affàrr' ... l'soorr dà koñ. — **10** ...lidio! — **12** ...catolik'. — **13** pâz'asä fà màz'añr'vañsh' l'pwasoñ. — **14** fàtà pri-àrr'.

3 It is getting late. — Yes, it is *hardly* (*at pain*) day*light* out-*of-doors*, and it is already *dark* (*night*) *indoors*. — **4** We should like to have (*we sh. willingly make*) a game of cards. — Would'nt you rather go for a bit of a walk? — **5** Every evening, we would *play* (*make*) some music, or *else* (*well*) she would read aloud to me. — **6** It is time *you got* (*that y. should g.*) your hair cut. — **7** Excuse me *for* making you wait : I am just shaving. — **8** He is fagged out; he has walked over ("*more of*") 30 kilometers. — **9** That did not *suit him* (*do his "affair"*); he *pretended to be* (*made the*) deaf as soon as *it was mentioned* (*one spoke of it to him*). — **10** Stop playing the fool! You *frighten* (*make fear to*) me with your *practical* jokes! — **11** How do you *like* (*find*) those flowers? — They *look* (*do*) very well in that vase. — **12** She told me she would *turn* (*make herself*) catholic. — **13** The cheese was not *"ripe"* (*done*) enough, but *to make up for it* (*in revenge*), the fish was too much *so* (*it*). — **14** Come now, say your prayers!

---

(2) *Subjonctif après* il est temps que. *Pour l'éviter, on peut dire* : Il est temps de vous faire couper les cheveux.

(3) *Ou* : de me raser.

(4) Une farce : *A farce* (*theatre*) or *a practical joke*. — C'est‿un farceur! *He is a practical joker* or *He is a bounder!*

(5) Faire une demande : *To make a request* or *an application.*

---

1 Did you have a *nice* (*good*) game of tennis? — **2** Yes, but I got beaten; — **3** I *do* (*well*) believe I am getting too old, and

93e LEÇON

qu'avez-vous *fait*? — **4** J'ai *fait* quelques courses‿urgentes. — **5** Maintenant, si cela ne vous *fait rien*, je vais *faire* un somme. — **6** *Faites* de beaux rêves!

Prenons bonne note de :

Il faisait‿**à peine jour** : *It was hardly daylight.*
Qui m'a encore **joué cette farce**? *Who has again being playing that practical joke on me?*
Avez-vous **des courses à faire**? *Have you any errands?*
Cela **ne me fait rien** *ou* Cela **m'est‿égal** : *It is all the same to me* or *I don't mind!* (Rappelons : Ça ne fait rien! *ou* N'importe : *It doesn't matter!*)
J'ai sommeil; je vais‿essayer de **faire un somme** : *I feel sleepy; I am going to try and have a snooze.*

Deuxième vague : *la 37e Leçon*

Quatre-vingt-quatorzième (94e) Leçon

Un chien intelligent

1 Deux‿amis se rencontrent, chacun avec son chien.
2 — Ah! dit l'un, quel animal intelligent que mon Fidèle!
3 Vraiment, il ne lui manque que la parole!
4 Figurez-vous que, l'autre jour, j'ai laissé tomber une pièce de cinq francs dans la rivière;

you, what have you been doing? — **4** I have completed some urgent errands. — **5** Now, if *you don't mind* (*it does you nothing*), I am going to have a nap. — **6** *Pleasant* (*Make fine*) dreams!

o o o

Exercice supplémentaire. — *Nous ne pouvons mieux faire aujourd'hui que de reviser le verbe* faire :

Présent : je fais, tu fais, il fait, nous faisons, vous faites, ils font.

Imparfait : je faisais, tu faisais, il faisait, nous faisions, vous faisiez, ils faisaient.

Passé défini : je fis, tu fis, il fit, nous fîmes, vous fîtes, ils firent.

Futur : je ferai, tu feras, il fera, nous ferons, vous ferez, ils feront.

Conditionnel : je ferais, tu ferais, il ferait, nous ferions, vous feriez, ils feraient.

Subjonctif présent : que je fasse, que tu fasses, qu'il fasse, que nous fassions, que vous fassiez, qu'ils fassent.

Participe passé : j'ai fait.

PRONONCIATION. — uñ shii**ñ** iñtàl'lizh**añ**. — **1** duhz ami s'rancoñtr' shac**uñ** avàc. — **2** ...kàl animal ... fidàl'. — **3** vràm**añ** il. — **4** figürrä voo... toñbä ün'... riviàrr'.

A clever *(intelligent)* dog

1 Two friends *come together* (*meet each other*) each one with his dog. — **2** Ah! says (*the*) one, what an intelligent animal (*that*) my *"Faithful" is*! — **3** *Really* (*Truly*) the only thing he can't do is speak! — **4** Just *imagine* (*figure to yourself*) the other day I dropped a 5 franc coin into the river;

5 il a plongé, et me l'a rapportée aussitôt!

6 — Cela n'est rien, fait l'autre. Moi aussi, j'ai laissé tomber une pièce de cinq francs dans l'eau.

7 Qu'a fait Médor? Il a plongé, et m'a rapporté un beau poisson,

8 et deux francs de monnaie!

Au Zoo

9 — Regarde-donc ce singe-là, tante. Comme il te ressemble!

10 — Veux-tu te taire **(1)**, petit mal élevé **(2)**;

11 on ne dit pas des choses pareilles!

12 — Mais, tante, puisque le singe ne comprend pas, il ne peut pas se fâcher!

EXERCICE. — **1** Savez-vous **(N. 3)** nager? — **2** Peut-être; je n'ai jamais‿essayé (zhamàz' äsà-yä). — **3** Vous plaisantez; mais sérieusement, voulez-vous

7 ...**uñ bô** pwa**soñ**... — **8** ...**monà'** — ô zo-**o**. — **9** r'**garr**d' doñ s'**siñ**zh'la... t' räs'**sañ**bl'. — **10** ...p'**ti** mal äl'**vä**. — **11** ...**parà**'y. — **12** ...püi**s**k'l'**siñ**zh' ... s'**fâ**s**hä**.

5 he dived in and brought it back to me *immediately* (*as soon*)! — **6** That is nothing, *says* (*makes*) the other *I also* (*Me too, I*) dropped a five franc coin into the water. — **7** What did M. do? He dived in and brought me back a fine fish, — **8** and two francs (*of*) change!

At the zoo

9 *Do* look (*then*) at that monkey, Auntie. How *like you he looks!* (*"he resembles you"*). — **10** Will you be quiet *you naughty boy* (*little badly brought-up*); — **11** one does not say (*of*) such things! — **12** But Auntie, since the monkey *cannot* (*does not*) understand, he cannot *be offended* (*"anger itself"*).

NOTES. — **(1)** Se taire : cesser (*to cease*) de parler. — Je me tais, tu te tais, il se tait, nous nous taisons, vous vous taisez, ils se taisent. — Je me suis tu. — *Imparfait :* je me taisais, *etc.*, nous nous taisions, *etc.* — *Passé défini :* Je me tus, il se tut, ils se turent. (Les‿autres personnes sont peu employées : *tu te tus, nous nous tûmes, vous vous tûtes,* étant désagréables à l'oreille (*unpleasant to the ear*). — *Futur :* je me tairai, tu te tairas, il se taira, nous nous tairons, *etc.* — *Conditionnel :* je me tairais, *etc.*, nous nous tairions, *etc.* — *Subjonctif présent :* que je me taise, que tu te taises, *etc.* — *Impératif* (*utile à se rappeler*) *:* Taisez-vous! Tais-toi! *Be silent!* Taisons-nous! *Let us be silent!*

(2) Elever (äl'v**ä**) : *To raise,* or *to bring up.* — Un homme bien‿élevé (bi**iñ**'n'äl'v**ä**) : *A well brought up* (or *well educated*) man. — Un‿élève (uñ'n'äl**à**v') *ou* une élève (ünäl**à**v') : *A pupil.* — Le maître est content de ses‿élèves (säz'äl**à**v') : *The teacher is pleased with his pupils.*

---

1 *Can you* (*do you know*) swim? — **2** Perhaps; I have never tried. — **3** You are joking; but seriously, will you come *and* venir vous baigner (bàgñ**ä**) ? — **4** Ce serait‿avec plaisir ; mais j'ai déjeuné tard, — **5** et ce n'est pas prudent de se baigner après‿un repas. — **6** Alors, dans‿une heure, voulez-vous ? — **7** Entendu.

Notons :

Depuis‿une heure, il n'a **pas cessé de parler!** — Dites-lui de **se taire**! *For* (*Since*) *an hour, he has not stopped* (*ceased*) *talking! — Tell him to be quiet.*

On peut tout‿**essayer** (toot' äsày**ä**) une fois : *One can try everything once.*

Proverbe : **La parole** est d'argent, mais le silence est d'or : *Speech is silver, but silence is golden.*

Quatre-vingt-quinzième (95e) Leçon

Tant pis pour Mme Thomas!

1 M. Duval est‿en plein travail à son bureau, lorsque **(1)** le téléphone sonne.

2 Il décroche **(2)** le récepteur : — Allo! — Allo! C'est l'épicerie Martin?

3 — Non, Madame, vous vous trompez. Et il raccroche.

4 Trois minutes après, nouvelle **(N. 3)** sonnerie. — Allo! l'épicerie Martin?

5 — Mais non, je vous dis que vous faites‿erreur **(3)** !

bathe (*yourself*)! — **4** (*It would be*) With pleasure; but I lunched late, — **5** and it is not *safe* (*prudent*) to bathe (*oneself*) after a meal. — **6** Then, in an*other* hour, will you? — **7** *All right* (*Heard*).

Exercice supplémentaire. — *Nous vous prions de relire encore une fois la deuxième anecdote* (**Au Zoo**), *et d'essayer de la répéter de mémoire.*

Si cela vous‿est facile, c'est-à-dire si vous‿êtes‿un très bon ‿élève, essayez‿ensuite la même chose avec la première anecdote, plus longue et par conséquent plus difficile. — **Bonne chance!**

Deuxième vague : *la 38e Leçon*

PRONONCIATION. — **tañ pi ... toma** — **1** ...**àt'añ pliñ trava'y... l'täläfon'.** — **2** ... **däcrosh'l'räsàpturr... läpis'ri'.** — **4** ...**noovàl'son'ri'.** — **5** ... **fàt'z àr'rurr.**

So much the worse for Mme Thomas!

1 M. D. is hard at (*in full*) work at his office, when the telephone rings. — **2** He unhooks the receiver : Hello! — Hello! *Is that* (*That is*) *M.'s grocery* (*the M. grocery*)? — **3** No, Madam, you *are mistaken* (*deceive yourself*). And he hangs up, — **4** Three minutes afterwards, *there* is another ring. — Hello! M.'s grocery? — **5** *No it isn't* (*But no*), I tell you you *have made* (*make*) *a mistake* (*error*).

NOTES. — **(1)** *Ou* quand.

(2) Le crochet (croshà) : *The hook.* — Accrocher, décrocher : *To hook, to unhook.* — L'épicier (äpisiä) : *The grocer.* — L'épicerie (äpis'ri) : *The grocery* (**une** épicerie).

(3) Vous vous trompez *et* vous faites‿erreur (fàt'z' àr'rurr) sont synonymes. Mais : *How many mistakes have you made in your exercise?* se dira : Combien avez-vous fait de **fautes** dans votre exercice? — *I always make mistakes in spelling :* Je fais toujours des **fautes** d'orthographe. — Ce n'est pas ma faute : *It is no fault of mine.*

6 Encore quelques minutes, et le téléphone sonne de nouveau (4).

7 — Allo! l'épicerie Martin? — Oui, madame; que désirez-vous?

8 — Ici Mme Thomas; envoyez-moi tout de suite un kilo de jambon,

9 une boîte de petits pois, une douzaine d'œufs, et un litre d'huile d'olives.

10 — Très bien, madame, vous pouvez compter sur moi!

11 Et M. Duval se remet‿au travail, tout‿en pensant :

12 — Tant pis pour elle! C'était le seul moyen de s'en débarrasser!

EXERCICE. — **1** Comment écrivez-vous (1) attraper? — **2** Avec deux t, et un seul p. — **3** Merci beaucoup; je ne me le rappelle jamais, — **4** et pourtant, je l'ai souvent regardé dans le dictionnaire (diksionàrr') ; — **5** mais je l'oublie presque aussitôt. — **6** Oui, il y a des mots dont l'orthographe vous‿échappe constamment; — **7** ainsi moi, je ne sais jamais combien il faut d'l à tranquillité. — **8** Il en faut deux. — **9** Merci; ainsi, nous voilà quittes (kit') !

(1) *To spell out a word* : Epeler (äp'lä) un mot. Mais : *How do you spell your name?* se dit : Comment écrivez-vous votre nom?

8 ... tood' süit'. — **9** ... doozàn' duh... düil' doliv'. — **10** ... coñtä sürr mwa. — **11** ... sër' màt'ô travay' toot'añ... — **12** tañ pi ... l'sul mwa-yiñd' sañ däbarrasä.

6 A few minutes more, and the telephone rings again. — **7** Hello! M.'s grocery? — Yes, Madam; what can I do for you? — **8** Mme Th. speaking. Send me at once one kilog. of ham, **9** a tin of green peas, one dozen eggs, and one litre of olive oil. — **10** Very well, Madam, you may *rely* (*count*) on me! — **11** And M. D. sets to work again, thinking the while : — **12** So much the worse for her! It was the only *way* (*means*) of getting rid of her!

---

(4) *Ou* encore une fois.

1 How do you *spell* (*write*) *attraper* (*to catch*)? — **2** With two t's, and one (*sole*) p. — **3** Many thanks; I never *can* remember it, — **4** and still, I have often looked it *up* in the dictionary; — **5** but I forget it almost immediately. — **6** Yes, there are words the spelling of which escapes *one* (*you*) constantly; — **7** it is the same with me : I never know how many *l's there are* (*it needs of l's*) *in* (*at*) " tranquillity ". — **8** There should be (*of them*) two. — **9** Thanks; *so* (*there*) we are quits.

Exercice supplémentaire. — Remplacez les‿*infinitifs* (en‿italique) par la forme juste du verbe, dans les phrases suivantes :
1 Chaque fois qu'il me (*voir*), il (*vouloir*) venir avec moi. — **2** Quand vous‿êtes (*venir*), je (*penser*) justement à vous. —

Et nous noterons seulement :

Vous **faites erreur**! Vous **vous trompez de** chapeau! *You are mistaken! You are taking the wrong hat!*

On ne peut jamais **compter** (coñtä) **sur** lui : *One never can rely upon him.*

Ce mot **m'échappe constamment** : *That word keeps escaping me.*

Nous **voilà quittes**! *We are quits!*

Quatre-vingt-seizième (96e) Leçon

Le roman (1) du général T.

1 Le général T. — il n'était‿alors que le lieutenant (2) T. —

2 assista (3) un jour à l'incendie (4) d'un pensionnat de jeunes filles.

3 Le bâtiment était tout‿en flammes, et menaçait de s'écrouler,

3 N'(*avoir*) pas peur, je vous (*payer*) demain sans faute. — **4** Il (*falloir*) que je vous (*faire*) voir ma collection de timbres. — **5** Où (*aller*)-vous? — Je (*aller*) à la poste. — **6** (*Savoir*)-vous quelle heure il (*être*). — Je ne (*savoir*) pas; je n'(*avoir*) pas ma montre.

Clé : **1** voit, veut. — **2** venu, pensais. — **3** N'ayez, paierai. — **4** Il faut, fasse (*subjonctif, après « il faut que »*). — **5** allez, vais. — **6** Savez, est. — sais, n'ai.

Deuxième vague : *la 39e Leçon*

PRONONCIATION. — **1** l'zhänärral tä il nätàt' alorrkë l' liuht'nañ. — **2** asista ... liñsañdi' duñ pañsi-onad' zhun' fi'y'. — **3** l'bâtimañ ätà toot'añ flam' ä m'nasàd' säcroolä.

General T's romance

1 General T. — he was then only lieutenant T. — **2** was present one day when there was a fire at a girl's boarding-school. — **3** The building was all in flames, and threatened to collapse,

---

NOTES. — **(1)** Le roman : *The romance*, or *the novel*. — Il ne lit que des romans policiers (polisiä) : *He reads only detective stories (novels)*.

(2) *Nous connaissons le mot* tenant (*holding*), *de* tenir. Le lieu *est* l'endroit, *the place. Donc*, le lieutenant *est celui qui tient la place de quelqu'un, — disons du capitaine, en son absence.*

(3) *Attention!* Assister‿à *ne signifie pas* aider, *mais* être présent à. — Il assistait‿à la cérémonie : *He was present at the ceremony*. — Parmi les‿assistants : *Among the people present*. — Il y avait‿une grande assistance : *There was a great concourse of people.*

Cependant, assister les malheureux (maluhr**uh**) (*sans* à) veut dire : *To help the unfortunate*. Et : grâce à son‿assistance (*ou* à son‿aide) : *thanks to his help*.

(4) Le feu (fuh) : *Fire*, en général. — Un‿incendie : *A fire (conflagration)*.

La pension : *The boarding-house*. — Le pensionnat : *The boarding-school.*

4 quand‿on s'aperçut avec horreur qu'une des pensionnaires manquait‿à l'appel.

5 Alors, une des jeunes filles s'élança sans‿ hésiter dans la maison en feu,

6 et en ressortit **(5)** quelques‿instants‿après,

7 portant dans ses bras sa camarade évanouie.

8 — Voilà la femme qu'il me faut! s'écria en lui-même le lieutenant,

9 tandis qu'on‿entourait l'héroïne **(6)** en la félicitant.

10 Et, en‿effet, il l'épousa **(7)** quelque temps‿après.

11 Mais par la suite, la jeune fille énergique devint‿une épouse encore plus énergique,

12 et les mauvaises langues disent que le général,

13 quand il voyait par hasard un‿incendie,

14 s'éloignait hâtivement, en murmurant dans sa barbe **(8)** d'affreuses‿imprécations.

EXERCICE. — **1** Avez-vous du feu, s'il vous plait? — **2** Mon briquet ne marche pas. — **3** Mais oui, voici une boîte d'allumettes. — **4** Merci bien; avez-vous lu la nouvelle de ce terrible incendie? — **5** Non, cela m'a échappé; y a-t-il des victimes? —

4 kañt'oñ sapàrrsüt' avàc orr'rurr... pañsi-onàrr' mañkàt' alappàl. — 5 ...sälañsa sañz' äzitä... màzoñ añfuh. — 6 añ r'sorrti kàlk'z'iñstañz' aprà. — 7 ... ävanooi. — 8 la fam' kilmëfô. — 9 tañdi koñ'n'añtoorà lärro-in'añla fälisitañ. — 10 ...añ'näffà il läpooza kälk'tañz' aprà. — 11 la süit'... änàrrzhik' dëviñt' ün'äpooz'... plüz'änàrrzhik'. — 12 môvàz' lañgh'. — 13 kañt'il vwa-yà parr azarr uñ'n'iñsañdi'. — 14 sälwagnà âtiv'mañ añ mürrmürrañ... daffruhz'z'iñpräcasi-oñ.

4 when it was noticed with horror that one of the girl-boarders was missing (*at the roll-call*). — **5** Then without hesitating, one of the girls *rushed* (*launched herself*) into the *burning* ("*in fire*") house, — **6** and *re-emerged* (*came back out of*) *from* it a few moments later, — **7** carrying her *unconscious* (*fainted*) *friend* (*comrade*) in her arms. — **8** There is the wife for me! lieutenant T. exclaimed *to* (*in*) himself — **9** while the heroine was being surrounded and congratulated (*active form!*). — **10** And *indeed* (*in effect*) he married her some *little* time after. — **11** *But in time* ("*by the sequel*"), the energetic girl became a still more energetic *wife* (*spouse*), — **12** and *unkind* (*had*) tongues say that the general, — **13** when he *happened to see* (*saw perchance*) a fire, — **14** would hastily remove himself, muttering *awful curses under his breath* (*dire imprecations in his beard*).

---

(5) Sortir : *To go* or *come out.* — Ressortir : *To go* or *come out again.*

(6) Le héros (ärrô) : *The hero,* et non pas « l'héros »; mais l'héroïne.

(7) *He married her :* Il l'épousa *ou* il se maria avec elle. — Il maria sa fille : *He gave away his daughter.*

(8) Affreux : *Awful, fait au féminin* affreuse, *comme* heureux, heureuse, curieux, curieuse, etc.

---

1 Have you *a light* (*some fire*), please? — **2** My cigar-lighter does not *work* (*march*). — **3** *Certainly* (*But yes*), here is a box of matches. — **4** Many thanks; have you read the news of that terrible fire? — **5** No, it has escaped *my notice* (*me*); are there

6 Trois personnes brûlées vives, et quatre blessées en sautant par les fenêtres.

Notons :

Que murmure-t-il **dans sa barbe** *ou* **entre ses dents**? (dañ) : *What is he muttering under his breath?*
Pouvez-vous me **donner du feu**? *Can you give me a light?*
Il **s'est blessé** en sautant **par la** fenêtre : *He injured himself jumping out of the window.*
Ce moteur **marche** mal : *This engine is working badly.*
Il **s'élança sur** moi : *He rushed at me.*

Quatre-vingt-dix-septième (97e) Leçon

Le bon roi Dagobert

1 Le bon roi Dagobert
Avait mis sa culotte à l'envers (**1**).

2 Le grand saint‿Eloi
Lui dit : — Mon bon roi,

3 Votre Majesté est mal culottée!

4 — C'est vrai, lui dit le roi,
Je vais la remettre à l'endroit (**1**) !

5 Le bon roi Dagobert
Allait‿à la chasse (**2**) au pivert.

any victims? — **6** Three persons burnt alive, and four *injured* (*wounded*) (*in*) jumping *out of* (*by*) the windows.

o o o

Exercice supplémentaire. — *Continuons l'exercice précédent, avec les phrases suivantes :*

1 (*Dépêcher*)-vous, ou nous (*manquer*) le train. — **2** Si vous (*vouloir*), nous (*aller*) au cinéma ensemble après-demain. — **3** Je ne (*prendre*) jamais ce qui ne m'(*appartenir*) pas. — **4** M'(*avoir*)-vous (*rendre*) la monnaie? — **5** (*Excuser*)-moi, je ne vous (*avoir*) pas (*entendre*).

Clé : **1** Dépêchez, manquerons — **2** voulez, irons (*futur*) — **3** prends, m'appartient — **4** M'avez, rendu — **5** Excusez, ai *ou* avais, entendu.

Deuxième vague : *la 40e Leçon*

PRONONCIATION. — **1** ...l'rwa dagobàrr ... alañvàrr. — **2** l'grañ siñt'älwa. — **3** votr' mazhàstä. — **4** lar' màtr' alañdrwa! — **5** ...alàt'alashas' ô pivàrr.

Good King Dagobert

1 Good King Dag. — Had put *on* his breeches inside out. — 2 Great St. El. said to him : My good king, — 3 Your Majesty's *breeches are not put on properly* (*"is badly breeched"*)! — 4 It is true, said the king. — I am going to put *them* (*it*) the right side on! — 5 Good King Dag. — Used to go shooting (*the*) *woodpecker*(*s*).

NOTES. — **(1)** L'envers, l'endroit d'une étoffe : *The wrong side, the right side of a stuff.* — A l'envers, du mauvais côté (*wrong side up*), *et aussi* sens dessus dessous (sañd'süd'so**o**) : *Upside down.*

Nous connaissons déjà vers (*towards*); *il y a aussi* envers (añvàrr), *towards, non dans le sens de la direction, mais dans celui de* par rapport à, *in respect of.* Il s'est montré reconnaissant envers son bienfaiteur : *He showed himself grateful towards his benefactor.*

(2) La chasse : *Shooting.* — La chasse à courre : *Hunting.* — (Courre *est une ancienne forme de* courir.)

6 Le grand saint‿Eloi
Lui dit : — Mon bon roi,

7 La chasse au coucou
Vaudrait **(3)** mieux pour vous.

8 — C'est vrai, lui dit le roi,
Mets-toi là, que je tire **(4)** sur toi!

9 Le bon roi Dagobert
Ne se lavait jamais‿en‿hiver.

10 Le grand saint‿Eloi
Lui dit : — Mon bon roi,

11 Vous‿avez la peau
Plus noire qu'un corbeau!

12 — Ça ne fait rien, dit le roi :
La reine l'a encore plus noire que moi!

Nous pouvons noter :

Qu'est-ce que ça **veut dire**? *What does it mean?*

Il **vaut mieux** que vous **restiez tranquille** : *It is better for you to keep quiet.*

Elle a mis ses bas **à l'envers** : *She has put on her stockings inside out.*

Tout‿était **sens dessus dessous** (sañd' süd' s**oo)** dans la maison : *Everything in the house was topsy-turvy.*

7 ...**coocoo vôdrà miuh**... — **8 màtwala.** — **9** nës'**lavà zha-màz' añ'n'ïvàrr.** — **11** voozavä **lapô... corrbô.** — **12** la **ràn'.**

6 Great Saint Eloi — Said to him : My good king, — **7** Shooting (*the*) cuckoo(*s*) — Would be better (*worth*) for you. — **8** It is true, the king said to him, — *Stand* (*Put yourself*) there, that I *may* shoot at (*on*) you! — **9** Good King Dag. — Never washed (*himself*) in winter. — **10** Great Saint Eloi — Said to him : My good king, — **11** *Your skin is* (*You have the sk.*) blacker than a raven! — **12** It doesn't matter, said the king : — *The queen's is* (*The qu. has it*) still blacker than *mine* (*I*)!

---

(3) Cela vaut mieux : *That is* (*worth*) *better.* — Il vaudrait mieux‿y aller : *It would be better to go.* — Cela vaudrait mieux pour eux : *It would be better for them.* (*Verbe irrégulier* valoir : *to be worth.*)

(4) Tirer, nous le savons, veut dire *to pull* or *draw.* Il signifie aussi : *To shoot.* — Tirer un coup de fusil (cood' füsi) : *To shoot with a gun.* — Elle lui a tiré un coup de revolver (rävolvàrr) : *She shot him with a revolver.*

« Tirez les premiers, Messieurs les Anglais! » *parole historique prononcée à la bataille de Fontenoy* (*mil sept cent quarante-cinq*).

Comme exercice, *comparons les verbes* falloir *et* valoir :
Il **vaut** mieux le faire *ou* que vous le fassiez (*subjonctif*).
Il **faut** commencer *ou* que nous commencions (*subjonctif*).
Il **valait** mieux y renoncer : *It was better to give it up.*
Il **fallait** que je le lui dise (*subj.*) : *I had to tell it to him.*
Cela ne **vaudra** pas grand-chose : *That won't be worth a great deal.*

97e LEÇON

Dagobert Ier (premier), roi des Francs, au VIIe (septième) siècle et son ministre saint‿Eloi, sont surtout connus par cette vieille chanson populaire, qu'aucun Français n'ignore.

Nous‿espérons que vous‿aussi, vous l'apprendrez grâce au disque.

Quatre-vingt-dix-huitième (98e) Leçon

REVISION ET NOTES

1 Votre prononciation n'est pas, et ne peut pas‿ encore être parfaite; mais‿elle est sans doute passable, surtout si vous‿avez les disques, et si vous‿écoutez (*listen*) avec attention.

Rappelez-vous bien qu'il faut réprimer (*repress*) votre tendance naturelle à accentuer **le commencement des mots.** Comme la prononciation figurée vous l'indique, c'est **la fin des mots** qui est la plus sonore en français. Accentuez-la donc **légèrement** (*slightly*), mais sans pour cela " avaler " (*swallow*) les‿autres syllabes.

En français, chaque syllabe conserve toujours sa valeur (*value*), excepté, bien‿entendu, les syllabes muettes (avec **e** muet), qui n'en‿ont pas.

L'é (e accent aigu (ägü) ou **fermé)** se prononce **ä** (*like* **a** *in* **sale**) ; nous avons le même son dans **er** final (not**er**), et dans **et** (*and*).

L'è (e accent grave, ou **ouvert)**, se prononce **à** (*like* **e** *in* **sell**) ; nous avons le même son dans **ai** (vr**ai**), **er** à l'intérieur d'un mot : je v**er**se, et **e** suivi de deux consonnes : p**erd**re, **ell**e, etc...

L'ê (e accent circonflexe) a le même son que **è,** mais plus long : m**ê**me.

2 La place de l'adjectif reste un problème, qui n'est résolu (räsol**ü**, *solved*) que par l'habitude et la pratique.

Il nous **faudra** partir *ou* Il faudra que nous partions (*subj.*).
Cela n'en **vaudrait** pas la peine : *That would not be worth the trouble.*
Il **faudrait** le lui dire : *He ought to be told.*
Cela a mieux **valu** pour tout le monde : *It has been better so for everybody.*
Il a **fallu** que je paye (*subj.*) : *I have had to pay.*

Deuxième vague : *la 41e Leçon*

Quand deux‿adjectifs qualifient le même substantif, on les sépare toujours, soit (*be it : either*) par le substantif lui-même, soit par *et.*

Ainsi :
A little white house : Une **petite** maison **blanche**.
A nice, well-dressed girl : Une **jeune** fille **gentille** et **bien‿habillée**.
He made a long, wearisome speech : Il fit un **long** discours **ennuyeux** (añ' nui-y**uh**), *ou* : Il fit un discours **long** et **ennuyeux**.

3 Savez-vous nager? *Can you* or *Do you know* (*how to*) *swim?* Il **sait** jouer du violon : *He can play the violin.* — (*Il " peut " jouer* serait : *He is allowed to play*, ou *He may play*). — Ils ne **savent** ni lire, ni écrire : *They can neither read nor write.* Nous ne **savons** pas parler l'italien (litali**iñ**) : *We cannot speak Italian.*

4 Neuf (*féminin* : **neuve**) et **nouveau** (*féminin* : **nouvelle**) sont tous les deux : *new*. Mais nouveau a le sens de *novel*, ou *of a new fashion.*

Une auto nouvelle : *a new fashioned car.*

Mais‿on dit indifféremment : Qu'y a-t-il de neuf? *ou* : Qu'y a-t-il de nouveau? *What is the news?*

De nouveau, *seul, signifie encore une fois.* Il me l'a offert de nouveau : *He offered it to me once again*, or *afresh.*

5 Le mot et **la parole.** — Je voudrais vous dire un **mot** : *I would like to have a word with you.* — C'est‿un mot difficile à prononcer : *It is a difficult word to pronounce.* — Pas‿un **mot** à la reine mère! *Not a word (of it) to the Queen mother!*

En‿un **mot...** : *In a word.* Mot‿à mot (motamo) : *word for word.*

Il m'a dit des **paroles** désagréables : *He spoke unpleasant words* (or *said unpleasant things*) *to me.* — Ses **paroles** m'ont laissé indifférent : *His* (or *Her*) *words left me indifferent.*

Nous voyons que parole *se rapporte au sens des mots.*

Nous‿avons‿aussi les expressions : J'ai toujours tenu **parole** (*ou* ma **parole**) : *I have always kept my word.* — Il m'a manqué de **parole** : *He failed to keep his word to me.*

Et enfin : Il prit la **parole** à la fin du banquet (bañkà) : *He spoke (made a speech) at the end of the banquet.* — Le Président (präzidañ) lui donna la **parole** : *The President invited him to speak.* — Vous‿avez la **parole** : *It is your turn to speak.*

6 Vers (vàrr) signifie *towards* : il se dirigea vers la sortie : *He made for the exit.* — Mais il y a aussi : un vers (vàrr) : *a verse* : Ecrire en vers : *to write verse.* — *Puis* vert (vàrr) : *green.* — *Et enfin* le verre (vàrr) : *the glass*, et le ver (vàrr) : *the worm.*

7 Masculin et Féminin.

Le lorgnon, **un** l.; **le** sol, **un** s.; **le** sable, **un** s.; **le** timbre, **un** t.; **le** neveu, **un** n. (**la** nièce, **une** nièce); **l'**exemple, **un‿**e.; **le** kilomètre, **un** k.; **le** vase, **un** v.; **le** poisson, **un** p.; **le** tennis, **un** t.; **le** somme, **un** s. (*nap*); **la** somme, **une** s. (*sum*); **le** rêve, **un** r.; **le** sommeil, **un** s.; **le** chien, **un** ch.; **l'**animal, **un‿**a.; **le** singe, **un** s.; **le** plaisir, **un** p.; **l'**argent, **un‿**a.; **l'**or, **un‿**or; **le** téléphone, **un** t.; **le** récepteur, **un** r.; **le** jambon, **un** j.; **l'**œuf (luf); **un‿**œ. (uñ'**n**u**f**) *pluriel* : **les** œufs (làz**uh**); **le** litre, **un** l.; **le** moyen, **un** m.

Le dictionnaire, **un** d.; **le** mot, **un** m.; **le** roman, **un** r.; **l'**incendie, **un‿**inc.; **le** pensionnat, **un** p.; **le** bâtiment, **un** b.; **l'**appel, **un‿**a.; **le** feu, **un** f.; **le** bras, **un** bras; **le** héros (*féminin* : l'héroïne), **un** h.; **l'**époux, **un‿**ép. (*fém.* : **l'**épouse, **une** ép.); **le** moteur, **un** m.; **le** roi, **un** r.; **l'**envers, **un‿**e.; **le** saint (*fém.* : **la** sainte), **un** s.; **l'**endroit, **un‿**e. (*meaning right side*, recto, *or* place); **le** pivert, **un** p.; **le** coucou, **un** c.; **le** corbeau, **un** c.; **le** bas, **un** b. (*stocking*).

L'allée, **une** al.; **l'**ardeur, **une** ar.; **l'**enveloppe, **une** env.; **la** lettre, **une** l.; **la** collection, **une** c.; **la** musique, **une** m.; **la** lecture, **une** l.; **la** farce, **une** f.; **la** fleur, **une** f.; **la** prière, **une** p.; **la** course, **une** c.; **la** rivière, **une** r.; **la** monnaie, **une** m.; **l'**épicerie, **une** ép.; **la** sonnerie, **une** s.; **l'**erreur, **une** er.; **la** boîte, **une** b.; **l'**olive, **une** ol.; **la** minute, **une** m.; **la** douzaine, **une** d.; **l'**huile, **une** h.; **l'**orthographe, **une** ort.; **la** tranquillité, **une** t.; **la** pension, **une** p.; **la** flamme, **une** f.; **l'**horreur, **une** h.; **la** suite, **une** s.; **la** langue, **une** l.; **la** barbe, une b.; **l'**imprécation, **une** imp.; **l'**allumette, **une** all.; **la** nouvelle, **une** n.; **la** victime, **une** v.; **la** fenêtre, **une** f.; **la** dent (dañ), **une** d.; **la** culotte, **une** c.; **la** majesté, **une** m.; **la** chasse, **une** ch.; **la** reine, **une** r.; **la** peau, **une** p.

Deuxième vague : *la 42e Leçon*

98e LEÇON

Quatre-vingt-dix-neuvième (99e) Leçon

Deux figures de connaissance

1 Nous sommes‿au cinéma, et la lumière vient de se faire pour l'entracte.

2 En nous retournant machinalement vers le fond (1) de la salle,

3 qui apercevons-nous, à quatre ou cinq rangs de distance,

4 tout‿absorbés l'un dans l'autre, et indifférents au reste du monde?

5 Nous ne nous trompons pas : c'est bien notre jeune ami Paul, en compagnie de Thérèse, la jolie dactylo.

6 Nous savions qu'ils devaient‿échanger des leçons,

7 mais nous n'aurions pas pensé que cela se ferait‿au cinéma.

8 D'ailleurs, ils ne se disent rien,

9 se contentant de se regarder dans les‿yeux.

10 Mais voilà que Paul fait signe à la vendeuse de bonbons et chocolats,

11 et achète deux pochettes-surprise (2).

12 Thérèse tire de la sienne un petit sifflet de métal,

13 et Paul, une bague de pacotille (3), qu'il passe au doigt de la jeune fille.

PRONONCIATION. — **1** noosom'z ô cinäma ... lañtract' — **2** ...mashinal'mañ vàrrl'foñ... — **3** akatr'oo siñ rañd'distañs'. — **4** toot'absorbä (*hard* s!) ... iñdifärañz' ôrràst' dü mond'. — **6** ...kild'vàt'äshañzhä dàl'soñ. — **7** ... kës'las' fràt'ô. — **8** da-yurr ilnës'diz'riiñ, — **9** ...d'së r'garrdä dañ làziuh. — **10** ... dë boñboñ ä shocola. — **11** ä ashàt' duh poshàt'sürrpriz. — **12** ... p'ti sifflàd' mätal. — **13** ... ün' bag' dë pacoti'y ... ôdwad'.

Two faces we know *(of acquaintance)*

1 We are at the pictures, and the lights have just *come on* (*made itself*) for the interval. — **2** On turning (*ourselves*) round mechanically towards the *back* (*bottom*) of the *house* (*room*), — **3** whom do we *see* (*perceive*), four or five rows *away* (*at 4 or 5 r. of distance*), — **4** *wholly* (*all*) absorbed *in each other* (*the one in the other*), and indifferent to the rest of the world? — **5** We are not mistaken : none other than our young friend P., in *the* company of Th., the pretty typist. — **6** We knew that they were to exchange lessons, — **7** but we would not have thought *that they would do so* (*that would make itself*) at the pictures. — **8** Besides, they are saying nothing to each other, — **9** *being quite content to gaze into each other's eyes* (*to look themselves in the eyes*), — **10** But there is *P. beckoning* (*"that P. makes sign"*) to the girl selling sweets and chocolates — **11** and *buying* (*buys*) two "surprise-packets". — **12** Th. takes a small metal whistle out of hers, — **13** and P. a tinsel ring; which he *slips onto* (*passes to*) the girl's finger.

NOTES. — **(1)** Le fond (foñ) de la mer : *The bottom of the sea.* — *Mais* : Le **bas** (bâ) de la page : *The bottom of the page* (le haut (lë **ô**) : *the top*).

(2) La pochette (*petite poche*) -surprise : boîte de bonbons contenant‿un petit‿objet, qui constitue la « surprise ».

(3) Pacotille (*féminin*) : marchandise de qualité inférieure.

99e LEÇON

14 Celle-ci (**N. 2**) proteste en riant, et pour se venger

15 lui fourre de force son sifflet dans la bouche.

16 Allons, le film peut‿être quelconque (**4**), ces deux-là ne s'ennuieront pas!

EXERCICE. — **1** Vous‿êtes-vous bien‿amusé au cinéma? — **2** Comme ci, comme ça. Le premier film était‿ennuyeux. — **3** et le second assez‿intéressant. — **4** Et le dessin animé? — **5** Il n'y en‿avait pas; mais‿ un documentaire sur la vie des‿insectes, — **6** Moi, ce que je préfère, ce sont les‿actualités. — **7** Cette semaine, elles sont quelconques.

1 Did you *enjoy* (*amuse*) yourself at the cinema? — **2** *So-so* (*like this, like that*). The first film was boring, — **3** and the second *one fairly* (*enough*) interesting. — **4** And the *cartoon* (*animated drawing?*) — **5** There wasn't one; but a documentary on insect life. — **6** What I prefer myself (*this*) are the *newsreels* (*actualities*). — **7** This week, they are indifferent.

Que notons-nous? Voici :

Il **fourre** toujours son nez partout : *He keeps thrusting his nose into everything.*

Au revoir, **et amusez-vous bien!** *Good-bye, and enjoy yourself!*

Avez-vous vu **des figures de connaissance**? *Did you see any one we know?*

Comment‿allez-vous? — **Comme ci comme ça** : *How are you? — So-so.*

Il voulait me faire entrer **de force** : *He wanted to make me go in by force.*

Je me suis‿**ennuyé** (**añ' nüi-yä**) : *I was bored.*

14 ... poorrs' vañzhä. — **16** l' film puht'**à**tr' kàlco**ñ**k' ... n'sañ'-nüi'ro**ñ** pâ.

14 *The latter* (*This one*) protests laughing*ly* and *in retaliation* (*to avenge herself*) — **15** (*to him*) *thrusts by* (*of*) forces her whistle into *his* (*the*) mouth. — **16** *Ah well* (*Let us go*), the film may be *indifferent* (*whatever*), those two won't *be bored* (*bore themselves*) !

---

(4) Quiconque (kico**ñ**k'), quelconque (kàlco**ñ**k') : *Whoever, whatever.* — Je n'ai rien‿à dire à quiconque : *I have nothing to say to anyone whatever.* — Donnez-lui un livre quelconque : *Give him a book, no matter which* (*whatever it may be*). — Comment trouvez-vous sa voix? — Elle est quelconque : *How do you like his* (or *her*) *voice?* — *It is indifferent.*

Exercice supplémentaire. — Remplacez les‿infinitifs (*en‿italique*) par la forme juste du verbe :

1 (*Connaître*)-vous ce monsieur qui (*descendre*) l'escalier? — **2** Elle ne (*s'apercevoir*) jamais qu'ils la (*tromper*). — **3** Où (*être*)-nous? Je ne (*savoir*) pas, je ne (*pouvoir*) pas vous dire. — **4** Ils me (*dire*) toujours tout ce qu'ils (*savoir*). — **5** Nous (*espérer*) que vous ne vous (*être*) pas trop (*ennuyer*).

Clé : **1** Connaissez-vous, descend. — **2** s'aperçoit, trompent. — **3** sommes, sais, peux *ou* puis. — **4** disent, savent. — **5** espérons, êtes, ennuyé (*ou ennuyés, si l'on parle à plusieurs personnes*).

Deuxième vague : *la 43e Leçon*

99e LEÇON

Centième (100e) Leçon

Parlons chiffres (1)

1 — Mais écoute-moi donc un‿instant, au lieu de lire ton journal! dit Mme Duval.

2 — Je suis tout‿oreilles (2) ! Tu parlais de robes de plage...

3 — Eh oui! de robes‿et de chapeaux de plage pour moi,

4 et de costumes de vacances pour les‿enfants.

5 Tu comprends bien qu'à Paramé je ne pourrai remettre ma vieille robe de l'an dernier (3)...

6 — Mais, ma chérie, achète-s-en (4) une autre. Combien te faut-il?

7 — Elle est toute démodée, et quant‿au chapeau, n'en parlons pas!

8 — Voyons, de combien as-tu besoin en tout?

9 — Et aussi des sandales d'été; je ne porterai pas de bas,

10 ça (5) sera toujours autant d'économisé...

11 — Crois-tu qu'avec cent cinquante francs?...

12 — Et les‿enfants usent (6) si vite... je ne sais plus où donner de la tête!

PRONONCIATION. — shiffr'. — **1** mà äcoot'mwa doñk' uñ'n'iñstañ. — **2** zh'süi toot'orrà'y'... — **3** ...ä wi, d'rob'z äd' shapôd'plazh'. — **4** äd' costüm'... — **5** ...ma vià'y'rob' d'lañ dàrrniä. — **6** ...ashàt'z'añ ün'ôtr'. — **7** ...kañt'ôshapô. — **8** ... d'coñbiiñ âtüb'zwiñ añtoo? — **9** ... sañdal'dätä. — **10** ... toozhoorr ôtañ däconomizä. — **11** ...sañsiñkant. — **12** ... 'àzañfañ üz' sivit' ... oo donäd'latàt.

Let us talk *(speak)* figures

1 But do listen to me a moment, instead of reading your paper! says Mme D. — **2** I am all ears! You were speaking of beach gowns... — **3** *So I was* (*Eh yes!*), of beach gowns and hats for *myself* (*me*), — **4** and of holiday *suits* (*costumes*) for the children. — **5** You *must realise* (*and, well*) that I *cannot wear* (*re put on*) my old frock from last year again at Paramé. — **6** But, my darling, buy (*of them*) another. How much do you want? — **7** It is all out of fashion, and as for the hat, *don't speak of it* (*let us not speak of it*)! — **8** *Now* (*Let us see*), *how much do you need* (*of how much have you need*) in all? — **9** *And* (*also*) summer sandals, *too*; I shall not wear stockings, — **10** that *will* (*always*) be so much saved, *anyway*. — **11** Do you believe that with 150 francs?... — **12** And the children wear out *their things* so quickly... I really don't know *what to do* (*where to "give of the head"*)!

NOTES. — **(1)** Un chiffre : *A figure* (*arithm.*) or *a cypher.* — Un nombre : *A number.* — Un nombre de quatre chiffres : *A four figure number.*

(2) Une oreille : *An ear.* — Il se fait tirer l'oreille : *He is unwilling,* or *reluctant.*

(3) *Ou* de l'année dernière. — Lundi dernier : *Last Monday.* — L'avant-dernier : *The last but one.* (*Féminin* : l'avant-dernière.)

(4) Achète-s-en : *l's est ajouté pour l'euphonie. De même, on dit :* Va-s-y, *pour « Va-y » : Go to it!* or *Go it!*

(5) *Ou* cela, *ou* ce.

(6) User quelque chose : *To wear something out.* — User **de** quelque chose, faire usage de quelque chose : *To make use of something.* — Son veston est tout‿usé (**too**tüz**ä**) : *His coat is all worn out.* — Voulez-vous une prise de tabac? — Merci, je **n'en**‿use (nañ'n'**üz**') pas : *Will you have a pinch of snuff? — No thanks, I do not use it.*

100e LEÇON

13 — Allons, je t'ouvre un crédit de deux cents francs; cela suffira-t-il?

14 — Deux cents francs? Je tâcherai **(7)** de m'arranger; mais tu sais, tout‿est si cher cette année!

15 Et M. Duval se replonge dans la lecture de son journal.

mes chaussures ont besoin d'être réparées

EXERCICE. — **1** Mes chaussures ont besoin d'être réparées; — **2** les talons sont tout‿usés, et en‿outre les semelles (s'm**à**l') ont des trous. — **3** Si monsieur veut. je les porterai au cordonnier (cordoni**ä**) ; — **4** il y en‿a un tout près d'ici. — **5** Bien, mais‿à condition qu'il fasse (*subjonctif*) vite, — **6** car il se peut que je sois (*subjonctif*) obligé de partir après-demain matin. — **7** Soyez tranquille, monsieur, je le lui dirai.

Quelques tournures (*turns*) **à noter :**

Je suis **tout‿yeux** (toot' y**uh**), **tout‿oreilles** : *I am all attention.*

Ne **mettez** pas de bas : on n'en **porte** pas‿ici : *Don't put stockings on, they are not worn here.*

13 ...uñ crädid' duhsañfrañ. — **14** zh'tâsh'ràd'marrañzhä... toot'ä sishàrr. — **15** ...sër'ploñzh' ... làctürr' (*clean* t).

13 *Come* (*Let's go*), I will open a credit of 200 francs for you; will that *be sufficient* (*suffice*)? — 14 200 francs? I shall try *hard* to manage; but, you know, everything is so expensive this year! — 15 And M. D. *buries himself* (*plunges himself*) again in (*the reading of*) his newspaper.

---

(7) J'essaierai, je tâcherai, je m'efforcerai *ont le même sens, mais de plus‿en plus fort.* — *Ne confondons pas* tâcher (tâshä, to strive) *et* tacher (tashä, to stain), *ni* la tâche (tâsh', the task), *et* la tache (tash', the blot *or stain*).

---

1 My shoes *are in need of* (*have need to*) *repair* (*to be repaired*) : **2** the heels are all worn out, and besides the soles have holes *in them.* — **3** If *the* gentleman wishes, I shall *take* (*carry*) them to the shoemaker; — **4** there is a good one quite close (" *from here* "). — **5** *All right* (*Well*), but *on* (*at*) condition that he *is* (*make*) quick, — **6** for it is possible I shall be obliged to leave the day after to-morrow. — **7** Do not *worry* (*be calm*), Sir, I shall tell (*it*) him.

O O O

Exercice supplémentaire. — Commençons par mettre *vous* au lieu de *tu* dans la leçon :

1 écoutez-moi — votre — **2** Vous parliez — **5** Vous comprenez — **6** achetez-en — vous faut-il? — **8** ...avez-vous — **11** Croyez-vous — **13** ...je vous‿ouvre — **14** ...mais vous savez.

Puis, continuons notre jeu de remplacer les‿(*infinitifs*) :

1 N'y (*aller*) pas, ou vous vous (*ennuyer*) sûrement! — **2** Il (*faire*) un froid de canard (*duck*) ; qui (*avoir*) encore (*ouvrir*) cette fenêtre? — **3** Je (*aller*) chez lui, quand je l'(*avoir*) (*voir*) qui (*sortir*).

Clé : **1** N'y allez — ennuierez (*futur*) — **2** fait — a — ouvert — **3** allais (*imparfait*) — l'ai vu — sortait (*imparfait*).

100e LEÇON

Il est **plongé** dans ses pensées (pañsä') : *He is deep in thought.*

Combien y a-t-il d'églises (däglíz') dans la ville? — Il y **en‿a une dizaine, outre** la cathédrale : *How many churches are there in the town? — There are about ten, besides the Cathedral.*

J'ai trouvé un franc. — **Gardez**-le, c'est **toujours autant de** gagné : *I have found one franc. — Keep it, you are always that much better off.*

Cent unième (101e) Leçon

Méfiez-vous (1) de l'eau qui dort...

1 — Mon cher Paul, dit M. Duval, vous savez que je dois partir en vacances dès la semaine prochaine.

2 Cela m'ennuie de vous laisser seul à Paris, et si vous voulez venir avec nous à la mer...

3 — Oh! merci, monsieur; je vous suis très reconnaissant de votre offre;

4 mais je crois bien que je resterai ici.

5 Je vous demanderai seulement une petite faveur :

6 autorisez-moi à (2) continuer de venir ici

7 chaque après-midi en votre absence.

8 — Ce bureau vous plaît donc tellement (3) ?

9 Paul, dont le regard se croise (4) avec celui de Thérèse, occupée à sa machine,

Marquons notre centième leçon d'un petit bonjour! *Comment cela va-t-il? Revisez souvent les leçons passées, même si vous n'avez qu'une minute à la fois; n'oubliez pas que la répétition fréquente est la clé du succès!*

Deuxième vague : *la 44e Leçon*

PRONONCIATION. — mäfiä. — **1** dà las'màn' proshàn'. — **2** s'la mañ'nüi'... avàc noo alamàrr. — **3** ... tràr'conàsañd' votroffr'. — **5** sul'mañ ün' p'tit favurr. — **7** ... ôtorrizä. — **8** ... tàl'mañ. — **9** ... doñl'r'garrs' crwaz ... mashin' (*not* meshin).

Beware of still water *(w. that sleeps)*

1 My dear P., says M .D., you know I shall be going *on* (*in*) holiday from next week. — **2** *It distresses* (*annoys*) me to leave you alone in Paris, and if you *like to* (*will*) come with us to the sea-*side*... — **3** Oh! thank you, Sir; I am very grateful (*to you*) *for* (*of*) your offer; — **4** but I *think* (*believe well*) I shall stay here. — **5** I shall only ask you *for* a small favour : — **6** give me permission to *keep on coming* (*continue to come*) here — **7** *every* (*each*) aftern. in your absence. — **8** Do you really *enjoy being in this office so much* (*This off. pleases you then so much*)? — **9** Paul, whose glance *meets* (*crosses itself with*) Th's. busy at her typewriter,

NOTES. — **(1)** Se fier (fiä) à : *To trust.* — Se méfier de : *To distrust.* — Fiez-vous‿à lui, ayez confiance en lui : *Trust him.* — Ne vous‿y fiez pas, méfiez-vous-en : *Beware of it!*

(2) *Ou* : Permettez-moi de...

(3) *Ou* : Tant.

(4) La croix (crwa) : *The cross.* — Faire le signe de la croix : *To make the sign of the cross.* — Se signer : *To cross oneself.* — Croiser : *To cross.*

101e LEÇON

10 ne peut s'empêcher de rougir **(5)**, en répondant :

11 — Que voulez-vous? l'habitude est‿une seconde nature.

12 — Mais c'est très bien, jeune homme. Je n'y vois‿aucun‿inconvénient **(6)**,

13 dit M. Duval, qui ne se doute **(7)** toujours de rien.

14 Décidément, je vois que vous‿êtes‿un garçon sérieux!

EXERCICE. — **1** Je vous parie (parrî') que c'est vrai! — **2** Je ne doute pas de votre bonne foi; mais croyez-moi, vous vous trompez. — **3** La preuve (pruv'), c'est que mon beau-père **(1)** l'a vue de ses propres‿yeux **(2)** (propr' ziuh). — **4** En ce cas, je ne discute plus, mais ça me paraît tout de même bien‿extraordinaire; — **5** je ne m'en doutais pas le moins du monde.

1 I bet you it is true. — **2** I do not doubt (*of*) your good faith; but believe me, you are mistaken. — **3** The proof *of it* is that my father-in-law has seen her with his own eyes. — **4** In that case, I *won't argue* (*don't discuss*) any more, but *nevertheless* (*all the same*) it seems to me *rather* (*well*) extraordinary; — **5** I did not suspect it *in* the least (*in the world*).

(1) Le beau-père, le beau-frère, la belle-mère, la belle-sœur : *the father-in-law, the brother-in-law, the mother-in-law, the sister-in-law*; le beau-fils (fis') *ou* le gendre (zhañdr') : *the son-in-law*; la belle-fille *ou* la bru : *the daughter-in-law*.

(2) Donnez-moi une fourchette (foorrshàtt') propre : *Give me a clean fork.* — C'est ma propre fourchette : *It is my own fork.*

10 n'puh sañpàshäd'roozhirr... — **11** ... labitüd' àt'ün's'**goñd'** natürr (*clean* t). — **12** ... zh'nivwaz'ôc**uñ**' n'ïñcoñvä**niañ**. — **14** ... k'vooz'**à**tz'uñ garrs**oñ** särri**uh**.

10 cannot *help* (*prevent himself from*) *blushing* (*to redden*), *as he answers* (*in answering*) : **11** There it is, you see, habit is (*a*) second nature. — **12** *Oh!* (*But*) that's *all right* (*very well*), young man. I see no reason why not, — **13** says M. D. who *still* (*always*) *suspects* ("*doubts himself of*") nothing. — **14** Decidedly I can see you are a *dependable* (*serious*) young man!

---

(5) Rougir : *To turn red* (rouge). — Blanchir : *To turn white* (blanc). — Noircir : *To turn black* (noir). — Jaunir : *To turn yellow* (jaune). — Verdir : *To turn green* (vert). Brunir : *To turn brown* (brun). — Bleuir (bluh-irr) : *To turn* (bleu).

(6) Je n'y vois‿**aucun**‿inconvénient *est plus fort que* : **je** n'y vois *pas* d'inconvénient

(7) Douter de quelque chose : *To doubt someth.* — **Se** douter de quelque chose : *To suspect someth.* — Je **n'en** doute pas! *I have no doubt about it!* — Il **ne s'en** doutait pas : *He did not suspect it.*

*To suspect some*body : Soupçonner (soop'sonä) quelqu'un.

Exercice supplémentaire. — *Continuons‿à pratiquer les verbes, en‿utilisant les phrases suivantes :*

1 Pourquoi n'(*avoir*)-ils pas (*dire*) à quelle heure ils (*venir*)? — **2** Je l'(*avoir*) (*apprendre*) en moins de temps qu'il n'en (*falloir*) pour le dire. — **3** C'(*être*) très bien (*faire*), mais je (*craindre*) que ce n'(*être*) pas durable. — **4** (*Méfier*)-vous de cet homme, on ne (*savoir*) jamais s'il (*dire*) la vérité (truth). — **5** N'(*avoir*) pas peur, je vous (*tenir*) bien!

Clé : **1** n'ont-ils pas dit — viennent *ou, au futur* : viendront. — **2** l'ai appris — n'en faut — **3** C'est — fait — crains — ce ne soit (*subjonctif*) — **4** Méfiez-vous — sait — dit. — **5** N'ayez — tiens.

Nous supposons que vous comprenez facilement *ces petites phrases, et qu'il est‿inutile de vous‿en donner la traduction* (tradücsi-**oñ**, *translation*).

101e LEÇON

Tournures à se rappeler :

Notre ville **vous plaît-elle**? *Do you like our town?*
Elle **me plaît** beaucoup : *I like it very much.*
Vous plaisez-vous à Paris? *Do you enjoy being in Paris?*
Je **m'y** plais beaucoup : *I enjoy being there.*
Il n'y a pas de **preuves** contre lui : *There is no evidence (proofs) against him.*

Cent deuxième (102e) Leçon

Quelques conseils‿inutiles

1 **Rappelez-vous,** si vous voulez que votre stylo écrive **(1)** bien,

2 de le remplir d'encre chaque fois qu'il est vide.

3 Toutefois **(2)**, si vous n'avez pas de stylo, il est‿inutile de le remplir d'encre :

4 vous ne feriez que vous tacher les doigts en pure perte.

5 **Rappelez-vous** que, si vous‿êtes‿opticien,

6 il faut‿examiner soigneusement **(3)** la vue de vos clients

7 avant de leur vendre des lunettes.

8 Toutefois, si vous‿êtes boucher,

9 vous pouvez vous passer **(4)** d'examiner la vue **(5)** de vos clients,

Pour terminer, lisons :

— Je parie, Joseph, que c'est‿un de mes cigares que vous fumez là.
— Que Monsieur m'excuse : je ne parie jamais, par principe.
(*Joseph et Baptiste* (zhôzàf, batist') *sont des noms typiques de valets de chambre.*)

Deuxième vague : *la 45e Leçon*

PRONONCIATION. — kàlk' coñsà'y'z'inütil'. — **1** rap-lävoo... stilo. — **2** dël' rañplirr dañcr'... — **3** toot'fwa ... ilàt'inütil'. — **4** voon'f'riäk' vootashä làdwa añpürr' pàrrt'. — **5** ... sivoozàt'z' optisiiñ (*clean s*). — **6** ilfôt'äxaminä swagnuhz'-mañ lavü' d'vô cli-iañ.

A few useless tips (" advices ")

1 If you want (*that*) your fountain pen *to* write (*subj.*) well — **2** to fill it up *with* (*of*) ink every time it is empty. — **3** However if you have no fountain pen, it is useless to fill it up with ink : — **4** you would *only* (*do to*) stain your fingers, *all for nothing* (*in pure loss*). — **5 Bear in mind** that, if you are *an optician*, — **6** you must (*impersonal*) examine the *eye*sight of your *customers* (*clients*) carefully — **7** before selling them spectacles. — **8** Still, if you are *a* butcher, — **9** you can *do without* (*pass yourself of*) examining the *eye*sight of your customers,

---

NOTES. — **(1)** *Subjonctif.* — Je veux qu'elle écrive souvent : *I want her to write often.* — Elle écrit souvent : *She writes often.*

(2) Toutefois, *ou* cependant, *ou* pourtant.

(3) Soigneusement *ou* avec soin.

(4) Se passer de quelque chose : *To do without something.* — Il ne peut pas s'en passer : *He cannot do without it.* — Je m'en passerai bien : *I shall easily do without it.*

102e LEÇON

10 sans‿aucune (6) crainte de les mécontenter.

11 **Rappelez-vous** que, si vous devez prendre le train,

12 il faut d'abord vous procurer un billet au guichet,

13 afin d'éviter des‿ennuis, et une amende.

14 Toutefois, si vous ne devez pas prendre le train,

15 nul (7) besoin d'acheter un billet :

16 vous ne courez aucun (7) risque d'amende.

EXERCICE. — **1** Ecoutez-moi un‿instant, j'ai un conseil à vous donner. — **2** Encore! J'en‿ai assez, de vos conseils idiots! — **3** Mais cette fois-ci, c'est sérieux, je vous le jure! — **4** Eh bien, voyons. — **5** Rappelez-vous ce proverbe : Les conseilleurs ne sont pas les payeurs!

Locutions à retenir :

Inutile de continuer : vous ne **feriez** que vous fatiguer **en pure perte** : *It is useless to go on : you would only tire yourself, all for nothing.*

10 sañz' ôcün' criñt'... — **12** ilfôdaborr voo procürrä uñ bi-ià ô ghishà. — **13** afiñd' ävitä dàz'añ'nüi ä ün'amañd'. — **15** nül bëzwiñd'ash'tä uñ bi-ià. — **16** voon'coorrä' ôcuñ risk' damañd'.

10 without any fear of displeasing (*"miscontenting"*) them. — **11 Bear in mind** that, if you are to take the train, — **12** you must (*impersonal*) first *obtain* (*procure*) a ticket at the booking-office, — **13** in order to avoid *trouble* (*"annoyances"*) and a fine. — **14** However, if you are not to take the train, — **15** no need to buy a ticket : — **16** you are running no risk of a fine.

---

(5) La vue : *The view* or *the sight*, or *eyesight*. — Quelle belle vue on‿a d'ici! *What a fine view one gets from here!* — J'ai une mauvaise vue : *My eyesight is bad.* — J'ai la vue basse (*low*) : Je suis myope (mi**o**p') : *I am short-sighted.*

(6) Sans‿**aucune** crainte (*ou* sans **nulle** crainte) *a un sens plus fort que* sans crainte.

(7) Nul besoin (*ou* **aucun** besoin) *a un sens plus fort que* pas besoin. — *De même,* vous ne courez **aucun** risque *est plus‿énergique que* : vous ne courez **pas de** risque.

---

1 Listen to me a moment, I have a tip to give you. — **2** Again! I *am sick* (*have enough of them*) of your idiotic tips! — **3** But this time, it is *in earnest* (*serious*), I swear it (*to you*)! — **4** Well, let us see. — **5** Remember this proverb : (*The*) Counsellors are not (*the*) payers!

Exercice supplémentaire. — *Exerçons-nous aujourd'hui à l'emploi de* **y** *et* **en**. *Remplacez les points (...) par* **y** *ou* **en** *dans les phrases suivantes :*

1 Savez-vous s'il (...) a une lettre pour moi? — Je n' (...) sais rien. — **2** Voici de belles sardines; voulez-vous (...) acheter? — Non, merci, je n'(...) ai pas besoin. — **3** Quand‿allez-vous à l'église? — J'(...) vais tous les dimanches matin. — **4** Passez-vous par la Grand-Rue? — Je n'(...) passe jamais. — **5** Il n'(...) a plus de vin. — Eh bien, nous nous (...) passerons pour aujourd'hui.

Clé : **1** y ... en. — **2** en ... en. — **3** y. — **4** y. — **5** y... en.

102e LEÇON

Passez-moi la moutarde, s'il vous plaît : je ne peux pas **m'en passer** : *Pass me the mustard, please : I can't do without it.*

Défense d'entrer, sous peine d'amende : *Entrance forbidden, under penalty of a fine.*

Je ne veux **courir aucun risque** de cette nature : *I don't want to run any risk of that sort.*

Cent troisième (103e) Leçon

Quelques tuyaux (1) pour la ménagère

1 **Pour faire briller les‿objets d'étain :**

2 Faites fondre un peu de savon de Marseille dans de la bière chaude (2).

3 Frottez l'étain avec un chiffon trempé dans ce mélange.

4 Vous n'aurez plus qu'à frotter avec une peau de chamois,

5 pour obtenir un beau brillant,

6 **Pour nettoyer (3) les‿éponges de caoutchouc :**

7 Lavez-les d'abord soigneusement avec de l'eau chaude et du savon de Marseille.

8 Puis, rincez-les dans de l'eau mélangée de jus de citron.

9 **Pour enlever la rouille sur l'acier :**

Un conseil vraiment utile, cette fois-ci : Reprenez la leçon, et au lieu de répéter *chaque paragraphe* après l'avoir lu, exercez-vous à répéter d'une fois les paragraphes **1** à **4**, puis **5** **10**, puis **11** à **16**. **Si vous‿y arrivez assez facilement, bravo!**

Deuxième vague : *la 46e Leçon*

PRONONCIATION. — tüi-iô ... mänazhàrr'. — **1** ...bri-iä làzobzhà dätiñ. — **2** ... marrsày. — **3** ... lätiñ avàc uñ shiffoñ... — **4** ... pôd'shamwa. — **5** ... bri-iañ. — **6** ... nätwa-yä làzäpoñzh'd'ca-ootshoo. — **8** ...d'zhüd'citroñ. — **9** ...añl'vä la roo'y' sürr lasiä.

A few tips (" tubes ") for the housewife

1 To *give a* (*make to*) **shine** *to* **pewter** *articles* (*objects*) : — **2** (*Make to*) Melt a little Marseilles soap in (*some*) warm beer. — **3** Rub the pewter with a rag dipped in this mixture. — **4** *You will only have* (*You'll have no more than*) to rub with a (*skin of*) chamois — **5** to obtain a beautiful *polish* (*"brilliant"*). — **6 To clean rubber sponges :** **7** First wash them carefully in warm water and Marseilles soap. — **8** Then, rinse them in water mixed with lemon juice. — **9 To take the rust off steel :**

NOTES. — **(1)** Un tuyau (tüi-iô) : *A tube* or *pipe*, signifie aussi un renseignement (rañsàgñ'mañ, *information*), plus‿ou moins confidentiel. — Avez-vous‿un tuyau pour les courses? *Have you a tip for the races?*

(2) *Warm* se dit : Chaud. — *Hot :* Très chaud *ou* brûlant (*burning*). — Marseilles soap : *Yellow soap.*

(3) Nettoyer (nätwa-yä), rendre propre : *To clean.*

Il m'a donné un bon **tuyau** pour la 3e course : *He gave me a good tip for the 3rd race.*

10 Frottez l'objet rouillé, des ciseaux, par exemple, avec un linge imbibé de pétrole **(4)**.

11 Recommencez **(5)** plusieurs fois cette opération, si c'est nécessaire.

12 Puis, frottez avec un chiffon de laine sec.

13 Pour faire disparaître des taches de graisse (6) sur un livre :

14 Mouillez les taches avec de l'éther sulfurique;

15 puis placez **(7)** la page tachée entre deux feuilles de buvard très propre.

16 Refermez le livre, et laissez sécher.

EXERCICE. — **1** Je désire faire laver mon linge sale. — **2** Bien, monsieur; je vais l'envoyer à la blanchisserie (blañshiss'ri). — **3** Comptons (coñt**oñ**) d'abord ce qu'il y a, écrivez : — **4** deux chemises, deux caleçons, quatre paires de chaussettes, — **5** cinq mouchoirs de poche, et un pyjama. — **6** C'est tout pour cette semaine.

10 ... lobzhà roo-yä dà sizô ... uñ liñzh' inbibäd' pätrol'. — **11** r'comañsä plüziurr ... opärasioñ (*clean* s) sisà näsäsàrr'. — **12** püi frottäz' avàc... d'làn'sàc. — **13** disparàtr' dàtash'd'-gràss. — **14** moo-yä lätàrr sülfüric. — **15** ... duh fu'y dë bü-varr. — **16** r'fàrrmäl'livr' ä làssä säshä.

10 Rub the *rusty* (*"rusted"*) *article* (*object*), scissors, for instance, with a *piece of* linen *soaked in* (*"imbibed of"*) paraffin. — **11** *Do it over again* (*"Re-commence"*) several times, if (*it is*) necessary. — **12** Then, rub with a dry woollen rag. — **13 To remove** (*"make to disappear"*) **grease stains** *from* (*on*) **a book :** — **14** Wet the stains with (ethyl) ether; — **15** then place the stained page between two sheets of very clean blotting-paper. — **16** Close *up* (*again*) the book, and *allow to* (*let*) dry.

---

(4) Le pétrole : *Paraffin* (*pour les lampes*). — L'essence (lässañs') : *Petrol* (*pour les moteurs*).

(5) Ne recommencez pas ! *Don't do that again!*

(6) La graisse (gràss') : *Grease, fat.* — Il est gras (grâ) : *He is fat.* — Elle est grasse (grass') : *She is fat.*

Paraître : *To seem, to appear.* — Apparaître : *To appear.* — Disparaître : *To disappear.* — Il n'a pas paru content : *He did not seem pleased.* — Mon chat a disparu : *My cat has disappeared* (*is missing*).

(7) Placez *ou* mettez.

---

1 I wish to have my dirty linen washed. — **2** *Very* good, Sir; I will send it to the laundry. — **3** Let us first count what there is; write down : — **4** two shirts, two *pairs of* drawers, four pairs of socks, — **5** five pocket handkerchiefs, one *pair of* pyjamas. — **6** That is all for this week.

o o o

Exercice supplémentaire. — Remplacez les‿(*infinitifs*) par la forme juste, dans les phrases suivantes, **au futur** :

1 Quand je (*être*) arrivé, je (*prendre*) un bain. — **2** Nous (*avoir*) le temps quand nous‿y (*être*). — **3** (*Faire*)-vous ce travail dès que vous le (*pouvoir*) ? — **4** Ils ne (*partir*) pas quand ils (*savoir*) que vous‿êtes là. — **5** Il (*falloir*) le leur donner quand vous les (*voir*). — **6** J'(*ouvrir*) le paquet dès que je le (*recevoir*).

Clé : **1** serai, prendrai — **2** aurons, serons. — **3** Ferez, pourrez. — **4** partiront, sauront. — **5** faudra, verrez. — **6** J'ouvrirai, recevrai.

103e LEÇON

Notons :

Vous **n'avez plus qu'à recommencer** : *You have only got to do it over again.*

Mes **vêtements** sont tout **mouillés** : *My clothes are all wet.*

Asseyez-vous (asà-yä voo) près du feu pour vous **sécher** : *Sit down close to the fire, to dry yourself.*

Cent quatrième (104e) Leçon

Le client exigeant

1 — Voyez, messieurs-dames, s'écria le camelot, voyez ces deux‿objets que je vous montre.

2 Un simple morceau de bois, un simple bout de fer, direz-vous?

3 Mais je les‿assemble — comme ceci — et voilà l'outil le plus‿utile, le plus‿indispensable!

4 Comme cela, c'est‿un marteau; voici maintenant le tournevis **(1)**, le levier,

5 le ciseau, le double-décimètre **(2)**, et enfin l'arrache-clous!

6 Tout‿en‿un! Et combien vais-je vous vendre cette merveille d'ingéniosité? **(N. 4)**

7 Pas cinq francs, pas trois francs, non, pas même deux francs!

Les « tuyaux » *que nous vous donnons‿aujourd'hui n'ont rien d'humoristique; il faut quelquefois‿être sérieux, et notre but* (bü, aim) *est d'augmenter votre vocabulaire pratique.*

Deuxième vague : *la 47e Leçon*

PRONONCIATION. — l'cliiañ äg'zizhañ. — **1** vwa-iä mäsiuhdam' säcri-ial' cam'lo... duhz'obzhà... — **2** ...morrsôd' bwa, ... bood'fàrr... — **3** màzh'làz'asañbl' ... lootil' plüz'ütil'. — **4** ... sàt'uñ marrtô ... l'toorrn'vis' lë lëviä, — **5** l'cizô, l'doobl' däcimàtrr' ... larr'rash'cloo! — **6** toot'añ' n'uñ ... màrrvà'y diñzhäniôzitä

The exacting customer

1 See, ladies and gent., exclaimed the street-hawker, see these two *things* (*objects*) I am showing to you. — **2** *Nothing but* a (*simple*) piece of wood and a bit of iron, will you say? — **3** But I *put* them *together* (*assemble*), like this, and there *you have* (*is*) the most useful, the most indispensable tool! — **4** Like that, it is a hammer; now it is the screw-driver, the lever, — **5** the chisel, the *foot-rule* (*double-decim.*), and finally the nail extractor! — **6** All in one! And how much am I going to sell you this marvel of ingenuity for? — **7** Not 5 francs, not 3 francs, no, not even 2 francs!

NOTES. — **(1)** La vis (vis') : *The screw.* — L'hélice (lälis') : *The screw* or *propeller.* — Le tournevis : *The screw-"turner".*

(2) Le ciseau (cizô) : *The chisel.* — Les ciseaux (cizô) : *The scissors.* — Le double-décimètre : *20 centimètres, ou moins d'un pied anglais.*

Un clou : *a nail.* — **Un‿ongle** : *a finger-nail.*

Je vous le dis **à titre** d'ami (*ou* **en‿ami)** : *I tell it you as a friend.*

8 A titre de réclame (3) pour la maison, je vous le laisse à un franc!

9 Qui en veut? Vous, monsieur?

10 L'interpellé, un petit‿homme silencieux, secoua négativement la tête.

11 — Mais‿enfin, que vous faudrait-il encore?

12 — Bah! fit le petit‿homme en haussant les‿épaules, votre appareil ne fournit même pas les clous!

Les canards

13 Deux canards, déployant leurs‿ailes,
Coin, coin, coin,
14 Disaient‿à leurs canes (4) fidèles :
Coin, coin, coin! (5)
15 Ils disaient : coin, coin, coin!
Ils chantaient : coin, coin, coin!
16 Quand donc finiront nos tourments?
Coin, coin, coin,
17 Trois canards, déployant leurs‿ailes,
etc... (6)

8 atitrëd'räc**lam**'. — **10** liñtàrrpàllä ... p'tit'om'silañsi**uh** (*clean s*) s'cw**a**... — **11** màz'añf**iñ** ... fôdr**à**t'il ... — **12** ... ôss**añ** làz'äp**ô**l', votr'appar**à**'y ... làcl**oo**! — **13** ... däplwa-**yañ** lurr-z'**à**l', cwiñ ... — **14** diz**à**t'... — **16** k**a**ñdoñc... nôtoorrm**añ**.

8 *As an* ("*At title of*") advertisement for the *firm* (*house*), I will let you have it at 1 franc! — **9** Who will *have one* (*of it*)? You, sir? — **10** The *person addressed* ("*interpellated*"), a silent little man, shook his head (negatively). — **11** *But* (*Finally*) what more do you want then? — **12** Bah! said the little man, *shrugging* (*lifting*) his shoulders, your gadget does not even *provide* (*furnish*) the nails!

The drakes

13 Two drakes, spreading out ("*deploying*") their wings, — quack, qu. qu., — **14** Were saying to their faithful ducks — qu. qu. qu.! — **15** They were saying : qu. qu. qu. — They were singing : qu. qu. qu.! — **16** *Whenever* (*When then*) shall our torments end? qu. qu. qu.! — **17** Three drakes spreading out their wings — etc.

---

(3) La réclame : la publicité. — *An advertisement* (*dans‿un journal*) : Une annonce (ün'an**oñ**s').

(4) La cane (*avec un seul n*) est la femelle du canard. — La canne (*même prononciation*) est : *The walking-stick.*

(5) Coin coin coin exprime le cri (*cry*) du canard. — Le coin : *The corner.*

(6) Cette chanson de marche peut se continuer aussi longtemps qu'on veut, le nombre de canards étant‿illimité.

Notons :

Il **ne fit que hausser les épaules** : *He only shrugged his shoulders.*

En voulez-vous? — Non, merci, j'**en**‿ai déjà : *Do you want any? — No thanks, I have some already.*

C'est une bonne **réclame pour la maison** : *That is a good advertisement for the firm.*

J'ai mis **une petite annonce** : *I put in a classified advertisement.*

104e LEÇON

Comme exercice, remplacez les‿(*infinitifs*) des phrases suivantes, en les mettant‿**à l'imparfait** :

1 Quand elles (*être*) jeunes, elles (*aller*) souvent au bal. — **2** Il (*faire*) de la pluie chaque fois que vous (*venir*) chez nous. — **3** Je n'(*avoir*) pas dix‿ans quand‿elle me (*donner*) des leçons. — **4** Pourquoi (*être*)-vous toujours triste quand nous vous (*rencontrer*) ? — **5** Nous ne (*savoir*) pas qu'il (*pouvoir*) nous‿entendre.

Clé : **1** étaient, allaient — **2** faisait, veniez — **3** n'avais, donnait. — **4** étiez, rencontrions — **5** savions, pouvait.

Cent cinquième (105e) Leçon

REVISION ET NOTES

1 Les verbes nous préoccupent toujours. — Nous supposons que vous commencez, sinon à savoir les manier (*handle*), du moins à les connaître de vue.

Vous pouvez, par exemple, dire à quel temps (*tense*) sont les verbes suivants :

Je prends, tu vois, il sait, nous donnons, vous commencez, ils partent (*présent*).

Je fis, tu parlas, il commença, nous reçûmes, vous‿allâtes, ils connurent (*passé défini*).

Je mangeais, tu buvais, il demandait, nous répondions, vous cherchiez, ils trouvaient (*imparfait*).

Je regarderai, tu crieras, il marchera, nous‿hésiterons, vous‿appellerez, ils visiteront (*futur*).

Je déjeunerais, tu perdrais, il manquerait, nous toucherions, vous‿étudieriez, ils‿échangeraient (*conditionnel*).

Quant‿au subjonctif, gardons-le pour plus tard : on ne peut tout faire à la fois.

2 Celui, celui-ci, celui-là, celle, celle-ci, celle-là, sont des pronoms démonstratifs.

Nous‿espérons *que nos chansons vous plaisent, et que vous les‿apprenez facilement avec les disques. Elles sont simples, et tout‿à fait populaires. En somme, elles font partie du patrimoine national français.*

Deuxième vague : *la 48e Leçon*

Voici quelques‿exemples, pour mieux les‿examiner :

Quel beau chien! Est-ce **celui** que vous aviez‿perdu? *What a fine dog! Is it the one you had lost?*

Celui qui me parlait était mon beau-frère : *The one who was speaking to me was my brother-in-law.*

Je n'aime pas **cette** canne-**ci** : c'est **celle-là** que je veux : *I don't like this walking-stick, it is* that one *I want.*

Au pluriel, nous‿avons : **ceux, ceux-ci, ceux-là, celles, celles-ci, celles-là.**

Ceux qui vous l'ont dit se sont trompés : Those *who told you so were mistaken.*

Ces lunettes-**ci** ne vous vont pas : essayez **celles-là** : *These spectacles do not fit you : try* those.

Celui-ci, celle-ci, ceux-ci, celles-ci signifient‿aussi : *the latter*, pendant que **celui-là, celle-là, ceux-là, celles-là** veulent dire *the former.*

3 Porter, *to carry, to bear*, est‿aussi *to wear.*

Il me **portait** sur ses‿épaules : *He was carrying me on his shoulders.*

En ce monde, chacun a sa croix **à porter** : *In this world, every one has his own cross to bear.*

Elle **portait** des bas de soie troués : *She was wearing silk stockings with holes in them.*

Apporter est *to bring* et **emporter** *to take away*; mais seulement pour des choses, pour les personnes, on dit **amener** et **emmener** (añm'nä) :

J'espère que vous‿**amènerez** votre gendre : *I hope you will bring your son-in-law.*

Il n'a pas‿**apporté** son‿appareil de photo : *He has not brought his camera.*

Emmenez cet enfant, il est tout‿à fait‿insupportable : *Take away this child, it is quite unbearable.*

Emportez votre marchandise, je n'en‿ai pas besoin *Take away your goods, I do not need them.*

4 Ingéniosité, ingénieux, signifient‿en français: habileté (*cleverness*) (habile, *clever*), comme en‿anglais *ingeniousness, ingenious.*

Mais **ingénuité**, n'est pas *ingenuity*; c'est seulement *ingenuousness*, naïveté; et **ingénu** *signifie* candide, naïf.

5 Jouer au tennis, au football, **aux** cartes, **au** billard (bi-**yarr**), etc.

Mais pour les instruments de musique: jouer **du** piano, **du** violon, **du** saxophone, etc.

6 Masculin et Féminin.

Le cinéma, **un** c.; **l'**entracte, **un**‿en.; **le** fonds, **un** f.; **le** rang, **un** r.; **le** reste, **un** r.; **le** signe, **un** s.; **le** bonbon, **un** b.; **le** sifflet, **un** s.; **le** métal, **un** m.; **le** film, **un** f.; **le** dessin, **un** d.; **l'**insecte, **un**‿i.; **le** chiffre, **un** ch.; **le** costume, **un** c.; **le** bas, **un** b.; **le** crédit, **un** c.; **le** talon, **un** t.; **le** trou, **un** t.; **le** regard, **un** r.; **l'**inconvénient, **un**‿i.; **le** cas, **un** c.; **le** cigare, **un**

c. ; **le** principe, **un** p. ; **le** conseil, **un** c. ; **le** stylo, **un** s. ; **le** guichet, **un** g. ; **l'**ennui, **un**‿e. ; **le** risque, **un** r. ; **le** proverbe, **un** p. ; **le** tuyau, **un** t. ; **l'**objet, **un**‿o. ; **l'**étain, **un**‿é. ; **le** chiffon, **un** c. ; **le** mélange, **un** m. ; **le** chamois, **un** ch. ; **le** caoutchouc, **un** c. ; **le** jus, **un** j. ; **le** citron, **un** c. ; **l'**acier, **un**‿a. ; **le** linge, **un** l. ; **le** pétrole, **un** p. ; **l'**éther, **un**‿é. ; **le** buvard, **un** b. ; **le** caleçon, **un** c. ; **le** mouchoir, **un** m. ; **le** pyjama, **un** p. ; **le** vêtement, **un** v. ; **le** bois, **un** b. ; **le** fer, **un** f. ; **le** bout, **un** b. ; **l'**outil (looti), **un**‿o. ; **le** marteau, **un** m. ; **le** tournevis, **un** t. ; **le** levier, **un** l. ; **le** ciseau, **un** c. ; **le** décimètre, **un** d. ; **le** clou, **un** c. ; **l'**appareil, **un** ‿a. ; **le** tourment, **un** t. ; **le** titre, **un** t. ; **le** disque, **un** d.

La lumière, **une** l. ; **la** salle, **une** s. ; **la** distance, **une** d. ; **la** pochette, **une** p. ; **la** surprise, **une** s. ; **la** bague, **une** b. ; **la** pacotille, **une** p. ; **l'**actualité, **une** ac. ; **l'**oreille, **une** or. ; **la** plage, **une** p. ; **la** sandale, **une** s. ; **la** tête, **une** t. ; **la** chaussure, **une** ch. ; **la** semelle, **une** s. ; **l'**église, **une** é. ; **l'**offre, **une** o. ; **la** faveur, **une** f. ; **l'**absence, **une** a. ; **la** machine, **une** m. ; **l'**habitude, **une** h. ; **la** nature, **une** n. ; **la** foi, **une** f. ; **la** preuve, **une** p. ; **l'**encre, **une** e. ; **la** perte, **une** p. ; **la** vue, **une** v. ; **la** crainte, **une** cr. ; **l'**amende, **une** a. ; **la** fois, **une** f. ; **la** peine, **une** p. ; **la** moutarde, **une** m. ; **la** peau, **une** p. ; **l'**éponge, **une** é. ; **la** rouille, **une** r. ; **la** laine, **une** l. ; **l'**essence, **une** e. ; **la** tache, **une** t. ; **la** graisse, **une** g. ; **la** feuille, **une** f. ; **la** blanchisserie, **une** b. ; **la** chemise, **une** ch. ; **la** paire, **une** p. ; **la** chaussette, **une** ch. ; **la** poche, **une** p. ; **la** merveille, **une** m. ; **l'**ingéniosité, **une** in. ; **la** réclame, **une** r. ; **l'**annonce, **une** a. ; **la** publicité, **une** p. ; **l'**aile, **une** a.

L'après-midi, **un**‿après-midi *ou* **une** après-midi.

Deuxième vague : *la 49e Leçon*

105e LEÇON

Cent sixième (106e) Leçon

A l'aube, en Normandie

1 Après‿une courte nuit de sommeil dans‿un wagon encombré,

2 M. Duval se réveilla de bon matin (1), tout courbaturé,

3 il vit tout de suite que sa femme, assise en face de lui,

4 ne dormait pas non plus (2), mais se gardait (3) de bouger,

5 afin de ne pas déranger les deux‿enfants,

6 qui reposaient, appuyés sur elle, un de chaque côté.

7 Par contre, les quatre autres voyageurs du compartiment ronflaient‿à qui mieux mieux.

8 Le jour était‿à peine levé, et le train filait

9 à travers les pâturages verts de la Normandie,

10 encore voilés de brumes matinales.

11 — Marguerite! appela-t-il tout bas (4).

12 Dans quelle valise sont les‿objets de toilette?

13 Elle la lui indiqua d'un signe de tête.

14 Avec mille précautions, pour ne marcher sur les pieds de personne,

15 il sortit dans le couloir, et se rendit‿à la toilette.

PRONONCIATION. — alôb'añ norrmañd'î. — **1** apràz' ün' ... somà'y dañz' uñ vagoñ añcoñbrä. — **2** ... s'rävà-ya... too coorrbatürrä. — **5** afiñdën'pâ... duhz' añfañ. — **6** ...ap-püi-yä ... uñd'shak' côtä. — **7** ... là katr'ôtr'vwa-yazhurr ... roñflat' a ki miuh miuh. — **8** ...ätàt'apàn'... — **9** atravàrr là pâtürrazh'vàrr ... — **10** ... vwaläd' brüm' matinal. — **12** làz'-obzhàd'twalàtt'. — **13** ... iñdica... — **14** präcôsioñ (s *dur*) ... sürrlàpiäd' pàrrsonn'. — **15** ...äs'rañdit'a...

At dawn, in Normandy

1 After a short night's sleep in a *crowded* (*encumbered*) *carriage* (*waggon*), — **2** M. D. awoke early, cramped all *over*. — **3** He saw at once that his wife seated opposite to him, — **4** was not sleeping either, but *was being careful not to* (*guarded herself from*) *move* (*"budge"*), — **5** in order not to disturb the two children, — **6** who were resting *against* (*leant upon*) her, one *on* (*of*) each side. — **7** *To make up for it* (*"By against"*), the *other 4* (*4 oth.*) *passengers* (*travellers*) *in* (*of*) the compartment were snoring *as if they were trying to outdo one another* (*"to whom better better"*). — **8** *It was only just daylight* (*the day was hardly risen*) and the train was *hurrying* (*spinning*), — **9** through the green pasture-*lands* of Normandy, — **10** (which were) still veiled in *the* (*of*) *morning* (*matinal*) mist(s). — **11** Marguerite! he called, *in a low voice* (*"all low"*), — **12** In which bag are the toilet *things* (*objects*)? — **13** She indicated it to him by a *nod* (*sign of head*). — **14** Taking the greatest care not to *tread* (*march*) on the feet of *any one* (*"no one"*), — **15** he went out into the corridor, and *made for* (*rendered himself to*) the toilet.

NOTES. — **(1)** De bon matin, *ou* de bonne heure, *ou* tôt.

(2) Ni moi **non plus :** *Nor I either.*

(3) Puis-je garder ce livre? *May I keep this book?* — Gardez-vous bien de le lire : *Be sure you do not read it.*

(4) Parler haut *ou* fort : *To speak in a loud voice.* — Parler bas : *To speak in a hushed voice.* — Il l'a dit tout haut (tout bas) : *He said it aloud* (*in a whisper*).

16 Là, il constata que le plancher **(5)** était ‿encore sec,
17 et qu'il était le premier à se laver.
18 Il s'en réjouit **(6)** et prononça à mi-voix :
19 — L'avenir **(7)** est‿aux gens **(N. 3)** qui se lèvent tôt!

16 ... l'plañshä ätàt' añcorr sàc. — **17** ... l'pr'miä as'lavä. — **18** ... sañ räzhooi ä pronoñsa amivwa. — **19** lav'nirr àt'ozhañ kislàv'tô.

EXERCICE. — **1** Aïe! Quelque chose m'est‿entré dans l'œil! — **2** Ça fait mal! C'est sans doute un moucheron **(1)**. — **3** Ne vous frottez pas l'œil, je vais vous‿enlever ça. — **4** Avez-vous‿un mouchoir propre? Merci. — **5** Laissez-moi faire... oui, c'est‿un moucheron, je le vois. — **6** Là! le voici; êtes-vous soulagé? — **7** Ouf, Merci, maintenant, ça va bien.

Lisez et relisez bien :

Attention! vous me marchez sur le pied! *Be careful! You are treading on my foot!*

Parlez un peu plus **haut** (*ou* **fort**), je ne **vous‿entends pas** bien : *Speak a little louder, I cannot hear you well.*

16 There, he noted that the floor was still dry, — **17** and that he was the first to wash (*himself*). — **18** He rejoiced ("*of it*"), and pronounced *sotto voce* (*at half-voice*) : — **19** "The future *belongs* (*is*) to the *early-risers* (*people who rise early*)" !

---

(5) La planche : *The board, the plank.* — Le plancher : *The floor.*

(6) Se réjouir : *To rejoice.* — Réjouissez-vous ! *Rejoice!*

(7) L'avenir (*literally* : *the "to come"*) : *The future,* est un mot plus employé que *le futur,* qui se rapporte à la grammaire. — Prédire l'avenir : *To foretell the future.* — A l'avenir, je saurai lui répondre : *In future, I shall know how to answer him* or *her.*

A qui **est** ce mouchoir? *Whose is this handkerchief?* — Il n'**est** pas **à** moi : *It is not mine.*

---

1 Hi! Something *has got* (*is entered*) into my eye! — **2** It hurts! No doubt it is a gnat. — **3** Do not rub your eye, I am going to *get it away* (*take that away*). — **4** Have you a clean handkerchief? Thanks. — **5** Let me do *it*... yes, it is a gnat, I *can* see it. — **6** There! here it is; is that better? — **7** Ough! Thank you; now, I am all right.

(1) La mouche : *the fly*; le moucheron : *the gnat.* — *Ces deux mots n'ont rien‿à faire avec* le mouchoir (*handkerchief*) *et* se moucher : *to blow one's nose.*

o o o

Exercice supplémentaire. — Remplacez les‿(*infinitifs*) par le **passé indéfini**, puis par l'**imparfait**, dans les phrases suivantes :

1 Je (*aller*) le voir dès que je (*pouvoir*). — **2** Il (*se mettre*) en colère parce qu'elle (*entrer*) sans frapper (to knock). — **3** Nous (*prendre*) un bain; et vous que (*faire*)? — **4** Je ne (*savoir*) jamais ce que vous lui (*dire*). — **5** Vous (*vouloir*) le voir, mais il (*ne pas‿attendre*).

Clé : **1** suis‿allé, j'ai pu; j'allais, pouvais. — **2** s'est mis, est‿entrée; se mettait, entrait. — **3** avons pris, qu'avez-vous fait; prenions, faisiez. — **4** n'ai jamais su, avez dit; savais, disiez. —

106e LEÇON

Voulez-vous que je lise **tout haut**? *Do you want me to read aloud?*
Souriez! Ne **bougez plus**! *Smile! Don't move* (*any more*)*!*
Elles l'injuriaient (liñzhürrià) **à qui mieux mieux** : *They outvied each other in abusing him* (or *her*).

Cent septième (107e) Leçon

Qui perd gagne (1)

1 — Non, dit l'inconnu, je ne suis ni sorcier, ni prestidigitateur,

2 mais je vous parie quand même (2) que je le ferai!

3 — Allons donc! En cinq minutes, m'enlever tous mes boutons, et les recoudre (3). Impossible!

4 — Parions cinquante francs!

5 — Je n'ai pas tant d'argent sur moi!

6 — Alors, parions tout simplement les consommations!

7 — Entendu! Je tiens le pari!

8 Le garçon fut choisi comme chronométreur;

9 l'inconnu sortit‿un canif de sa poche,

10 et sous nos regards‿intéressés,

11 se mit‿à couper rapidement les boutons du veston et du gilet de son‿adversaire,

5 avez voulu, n'a pas‿attendu; vouliez, n'attendait pas.

Si cet exercice vous‿est difficile, *nous vous conseillons de le faire par écrit, pour mieux vous familiariser avec les verbes.*

Deuxième vague : *la 50e Leçon*

PRONONCIATION. — ki pàrr gagñ'. — **1** liñconü ... sorrsiä. — **3** añ siñ minüt'... too mà bootoñ... — **8** ...shwazi... cronomätrurr. — **9** ... sorrtit' uñ canif. — **10** ... nôr'garr'z'-iñtäràsä. — **11** s'mit'a coopä ... dü vàstoñ ä dü zhilàd'soñ'-advàrsàrr'.

Winners are losers *(who loses wins)*!

1 No, said the *stranger* (*unknown*); I am neither *a* sorcerer, nor *a conjurer* (*prestidigitator*), — **2** but I bet you all the same that I shall do it! — **3** *Nonsense* (*Let us go, then*)! In five minutes, to take off all my buttons and sew them *on* again! Impossible! — **4** Let us bet fifty francs! — **5** I have not so much money *about* (*on*) me. — **6** Then let us *merely* (*all simply*) bet the drinks! — **7** Agreed! I'll take you on! — **8** The waiter was chosen as time-keeper; — **9** the stranger *produced* (*got up*) a penknife from his pocket, — **10** and *before* (*under*) our interested *eyes* (*glances*), — **11** began to cut *off* quickly his opponent's coat and waitscoat buttons.

NOTES. — **(1)** Gagner : *To win,* or *to earn,* or *to gain* (*régulier*). — C'est dur de gagner sa vie : *It is hard to earn one's living.*

(2) Quand même *ou* tout de même.

(3) Coudre : *To sew*; je couds (coo); je cousais, j'ai cousu. — Le couturier, la couturière : *The dress-maker.* — Une aiguille (àgüi'y) : *A needle.* — Une épingle : *A pin.*

107e LEÇON

12 puis ceux de la chemise, sans‿oublier les manchettes (**4**),

13 et enfin ceux du pantalon et du caleçon.

14 — Quatre minutes et demie! proclama l'arbitre.

15 — Maintenant, nous‿allons voir comment vous‿allez me les recoudre en‿une demi-minute!

16 — C'est drôle, dit l'inconnu, je ne me sens pas‿en forme ce soir.

17 J'avoue (**5**) que j'ai perdu. J'abandonne.

18 Et, déposant deux francs sur la table : — Bonsoir (**6**), messieurs!

19 — Mais, et mes boutons? Comment vais-je faire pour rentrer?

20 L'inconnu, déjà à la porte, eut‿un haussement d'épaules, et disparut,

21 pendant que nous nous tordions (**7**) de rire, autour du malheureux gagnant.

EXERCICE. — **1** Il y a des‿arbres tout‿autour de la maison. — **2** C'est‿agréable l'été; mais n'y a-t-il pas de moustiques (moost**i**c) ? — **3** Quelques-uns seulement; le climat (clim**a**) est sec, — **4** et il n'y a pas d'eau stagnante (stagh'n**añ**t') dans le voisinage.

1 There are trees all around the house. — **2** It is pleasant *in* the summer; but aren't there any mosquitoes? — **3** Only a few; the climate is dry, — **4** and there is no stagnant water in the neighbourhood.

12 ...**suh**d'lash'miz' sañz'oobli-iä. — **13** ...dü cal'**soñ**. — **15** ...añ'nün'd'mi min**üt**'. — **16** sàdrôl' ... n'më **sañ** pâz'añ-forrm'. — **17** zhav**oo**' ... zhabañd**o**nn' ..., — **18** ...däpôz**añ** ...mäsi**uh**. — **20** ...üt'uñ ôss'm**añ**.

12 then those on the shirt, without forgetting the cuffs, — **13** and finally, those on the trousers and drawers. — **14** Four minutes and *a* half! proclaimed the referee. — **15** Now, we are going to see how you *will* (*are going to*) sew them *on* again *for* me in half a minute! — **16** It is funny, said the stranger; I don't feel (*myself*) *on* (*in*) form to-night. — **17** I admit (*avow*) I have lost. I *give up* (*abandon*). — **18** And, *laying down* ("*depositing*") 2 francs on the table : Good night, gentlemen! — **19** *And what about* (*But, and*) my buttons? How I am going (*to do*) to get home? — **20** The stranger, already at the door, *gave* (*had*) a shrug of *his* (*the*) shoulders, and *vanished* (*disappeared*), — **21** while we *doubled* (*twisted*) ourselves up with laughter, around the unfortunate winner.

(4) *Rappelons* : La manche : *The sleeve.* — La Manche : *The English Channel.* — Le manche : *The handle.*

(5) Avouer (avooä) : *To admit* or *to confess.* — Avouez que j'ai raison! *Admit that I am right!*

(6) *On dit :* Bonjour! *le matin et l'après-midi.* Bonsoir! *le soir, et* Bonne nuit! *au moment de se coucher.*

(7) Tordre : *To twist.* Je tords (torr), je tordais, j'ai tordu. — Je me suis tordu la cheville (sh'viy') : *I twisted my ankle.*

L'été, *ou* en‿été. — Au printemps. — L'hiver, *ou* en‿hiver. — L'automne, *ou* en‿automne.

107e LEÇON

Remarquez bien ces expressions :

Je me sens **en forme!** *I feel fit* or *up to the mark.*
Il y a de quoi **se tordre!** *It is enough to make one double up with laughter.*
J'irai **quand même!** *I shall go all the same* or *nevertheless.*
Il y avait des moustiques **tout‿autour** de ma tête : *There were mosquitoes all around my head.*
Tu **gagneras ton pain** à la sueur (sü-**urr**) de ton front! *Thou shalt earn thy bread by the sweat of thy brow!*
Cela m'a coûté **mille** francs. — Et à moi, **cent** francs! *That cost me one thousand francs. — And me one hundred francs!*

Cent huitième (108e) Leçon

Marius (1) à la chasse aux loups

1 — Si j'ai vu des loups en Russie? dit Marius. Ecoutez un peu.

2 Je traversais une immense forêt en traîneau, à la tombée de la nuit,

3 lorsqu'une bande de loups affamés **(2)** se mit‿à notre poursuite.

4 Le cocher fouetta ses chevaux, qui partirent ventre à terre **(3)**.

5 Moi, je pris tranquillement mon fusil, visai le plus gros, et l'abattis **(4)**.

Exercice supplémentaire. — Remplacez les (*infinitifs*) par le **présent de l'indicatif,** puis par le **futur** :

1 Je vous (*entendre*) mal, (*vouloir*)-vous parler moins bas? — **2** Nous (*sortir*) à midi et demi; (*venir*)-vous avec nous? — **3** Il (*donner*) tout ce qu'il (*pouvoir*). — **4** Elles (*faire*) de la musique quand‿elles (*avoir*) le temps. — **5** Ils (*aller*) au cinéma; n'(*aller*)-vous pas‿avec eux?

Clé : **1** entends, voulez, entendrai, voudrez. — **2** sortons, venez; sortirons, viendrez. — **3** donne, peut; donnera, pourra. — **4** font, ont; feront, auront. — **5** vont, allez; iront, irez.

Courage! *Demain, nous vous donnerons un « exercice supplémentaire » plus facile, avec des* **verbes réguliers** *seulement.*

Deuxième vague : *la 51e Leçon*

PRONONCIATION. — marriüs alash**ass**'ôl**oo**. — **1** ...dàl**oo** añrrüsî' ... äcootä uñ**puh** ... — **2** zh'travàrrs**à** ün'im'**mañs** forr**à** añ trànô. — **3** ... bañd' d'l**oo** affamä s'mit' **anotr'** poorsuit'. — **4** l'cosh**ä** fwàtta sàsh'vô ... vañtr'at**à**rr'.

Marius wolf-shooting

1 *Have I* (*Whether I have*) seen any wolves in Russia? said M. Just listen. — **2** I was crossing an immense forest, in *a* sledge, at nightfall, — **3** when a *pack* (*band*) of starving wolves set out in pursuit of us. — **4** The coachman whipped *up* his horses, which set off *like mad* (*"belly to earth"*). — **5** *As for* me, I quietly took my gun, aimed *at* the biggest *one*, and brought him down.

NOTES. — **(1)** Marius est le type classique du Marseillais, qui a plus d'imagination que d'amour de la vérité.

(2) Affamer *est* : faire souffrir de la faim. On ne dit pas : « *je suis affamé* » mais : *je meurs* (murr, *die*) de faim. — J'aimerais mieux mourir de faim : *I would rather starve.* — J'ai faim, soif : *I am hungry, thirsty.*

(3) Fouetter : *To whip,* frapper (*to strike*) avec un fouet (fwà, *whip*). — Ventre à terre, *literally "belly to earth"* : le plus vite possible. *Pour un homme, on dit* : Prendre ses jambes à son cou : *To take one's legs to one's neck.*

108e LEÇON

6 Aussitôt, toute la bande s'arrêta, et se mit‿à le dévorer.

7 Mais, cinq minutes après, ils nous poursuivaient de nouveau,

8 plus menaçants que jamais.

9 Gardant tout mon sang-froid, j'en tuai encore un,

10 et la même chose se reproduisit **(5)**.

11 Cinq fois, dix fois, je recommençai, et, leur camarade dévoré,

12 les loups revenaient‿à la charge.

13 Cependant, leur nombre diminuait **(6)**,

14 à la fin, il n'en restait plus qu'un, énorme...

15 — Oui, il devait‿être **(7)** énorme, en‿effet, puisqu'il avait tous les autres dans le ventre!

16 — C'est vrai, dit Marius sans se troubler,

17 je remarquai bien aussi qu'il courait assez lourdement...

EXERCICE. — **1** Avez-vous‿été en Suisse? — **2** Je n'ai fait que la traverser, en‿allant‿en‿Italie. — **3** Et en‿Allemagne? — **4** Non, jamais; je connais la Belgique, l'Angleterre, la Hollande et l'Espagne. — **5** C'est déjà beau. Et vous n'êtes pas sorti d'Europe? — **6** Pas‿encore, mais je compte aller voir les‿Etats-Unis l'année prochaine.

5 ... trañkil'mañ moñ füzi, vizàl' plügrô ä labatti. — **6** ...äs'-mit'al'dävorrä. — **7** ... siñ minüt'z aprà ... — **8** plü m'na-sañk'zhamà. — **9** ... sañfrwa. — **12** ...rëv'nàt'alasharrzh' . — **15** ...il d'vàt'àtr'änorrm'añ'n'äfà püisk'ilavà too làzôtr' dañl'-vañtr'. — **17** zh'r'marrkà biiñ ôsi kil courrà asä loorrd'mañ.

6 *Immediately* (*As soon*), the whole pack stopped ("*arrested itself*") and set to devouring him. — **7** But, five minutes after, they were pursuing us *again* (*of new*), — **8** more threatning than ever. — **9** Keeping *perfectly cool* ("*all my cold blood*"), I killed another one, — **10** and the same thing *happened again* (*reproduced itself*). — **11** Five times, ten times, *I repeated this* ("*recommenced*"), and, as soon as they had eaten their comrade, — **12** the wolves *returned* (*came back*) to the charge, — **13** However, their number was *decreasing* (*diminishing*); — **14** *finally* (*at the end*) there remained only one (*of them*), *an* enormous *one* ... — **15** Yes, he certainly must have been enormous since he had all the others *inside him* ("*in the belly*")! — **16** Quite true, said M. without *disconcerting* (*troubling*) himself, — **17** I *did notice* (*noticed well*), too, that he was running *pretty* (*enough*) heavily.

---

(4) Viser : *To aim* (*régulier*). — Abattre : *To bring down, se conjugue comme* battre : je bats, tu bats, il bat, nous battons, etc.; j'ai battu.

(5) Reproduire : *To reproduce, comme* produire, *to produce* : je produis, tu produis, il produit, nous produisons, etc.; j'ai produit.

(6) Diminuer : *verbe régulier.*

(7) Revoir leçon **91**, paragr. **4**.

1 Have you been *to* (*in*) Switzerland? — **2** I only went through it, (*in*) going to Italy. — **3** And to Germany? — **4** No, never; I know Belgium, England, Holland and Spain. — **5** That is good enough. And haven't you been out of Europe? — **6** Not yet, but I *mean* (*count*) to go *and* see the U. S. next year.

108e LEÇON

Notons :

Du **lever du jour à la tombée de la nuit :** *From daybreak till nightfall.*

Du **lever** au **coucher du soleil :** *From sunrise to sunset.*

Gardez votre **sang-froid!** *Keep cool!*

Il **prit ses jambes à son cou :** *He ran for all he was worth.*

Et un proverbe :

Ventre affamé n'a pas d'oreilles : *Literally* : (*A*) *hungry belly has no ears...*, ce qui signifie que quand‿on‿a faim, on‿est peu disposé à écouter même les meilleurs‿arguments.

Deuxième vague : *la 52ᵉ Leçon*

Cent neuvième (109ᵉ) Leçon

Les‿affaires sont les‿affaires (1)

1 Voici encore une histoire de Russie.

2 C'était quelques‿années avant la guerre et la révolution.

3 Le général V. voulait donner à sa fille un caniche comme cadeau de Noël **(N. 2)**.

Exercice supplémentaire. — Nous vous‿avons promis pour aujourd'hui des verbes réguliers, pour notre exercice habituel. Les voici : (*Mettez-les au présent et au futur*).

1 Je (*porter*) tout, personne ne m'(*aider*). — **2** Pendant que nous (*déjeuner*) ils (*jouer*) de la guitare (ghitarr). — **3** Vous (*flâner, saunter*) pendant que les‿autres (*travailler*). — **4** Ils s'(*approcher*), et elle s'(*éloigner*). — **5** Ils se (*tracasser*) parce que vous ne leur (*répondre*) pas.

Clé : **1** porte, m'aide, porterai, m'aidera. — **2** déjeunons, jouent; déjeunerons, joueront. — **3** flânez, travaillent; flânerez, travailleront. — **4** s'approchent, s'éloigne; s'approcheront, s'éloignera. — **5** tracassent, répondez; tracasseront, répondrez.

PRONONCIATION. — làzaffàr. — **1** ... ün'istwarrd' rüsî'. — **2** ...kàlk'z'anä' avañ gàrr' ... rävolüsioñ. — **3** ...donä asafi'y' uñ canish' com' cadôd' noàl.

Business is business

1 Here is another story from Russia. — **2** It was a few years before the war and the revolution. — **3** Gen. V. wanted to give his daughter a poodle as *a* Christmas present.

NOTES. — **(1)** C'est‿une bonne affaire : *It is a good stroke of business, a bargain.* — Mon oncle est dans les‿affaires : *My uncle is in business.* — *Prononcez bien* affàrr' *et non* ëffàr *comme en‿anglais.*

109e LEÇON

4 Les caniches sont‿extrêmement rares en Russie.

5 A vrai dire, le général n'en‿avait jamais vu, sauf en peinture (**2**).

6 Mais‿il y avait dans la ville un certain Juif (**3**) appelé Moïse,

7 qui achetait et vendait (**4**) les choses les plus diverses.

8 Le général l'envoya chercher (**5**).

9 — Moïse, dit-il, il me faut‿un caniche avant la fin de la semaine.

10 Peux-tu m'en procurer un?

11 — Un quoi, Excellence? — Un caniche.

12 — Oh! un caniche! Mais certainement, votre Excellence. Seulement, les caniches sont hors de prix cette année.

13 — A combien reviendra-t-il? (**6**)

14 — Il faut compter une centaine de roubles, Votre Excellence.

15 — Eh bien, mettons (**7**) 100 roubles.

16 — Mais si vous‿en voulez un vraiment beau, le meilleur qu'on puisse trouver,

17 il faudra au moins 150 roubles.

18 — C'est bon; fais de ton mieux (**8**), et apporte-le moi avant samedi.

19 Moïse rentra chez lui; sa femme gardait la boutique (**9**).

4 ... soñt'äxtràm'mañ rarr'añ rüsî ... — **5** ... nañ'n'avà ... sôf añ piñtürr'. — **6** ...uñ sàrrtiñ zhüif ap'lä moiz'. — **9** ...ilm'fôt' uñ canish... — **10** mañ procürrä uñ? — **11** ...votr' äksàlañs' — **12** soñ orrd'pri. — **14** ... ilfô coñtä. — **16** sivooz'añ voolä uñ ... l'mà-yurr. — **18** ...fàd' toñmiuh... — **19** safam' gardà labootik'.

4 Poodles are extremely rare in Russia. — **5** To tell the truth, the general had never seen *one* (*any*), except in pictures. — **6** But there was in the town a certain Jew, called Moses, — **7** who bought and sold a large variety of things. — **8** The general sent *for* (*to seek*) him. — **9** Moses, he said, *I must have* (*"It must me"*) a poodle before the end of the week. — **10** Can you *get* (*procure*) me one (*of them*)? — **11** A what? Your Excellency? — A poodle. — **12** Oh! a poodle? (*But*) Certainly, Y. E. Only, poodles are *most expensive* (*"out of price"*) this year. — **13** What will it amount to? — **14** One must reckon about one hundred roubles, Y. E. — **15** Well, let us *say* (*put*) 100 roubles. — **16** But if you want a really fine one, the best that can be found, — **17** it will *need* (*"must"*) at least 150 roubles. — **18** *Very well* (*It is good*); do (*of*) your best, and bring it me before Saturday. — **19** Moses went home; his wife was *minding* (*guarding*) the shop.

---

(2) La peinture : *The art of painting* or *the paint.* — Un tableau : *A painting.* — Le peintre (piñtr') : *The painter.* — Un livre d'images (dimazh') : *A picture-book.* — C'est tout le portrait de son grand-père : *He is the very image of his grandfather.*

(3) Un Juif, une Juive. — Le Juif errant : *The wandering Jew.* — Un magasin juif, *ou* une boutique juive : *A Jewish shop.*

(4) Achetait et vendait. — *Quel est l'infinitif de ces deux verbes?* Acheter, vendre. — J'ai acheté, j'ai vendu.

(5) L'envoya chercher *ou* le fit venir.

(6) Revenir *est, nous le savons, to come back.* — *Ici, c'est‿un‿autre sens.* — Cela reviendra cher : *That will raise a lot of money.*

(7) Mettons, *ou* disons.

(8) *Notez la différence entre* mieux (*adverbe*) *et* meilleur (*adjectif*), au paragr. **16**. — Je fais **de** mon mieux : *I am doing my best.*

(9) Une boutique : un petit magasin.

109e LEÇON

20 — Sarah, dit-il, il y a quelque chose que j'ai besoin de savoir.

21 Qu'est-ce que c'est‿au juste qu'un caniche?

EXERCICE. — **1** Qu'arrive-t-il, toujours, quand un banc est frais peint (piñ) ? — **2** Quelqu'un s'assied dessus par mégarde. — **3** Non, ce qui arrive toujours, c'est que la peinture sèche **(1)** !

(1) Sécher : *to get dry.* — Ma chemise sèche : *My shirt is drying out.* — Ma chemise est sèche : *My shirt is dry.* — Mon cigare est trop sec : *My cigar is too dry.*

Mettons‿aujourd'hui en devanture (*show-window*).

Je vous‿en **fais cadeau** : *I give it to you as a present.*

Envoyez chercher le médecin : *Send for the doctor.*

Les fruits (früi) sont **hors de prix** : *Fruit is most expensive.*

Cela ne **me revient pas cher** : *I haven't had to pay much for that.*

Nous faisons toujours **de** notre mieux : *We always do our best.*

Frais peint ou **Attention à la peinture** : *Wet paint.*

Je l'ai fait **par mégarde** : *I did it by mistake.*

20 sarra ditil. — **21** käsk'sàt'ôzhüst'.

20 Sarah, he said, there is something I want to known. — 21 What *exactly* is (*at the just*) a poodle?

---

1 What always happens, when a bench is freshly painted? — 2 Some one sits on it *by mistake* (*by " misguard "*). — 3 No, what always happens, is that the paint *gets dry* (*dries*) !

o o o

Exercice supplémentaire. — Reprenons la **108**e Leçon, *et mettons-en tous les verbes à l'infinitif. Nous‿aurons :*

1 avoir, voir, dire, écouter. — **2** traverser, — **3** affamer, se mettre. — **4** fouetter, partir. — **5** prendre, viser, abattre. — **6** s'arrêter, mettre. — **7** poursuivre. — **8** menacer. — **9** garder, tuer. — **10** reproduire. — **11** recommencer, dévorer. — **12** revenir. — **13** diminuer. — **14** rester. — **15** devoir, avoir. — **16** être. — **17** remarquer, courir.

Maintenant, au passé indéfini, avec j'ai *ou* je suis (**N. 1**) :

1 j'ai eu (ü), j'ai vu, j'ai dit, j'ai écouté. — **2** j'ai traversé. — **3** j'ai (*ou* je suis) affamé, je me suis mis. — **4** j'ai fouetté, je suis parti. — **5** j'ai pris, j'ai visé, j'ai abattu. — **6** je me suis‿arrêté, je me suis mis. — **7** j'ai poursuivi. — **8** j'ai menacé. — **9** j'ai gardé, j'ai tué. — **10** j'ai reproduit. — **11** j'ai recommencé, j'ai dévoré. — **12** je suis revenu. — **13** j'ai diminué. — **14** je suis resté. — **15** j'ai dû, j'ai eu. — **16** j'ai été. — **17** j'ai remarqué, j'ai couru.

Proverbe. — Il faut bonne mémoire après qu'on a menti : One needs *a* good memory after one has told lies.

Deuxième vague : *la 53e Leçon*

Cent dixième (110e) Leçon

On finit par arriver

1 Quand les Duval descendirent **(1)** du train, à la gare de Saint-Malo,

2 ils trouvèrent sur le quai un‿ami du propriétaire de la villa,

3 qui les‿attendait **(2)** comme convenu, pour les‿accompagner.

4 Ils retirèrent leurs gros bagages, à la consigne de l'arrivée **(3)**,

5 et prirent place **(4)** dans‿un taxi, avec leur guide.

6 — Ce n'est qu'à cinq minutes à peine, dit celui-ci.

7 J'ai fait ouvrir les fenêtres de bonne heure ce matin, pour aérer un peu.

8 — C'est très‿aimable à vous **(5)**, dit Mme Duval. Je suppose que nous trouverons facilement une femme de ménage?

PRONONCIATION. — **2** ...sürrl'kà uñ'n'ami. — **3** ...làz' atañdà... làz'acoñpagnä. — **5** ...dañz'uñ taxi... ghid'. — **7** zhà fà oovrirr... aärä uñpuh. — **8** ...tràz'àmabl'... facil'mañ ün' fam'dë mänazh.

One gets there in the end
(finishes by arriving)

1 When the D. got out of the train, at Saint-Malo station, — **2** they found on the platform a friend of the owner of the cottage, — **3** who was waiting *for* them, as arranged, to accompany them. — **4** They *took* (*drew back*) their heavy luggage *from* (*at*) the cloak-room (*of the arrival*), — **5** and *got into* (*took place in*) a taxi, with their guide. — **6** It is only (*at*) 5 minutes *away* at the most said the latter. — **7** I had the windows opened early this morning, to *give* a little *air* (*aerate*). — **8** That is very kind of you, said Mme D. I suppose we shall find a charwoman easily?

NOTES. — **(1)** En France, on **monte** dans le train et on **descend** du train, le quai étant plus bas que les portières (porrt'iàrr', *doors*) des wagons.

(2) Attendre quelque chose : *To wait for something.* — S'attendre à quelque chose : *To expect someth.* — Je ne m'y attendais pas! *I did not expect it!* — Je vous‿ai attendu longtemps : *I have been a long time waiting for you.* — Attendre *se conjugue comme* entendre (*verbe régulier*).

(3) Il y a les *bagages à main*, qu'on porte dans le wagon avec soi, et les *gros bagages*, qu'on *fait‿enregistrer* au départ, et qu'on *retire* à l'arrivée, en présentant le *bulletin d'enregistrement*.

(4) Asseyez-vous, *ou* prenez place : *Sit down*, or *take a seat.* — *To take place* (*happen*) *se dit* avoir lieu (liuh) : La cérémonie eut lieu à neuf heures précises : *The ceremony took place at 9 o.cl' sharp.*

(5) C'est très‿aimable à vous *ou* c'est très‿aimable de votre part.

Le ménage : *Household.* — Entrer en ménage : *To set up housekeeping.* — Faire bon ménage : *Vivre sans se quereller.*

110e LEÇON

9 — Oh! cela ne manque pas! Je puis **(6)** vous recommander une veuve de marin,

10 très‿honnête et travailleuse **(7)**, qui habite tout près;

11 elle sera heureuse de gagner quelque argent.

12 Mais nous‿y voici!

13 La villa « Les Bégonias » était précédée d'un petit jardin,

14 où poussaient **(8)** des géraniums et, naturellement des bégonias,

15 ainsi que **(9)** d'autres fleurs et quelques‿arbres fruitiers.

16 Une vigne vierge grimpait le long des murs de granit,

17 presque jusqu'au toit d'ardoises.

18 Les persiennes étaient peintes en blanc.

19 — Quelle tranquillité! fit M. Duval avec satisfaction.

EXERCICE. — **1** Je ne m'attendais pas à retrouver nos‿amis Duval aujourd'hui. — **2** Pourquoi donc? Les‿aviez-vous‿oubliés? — **3** Non, mais les dernières leçons nous‿avaient emmenés (añm'nä) en Russie, et... — **4** Eh bien, on revient de partout, même de Russie.

1 I did not expect to *meet* (*find*) our friends *the* D. again today. — **2** Why *was that* (*then*)? Had you forgotten them? — **3** No, but our last lessons had taken us to Russia, and... — **4** Well, one returns from everywhere, even from Russia.

9 ...voor'comañdä ün'vuv'dë marr**iñ**. — **10** tràz'on**à**t' ä trava-**yuhz**' ki abit'. — **12** nooz'i vwaci! — **13** ...là bägonia. — **14** ...dà zhärraniom' ä natürràl'**mañ**. — **15** iñsik' kàlk'z arrbr' früit'i**ä**. — **16** ...vign' vi**à**rrzh' griñp**à**l'loñ dàmürr dë granit'. — **17** pràsk' zhüskô twa darrdwaz'. — **18** là pàrrs'i**ä**n'... piñt'añ-blañ. — **19** ...trañkilitä ... satisfaksi-**oñ**.

9 Oh! *there is no* (*it does not*) lack of them! I can recommend you a sailor's widow, — **10** very honest and *a good* worker, who lives quite close; — **11** she will be *glad* (*happy*) to earn little money. — **12** But here we are! — **13** The cottage "The Begonias", stood in a little garden, — **14** *in which* (*where*) grew geraniums and of course, begonias, — **15** *as well* (*thus*) as other flowers and a few fruit-trees. — **16** A *wild* (*virgin*) vine *crept up* (*climbed along*) the granite walls, — **17** almost *to* (*until*) the slate roof. — **18** The *venetian* (*persian*) *blinds* were painted (*in*) white. **19** *How peaceful!* ("*What tranquillity!*") said M. D. contentedly.

---

(6) Je puis *ou* je peux. — Un veuf, une veuve.

(7) Un travailleur (trava-y**u**rr), une travailleuse (trava-y**u**hz') : *A worker.* — Un‿ouvrier (uñ'n'oovri-iä) : *A workman*; *féminin* : une ouvrière (ün'ovvri'i**à**rr').

(8) Pousser : *To push, verbe régulier, signifie aussi* croître, *to grow.* — La mauvaise herbe pousse toujours bien : *Weed always grow well.*

(9) *Remarquez l'expression* ainsi que (*et non pas « aussi que »*). — *On dit aussi* : Ainsi que je vous le disais : Comme je vous le disais. — La fleur (flurr) : *The flower.* — Un bouquet (book**à**) : *A nosegay*

o o o

Exercice supplémentaire. — Toujours les verbes. Prenons ceux de la leçon et mettons-les à l'*infinitif* et au *passé indéfini* (*première personne*). Nous‿aurons :

Finir, j'ai fini; arriver, je suis‿arrivé. — **1** descendre, je suis descendu. — **2** trouver, j'ai trouvé. — **3** attendre, j'ai attendu; convenir, j'ai convenu; accompagner, j'ai accompagné. — **4** reti-

Retenons pour cette leçon :

Tout **finit par se savoir** : *Everything gets to be known in the end.*

Vous‿**y attendiez**-vous? *Did you expect it?*

Mes compliments à votre femme, **ainsi qu'à** votre belle-sœur : *My compliments to your wife, and to your sister-in-law as well.*

Rien ne **pousse** dans mon jardin! *Nothing grows in my garden!*

Cent onzième (111e) Leçon

Malbrough s'en va-t-en guerre (1)

1 Malbrough s'en va-t-en guerre,
Mironton, mironton, mirontaine (2)

2 Malbrough s'en va-t-en guerre,
On n' sait quand‿i' reviendra (3)

3 Il reviendra-z-à Pâques,
Mironton, mironton, mirontaine,

4 Il reviendra-z-à Pâques,
Ou à la Trinité.

5 La Trinité se passe (4),
Mironton, mironton, mirontaine,

6 La Trinité se passe,
Malbrough ne revient pas.

rer, j'ai retiré. — **5** prendre, j'ai pris. — **6** être, j'ai été; dire, j'ai dit. — **7** avoir, j'ai eu; faire, j'ai fait; ouvrir, j'ai ouvert; aérer, j'ai aéré. — **8** ...supposer, j'ai supposé; trouver, j'ai trouvé. — **9** manquer, j'ai manqué; pouvoir, j'ai pu; recommander, j'ai recommandé. — **10** habiter, j'ai habité. — **11** ...gagner, j'ai gagné. — **12** ...précéder, j'ai précédé. — **14** pousser, j'ai poussé. — **16** grimper, j'ai grimpé. — **19** faire, j'ai fait.

Deuxième vague : *la 54e Leçon*

PRONONCIATION. — **1** malbr**oo** sañv**a**tañg**àrr'**. — **2** oñ'n's**à** kañtirr' viiñdr**a**. — **3** ilrëviiñdr**a** za p**âk'**.

Marlborough goes off to war

1 Marlb. goes off to war, Rumpity-tumpity-tum-tum, — **2** M. goes off to war. It is not known when he'll return. — **3** He'll return at Easter, Rumpity, etc. — **4** He'll return at Easter, — Or at (*the*) Trinity. — **5** (*The*) Trinity passes (*itself*), Rumpity, etc. — **6** Trinity passes M. returns not.

NOTES. — **(1)** Malbrough (malbr**oo**) est une déformation populaire du duc de Marlborough, mort en mil sept cent vingt-deux. La chanson date du XVIIIe (dix-huitième) siècle.

S'en aller (sañ'n'alä) : *To go away, to go off.* — Allez-vous‿en ! — C'est bon, je m'en vais : *Go away!* — *All right, I am going.* Dans *s'en va‿t‿en,* le **t** est ajouté pour l'euphonie. *De même, au paragr.* **3**, il reviendra‿z‿à, *liaison superflue.*

(2) Mironton, etc., évoque un roulement de tambour. Comme en anglais Rumpity, etc.

(3) On **n'** sait quand **i**, *populaire pour* on **ne** sait quand **il**.

(4) La Trinité se passe, *ou* passe. — Se passer *signifie réellement* : *To happen.* — Que se passe-t-il? *What is happening? ou* : Qu'arrive-t-il?

7 Madame à sa tour monte **(5)**
Mironton, etc.

8 Madame à sa tour monte
Si haut qu'elle peut monter.

9 Elle voit venir son page **(6)**
Mironton, etc.

10 Elle voit venir son page,
Tout de noir habillé **(7)**.

111.

11 — Beau page, mon beau page,
Mironton, etc.

12 Beau page, mon beau page
Quelles nouvelles apportez?

13 Aux nouvelles que j'apporte,
Mironton, etc.

14 Aux nouvelles que j'apporte,
Vos beaux‿yeux vont pleurer!

(Suite à la Leçon 118)

8 ...si ô kàl'puh... — **10** ...tood'nwarr abi-yä. — **12** ...kàl'-noovàll' aporrtä. — **14** ... vô bôz'iuh voñ plurrä. — süit'.

7 My Lady climbs up (*to*) her tower, Rumpity, etc., — **8** My Lady climbs up her tower, As high as she can go. — **9** She sees her page *draw near* (*to come*), Rumpity, etc. — **10** She sees her page draw near, All clad in (*of*) black. — **11** Fair page, my fair page, Rumpity, etc. — **12** Fair page, my fair page, What news bring you *to me*? — **13** At the news I bring, Rumpity, etc. — **14** At the news I bring, Your fair eyes will weep.

(*Continued in Lesson* 118.)

---

(5) *Inversion poétique, pour* : Madame monte à sa tour.

(6) **Le** page : *The page* (*boy*). — **La** page d'un livre : *The page of a book.*

(7) *Inversion, pour* : Tout‿habillé de noir.

Comme exercice, nous vous demanderons de mettre **en** ou **y** dans les phrases suivantes :

1 D'où vient-il? — Il... vient. — **2** Où va-t-il? Il ... va. — **3** Avez-vous des œufs frais? — Non, je n'... ai pas. — **4** Pensez-vous à lui écrire? — J'... pense. — **5** Qu'est-ce qui se passe? — Il n'... a rien. — **6** Allez-... si vous voulez (*Go if you like*). — **7** Il... va (*He is going there*). — **8** Il s'... va (*He is going away*).

Clé : **1** en — **2** y — **3** en — **4** y — **5** y — **6** y — **7** y — **8** en.

Nous‿allons noter seulement :

Que **s'est-il** donc **passé**? — Mais **il ne s'est rien passé** du tout : *Whatever has happened? — Oh! nothing has happened at all!*

Passez-vous par la Grand'Rue? — **Je peux y passer.** — *Are you going by the High Street* (or *Main Street*) *? — I can.*

Je peux **m'en passer** : *I can do without it.*

Deuxième vague : *la 55e Leçon*

111e LEÇON

Cent douzième (112e) Leçon

REVISION ET NOTES

1 Auxiliaires " avoir " et " être ". — Quand faut-il employer l'auxiliaire **avoir**, et quand l'auxiliaire **être**?

D'une façon générale, **avoir** s'emploie avec un verbe qui **exprime une action**, et **être** avec un verbe qui **exprime un‿état** (*state*).

J'ai mangé toute ma viande : *I have eaten all my meat.*

Il n'**a** pas couru assez vite : *He has not run fast enough.*

Je **suis** resté tranquille : *I have remained quiet.*

Mais ce n'est pas toujours le cas, comme nous voyons :

Je **suis**‿allé à l'école : *I have gone to school,*
ce qui est‿une action, et :

J'ai été surpris : *I have been surprised,*
ce qui est‿un état.

Comme exceptions, en plus de *aller*, notons : *partir*, *venir*, *monter*, *descendre*, *arriver*, tous verbes de mouvement : Il **est** parti, nous **sommes** venus, il **y est** monté, nous **sommes** descendus, vous‿**êtes**‿arrivés.

Comme en‿anglais, **avoir** sert d'auxiliaire à **être**, on ne dit jamais " je suis été ", mais **j'ai été**.

Avec les verbes *réfléchis* (*ou pronominaux*), c'est **toujours être.**

Je **me suis** blessé : *I have hurt myself.*

Il **s'est** contredit : *He has contradicted himself.*

Nous **nous sommes** trompés : *We have made a mistake (deceived ourselves)*.

Vous‿**êtes-vous** bien promenés? *Have you had a good walk?*

2 Le tréma (¨) sur les voyelles (*vowels*), **e**, **i**, **u** indique qu'on les prononce séparément :

naïf *et prononcé* na-**i**f et *non pas* nàf, *et au féminin* naïve : na-**iv'**.

Aigu (àgü), *acute, prend un tréma au féminin* : aiguë (àg**ü'**) *pour préserver le son* **u**; autrement, on prononcerait " àg' ".

Saül (*nom du premier roi des Israélites*), *se prononce* sa-**ü**l, *tandis que, sans le tréma, ce serait* s**ô**l.

La ciguë (sig**ü**) (*hemlock, le poison que but Socrate*), *sans le tréma se dirait : la cigue* (sig).

3 Les gens, mot pluriel, veut‿au *féminin* les‿adjectifs qui le précèdent, et au *masculin* ceux qui le suivent.

On dit : *de bonnes gens*, et des *gens bons*. C'est facile à se rappeler, grâce au calembour (calañb**oo**rr, *pun*), car *gens bons* se prononce exactement comme *jambon* (zhañb**oñ**, *ham*).

On dira donc :

Les vieilles gens : *The old folk*, mais :

Les gens heureux : *The happy folk*.

4 Les noms des pays sont presque tous **féminins**. Quelques exceptions : le Portugal, le Maroc, le Danemark, le Pérou, le Brésil, le Canada, le Japon, le pays de Galles (*Wales*), le Luxembourg, le Tonkin, l'Annam, le Venezuela, le Mexique.

Parmi la majorité, au **féminin**, citons (*let us quote*) :

L'Ecosse (*Scotland*), l'Irlande, la Suède (*Sweden*), la Norvège, l'Allemagne, la Hollande, l'Italie, l'Espagne (*Spain*), l'Algérie, la Tunisie, la Corse (*Corsica*), l'Egypte, la Turquie, la Grèce (*Greece*), la Perse, l'Arabie, la Palestine, la Syrie, la Chine, l'Inde (*India*), l'Australie, l'Europe, l'Asie, l'Afrique, l'Amérique, l'Océanie, la Finlande, la Belgique, la Suisse.

5 Au secours! (ôs'**coor**) : *Help!* — Au voleur! (vol**urr**) : *Stop thief!* — Au feu! *Fire!* — A l'assassin! *Murder!*

Masculin et féminin :

Le côté, **un** c.; **le** pâturage, **un** p.; **l'**objet, **un‿** o.; **le** signe, **un** s.; **le** pied, **un** p.; **le** plancher, **un** p.; **l'**œil, **un‿**œ. (*plu.* : les‿yeux) ; **le** moucheron, **un** m.; **le** mouchoir, **un** m.; **le** sorcier, **un** s.; **le** bouton, **un** b.; **le** pari, **un** p.; **le** canif, **un** c.; **le** regard, **un** r.; **le** moustique, **un** m.; **le** climat, **un** c.; **le** voisinage, **un** v.; **le** loup, **un** l.; **le** traîneau, **un** t.; **le** cheval (*pluriel* : les cheva**ux**), **un** ch.; **le** fusil (füz**i**), **un** f.; **le** sang (sañ), **un** s.; **le** ventre, **un** v.; **le** cou, **un**

Cent treizième (113e) Leçon

Présence d'esprit (1)

1 Le célèbre acteur C. se changeait dans sa loge **(2)**.

2 Entre un‿importun, qui le supplie de déjeuner avec lui un jour.

c. ; **l'**argument, **un**‿a. ; **le** caniche, **un** c. ; **le** rouble, **un** r. ; **le** banc, **un** b. ; **le** cadeau, **un** c. ; **le** fruit, **un** f. ; **le** quai, **un** q. ; **le** bagage, **un** b. ; **le** sou, **un** s. ; **le** géranium, **un** g. ; **le** bégonia, **un** b. ; **l'**arbre, **un**‿a. ; **le** mur, **un** m. ; **le** granit, **un** g. ; **le** toit, **un** t. ; **le** compliment, **un** c.

L'aube, **une** a. ; **la** Normandie, **une** N. ; **la** brume, **une** b. ; **la** tête, **une** t. ; **la** précaution, **une** p. ; **la** voix, **une** v. ; **la** minute, **une** m. ; **la** consommation, **une** c. ; **la** poche, **une** p. ; **la** manche, **une** m. (et **le** m., **un** m. *the handle*) ; **la** forme, **une** f. ; **la** sueur, **une** s. ; **la** chasse, **une** ch. ; **la** Russie, **une** R. ; **la** forêt, **une** f. ; **la** poursuite, **une** p. ; **la** bande, **une** b. ; **la** charge, **une** ch. ; **la** Suisse, **une** S. ; **l'**Italie, **une** I. **(N. 4)** ; **la** jambe, **une** j. ; **l'**oreille, **une** o. ; **l'**affaire, **une** af. ; **l'**histoire, **une** h. ; **la** guerre, **une** g. ; **la** révolution, **une** r. ; **la** peinture, **une** p. ; **la** fin, **une** f. ; **la** boutique, **une** b. ; **la** gare, **une** g. ; **la** consigne, **une** c. ; **la** villa, **une** v. ; **la** vigne, **une** v. ; **l'**ardoise, **une** a. ; **la** persienne, **une** p. ; **la** tranquillité, **une** t. ; **la** satisfaction, **une** s. ; **la** nouvelle, **une** n. ; **la** fleur, **une** f.

Deuxième vague : *la 56e Leçon*

PRONONCIATION. — präzañs' däspri. — **2** añtr' uñ n'iñporrtuñ.

Presence of mind

1 The celebrated actor C. was changing (*himself*) in his dressing-room. — **2** Enters an importunate *visitor*, who beseeches him to *have* lunch with him *some* (*one*) day.

NOTES. — **(1)** L'esprit (làspri) signifie à la fois *mind, spirit* et *wit*. — C'est‿un grand‿esprit (grañt'àspri) : *He is a great mind.* — Elle a beaucoup d'esprit *ou* elle est très spirituelle (spirritüàl') : *She is very witty.*

(2) La loge d'un‿acteur : *An actor's dressing-room.* — *Mais* : J'ai pris‿une loge pour demain soir : *I have taken a box for to-morrow night.* — *On dit‿aussi* : La concierge est dans sa loge : *The door-keeper is in her cubicle.*

3 — Eh bien, disons jeudi prochain.

4 Le visiteur sort.

5 — Et rappelez-moi, jeudi, de décommander ce raseur **(3)**, dit C. à son valet.

6 A cet instant, le visiteur rentre brusquement,

7 et C., feignant **(4)** de terminer sa phrase,

8 ajoute vite, en montrant le raseur :

9 — Parce que, jeudi, je déjeune avec monsieur !

C'est tout simple

10 *Toto :* Je voudrais‿un kilo de lait, s'il vous plaît.

11 *Le Laitier :* Mais, mon petit, le lait ne se vend pas‿au poids ; çà se mesure **(5)**.

12 *Toto :* Eh bien, alors, donnez-m'en un mètre !

Malentendu

13 *Le Patron :* Vous‿êtes un menteur. La semaine dernière, vous m'avez dit que votre tante était morte,

14 et ce matin, je l'ai rencontrée dans la rue !

15 *L'Employé :* Pardon, monsieur, je ne vous‿ ai pas dit qu'elle était morte,

16 mais que je voulais‿aller à son‿enterrement !

5 valà. — **7** ...fàgnañd'tàrrminä sa fraz'. — **10** ...kilod'lä. — **11** ...n's'vañ pâz' ô pwa sas' mëzürr' (*clean* z). — **13** vooz'àt'-uñ mañturr. — **16** zh'voolàz'alä a soñ'n'añtârr'mañ.

3 Well, let us say next Thursday. — **4** The visitor goes out. — **5** And remind me, *on* Thursday, to countermand that bore, says C. to his valet. — **6** At this moment (*instant*), the visitor re-enters suddenly, — **7** and C., *pretending* (*feigning*) to *finish* (*terminate*) his sentence, — **8** adds quickly, *pointing to* (*showing*) the bore : — **9** Because, *on* Thursday, I am lunching with *this* gentleman!

It is quite simple

10 TOTO. — Il would like a kilog. of milk, please. — **11** THE MILKMAN. — But, my *lad* (*little one*), milk *is not sold* (*does not sell itself*) *by* (*at the*) weight, it *is measured* (*measures itself*). — **12** TOTO. — Well then, give me (*of it*) one metre!

Misunderstanding

13 THE EMPLOYER. — You are a liar. Last week, you told me that your aunt was dead, — **14** and this morning, I (*have*) met her in the street! — **15** THE EMPLOYEE. — Pardon *me*, Sir, I did not tell you that she was dead, — **16** but that I wanted to go to her funeral!

Exercez-vous *à répéter de mémoire chacune des deux dernières‿anecdotes.*

---

(3) Raser : *To shave* est‿aussi *to bore.* — Il nous rase *ou, plus familier,* il nous barbe : *He bores us.*

(4) Feindre (fiñdr'), faire mine de : *To pretend, to feign.* — Il feignit (*ou* il fit mine) de ne pas me reconnaître : *He feigned* (or *pretended*) *not to know* (*recognize*) me : *He cut me,* or *he ignored me.*

(5) *Notez la forme* : ça **se** vend, ça **se** mesure, *pour it is sold, it is measured.* — *De même* : Ça ne se fait pas : *That is not done* (*One doesn't do such things*).

Peser (p'zä) : *To weigh.* Je pèse, tu pèses, il pèse, nous pesons, vous pesez, ils pèsent; j'ai pesé.

113e LEÇON

EXERCICE. — **1** Il a fait mine ne de pas me voir. — **2** Vous m'étonnez; vous savez qu'il est très myope (mi**o**p). — **3** Il ne l'aura pas fait exprès. — **4** Mais j'ai eu l'impression qu'il cherchait‿à m'éviter. — **5** Je vous‿assure (asürr, *clean* s) que vous vous trompez. — **6** Hier soir encore, il me parlait de vous en termes aimables (tàrrm' àm**a**bl').

Choisissons (shwazis**oñ**, *let us choose*) :

Ai-je le temps de **me changer avant** dîner? *Have I time to change before dinner?*

Faisons mine d'être occupés : *Let us pretend we are busy.*

Je vous‿assure que ça **ne se fait** pas! *I assure you that this is not done!*

Ce n'est pas très **spirituel de sa part** : *It is not very witty of him* (or *her*).

Cent quatorzième (114e) Leçon.

Expressions toutes faites (1)

1 En français, comme dans toutes les langues, il y a des‿expressions toutes faites,

2 des « clichés » populaires, dont tout le monde se sert.

1 He pretended not to see me. — **2** You surprise me; you know he is very short-sighted. — **3** He won't have done it on purpose. — **4** But I had the impression he was trying to avoid me. — **5** I assure you that you are mistaken. — **6** *Only* (*again*) yesterday evening, he was speaking to me about you in a friendly way.

o o o

Exercice supplémentaire. — Prenons les verbes de la leçon, et mettons-les à l'*imparfait* et au *futur*, 3ᵉ *personne singulier* (avec *il*) :

1 il se changeait, il se changera. — **2** il entrait, il entrera; il suppliait, il suppliera; il déjeunait, il déjeunera. — **3** il disait, il dira. — **4** il sortait, il sortira. — **5** il rappelait, il rappellera; il décommandait, il décommandera. — **6** il rentrait, il rentrera. — **7** il feignait, il feindra; il terminait, il terminera. — **8** il ajoutait, il ajoutera; il montrait, il montrera. — **9** il déjeunait, il déjeunera. — **10** il voulait, il voudra; il plaisait, il plaira. — **11** il vendait, il vendra; il mesurait, il mesurera. — **12** il donnait, il donnera. — **13** il avait, il aura. — **14** il rencontrait, il rencontrera. — **16** il allait, il ira.

Deuxième vague : *la 57ᵉ Leçon*

PRONONCIATION. — äxpràsioñ (*clean* s) toot'fàt'. — **2** ...clishä...

Ready-made expressions

1 In French, as in all languages, there are ready-made expressions, — **2** popular "cliches," which everybody uses.

NOTES. — **(1)** Un costume tout fait (*ou* tout prêt) : *A ready-made costume.* — Un complet sur mesures (m'zürr) : *A suit to measure.*

3 En voici quelques‿exemples :

4 — Le pauvre diable est *sourd comme un pot.*

5 — Oui, mais‿il est *malin comme un singe* (ou *rusé comme un renard*).

6 — Tandis que **(2)** sa femme est *bête comme une oie.*

7 — *Et fière* **(3)** *comme un paon!*

8 — Et par-dessus le marché, *bavarde comme une pie!*

9 — Alors, c'est le cas de le dire : elle a une *cervelle d'oiseau.*

10 — Et ils sont *pauvres comme Job!*

11 — Ce qui ne les‿empêche pas de *vivre comme des pachas* (ou *des princes*) *!*

12 — Il *mange comme un‿ogre,* et *boit comme un trou.*

13 — Oh! il ne s'en fait pas **(4)** ! Il est toujours *tranquille comme Baptiste* **(5)**.

14 — Pas toujours; l'autre soir, je l'ai vu qui *jurait comme un païen.*

15 — C'est vrai : *il se débattait comme un diable dans‿un bénitier* **(6)**.

16 — Je l'ai vu *comme je vous vois.*

3 kàlk'z'äxañpl'. — **4** ...soorr com'uñ po. — **5** ... siñzh ... rüzä com'uñr'narr. — **6** tañdik' ... ün'wâ'. — **7** ...fiàrr'com'uñ pañ. — **8** ...·parrd'sül' ... pî'. — **9** ... ün' sàrrvàll' dwazô. — **10** zhob. — **13** ...com' batist'. — **14** ...zhürrà com'uñ pa-iiñ. — **15** ...diabl' dañz'uñ bänitiä (t *dur*).

3 Here are *of them* a few instances : — **4** The poor devil is *stone*-deaf (*as a pot*). — **5** Yes, but he is *as* sly as a monkey (or *as* cunning as a fox). — **6** While his wife is *as* silly as a goose. — **7** And proud as a peacock! — **8** And *into* (*over*) the bargain, *as* talkative as a magpie! — **9** Then, it is the case to say : she has *the* (*a*) brain of *a* bird! — **10** And they are *as* poor as church mice (*Job*). — **11** Which does not prevent them from living like pashas — or princes. — **12** He eats like an ogre, and drinks like a *sponge* (*hole*). — **13** Oh! he *takes it easy* ("*doesn't make himself of it*"). He is always *as* quiet as "Baptist". — **14** Not always; the other evening, I saw him swearing like a pagan. — **15** It is true; he was *beating about* ("*debating himself*") like a devil in a holy water urn. — **16** I saw him as I see you.

(2) Tandis que : pendant que.
(3) Fier (fiàrr), *féminin* fière. — La fierté (fiàrrtä) : *pride.*
(4) Il ne s'en fait pas : *locution populaire, pour* : Il ne se fait pas de soucis.
(5) Baptiste (batist) *est‿un prénom de valet de chambre.* — Le prénom (pränoñ) *ou* nom de baptême (batàm') : *The first name, or Christian name.* — Le nom de famille : *The surname.* — Le surnom *ou* le sobriquet (sobricà) : *The nickname.*
(6) Le bénitier, *le récipient* (räsipiañ, *vessel*) *dans lequel on met* l'eau bénite : *Holy* ("*blessed*") *water.*

114e LEÇON

17 — Mais‿il faut dire qu'il était *saoul* **(7)** *comme un Polonais!*

18 — *Une fois n'est pas coutume* **(8)** ; dans l'ensemble, il mène une vie *réglée comme papier à musique.*

19 — Après tout, je *m'en lave les mains,* cela ne me regarde pas.

EXERCICE. — La Radio. — 1 A quoi sert ce bouton, à gauche? — **2** A chercher les postes d'émission; — **3** tandis que celui-ci, au milieu, est pour les catégories d'ondes, — **4** et celui de droite pour la puissance du son. — **5** En somme, ce n'est pas compliqué; permettez-moi d'essayer. — **6** Avec plaisir, mais laissez-moi d'abord brancher l'appareil sur le courant. — **7** Voilà qui est fait. — **8** C'est *simple comme bonjour.*

Notons :

Voulez-vous‿un complet **tout fait** ou **sur mesure**? *Do you want a suit ready-made or to measure?*

Une fois n'est pas coutume : *Once is no rule.*

Je vous le donne **par-dessus le marché** : *I give it you into the bargain.*

En quoi **cela vous regarde-t-il**? *How* (*in what*) *does that concern you?*

Il n'est pas **fier** (fiàrr). — Il ne faut pas se **fier** (fiä) aux‿apparences : *He is not proud. — One must not judge by* (*" trust to "*) *appearances.*

(*On dit‿aussi dans le même sens* : Il ne faut pas juger les gens sur la mine.)

17 ... **soo** com'uñ polonà. — **18** ... papiä **a** müzik.

17 But it must be said he was drunk as a *lord* (*Pole*) ! — 18 Once is no *rule* (*custom*); *on the whole* (*"in the together"*), he leads a *very sober existence* (*ruled like music-paper*). — 19 After all, I wash my hands of it; that does not *concern* (*regard*) me.

---

(7) Saoul *ou* soûl (**soo**), *féminin* saoule *ou* soûle (**sool'**), *populaire pour* ivre : *Drunk*.

(8) Distinguons : la coutume, *the custom*; le costume : *the costume*. — *The customs* (*à la frontière*) : La douane (dwan').

Wireless. — **1** What is the use of that *knob* (*button*) on the left? — **2** To *find* (*seek*) the broadcasting stations; — **3** while this one, in the middle, is for wave *lengths* (*categories*), — **4** and that one on the right for *volume* (*sound power*). — **5** On the whole, it is not complicated; allow me to *have a* try. — **6** With pleasure, but let me first *connect* (*branch*) the *set* (*apparatus*) *to* (*on*) the *power* (*current*). — **7** *Ready* (*Done*). — **8** It is as *easy as shelling peas* (*simple as good morning*).

o o o

Exercice supplémentaire. — Quel est *le contraire* des phrases suivantes :

1 Il marche *vite*. — **2** Lisez *tout haut*. — **3** C'est *simple*. — **4** *Parlez!* — **5** Je *montais* l'escalier. — **6** *Ouvrez* les‿yeux. — **7** Elle est très‿*agitée*. — **8** Nous *restons*‿à la maison. — **9** Ce n'est pas *facile*. — **10** Il fait *jour*.

Voici : **1** lentement. — **2** tout bas. — **3** compliqué! — **4** Taisez-vous! *ou* Ne dites rien! — **5** descendais. — **6** Fermez. — **7** calme *ou* tranquille. — **8** sortons. — **9** difficile. — **10** nuit. *Nous espérons que ce petit jeu ne vous‿est pas trop difficile.*

Proverbe : Petit poisson deviendra grand, pourvu que Dieu lui prête vie (Small fry will grow, provided God *gives* (*lends*) it life.

Deuxième vague : *la 58e Leçon.*

114e LEÇON

Cent quinzième (115e) Leçon

Je te l'avais bien dit!

1 M. Duval passa les premières journées de ses vacances presque entièrement sur la grève (**1**),

2 en maillot de bain, à se rôtir paresseusement au soleil,

3 pendant que les‿enfants faisaient des châteaux de sable (**2**),

4 ou essayaient d'attraper des crabes et des crevettes.

5 Quant‿à Mme Duval, prise d'une sorte de frénésie ménagère,

6 elle sortait à peine pour faire quelques‿emplettes (**3**) chez les fournisseurs (**4**) :

7 boucher, boulanger, épicier, marchand de légumes, etc.

8 Aidée de la femme de ménage, elle avait‿ entrepris un nettoyage à fond (**5**).

9 — Tu as tort, disait M. Duval, de ne pas profiter (**6**) du beau temps.

10 Qui sait combien (**7**) il durera?

11 Mais‿elle ne voulait rien‿entendre, et continuait sa chasse à la poussière et aux toiles d'araignées.

PRONONCIATION. — **1** ...là pr'miàrr' zhoorrnä. — **2** añ ma-iod'biñ as' rôtirr parràsuz'mañ ô solà'y'. — **3** ... da shâtôd'sabl'. — **4** ... dà crab' ä dà cr'vàtt'. — **5** ... fränäzî'. — **6** àl'sorrtà apàn'... kàlk'z'añplàtt' ... foorrnisurr. — **7** äpisiä, marrshañd' lägüm' àtsätärra. — **8** ...avàt'tañtr'pri uñ nätwayazh'a foñ. — **10** ...coñbiiñ il dürr'ra. — **11** ...riiñ'n'añtañdrr' shass' ala poosiàrr' ä ô twal' darràgnä'.

I told you so!

1 M. D. spent the first days of his holidays almost entirely on the beach, — **2** in *a* bathing-suit, *basking* (*roasting*) himself lazily in the sun, — **3** while the children were *building* (*making*) sand-castles, — **4** or trying to catch crabs and shrimps. — **5** As for Mme· D., *seized with* (*taken of*) a sort of domestic frenzy, — **6** she scarcely did more than go out (*hardly went out in order to*) to make a few purchases from the *tradespeople* (*purveyors'*) : — **7** butcher, baker, grocer, greengrocer, etc. — **8** Helped by the charwoman, she had undertaken a "*thorough*" *cleaning* ("*to bottom*"). — **9** You are wrong, M. D. would say, not to *take advantage* (*profit*) of the fine weather. — **10** Who knowns how *long* (*much*) it will last? — **11** But she would *not listen to reason* (*hear nothing*), and *went on with* (*continued*) her hunt *for* (*at*) dust and *cobwebs* ("*linens of spiders*").

NOTES. — **(1)** Une *grève est‿une plage* (beach) *de sable.*

(2) Faire des châteaux‿en Espagne (*in Spain*) : *To build castles in the air.* — Un maillot *ou* un costume de bains.

(3) Quelques‿emplettes *ou* quelques‿achats (kàlk'z' asha). — *Du verbe* acheter.

(4) Fournir : *To supply, to furnish with.* — Meubler‿un appartement : *To furnish a flat.* — Les meubles : *The furniture.*

(5) A fond : *Thorough, thoroughly.* — Il s'est‿engagé à fond dans cette affaire : *He engaged himself up to the hilt in this business.*

(6) Profitez de l'occasion : *Seize the opportunity!* — Profitez-en ! *Make the best of it!*

(7) *How long se dit généralement* : Combien de temps ; *mais‿ici, la phrase indiquant qu'il s'agit de temps, on se contente de dire* : Combien.

115e LEÇON

12 Enfin, le soir du quatrième jour, elle se déclara satisfaite.
13 Et le lendemain, naturellement, il plut.
14 — C'est bien ma chance! soupira-t-elle.
15 Et M. Duval eut tout juste **(8)** la force de se retenir et de ne pas proclamer triomphalement :
16 — Je te l'avais bien dit!

EXERCICE. — **1** J'ai bien failli **(1)** ne pas pouvoir venir ce matin. — **2** Ah! que vous‿est-il donc arrivé? — **3** C'est tout juste si je n'ai pas‿été écrasé par un chauffard **(2)**. — **4** Il a débouché du virage à toute allure, et sans corner; — **5** j'ai fait un saut de côté, et son‿aile m'a frôlé. — **6** Avez-vous pris son numéro **(3)**? — **7** Non, je n'ai pas pu le distinguer; la plaque était couverte de poussière.

Aujourd'hui, fixons notre attention sur :

Je vous **l'avais bien dit!** *I told you so!*
Elle est‿allée **faire ses‿emplettes** : *She has gone out shopping.*
Apprenez cette page **à fond** : *Learn this page thoroughly.*

15 ... **ü too zhüst' ... tri-ioñfal'mañ. — 16 zh't'lavà.**

12 Finally, on the evening of the fourth day, she declared she was satisfied. — **13** And the next day, of course, it rained. — **14** That is *just* (*well*) my luck! she sighed. — **15** And M. D. *just managed to check himself* (*had all just the strength*) to hold himself back and not proclaim triumphantly : — **16** I (*had*) told *you so* (*it well to you*)!

---

(8) C'est tout juste s'il ne s'est pas noyé (nwa-yä) : Il a failli (fa-yi) se noyer : *He barely escaped drowning.* — Se noyer (nwa-yä) : *To drown*, or *to drown oneself.*

---

1 I very nearly could not come this morning. — **2** Oh, what happened (*then*) to you? — **3** I barely escaped being *run over* (*squashed*) by a reckless driver. — **4** He came out of the turning at full speed, and without *blowing his horn* (*horning*); — **5** I *jumped* (*made a jump*) aside, and his *mudguard* (*wing*) grazed me. — **6** Did you take his number? — **7** No, I could not *make it out* (" *distinguish it* "); the *number*-plate was covered with dust.

(1) Faillir (fa-yirr) *n'est pas tout‿à fait to fail, qui se dit* échouer (äshooä), *ou, commercialement :* faire faillite.
Il s'emploie surtout au participe passé : Il a failli mourir : *He very nearly died.*
(2) Un chauffard : un mauvais chauffeur *ou* un chauffeur imprudent.
(3) Le numéro, et non *le nombre*, quand‿il s'agit d'un *ordinal number.*

o o o

Exercice supplémentaire. — Prenons de nouveau les verbes de la leçon, et mettons-les à l'*infinitif*, à l'*imparfait* et au *futur* (*1re personne singulier*) :

Clé : **1** Passer, je passais, je passerai. — **2** Rôtir, je rôtissais, je rôtirai. — **3** Faire, je faisais, je ferai. — **4** Essayer, j'essayais, j'essaierai. — Attraper, j'attrapais, j'attraperai. — **5** Prendre, je prenais, je prendrai. — **6** Sortir, je sortais, je sortirai. —

115e LEÇON

Voulez-vous **profiter de ma voiture**? *Will you let me give you a lift?*

Il ne suffit pas d'avoir de la chance : il faut **savoir en profiter** : *It is not sufficient to have luck : one must know how to make the best of it.*

J'ai **tout juste** pu lui échapper : *I barely managed to escape him* (or *her*).

J'ai failli ne pas vous reconnaître : *I very nearly did not know (recognize) you.*

La balle a **frôlé** le filet (**filà**) : *The ball grazed the net.*

Quel est le **numéro** de votre chambre? *What is the number of your room?*

Il y a un grand **nombre** de chambres libres : *There is a great number of vacant rooms.*

Cent seizième (116e) Leçon

Une journée pluvieuse (1)

1 Il ne devrait jamais pleuvoir quand‿on‿ est‿en vacances.

2 On‿a l'impression que c'est‿une journée perdue,

3 que le sort **(N. 2)** est‿injuste et voleur.

4 Son journal lu et relu, M. Duval regarde mélancoliquement les gouttes de pluie couler sur les carreaux **(2)** **(N. 5)**,

5 et les nuages sombres, qui ne semblent pas s'éclaircir.

6 Les‿enfants, qui jouent par terre **(3)** avec des coquillages,

8 Aider, j'aidais, j'aiderai. — Avoir, j'avais, j'aurai. — Entreprendre, j'entreprenais, j'entreprendrai. — **9** Dire, je disais, je dirai. — Profiter, je profitais, je profiterai. — **10** Savoir, je savais, je saurai. — Durer, je durais, je durerai. — **11** Vouloir, je voulais, je voudrai. — Entendre, j'entendais, j'entendrai. — Continuer, je continuais, je continuerai. — **12** Déclarer, je déclarais, je déclarerai. — **13** Pleuvoir, je pleuvais, je pleuvrai. — **14** Etre, j'étais, je serai. — Soupirer, je soupirais, je soupirerai. — **15** Retenir, je retenais, je retiendrai. — Proclamer, je proclamais, je proclamerai.

Deuxième vague : *la 59e Leçon*

PRONONCIATION. — plüviu**hz**'. — **1** ...kañ't'oñ'n'**à**'t'añ vacañs'. — **2** oñ'n'a. — **3** k'l'so**rr** à't'iñzhü**st**' ä volu**rr**. — **4** ... mälañcolic'mañ là **goo**tt' d'plüî' ... carô. — **5** ...nüazh'... ki'n'sañbl' pâ säclàrrsirr. — **6** ...ki zh**oo**' ... coki-yazh'.

A rainy day

1 It ought never to rain when one is on holiday. — **2** One has the impression that it is a day lost, — **3** that fate is *unfair* (*unjust*) and *a* thief. — **4** Having read his newspaper (*and re-read*) *several times,* M. D. is looking melancholily *at* the drops of rain *falling* (*to fall*) upon the window-panes, — **5** and *at* the dark clouds, which do not seem to be clearing *up* (*themselves*). — **6** The children, who are playing on the floor with sea-shells,

---

NOTES. — **(1)** **Un** climat pluv**ieux** (plüviu**h**) ; **une** semaine pluv**ieuse**. [*Rappelons* : **Un vieux** chapeau, **une vieille** (vià'y') pantoufle.]

(2) Un carreau (carô) *ou* une vitre.

(3) Par terre *est l'expression usuelle pour* sur le plancher, sur le sol, etc. — Je suis tombé par terre : *I fell down on the ground.* — Défense de cracher par terre : *No spitting on the floor.*

7 ne cessent pas de se disputer (4).

8 Mme Duval, à la cuisine, chantonne d'une voix fausse (5)

9 un refrain (6) en vogue, qui finit par devenir exaspérant.

10 M. Duval n'y tient plus (7) : il se lève pour prendre son‿imperméable et sortir malgré la pluie;

11 mais juste à ce moment, on sonne à la porte d'entrée.

12 C'est le facteur, qui lui remet‿une lettre.

13 M. Duval n'en reconnaît pas l'écriture; il tourne et retourne l'enveloppe,

14 avant de se décider à l'ouvrir.

15 — Ah! par exemple! s'écrie-t-il, Marguerite! Une lettre du jeune Paul Martin.

16 Et devine un peu ce qu'il m'annonce? Je te le donne en mille!

17 Ses fiançailles (8) avec la jeune Thérèse, ma dactylo!

18 — Eh bien, bravo! fait Mme Duval. Au moins, ce garçon n'a pas perdu son temps!

7 n'sàss pâ... — **9** uñ r'friñ añ vog'. — **10** ...soñ'n'iñpàrr-mäabl'. — **12** ...l'facturr... lüi r'màt'ün'làttr'. — **13** ...lañv'-lopp'. — **17** sà fiañsa'y'.

7 quarrel incessantly. — **8** Mme D., *in* (*at*) the kitchen, is humming *out of tune* (*false voice*) — **9** a *popular song* (*refrain in vogue*), which *finally becomes* (*ends by becoming*) exasperating. — **10** M. D. cannot *bear it* (*hold to it*) any longer : he gets up to take his waterproof and go out in spite of the rain; — **11** but, just at that moment, there is a ring at the *front*-door (*of entrance*). — **12** It is the postman, who hands him a letter. — **13** M. D. does not recognize the hand-writing (*of it*); he turns the envelope over and over again, — **14** before *making up his mind* (*to decide himself*) to open it. — **15** *Well, this beats everything* (*Ah! for instance*) he cries out, Marguerite. A letter from young P. M. — **16** And *just* guess (*a little*) what he says (*to me*)? *You can have a thousand guesses!* (*I give it you in a thousand!*) — **17** His engagement to young Theresa, my typist! — **18** Well, bravo! says Mme D. At least, the boy has not *wasted* (*lost*) his time!

(4) Se disputer *ou* se quereller (k'ràllä).

(5) Faux (fô) : *False, féminin* fausse (fôss'). — Faire un faux-pas (*false step*) : *To stumble.*

(6) Le refrain d'une chanson est la partie qui revient après chaque couplet (*verse*). En‿anglais : *The chorus* or *refrain of a song.*

(7) Attention! *Je n'y tiens plus* peut signifier *je ne peux plus me contenir* (*I can't hold out any longer*), ou aussi : *je ne m'en soucie plus* (*I no longer care for it*). — Je n'y tiens pas : *I don't care for it.*

(8) Les fiançailles (fiañsa'y') : *The engagement,* or *betrothal.* — Se fiancer (fiañsä) : *To get engaged.* — Le fiancé (fiañsä), la fiancée (fiañsä').

116e LEÇON

EXERCICE. — **1** Etes-vous marié **(N. 3)** ou célibataire (sälibatàrr') ? — **2** Je suis fiancé. — **3** Oh, alors, mes meilleurs vœux **(vuh)** de bonheur! — **4** Et à quand le mariage? — **5** Cela dépend de ma future belle-mère.

Nous vous prions de bien faire attention à :

Ce point reste à **éclaircir** : *This point remains to be cleared up.*

Je crois que le temps **s'éclaircit** : *I believe the weather is clearing up.*

Ne jetez pas de papiers **par terre** : *Do not throw papers on the ground.*

Remettez-lui ceci **en mains propres** : *Hand this to him personally.*

Sont-ils fiancés? — Oui, ils **se sont fiancés** la semaine dernière : *Are they engaged? — Yes, they got engaged last week.*

A quand la cérémonie? *When is the ceremony to take place?*

C'est mon **vœu (vuh) (N. 4)** (*ou* désir) le plus cher : *It is my dearest wish.*

Cent dix-septième (117e) Leçon

Chaque pays, chaque coutume

1 — Je ne m'étonne plus, maintenant, de son‿assiduité au bureau, dit M. Duval.

2 En tout cas, je dois dire qu'il cachait bien son jeu.

3 — Et elle est gentille **(1)**, cette petite Thérèse?

1 Are you married or single? — **2** I am engaged *to be married.* — **3** *In that case* (*Oh, then*), my best wishes *for your* (*of*) happiness! — **4** And when is the marriage to take place? — **5** That depends *on* (*from*) my future mother-in-law.

O O O

Exercice supplémentaire. — Mettons les verbes de la leçon à l'*infinitif*, puis à la *1re personne singulier* du *présent.*

Clé : **1** devoir, je dois; pleuvoir (*imperson.*); être, je suis. — **2** avoir, j'ai; perdre, je perds. — **4** lire, je lis; relire, je relis; regarder, je regarde; couler, je coule. — **5** sembler, je semble; éclaircir, j'éclaircis. — **6** jouer, je joue. — **7** cesser, je cesse; se disputer, je me dispute. — **8** chantonner, je chantonne. — **9** finir, je finis; devenir, je deviens. — **10** tenir, je tiens; se lever, je me lève; prendre, je prends; sortir, je sors. — **11** sonner, je sonne. — **12** remettre, je remets. — **13** reconnaître, je reconnais; tourner, je tourne. — **14** se décider, je me décide; ouvrir, j'ouvre. — **15** s'écrier, je m'écrie (*compare* : écrire, j'écris (*to write*). — **16** deviner, je devine; annoncer, j'annonce; donner, je donne. — **18** faire, je fais.

Deuxième vague : *la 60e Leçon.*

PRONONCIATION. — shak' pà-yi. — **1** ...d'soñ'n'assidüitä. — **2** añ too câ. — **3** ... zhañti'y'. — **4** ... onàt'ä biiñ'n' äl'vä'. — **5** ...foñksionàrr'. — **7** ... soñt'alàz' ... àt'añtrëpr'nurr añ bâtimañ. — **8** soñ fis' ... süksädä uñ zhoorr. — **9** ...soppôz' pâz'as' marriazh'. — **10** ...làz'añglà oñ läspri ... asàt'ägarr. — **11** kàstioñd'la dot'. — **12** tañ miuh! — **13** añ'n'añgl'tàrr'. — **14** là fiañsa'y dürr' soovañ dàz'anä'.

Each country has its own customs

1 I no longer wonder at his assiduity at the office, said M. D., — **2** In any case, I must say he *kept it dark* (*hid his game*) well. — **3** And *is she* (*she is*) nice, this little Theresa?

NOTES. — **(1)** Gentil (zhañti), *féminin* gentille (zhañti'y') : *Nice.* — Un gentilhomme (zhañti-yom') : *A gentleman,* or *nobleman* (un noble).

117e LEÇON

4 — C'est‿une brave (**2**) petite; honnête et bien‿élevée, quoique de famille modeste.

5 Je crois bien que son père est petit fonctionnaire.

6 — Et les parents de Paul?

7 — Oh! ils sont‿à l'aise! Le père est‿entrepreneur (**3**) en bâtiments,

8 et son fils doit lui succéder (**4**) un jour.

9 — Pourvu qu'il ne s'oppose pas‿à ce mariage?

10 — Ce n'est pas probable; les‿Anglais ont l'esprit plus large que nous à cet‿égard (**N. 6**),

11 et la question de la dot leur importe assez peu.

12 — Eh bien, tant mieux! Je me demande (**5**) si la noce aura lieu à Paris?

13 — La noce! Comme tu y vas! Mais, ma chère, en‿Angleterre,

14 les fiançailles durent souvent des‿années,

15 avant d'aboutir (**6**) au mariage.

16 — Comme c'est drôle! Après tout, je préfère encore notre façon de faire.

17 — Que veux-tu? Il y a à prendre et à laisser. Chaque pays, chaque coutume.

4 *She* (*It*) is a *good* (*brave*) girl; honest and well brought up, although of *a* modest family. — **5** I *think* (*believe well*) her father is a *minor* (*small*) civil servant. — **6** And P.'s parents? — **7** Oh! they are *well off* ("*at the ease*"). The father is *a* building contractor, — **8** and his son *is to* (*must*) succeed him one day. — **9** *As long as* (*Provided*) he does not oppose (*himself to*) this marriage? — **10** It is not likely; the English are more *broad-minded* (*have the mind broader*) than we in this respect, — **11** and the question of the dowry matters little enough to them. — **12** Well, so much the better! I *wonder* (*ask myself*) whether the wedding will *take* (*have*) place in Paris? — **13** The wedding! *You are going a bit fast* (*How you go there*)! Why, my dear, in England, — **14** engagements often last *for* (*some*) years, — **15** before ending *in* (*to the*) marriage. — **16** How (*it is*) funny! After all, I still prefer our *ways* (*fashion of doing*). — **17** *There it is, you see* (*What will you?*) *There are arguments for and against* (*There is to take and to leave*). Each country *has its own customs* (*each custom*).

---

(2) C'est‿un brave homme : *He is a good man.* — C'est‿un homme brave : *He is a brave man.* — Brave *s'emploie pour* bon, surtout dans le Midi (Sud) de la France. — Un brave petit : *A good boy.* — Une brave petite : *A good girl.*

(3) Entrepreneur, *contractor*, *d'*entreprendre *to undertake.* — Un‿entrepreneur de pompes funèbres : *An undertaker* (*for funerals*). — Son père est‿entrepreneur. *Mais* : Son père est‿*un* petit‿entrepreneur.

(4) Succéder à quelqu'un : *To succeed some one.* — Réussir : *To succeed* (*reach one's aim*). — Avoir du succès : *To be successful.*

(5) Cela ne m'étonne pas : *I don't wonder* (*am not surprised*) *at it.* — Je me demande s'il a raison : *I wonder* (*ask myself*) *whether he is right.* — Je me le demande : *I wonder.*

(6) Aboutir, *de* bout, *end.* — Cette rue aboutit‿à une impasse (iñpass') : *This street ends up in a cul-de-sac* or *blind alley.* — Cul-de-sac (cüd'sac) : *Bottom of a sack or bag.*

EXERCICE. — **1** Etes-vous bien‿à votre aise? — **2** Oui, merci; il ne me manque rien. — **3** Ou plutôt si, j'ai un peu trop chaud. — **4** Je vais vous‿ôter (**1**) une couverture. — **5** Votre oreiller (orà-yä) n'est pas trop haut? — **6** Non; je voudrais boire un peu de tisane. — **7** Voici; et maintenant, dormez sur vos deux‿oreilles.

Exercice supplémentaire. — Répétons les verbes‿irréguliers suivants, au *présent de l'indicatif*, au *futur* et au *passé indéfini* (3e *personne singulier*) :

Devoir, comprendre, faire, se taire (*to be silent*), croire, savoir, aller, s'asseoir (saswarr, *to sit down*).

Clé : Il doit, il devra, il a dû. — Il comprend, il comprendra, il a compris. — Il fait, il fera, il a fait. — Il se tait, il se taira, il s'est tu. — Il croit, il croira, il a cru. — Il sait, il saura, il a su. — Il va, il ira, il est allé. — Il s'assied (sasiä), il s'assiéra, il s'est assis.

Cent dix-huitième (118e) Leçon

Malbrough s'en va-t-en guerre
(Suite)

1 Quittez (**1**) vos‿habits roses,
Mironton, mironton, mirontaine,

2 Quittez vos‿habits roses,
Et vos satins brodés (**2**) !

1 Are you *quite comfortable* (*well at your ease*)? — **2** Yes, thanks; there is nothing I need. — **3** Or rather yes, I am a little too warm. — **4** I'll take off a blanket *for* you. — **5** Isn't your pillow too high? — **6** No, I'd like to drink a little infusion. — **7** Here *you are*; and now, sleep *soundly* ("*on both your ears*").

(**1**) Oter : enlever, *to take off or remove*. Otez-vous de là : *Take yourself off from there*. Otez (ôtä) votre pardessus : *Take off your overcoat.*

o o o

Voici notre choix (shwa, *choice*) **pour aujourd'hui :**

Mettez-vous‿à votre aise; faites **comme chez vous!** *Make yourself comfortable; make yourself at home!*

Comme vous‿y allez! *You are going a bit too fast!* or *You are overdoing it!*

Les pourparlers (poorparrlä) (les négociations) **ont‿abouti à un‿échec** (äshàk) : *The negociations ended up in failure* (*check*).

Otez votre chapeau (*ou* **Découvrez-vous**) : *Take off your hat.*

Restez couvert : *Keep your hat on.*

(**Couvrir**, to cover et **découvrir**, to uncover, *or* discover *se conjuguent comme* ouvrir. — Christophe Colomb (cristof' coloñ) a découvert l'Amérique).

Deuxième vague : *la 61e Leçon.*

PRONONCIATION. — **1** kittä vóz'abi rôzë. — **4** ... à morr ä añtàrrä. — **5** ...porrtä'r' añt'àrrë. — **6** katr'z'ofisiä. — **7** ...sa cüirrassë. — **8** ...soñ boocli-iä. — **12** ...uñ bô rôziä flurri. — **14** ... shacuñ sañfü cooshä.

Marlborough goes off to war (*continued*)

1 Leave your pink dresses, Rumpity-tumpity-tum, etc, —
2 Leave your pink dresses, And your embroidered satins!

NOTES. — (1) Quittez, *ou* ôtez, *ou* enlevez.
(2) Broder : *To embroider.* — La broderie : *embroidery.*

118e LEÇON

3 Monsieur Malbrough est mort,
Mironton, etc...
4 Monsieur Malbrough est mort,
Est mort et enterré!
5 Je l'ai vu porter‿en terre,
Mironton, etc...
6 Je l'ai vu porter‿en terre
Par quatre-z-officiers **(3)**.
7 L'un portait sa cuirasse,
Mironton, etc...
8 L'un portait sa cuirasse,
L'autre son bouclier.
9 L'autre portait son grand sabre,
Mironton, etc...
10 L'autre portait son grand sabre,
Et l'autre ne portait rien.
11 On planta sur sa tombe
Mironton, etc...
12 On planta sur sa tombe
Un beau rosier fleuri.
13 La cérémonie faite,
Mironton, etc...
14 La cérémonie faite,
Chacun s'en fut coucher... **(4)**

Si vous voulez chanter cette chanson, et que vous n'ayez pas les disques, vous pouvez le faire sur l'air de "*For he's a jolly good fellow*", qui est à peu près identique.

Deuxième vague : *la 62e Leçon.*

3 M. Marlb. is dead, Rumpity, etc. — **4** M. Marlb. is dead, Is dead and buried! — **5** I saw him *laid* (*carried*) in the earth, Rumpity, etc. — **6** I saw him laid in the earth, By four officers. — **7** (*The*) One carried his cuirass, Rumpity, etc. — **8** One carried his cuirass, The other his shield. — **9** The other carried his great sword, Rumpity, etc. — **10** The other carried his great sword, And the other carried nothing. — **11** *They* (*One*) planted on his grave ("tomb"), Rumpity, etc. — **12** They planted on his grave A fine rose-tree in bloom. — **13** The ceremony *over* (*done*), Rumpity, etc. — **14** Each went to bed...

---

(3) Quatre-z-officiers : *c'est le texte de la chanson, et nous le respectons. Mais, correctement, c'est* quatre officiers *qu'il faut dire.*

(4) S'en fut coucher *ou* s'en‿alla coucher. — De même, on dit presque indifféremment : J'y ai été *ou* j'y suis‿allé : *I have been there.* — Allez coucher! *dit-on à un chien* (shi-**iñ**, *dog*) *pour le faire tenir tranquille.*

Comme pratique des verbes de la leçon, mettons-les aujourd'hui à l'*infinitif*, et à la *1re personne du pluriel* (nous) de l'*imparfait* et du *conditionnel.*

Clé : S'en‿aller, nous nous‿en‿allions, nous nous‿en‿irions. — **1** quitter, nous quittions, nous quitterions. — **2** broder, nous brodions, nous broderions. — **3** être, nous‿étions, nous serions; mourir, nous mourions, nous mourrions (moor'**rioñ**); — **4** enterrer, nous‿enterrions, nous‿enterrerions. — **5** avoir, n.‿avions, n.‿aurions; voir, n. voyions, n. verrions; porter, nous portions, nous porterions. — **11** planter, nous plantions, nous planterions; — **12** fleurir, nous fleurissions, nous fleuririons. — **13** faire, nous faisions, nous ferions. — **14** coucher, nous couchions, nous coucherions.

118e LEÇON

Cent dix-neuvième (119e) Leçon

REVISION ET NOTES

1 Toujours les verbes! — Les verbes vous‿embarrassent‿encore, et cela n'a rien d'étonnant. Dans les vingt leçons qui nous restent, nous‿allons faire un‿effort final pour les‿apprivoiser (aprivwaz**ä**, *to tame, to domesticate*).

Il vous suffira d'un peu de patience et de persévérance pour arriver au but. (Le but : *goal.*)

Nous vous recommandons spécialement de ne pas‿oublier, au cours de la " deuxième vague ", de revoir non seulement les **leçons** et les‿**exercices**, mais aussi les‿" **exercices supplémentaires** ".

A propos, comment va cette " deuxième vague "? Nous sommes persuadés qu'elle vous‿est facile, et qu'à cinquante leçons de distance, ce qui vous‿effrayait (effrayer : äffrà-y**ä**, *to frighten*) d'abord vous semble maintenant tout naturel.

Courage donc! et continuez‿à étudier régulièrement (autant que possible) une leçon nouvelle chaque jour, en y ajoutant‿une leçon de la " deuxième vague ".

Si vous vous trouvez‿en difficulté, n'hésitez pas‿à faire partir une " **troisième vague** ", dont vous‿inscrirez vous-même le numéro à chaque leçon nouvelle, en recommençant‿à la première leçon.

2 Le sort : *fate* (le destin, däst**iñ**) n'a rien de commun avec **la sorte**, *the sort* (l'espèce, läsp**às'**).

C'est le sort qui l'a voulu : *Fate willed it so.*

Quelle sorte d'homme est-ce? *What sort of a man is he?*

Nous‿allons tirer au sort : *We are going to draw lots.*

3 Se marier : *to get married.* (Le mari, *the husband*).

Il **s'est marié avec** sa cousine : *He married his cousin.* — *Ou encore* : Il a épousé (äpoozä) sa cousine. — L'époux (*féminin* : l'épouse), *pluriel* : les‿époux (äpoo) : *The spouse.*

Il **a marié** sa cousine : *He married off (gave in marriage) his cousin.*

Le prêtre les‿**a mariés** : *The priest married them.*

Le mariage : *The marriage.* — La noce : *The wedding.* — Les noces d'argent, les noces d'or : *The silver, golden wedding.*

Le *ou* la célibataire : *The bachelor.* — Je suis resté célibataire (*ou* garçon) : *I have remained a bachelor.* — Le vieux garçon *et, peu galamment* : la vieille fille : *The spinster.*

Et pour en finir : le divorce, *divorce.*

4 Un vœu (vuh) est proprement *a vow* (Une promesse solennelle). — Faire vœu de chasteté : *To make a vow of chastity.*

Mais‿au pluriel, **les vœux** *signifient* **les souhaits** (soo-**à**), *the wishes* : Transmettez-lui mes meilleurs vœux (*ou* souhaits) de bonheur.

A ce propos, notez la différence entre **désirer**, *to wish*, et **souhaiter** (soo-àtä), qui est‿aussi *to wish* en‿anglais.

Désirer s'emploie strictement dans les cas où en‿anglais on peut dire *to desire* : dans les‿autres cas, c'est **souhaiter** qu'il faut dire. Ainsi :

I wish you good morning : Je vous souhaite le bonjour.

What do you want (or *desire*) *from me?* Que désirez-vous de moi?

He wished them a pleasant journey : Il leur souhaita bon voyage.

It is my dearest wish (or *desire*) : C'est mon plus cher désir.

Accept my best wishes : Acceptez (*ou* Agréez) mes meilleurs souhaits.

Your wishes are law : Vos désirs sont des ordres.

5 Un carreau est quelque chose de **carré** (*square*), et particulièrement une vitre (*a window-pane*).

Carreau, au jeu de cartes, est *diamond.* — Le roi de carreau : *The king of diamonds.* — La reine de pique: *The queen of spades.* — Le valet de cœur (curr) : *The knave of hearts.* — L'as (lass) de trèfle : *The ace of clubs.* (Le trèfle : *clover*).

6 A cet égard : *In that respect.* Il a agi sans‿égards pour mes sentiments : *He acted regardless of my feelings.* — Elle le traita avec beaucoup d'égards : *She treated him with great regard.*

My regards to your wife : Mes compliments (*ou* mes respects) à votre femme.

7 La grève, nous l'avons vu, est‿une plage de sable. Mais la grève, dans‿un‿autre cas, est *the strike* :

Faire la grève : *To strike,* or *go on strike.*

Les‿ouvriers se sont mis‿en grève : *The workmen went on strike.*

Etes-vous sur la grève? *Are you on the beach?*

Etes-vous‿en grève? *Are you on strike?*

8 Toucher à quelque chose : *To touch something.* — N'y touchez pas! *Don't touch it!* — *Mais* toucher quelque chose, *par exemple* : Toucher une grosse somme : *To get* (or *cash*) *a large sum of money.*

9 Masculin et Féminin :

L'esprit, un‿e. ; **le** kilo (*ou* kilogramme), **un** k. ; **le** lait, **un** l. ; **le** poids, **un** p. ; **le** mètre, **un** m. ; **le** malentendu, **un** m. ; **le** menteur, **un** m. (**la** menteuse, **une** m.) ; **l'**enterrement, **un**‿e. ; **le** terme, **un** t. ; **le** cliché, **un** c. ; **l'**exemple, **un**‿e. ; **le** diable, **un** d. ; **le** pot, **un** p. ; **le** singe, **un** s. ; **le** renard, **un** r. ; **le** paon (pañ), **un** p. ; **le** marché, **un** m. ; **le** cas, **un** c. ; **l'**oiseau, **un**‿o. ; **l'**ogre, **un**‿o. (**l'**ogresse, **une** o.) ; **le** trou, **un** t. ; **le** bénitier, **un** b. ; **le** papier, **un** p. ; **le** bouton, **un** b. ; **le** milieu, **un** m. ; **le** son, **un** s. ; **le** courant, **un** c. ; **l'**appareil, **un**‿a. ; **le** sens, **un** s. ; **le** maillot, **un** m. ; **le** soleil, **un** s. ; **le** château, **un** ch. ; **le** sable, **un** s. (**le** sabre, *the sword*) ; **le** crabe, **un** c. ; **l'**achat, **un** a. ; **le** légume, **un** l. ; **le** fond, **un** f. ; **le** nettoyage, **un** n. ; **le** tort, **un** t. ; **le** virage, **un** v. ; **le** saut, **un** s. ; **le** côté, **un** c. ; **le** nombre, **un** n. ; **le** numéro, **un** n. ; **le** filet, **un** f. ; **le** sort, **un** s. ; **le** voleur, **un** v. (**la** voleuse, **une** v.) ; **le** carreau, **un** c. ; **le** nuage, **un** n. ; **le** coquillage, **un** c. ; **le** refrain, **un** r. ; **le** temps, **un** t. ; **le** vœu, **un** v. ; **le** bonheur, **un** b. ; **le** point, **un** p. ; **le** désir, **un** d. ; **le** pays, **un** p. ; **le** jeu, **un** j. ; **le** bâtiment, **un** b. ; **le** mariage, **un** m. ; **l'**égard, **un**‿é. ; **l'**oreiller, **un**‿o. ; **le** choix, **un** ch. ; **le** chapeau, **un** ch. ; **l'**habit, **un**‿h. ; **le** satin, **un** s. ; **le** bouclier, **un** b. ; **le** rosier, **un** r. ; (**la** rose, **une** r.).

La présence, **une** p. ; **la** loge, **une** l. ; **la** phrase, **une** ph. ; **la** mine, **une** m. ; **la** part, **une** p. ; **l'**oie, **une**‿o. ; **la** pie, **une** p. ; **la** cervelle, **une** c. ; **la** coutume, **une** c. ; **la** vie, **une** v. ; **la** musique, **une** m. ; **la** main, **une** m. ; **l'**onde, **une** o. ; **la** puissance, **une** p. ; **la** mesure, **une** m. ; **l'**apparence, **une** a. ; **la** grève, **une** g. ; **la** crevette, **une** c. ; **la** sorte, **une** s. ; **la** frénésie, **une** f.; **l'**emplette, **une** e.; **la** chasse, **une** ch.; **la** poussière, **une** p.; **la** toile, **une** t.; **l'**araignée, **une** a.; **la** force, **une** force; **l'**aile, **une** a.; **la** plaque, **une** p.; **la** page, **une** p.; **la** balle, **une** b.; **la** goutte, **une** g.; **la** pluie, **une** p.; **la** terre, **une** t.; **la** cuisine, **une** c.; **la** voix, **une** v.; **l'**entrée, **une** e.; **la** lettre, **une** l.; **l'**écriture, **une** é.; **l'**enveloppe, **une** e.; **la** cérémonie, **une** c.; **l'**assiduité, **une** a.; **la** fa-

Cent vingtième (120e) Leçon

Nous‿approchons de notre but (1)

1 Il ne nous reste plus que vingt leçons à étudier pour arriver à la fin du cours.

2 Tâchons de les‿employer de notre mieux, pour que vous‿ayez* (2) une connaissance pratique du français.

3 En cent quarante courtes leçons, on ne peut*‿englober tout le vocabulaire d'une langue.

4 Mais ce qu'on peut faire*, c'est‿apprendre* à manier cette langue,

5 c'est* se familiariser avec son mécanisme,

6 de façon à pouvoir* aisément développer ses connaissances,

mille, **une** f.; **l'**aise, **une** a.; **la** question, **une** q.; **la** dot, **une** d.; **la** noce, **une** n.; **la** façon, **une** f.; **la** couverture, **une** c.; **la** tisane, **une** t.; **l'**oreille, **une** o.; **la** négociation, **une** n.; **la** cuirasse, **une** c.; **la** tombe, **une** t.

Deuxième vague : *la 63e Leçon*

PRONONCIATION. — Nous croyons superflu de continuer à vous donner la prononciation figurée, excepté dans des cas‿exceptionnels.

We are nearing our goal

1 *We have only* (*There remains us only*) twenty lessons more to study *in order* to reach the end of the course. — 2 Let us try to use them *in the best way* (*of our best*), *so* (*for*) that you *may* acquire a practical knowledge of French. — 3 In 140 short lessons, one cannot *embrace* ("*englobe*") the whole vocabulary of a language. — 4 But what one can do (*it*) is to learn to handle the language, — 5 (*it is*) to get familiar with its *works* (*mechanism*), — 6 *in such a way* ("*of way*") *as* to be able easily to develop one's knowledge,

---

NOTES. — (1) Le but (bü) : *Goal*, or *aim.* — Mon seul but était de vous‿être utile : *My sole aim was to be helpful* (*useful*) *to you.* — Notre équipe (äkip', *team*) a gagné par trois buts‿à deux : *Our team won by three goals to two.*

(2) Le signe (*) (astérisque) indique que le verbe est‿irrégulier. Nous vous prions de vous reporter (*refer to*) **à la liste des verbes‿irréguliers à l'appendice, de lire avec attention les différentes formes du verbe, et de noter les principales sur une feuille de papier, qui vous servira de signet** (sigñà, *book-mark*).

7 par la lecture (3) ou la conversation réelle.

8 Nous croyons* que c'est* votre cas,

9 et que vous connaissez* déjà assez l'instrument

10 pour vous‿en servir* avec facilité, et même avec plaisir.

11 Sans doute, vous‿avez*‿encore un point faible : les verbes.

12 Nous‿allons*‿y consacrer presque toute notre attention,

13 et si vous suivez* bien nos recommandations,

14 vous‿êtes* certain du succès final.

EXERCICE. — **1** Parlez-vous français couramment? — **2** Pas‿encore, mais cela viendra*. — **3** Qu'est-ce qui vous‿embarrasse le plus? — **4** Ce sont* les verbes; je n'arrive pas‿à m'y reconnaître*. — **5** Un peu de patience : Rome n'a* pas‿été bâtie en‿un jour.

Notons‿aujourd'hui :

Vous‿**y connaissez*-vous** en‿antiquités (ãtikitä) ? *Are you a connoisseur in antiques?* (*ou* : Etes-vous connaisseur en‿antiquités?)

J'avoue que je **n'y connais** rien : *I confess I know nothing about it.*

7 by *reading* ("*lecture*") or by real conversation. — **8** We believe *this is* your case, — **9** and that you are already sufficiently acquainted with the instrument — **10** to *use* ("*serve yourself of*") it with ease, and even with *enjoyment* (*pleasure*). — **11** No doubt, you still have a weak point : (*the*) verbs. — **12** We are going to *devote* ("*consecrate*") almost all our attention to it, — **13** and if you follow (*well*) our recommandations closely — **14** you are certain of (*the*) final success.

---

(3) Aimez-vous la lecture? *Are you fond of reading?* — La conférence était très‿intéressante : *The lecture was very interesting.* — Je l'ai réprimandé sévèrement : *I gave him a severe lecture.*

Vous y connaissez-vous en antiquités ?

1 Do you speak French fluently? — **2** Not yet, but that will come. — **3** What (*is it that*) confuses you (*the*) most? — **4** It (*are*) the verbs; I cannot manage (*arrive*) *to master* ("*recognize myself in*") them. — **5** *Have* a little patience : Rome was not built in a day!

Exercice supplémentaire. — Nous commençons sérieusement à nous‿attaquer (*to attack*) aux verbes‿irréguliers. Mais ‿il ne faut pas pour cela négliger (*to neglect*) les **verbes réguliers.**

Prenons‿aujourd'hui les verbes réguliers de la **1re conjugaison** que nous rencontrons dans la leçon, et conjuguons-les, en nous reportant au tableau des conjugaisons, à l'appendice.

120e LEÇON

Je ne **m'y reconnais pas** dans tous ces chiffres ; *I cannot find my way in all these figures.*
Il y a **consacré** beaucoup de temps : *He devoted a great deal of time to it.*

Cent vingt et unième (121e) Leçon

Viendrez*-vous en France?

1 Nous‿allons* nous séparer pour de bon (1) de nos‿amis les Duval et du jeune Paul Martin.
2 Le moment est* d'ailleurs (2) bien choisi pour les quitter sans qu'ils nous regrettent,
3 puisqu'ils sont*‿heureux : les Duval en vacances, et Paul Martin nageant‿en pleine félicité d'un‿amour tout neuf.
4 C'est dans le malheur, dit* le proverbe, qu'on connaît* les vrais‿amis;
5 dans le bonheur, ils n'ont* guère besoin de nous.
6 Pour quelle raison les‿abandonnons-nous?
7 Pourquoi apprenez*-vous le français?
8 Pour votre plaisir, peut-être, ou parce que vous‿estimez que c'est nécessaire à votre éducation,
9 ou encore à votre carrière?
10 Mais‿aussi, nous l'espérons, parce que vous‿avez* l'intention de visiter la France tôt‿ou tard.

Ce sont : approcher, rester, étudier, arriver, tâcher, employer, englober, manier, familiariser, développer, consacrer.

Comme ils sont nombreux, nous vous suggérons (suggest) *de conjuguer, par exemple,* **approcher** *au présent de l'indicatif,* **rester** *au passé défini,* **étudier** *à l'imparfait,* **arriver** *au conditionnel, et ainsi de suite* (so on).

Deuxième vague : *la 64e Leçon*

PRONONCIATION. — Méfiez-vous des mots qui ressemblent à l'anglais. Prononcez bien, par exemple : **séparer** (säparrä *et non* sàp'rä), **proverbe** (provàrrb' *et non* provurb'), **préparer** (präparrä *et non* pràpurrä), **visite** (vizit' *et non* vizit'), **touriste** (toorrist' *et non* tôrrist), **carrière** (carriàrr' *et non* carir').

Will you come to France?

1 We are going to *leave* (*separate ourselves from*) our friends the D. and from young P. M. for good. — **2** The moment is after all well chosen to leave them without their *missing* (*regretting*) us, — **3** since they are happy : the D. on holidays and P. M. *absorbed by the happiness of his new love* (*swimming in full happiness of a quite new love*). — **4** It is in misfortune, says the proverb, that true friends are known; — **5** in good fortune, they hardly need us. — **6** For what reason are we *giving them up* (*abandoning them*)? — **7** Why are you learning French? — **8** For (*your*) pleasure, perhaps, or because you *consider* (*estimate*) (*that*) *it* (*is*) necessary for your education, — **9** or again for your career? — **10** But also, we hope (*it*), because you intend to visit France soon*er* or lat*er*.

NOTES. — **(1)** Pour de bon *est le contraire de* pour rire (*for fun*).

(2) D'ailleurs *correspond quelquefois à* en‿outre (*moreover*), *à* d'autre part (*besides*), *ou encore à* après tout (*after all*).

121e LEÇON

11 Et, croyez*-nous, c'est‿un beau pays, et qui gagne encore à être connu*.
12 C'est pour mieux vous préparer à cette visite
13 que nous donnerons‿aux quelques leçons qui nous restent
14 une tournure **(3)** plus directement‿adaptée aux besoins du touriste qui vient*‿en France.

EXERCICE. — **1** La France est*‿un pays de liberté et de tolérance. — **2** où chacun peut* penser‿ et agir à sa guise **(1)**, — **3** tant qu'il respecte les droits d'autrui **(2)**. — **4** Toutes les races et nationalités y sont bienvenues, — **5** de telle sorte qu'on peut bien dire : **6** Chaque homme a* deux patries **(3)**, la sienne et puis la France.

Notes du jour :

S'est-il fâché **pour de bon**? *Did he get seriously angry?*

Ne fais* pas‿à **autrui** ce que tu ne voudrais* pas qu'on te fasse à toi-même : *Do (not do) to others as you would (not) be done by.*

Ici, chacun peut* **s'amuser à sa guise** : *Here, every one can enjoy himself in his own way.*

o o o

Avez-vous remarqué *que la majorité des verbes français sont de la première conjugaison (en* ***er****)?*

On peut dire que c'est la seule des quatre conjugaisons qui soit encore vivante (alive), *car tous les verbes nouveau en sont : téléphon****er****, télégraphi****er****, sténographi****er****, etc., etc.*

Et elle n'a que deux verbes irréguliers : aller, envoyer. Voilà qui n'est pas fait pour nous déplaire!

11 And, believe us, it is a beautiful country, and *which gains by being known* (*still gains to be known*). — **12** (*It is in order*) To prepare you better *for* (*at*) that visit. — **13** (*that*) we shall give (*to*) the few lessons which *are left* (*remain*) us — **14** a turn more directly *suited* (*adapted*) to the needs of the tourist who comes to France.

---

(3) La tournure, *la manière dont‿une chose se présente* : L'affaire prend bonne tournure : *The affair is shaping out well.* — Une tournure de phrase : *A turn of speech.*

1 France is a country of liberty and tolerance, — **2** where *every* (*each*) one may think and act as he pleases, — **3** so *long* (*much*) as he respects other *people's* rights. — **4** All races and nationalities are welcome to it, — **5** *so* (" *in such sort* ") that it can be said : — **6** Every man has two *countries* (*fatherlands*), his *own*, and then France.

(1) A sa guise (a sa ghiz') : *Comme il lui plaît.*
(2) Autrui (ôtrüi) : *Les autres.*
(3) La patrie : *La terre de ses pères. D'où* : Le patriote, *patriot*; patriotique, *patriotic*.

o o o

Exercice supplémentaire. — Nous‿allons‿aujourd'hui conjuguer, en nous reportant‿au tableau de l'appendice (2e conjugaison) les verbes réguliers : **choisir, remplir** (*to fill up*), **réussir, saisir** (*to seize*), et **réfléchir** (*to reflect*).

Deuxième vague : *la 65e Leçon*

 121e LEÇON

Cent vingt-deuxième (122e) Leçon

A bord d'un paquebot (1)

1 — Votre cabine est*-elle à bâbord ou à tribord? (2).

2 — Ma foi, je ne saurais* (3) le dire*. Elle est* sur le deuxième pont,

3 du côté gauche en regardant vers l'avant.

4 — Alors, c'est‿à bâbord; est-ce une cabine extérieure ou intérieure?

5 — Extérieure, car il y a un hublot (N. 1). — Vous‿y êtes bien?

6 — Oui; elle est‿un peu à l'arrière, mais comme il n'y a* guère de tangage, ça n'a pas d'importance;

7 et il n'y a que deux couchettes d'occupées (4) sur quatre.

8 — Je suppose que c'est votre première traversée.

9 — En‿effet; je ne sais* pas‿encore si j'ai le pied marin.

10 — Le roulis (5) n'est pas‿encore très méchant; mais pourtant il y a déjà des passagers de (4) malades.

11 — A quelle vitesse allons*-nous?

12 — Nous ne faisons* pas plus de vingt nœuds (6) à présent;

On board (*of*) a liner

1 Is your cabin to port or to starboard? — **2** *Why* (*My faith*), I couldn't say. It is on the second deck, — **3** *on* (*of*) the left side, looking towards the prow (*forward*). — **4** Then, it is to port; is it an outside or *an* inside cabin? — **5** Outside, for there is a port-hole. — Are you *comfortable* (*well there*)? — **6** Yes; it is a little abaft; but as there is scarcely any pitching, it is not important; — **7** and there are only two out *of* (*on*) four bunks occupied. — **8** I suppose this is your first crossing? — **9** *That is so* (*In effect*); I do not know yet whether I *am a good sailor* ("*have the sailor foot*"). — **10** The rolling is not very *bad* (*wicked*) yet; but still there are some passengers sick already. — **11** At what speed are we going? — **12** We are not making *above* (*more than*) 20 knots at present;

NOTES. — (1) A bord : *On board.* Le bord *est aussi* the edge *or* the bank : Sur le bord de la table : *On the edge of the table.* — Sur le bord de la rivière : *On the river bank.*

Le paquebot, *déformation* de "packet-boat".

(2) Sur les‿anciens navires de guerre (*warships*), on voyait de l'arrière, en travers du pont, l'inscription : Batterie (batt**rî**'). D'où l'origine de Bâbord et Tribord : le *Ba* était‿au bord de gauche, et le *terie* (*phonétiquement* tri), à celui de droite.

(3) Je ne saurais * *ou* je ne pourrais * pas.

(4) Deux couchettes d'occupées, *ou* deux couchettes‿occupées. — *De même, paragr.* **10** : Il y a déjà des passagers de malades *ou* des passagers malades.

(5) Le bateau roule et tangue (rouler, tanguer); il y a du roulis et du tangage.

(6) Un nœud (**nuh**) : *A knot.* — Nouer : *To knot,* or *to tie.* — Voyez : j'ai fait * un nœud à mon mouchoir, et je ne me rappelle plus pourquoi. — N'est-ce pas pour vous rappeler de le faire laver?

13 mais dès que nous serons sortis* de la zone des‿icebergs (7),

14 nous‿irons à près de trente nœuds.

15 — Quelle bonne odeur de lard frit!

16 — Vous la trouvez bonne?

17 — Oui, elle me met*‿en appétit. Puis*-je vous‿offrir* un cigare?

18 — Non, merci, pas le matin. Mais ce roulis augmente...

19 excusez-moi; je crois bien que je vais‿aller m'étendre un peu dans ma cabine.

EXERCICE. — **1** Qui est* cet officier qui parle au steward? — **2** C'est le commissaire du bord. — **3** Il a* l'air plutôt sévère. — **4** Oui, avec le personnel; mais‿avec les passagers, c'est l'homme le plus‿aimable du monde.

13 but as soon as we *are* (*shall be gone*) out of the iceberg zone, — **14** we shall *make* (*go at*) nearly 30 knots. — **15** What a nice smell of fried bacon! — **16** Do you find it nice? — **17** Yes, it *gives me an* (*sets me in*) appetite. May I offer you a cigar? — **18** No thanks; not in the morning. But this rolling is increasing... — **19** excuse me, I *think* (*believe well*) I am going to *lie down* (*stretch myself*) for a bit in my cabin.

---

(7) Iceberg, *prononciation* isbàrrg'. Origine suédoise (süädwaz') : *Swedish.*

---

1 Who is that officer *speaking* (*who sp.*) to the steward? — **2** He is the purser. — **3** He looks rather strict. — **4** *He is* (*yes*), with the crew; but with the passengers, he is the most amiable man *in* (*of*) the world.

o o o

Exercice supplémentaire. — Poursuivons notre étude des *verbes réguliers*, en conjuguant (3ᵉ *conjugaison*) : **apercevoir** (*to perceive*).

Vous remarquerez qu'il n'existe que peu de *verbes réguliers en* **oir**; la plupart sont des *verbes irréguliers*, comme **devoir***, **falloir***, **pleuvoir***, **pouvoir***, **savoir***, **valoir***, **voir***, **vouloir***, etc...

Si vous‿avez le temps aujourd'hui, voyez‿à l'appendice quelques-uns de ces verbes, et ajoutez-les‿à votre liste de verbes‿irréguliers.

Pour aujourd'hui :

Avez-vous le **pied marin**? *Are you a good sailor?*

J'ai peur du **mal de mer** : *I am afraid of seasickness.*

Il porte un chapeau **à larges bords** : *He wears a broad-brimmed hat.*

Un homme **à la mer**! *Man overboard!*

Il est tombé **par-dessus bord** : *He fell overboard.*

En‿avant! *Forward!*

Deuxième vague : *la 66ᵉ Leçon*

122ᵉ LEÇON

Cent vingt-troisième (123e) Leçon

Politesse

1 Dans la salle à manger du paquebot, deux passagers, un Français et un‿Américain, ont*‿été* placés à la même petite table.

2 Chacun des deux ne parle que sa propre langue.

3 Lorsque l'Américain arrive, le Français, déjà assis*, se lève aimablement et dit* : — Bon ‿appétit!

4 L'Américain, croyant* qu'il se présente, lui serre la main et se nomme : — Howard Blake.

5 Puis les deux‿hommes déjeunent sans souffler (1) mot.

6 Au dîner, la même chose se reproduit* : le Français dit : — Bon‿appétit! et l'Américain quelque peu interloqué (2), répond : — Howard Blake.

7 Au déjeuner du lendemain, même jeu.

8 Cette fois, c'en‿est* trop pour l'Américain, qui va* trouver (3) le commissaire, et lui dit :

9 — Vous m'avez* mis* à la table d'un maniaque. Un certain Monsieur Bonappétit! A chaque repas, il faut* qu'il se présente!

Politeness

1 In the dining-room of the liner, two passengers, a Frenchman and an American, have been placed at the same little table. — **2** *Neither of them* (*each of the two*) speaks anything but his own language. — **3** When the American arrives, the Frenchman, already seated, rises in a friendly way and says : Bon appétit ! — **4** The American, believing that he is introducing himself, shakes hands with him, and gives his own name : H. Bl. — **5** Then, the two men *have* lunch, without breathing *a* word. — **6** At (*the*) dinner, the same (*things*) *happens again* (*reproduces itself*) : the Frenchman says : B. app., and the American, somewhat taken aback, answers : H. Bl. — **7** At (*the*) lunch (*of the*) next day, same *scene* (*play*). — **8** This time, it is (*of it*) too much for the American, who goes *to* (*find*) the purser, and says to him : — **9** You have put me at the table of a *crank* (*maniac*) ! A certain M. Bonappétit. He has to introduce himself at every meal !

NOTES. — **(1)** Souffler (soofflä) : *To blow.* — Le vent (vañ) souffle : *The wind blows.* — *To breathe :* Respirer (ràspirrä). *Mais, the breath :* Le souffle, *ou* l'haleine (lalàn'). — Il a mauvaise haleine : *He has a bad breath* (*halitosis*). — Je suis‿essoufflé (*ou* hors d'haleine) : *I am out of breath.* Sans souffler mot, *ou* sans dire un mot, *ou* sans mot dire.

(2) Interloqué (iñtàrrlokä) : Embarrassé, étonné.

(3) Venez me trouver cet après-midi : *Call on me this afternoon.* — Il alla trouver un‿avocat (avoca) : *He went to a lawyer.*

10 Le commissaire, amusé, lui explique son‿erreur.

11 Et le soir, l'Américain s'avance vers la table et salue son commensal d'un cordial : — Bon‿appétit !

12 Le Français, charmé, ne veut* pas demeurer en reste de courtoisie.

13 Il se lève, et pour lui rendre son souhait (4) en‿anglais, lui dit : — Howard Blake !

EXERCICE. — **1** Voulez*-vous prendre* quelque chose avec moi ? — **2** Merci, je ne bois* jamais entre mes repas (r'p**â**). — **3** Moi, c'est* le contraire : je ne bois qu'entre mes repas !

Nous‿allons noter :

Serrez-vous la main ! *Shake hands with each other!*

Je ne leur en‿ai pas **soufflé mot** : *I did not breathe a word of it to them.*

C'en‿est trop ! Ou c'est trop fort : *That is too much!*

Venez me trouver quand vous **voudrez** ! *Call on me whenever you like!*

Je ne veux pas demeurer **en reste** avec lui ! *I do not want to be under any obligation to him.*

10 The purser, amused, explains his *mistake* (*error*) to him. — **11** And *in* the evening, the American *comes up* (*advances himself*) to the table and greets his table-companion with a *hearty* (*cordial*) : B. app.! — **12** The Frenchman, charmed, does not want to *be behind in* (*"stay in rest of"*) courtesy. — **13** He rises, and, in order to return him his wish in English, says : H. Bl.!

---

(4) *Attention!* son souhait, *et non pas « son désir »*. (V. Leçon **119**, paragr. **4**.)

---

1 Will you *have* (*take*) something with me? — **2** *No* thanks, I never drink between (*my*) meals. — **3** *And I do* (*Me, it is*) just the *reverse* (*contrary*) : I only drink between (*my*) meals!

o o o

Exercice supplémentaire. — Reprenons la leçon, en racontant l'anecdote au *passé*, au lieu du *présent*.

Nous‿aurons les modifications suivantes :

1 avaient‿été. — **2** ne parlait. — **3** arriva; se leva; dit (*comme le présent*). — **4** ...se présentait; serra, se nomma. — **5** déjeunèrent. — **6** se reproduisit; dit; répondit. — **8** c'en était; alla; dit. — **10** expliqua. — **11** s'avança; salua. — **12** ne voulut pas. — **13** se leva; dit.

Voyez-vous *la différence entre le passé défini et l'imparfait? Relisez s.v.p. le paragr.* **1** *de la leçon* **63**.

Proverbes : Il ne faut pas courir deux lièvres à la fois : One must not run two hares at once.

Et, au contraire : **Il faut avoir plusieurs cordes à son arc :** One must have several strings to one's bow.

Deuxième vague : *la 67e Leçon*

123e LEÇON

Cent vingt-quatrième (124e) Lecon

En vue des côtes (1)

1 — C'est* la côte de France qu'on‿aperçoit là-bas?

2 — Oui; à la jumelle, on distingue déjà un phare (2) et des maisons.

3 — Voyez* ces bateaux de pêche (3), comme ils sont* pittoresques, avec leurs voiles (4) de couleur.

4 — Oui; et là, c'est‿un navire de guerre (5), un contre-torpilleur, je crois* bien.

5 — Il paraît que nous‿arriverons dans‿une heure; le brouillard se dissipe.

6 — Oh! ce n'est pas‿un brouillard, mais‿une légère brume, tout‿au plus.

7 — Avez*-vous déjà bouclé (6) vos valises?

8 — Oui; c'est vite fait*, je n'ai* qu'un sac de voyage et un porte-habit dans ma cabine;

9 mes malles sont dans la cale.

10 — Savez*-vous si la douane monte à bord?

11 — Non, l'inspection des bagages se fait‿après le débarquement (7).

In sight of the coasts

1 *Is it* (*It is*) the coast of France that *we can see* (*one perceives*) over there? — **2** Yes; *with* (*at*) the binoculars you can already *make out* (*distinguish*) a light-house and some houses. — **3** See those fishing-boats, how picturesque they are, with their *coloured* sails (*of colour*)! — **4** Yes; and there, (*it*) is a warship, a destroyer, I *think* (*believe well*). — **5** It *seems* (*appears*) that we shall be arriving in an hour; the fog is *lifting* ("*dissipating itself*"). — **6** Oh! this is *no* (*not a*) fog, but a slight mist, (*all*) at the most. — **7** Have you already *packed up* ("*buckled*") your bags? — **8** Yes; it is quickly done, I have only a travelling bag and a cuit-case in my cabin; — **9** my trunks are in the hold. — **10** Do you know whether the customs come up on board? — **11** *They do not* (*No*), the luggage is *inspected* (*inspection does itself*) after landing.

NOTES. — **(1)** La côte (c**ô**t') : *Le bord de la mer,* ou *une route qui monte.* — Il ne faut pas doubler en haut d'une côte : *One must not overtake another car* (double) *on the crest of a hill.*

(2) Le phare (farr) : *The light-house,* or *the headlamp of a motor.* — Eteignez vos phares en traversant une ville : *Put out your head-lights when passing through a town.*

(3) La pêche (p**à**sh') : *Fishing,* or *the peach.* — Le péché (päsh**ä**) : *Sin.* — Le pêcher (àsh**ä**) : *The peach-tree.* — Le pécheur (päsh**urr**) : *The sinner.* — Le pêcheur (pàsh**urr**) : *The fisherman.*

(4) Le voile : *The veil.* — La voile : *The sail.*

(5) La guerre (g**à**rr') : *War.* — La paix (p**à**) : *Peace.* — La torpille (torrp**i**'y) : *The torpedo.* — Le torpilleur (torrpi'y**urr**) : *The torpedo-boat.* — Le contre-torpilleur : *The destroyer.*

(6) Boucler : *To buckle, to loop.* — Boucler la boucle : *To loop the loop.*

(7) Débarquer : *To disembark, to land,* contraire de : embarquer. — La barque : *The bark* (*boat*). — *The bark of a tree :* L'écorce d'un‿arbre. — *The bark of a dog :* L'aboiement (abwama**ñ**) d'un chien (shi**iñ**).

124e LEÇON

12 Dans quelque temps, nous prendrons* le pilote.

13 — Cette traversée a été fort‿agréable; c'est‿une vraie cure de repos.

14 — Je vous propose, pour la terminer dignement, d'aller* vider une bouteille de champagne.

15 — Excellente idée! Allons* au bar, et buvons*‿au succès de nos vacances!

EXERCICE. — **1** Madame a* sonné? — **2** Oui, c'est* pour ce ventilateur, qui ne marche pas. — **3** Bien, madame, je vais* vous‿envoyer un‿électricien (älàctrisii**ñ**). — **4** Faites* vite, je vous prie, car on‿étouffe **(1)** ici.

Que glanons (glan**oñ**, *glean*) **nous aujourd'hui?**

Je vois **bien** quelque chose, mais je ne **distingue** pas bien : *I do see something, but I cannot quite make out what it is*

Cela **ne se fait pas** : *That is not done.*

Cela **n'est pas fait** : *That has not been done.*

C'est **fort** (forr) désagréable : *It is most unpleasant.*

Il **fait‿étouffant** (*ou* **on‿étouffe**) ici : *It is stifling in here.*

Il faut*‿**étouffer** cette affaire : *This matter must be hushed up.*

12 In *a little* (*some*) time, we shall *pick up* (*take*) the pilot. — **13** This crossing has been *very* (*strong*) pleasant; (*it is*) a real rest cure. — **14** I suggest (*propose to you*), (*in order*) to end it fittingly, go and empty a bottle for champagne. — **15** Excellent idea! Let us go to the bar, and (*let us*) drink to the success of our holiday(*s*)!

---

1 Did you ring, Madam? — **2** Yes; it is *about* (*for*) this ventilator, which does not *work* (*march*). — **3** All right, Madam, I will send you an electrician. — **4** Please be quick about it, for *it is stifling* (*one stifles*) in here.

(1) Etouffer : *To stifle*. L'affaire a été étouffée : *The affair has been hushed up*.

Exercice supplémentaire. — Les verbes‿irréguliers sont‿assez compliqués; mais vous voyez* que ce sont presque toujours les mêmes qui reviennent*; il vous suffit* d'en connaître* pratiquement une trentaine. Ce n'est pas si effrayant, après tout!

Comme exercice, ajoutez simplement à votre liste *suffire* et *revenir*.

Deuxième vague : *la 68e Leçon*

124e LEÇON

Cent vingt-cinquième (125e) Leçon

Sur le sol français

1 — C'est*‿à vous, tous ces colis (1) ?

2 — Non, ce n'est pas‿à moi ; voici les miens (N. 2).

3 — Veuillez* ouvrir* (2) cette malle.

4 — C'est bizarre ; ma clé n'entre pas dans la serrure ;

5 pardi (3), je m'étais trompé de clé. Voilà la bonne.

6 — Dépêchons (4), s'il vous plaît*. Qu'est-ce que vous‿avez* dans ces flacons ?

7 — C'est du dentifrice (5), et de l'eau de cologne.

8 — Bon. Pas de tabac, pas de cigarettes ?

9 — J'ai quelques cigarettes pour le voyage.

10 — Faites* voir* ; une cinquantaine ? C'est beaucoup. Enfin, pour cette fois, ça passera.

11 — Merci. Porteur ! prenez* mes bagages, s'il vous plait*.

12 — Bien monsieur ; que faites-vous‿enregistrer ?

13 — Cette malle, aux bagages. Le reste avec moi.

14 — Suivez*-moi à l'enregistrement des bagages.

On (the) French soil

1 Are all these parcels yours? — **2** No, they are are not mine; here are mine. — **3** Be so good as to open this trunk. — **4** It is odd; my key does not *fit* (*enter in*) the lock; — **5** dash it! I had the wrong key. There is the right one. — **6** Hurry, please! What have you in those *flasks* (*flagons*)? — **7** It is *mouth-wash* (*dentifr.*) and eau de Cologne. — **8** All right. No tobacco, no cigarettes? — **9** I have a few cigarettes for the journey. — **10** Let *me* see; about fifty? It is rather a lot (*much*). Well ("*At last*"), for this time, it can go by. — **11** Thank you. Porter! take my luggage, please. — **12** Right, Sir; what do you want put *in the luggage van* (*registered*)? — **13** This trunk, in the van. The remainder, with me. — **14** Follow me to the luggage registering *office*.

NOTES. — **(1)** Ici, le mot *bagages* serait plus juste que *colis*, qui signifie *paquet*. — Un colis postal : *A postal parcel.*

(2) Veuillez (vuh-yä) est l'impératif de *vouloir* **(N. 4).**

(3) Pardi! *atténuation de* Pardieu! *comme en‿anglais* : By gad! *au lieu de* by God!

(4) Dépêchons, *pour* dépêchons-nous.

(5) La poudre *ou* la pâte dentifrice : *Tooth powder* or *paste.* — L'eau dentifrice *ou* le dentifrice : *Mouth-wash.*

15 — Voici votre bulletin, monsieur; il y a soixante-seize francs cinquante à payer.
16 En quelle classe voyagez-vous?
17 — En seconde; choisissez-moi un compartiment de fumeurs.
18 — Le train est sur la troisième voie; prenons* le passage souterrain.
19 — Voilà, monsieur; je mets* les valises dans le filet.
20 — Combien vous dois*-je?
21 — D'après le tarif, cela fait* un franc cinquante.
22 — Voici cinq francs; rendez-m'en trois.
— Merci beaucoup, monsieur.

Vieille chanson paysanne (6)

23 — Tu me disais*
Que tu m'aimais;

24 Mais c'était pour rire (*bis*)
Que tu me le disais!

25 — Si j' te disais
Que je t'aimais,

26 C'était bien pour rire (*bis*)
Que je te le disais!

Ne manquez pas *de répéter, chaque fois que vous rencontrez l'astérisque, les verbes‿irréguliers qui doivent* se trouver déjà sur votre liste.*

C'est‿ennuyeux, mais nécessaire...

15 Here is your *luggage check*, Sir; there is 76.50 francs to pay. — **16** (*In*) What class are you travelling? — **17** (*In*) second; *find* (*choose*) me a smoking compartment. — **18** The train is on the third platform (*way*); let us *go by* (*take*) the underground passage. — **19** There you are, Sir; I am putting the bags into the rack. — **20** How much do I owe you? — **21** *According to the rates* ("*Of after the tariff*"), it comes to 1.50 francs. — **22** Here are 5 francs; give me back 3 francs' *change*. — Thank you very much, Sir.

An old peasant song

23 You used to tell me — That you loved me; — **24** But it was *in fun* (*to laugh*) — repeat — That you told me *so* (*it*)! — **25** If I used to tell you — That I loved you, — **26** Certainly it was (*well*) in fun — repeat — That I told you so!

---

(6) Paysan (pàizañ), *féminin* : paysanne (pàiza**n'**).

Ajoutons‿à notre collection :

C'est‿à vous, ces gants? *Are those gloves yours?*
Non, j'ai **les miens** dans ma poche : *No; I have mine in my pocket.*
En quelle classe voyage-t-elle? *What class does she travel?*
Rendez-moi la monnaie : *Give me back the change.*
D'après (*ou* **suivant,** *ou* **selon**) le règlement : *According to the regulations.*

o o o

Exercice supplémentaire. — Prenons les deux verbes réguliers **choisir** et **attendre**, et conjugons-les, en nous reportant au tableau des conjugaisons.

Deuxième vague : *la 69e Leçon*

Cent vingt-sixième (126e) Leçon

REVISION ET NOTES

1 L'h " aspiré " n'existe que de nom en français. On ne l'aspire jamais. Mais devant‿un h aspiré, on ne fait jamais de liaison, ni d'élision (suppression d'une lettre avec apostrophe).

Ainsi, on dit **l'**hôtel (h muet), mais **le** hublot (h " aspiré ").

Voici les principaux mots dans lesquels l'h est‿" aspiré " :

La hache, *the axe*; le hachis, *haggis*; hagard, *haggard*; la haie, *the hedge*; la haine, *hate*; haïr (a-**i**rr), *to hate*;

hâlé, *sunburnt*; la halle, *hall*; le hamac, *hammock*; le hameau, *hamlet*; la hanche, *the haunch*; le hangar, *the shed*; hardi, *bold*; le hareng (arr**añ**), *herring*; le haricot (arric**o**), *bean*; la harpe, *harp*; le hasard, *chance*; la hâte, *haste*; haut, *high*; la hauteur, *the height*; le héros, *the hero*; la Hollande; le homard, *lobster*; la Hongrie, *Hungary*; la honte, *shame*; le hoquet (oc**à**), *hiccup*; hors de, *out of*; le hors-d'œuvre; le houblon, *hop*; la houille, *coal* (*or* le charbon); le houx (**oo**), *holly*; le hublot, *port-hole*; le huit (*the eight*), la huitaine : *eight days*; le hurlement, *the howl*; le hussard, *the hussar*.

En‿outre, le mot **onze** ne prend pas de liaison ; on dit : le onze avril, *the 11th of April*, et non *l'onze*.

2 C'est‿à moi : *It is mine.* — A qui est-ce? *Whose is it?* — Ce n'est pas‿à lui : *It is not his.*

Quand faut-il dire **le mien, le sien**, etc... ? Quand‿on désigne un‿objet, parmi d'autres du même genre. Ainsi :

Ce livre est‿à moi : *This book is mine* (*Il n'y a qu'un livre*).

Ce livre est le mien : *This is my book* (*Il y a plusieurs livres*).

Est-ce que ce dé (*thimble*) est‿à vous? *Is this thimble yours?* (*Il n'y a qu'un dé*).

Est-ce que ce dé est le vôtre? *Is this your thimble?* (*Il y a plusieurs dés*).

3 C'est, ce sont. — *Ce sont* s'emploie en principe devant‿un *pluriel*.

Ce sont les‿Américains : *It is the Americans.*

Ce sont mes derniers sous : *It is my last penny.*

Ce sont les‿autres : *It is the others.*

Mais, immédiatement devant‿un *pronom personnel pluriel*, on doit dire *c'est* :

C'est nous, c'est vous tous : *It is us, it is you all.*

Cependant, on peut dire :

C'est eux, *ou* ce sont eux.

4 Veuillez (vuh-yä), impératif de **vouloir**, signifie : *Please to, be so good as to.*

Dans la formule finale d'une lettre, on dit :

Veuillez‿agréer mes sincères salutations, *ce qui correspond‿à : Yours faithfully.*

Veuillez‿agréer mes salutations distinguées *est plus formel*, mes salutations‿empressées, *plus respectueux*, mes cordiales salutations, *plus familier*.

Ou encore, simplement : Bien‿à vous.

126e LEÇON

5 Neuf, adjectif (*new*), fait‿au féminin **neuve.** De même :
Un veuf, *a widower*; une veuve, *a widow.*
Naïf, *féminin* : naïve.
Bref (*brief*), *féminin* : brève.
Vif (*lively*), *féminin* : vive.
Pensif : *féminin* : pensive.
Admiratif, *féminin* : admirative, etc.

6 Masculin et féminin :

Le but, **un** b.; **le** cours (coorr), **un** c. (**la** cour : *the court*, or *court-yard*) ; **le** vocabulaire, **un** v.; **le** mécanisme, **un** m.; **le** cas, **un** c.; **l'**instrument, **un‿**ins.; **le** doute, **un** d.; **le** point, **un** p.; **le** succès, **un** s.; **le** chiffre, **un** ch.; **l'**amour, **un** a.; **le** malheur, **un** m.; **le** besoin, **un** b.; **le** paquebot, **un** p.; **le** bord, **un** b.; **le** pont, **un** p.; **le** côté, **un** c.; **le** hublot, **un** h.; **le** tangage, **un** t.; **le** roulis, **un** r.; **le** mal, **un** mal; **le** pied, **un** p.; **le** nœud (nuh), **un** n.; **l'**iceberg, **un‿**i.; **le** lard, **un** l.; **l'**appétit, **un‿**a.; **le** cigare, **un** c.; **le** monde, **un** m.; **le** mot, **un** m.; **le** jeu, **un** j.; **le** souhait (sooà), **un** s.; **le** repas, **un** r.; **le** phare, **un** ph.; **le** voile (*veil*), **un** v.; **le** navire, **un** n.; **le** brouillard, **un** b.; **le** sac, **un** s.; **le** repos, **un** r.; **le** champagne (*wine*), **un** ch. (la Champagne, *province*) ; **le** bar, **un** b.; **le** ventilateur, **un** v.; **le** sol, **un** s.; **le**

Cent vingt-septième (127e) Leçon

En wagon (1)

1 — Permettez*-moi, madame, de vous‿aider à lever cette glace (2) !

colis (coli), **un** c.; **le** flacon, **un** f.; **le** dentifrice, **un** d.; **le** bulletin, **un** b.; **le** compartiment, **un** c.; **le** passage (pas**a**zh'), **un** p.; **le** filet, **un** f; **le** tarif, **un** t.; **le** gant, **un** g.

La lecture, **une** l.; **la** facilité, **une** f.; **l'**antiquité, **une** a.; **la** raison, **une** r.; **la** carrière, **une** c.; **la** visite, **une** v.; **la** tournure, **une** t.; **la** liberté, **une** l.; **la** tolérance, **une** t.; **la** race, **une** r.; **la** patrie, **une** p.; **la** foi, **une** f.; **la** fois, **une** f.; **la** cabine, **une** c.; **la** couchette, **une** c.; **la** vitesse, **une** v.; **la** zone, **une** z.; **l'**odeur, **une** o.; **la** mer, **une** m.; **la** politesse, **une** p.; **la** salle, **une** s.; **la** table, **une** t.; **la** main, **une** m.; **la** chose, **une** ch.; **l'**erreur, **une** e.; **la** courtoisie, **une** c.; **la** côte, **une** c.; **la** jumelle, **une** j.; **la** pêche, **une** p.; **la** voile (*sail*), **une** v.; **la** guerre, **une** g.; **la** brume, **une** b.; **la** malle, **une** m.; **la** cale, **une** c.; **l'**inspection, **une** i.; **la** crue, **une** c.; **la** bouteille (boot**à**'y), **une** b.; **l'**affaire, **une** a.; **la** clé, **une** c.; **la** serrure, **une** s.; **l'**eau, **une** e.; **la** classe, **une** c.; **la** voie, **une** v.; **la** poche, **une** p.; **la** monnaie, **une** m.

Ne vous‿étonnez pas si nous répétons parfois des mots; c'est pour mieux vous les faire entrer dans la tête.

Deuxième vague : *la 70e Leçon*

In *the* railway carriage

1 Allow me, Madam, to help you raise this window.

NOTES. — **(1)** Prononcez vago**ñ**. Le wagon *est* la voiture de chemin de fer. *Dans les gares, on crie* : En voiture! (*All aboard!*), et les voyageurs montent‿en wagon.

(2) La glace : 1) *The ice*; 2) *the mirror* (le miroir); 3) *the pane*, or *plate-glass. En ch. de fer, en‿auto, on dit* : Levez, baissez la glace : *Raise, lower the window.*

2 — Merci monsieur. — Vous craignez* (3) les courants d'air?

3 — Oh, pas‿ordinairement. Mais‿en ce moment je suis*‿enrhumée (4).

4 — C'est bien‿ennuyeux, surtout en voyage. Si je puis* faire* quelque chose pour vous...

5 — Vous‿êtes trop‿aimable, monsieur; mais je n'ai* vraiment besoin de rien.

6 — Acceptez du moins une de ces pastilles...

7 — Je ne puis* vous refuser. Ce sont des pastilles‿américaines?

8 — Oui, j'en porte toujours sur moi; c'est‿un faible. Et cela me permet* de fumer moins.

9 — Je croyais* qu'en‿Amérique on se servait* surtout de gomme à mâcher (5).

10 — Pas tout le monde, comme vous voyez*. Comment vous figurez-vous les‿Américains?

11 — C'est‿assez difficile à dire*. Je ne les connais* guère que par les films,

12 et je suppose que cela ne représente pas la vie réelle.

13 — Vous‿aimez les films‿américains?

14 — Mon Dieu, oui. Mais pas les films‿historiques, ni non plus ceux de gangsters (6).

15 — Que reste-t-il, alors?

2 Thank you, Sir. — Are you afraid of draughts? — **3** Oh, not as a rule. But *just now* (*in this moment*) I have a cold... — **4** It is *most* (*well*) annoying, especially *when travelling* (*"in travel"*). If I can do anything for you... — **5** You are too kind, Sir; but I really don't need anything. — **6** At least have one of these lozenges... — **7** I cannot *refuse* (*you*). *Are they* (*They are*) American lozenges? — **8** Yes, I always carry some *about* (*on*) me; it is a *weakness* (*foible*). And that *enables* (*allows*) me to smoke less. — **9** I believed that in America people *mostly* (*above all*) used chewing-gum. — **10** Not everybody (*all the world*), as you see. What do *you imagine* (*figure to yourself*) the Americans (*are like*)? — **11** It is *pretty hard* (*enough difficult*) to say. I *only really know them from* (*hardly know them only by*) the films, — **12** and I suppose that does not represent real life. — **13** Are you fond of American films? — **14** *Why* (*"my God"*) yes. But not historical films, nor (*those of*) gangsters(*s*) *ones.* — **15** What is left, then?

(3) Vous craignez (*infinitif* craindre), *ou* vous‿avez peur des...

(4) Un rhume (rüm') : *A cold.* — J'ai attrapé un rhume, *ou* je me suis‿enrhumé (añrümä) : *I have caught a cold.* — J'ai un gros rhume, *ou* je suis très‿enrhumé : *I have a bad cold.*

(5) Mâchez vos‿aliments (alımañ) : *Chew your food.* — *Mais* Chiquer (du tabac) *To chew tobacco.* — La gomme à effacer : *The rubber* (*eraser*).

(6) "Le gangster" *est un néologisme en français, pour* le bandit, l'apache.

127ᵉ LEÇON

16 — Eh bien, les films comiques, et aussi certaines comédies tout‿à fait délicieuses, et pleines d'entrain **(7)**.

17 — « En train »; mais nous‿y sommes, « en train »!

18 — Non; nous sommes dans le train; ce n'est pas la même chose.

EXERCICE. — **1** Ça y est*! J'ai* cassé la pointe de mon crayon (crã-**yoñ**) ! — **2** Avez-vous‿un canif à me prêter? — **3** J'en‿ai bien‿un, mais‿il ne coupe pas. — **4** Donnez toujours, je vais* tâcher de le tailler (ta-**yä**) tant bien que mal.

Pour nos notes du jour :

Ça y est! *There! It is done!*

Je le ferai* **tant bien que mal** : *I shall do it as best I can.*

Craignez*-vous les **courant d'air**? *Are you afraid of draughts?*

Je n'ai pas d'épingle **sur** moi : *I haven't a pin on me.*

Combien vous reste-t-il? *How much (money) have you left?*

Une **épingle de sûreté** : *A safety-pin.* — Une **aiguille** (ãgüi'y') : *A needle.*

Cent vingt-huitième (128e) Leçon

Dans le hall de l'hôtel

1 — Vous ne trouvez pas que ça sent* le brûlé **(1)**?

16 Well, comic films, and also certain comedies, quite delicious, and full of go. — **17** "In train" ; but here we are, "in train"). — **18** No we are "in the train", that is not the same thing.

---

(7) L'entrain : *Go, "pep", n'a rien à voir avec* « le train », *mais est parent de* entraîner. — Je m'entraîne pour le match : *I am training for the match.*

---

1 (*That*) There (*is*)! I have broken my pencil point. — **2** Have you a penknife to lend me? — **3** I have one *all right* (*well*), but it *is not sharp* (*does not cut*). — **4** Give it to me *anyway* (*always*), I will try to sharpen it *as best I can* (" *so much well as bad* ").

o o o

Exercice supplémentaire. — Nous‿avons‿encore aujourd'hui bon nombre de *verbes‿irréguliers*; voyons-les sur notre liste, et ajoutons-les‿y s'ils n'y sont pas.

Puis, pour ne pas négliger les *verbes réguliers*, conjugons au *présent de l'indicatif* et au *futur* :

Casser, couper, tâcher, rester, *et* lever. (**N. 1**) d'après le modèle de la 1re conjugaison, à l'appendice.

Ce n'est pas trop vous demander?

Deuxième vague : *la 71e Leçon*

In the hotel lobby

1 Don't you *think* (*find*) *that there is a smell of burning* (*that smells of the burnt*)?

NOTES. — **(1)** Sentir * : *To feel* or *to smell.* — Brûler : *To burn.*

128e LEÇON

2 — Si, en‿effet; d'où est-ce que ça vient*? (2)

3 — Reculez (3) un peu votre fauteuil; là, voyez-vous, c'est‿un bout de cigarette qui brûle le tapis.

4 — Oui; c'est*‿effrayant ce que (4) les gens sont négligents;

5 il y a* pourtant un cendrier (5) sur le guéridon, à portée de la main.

6 — Je crois* bien que c'est la dame qui parle au portier qui était‿assise ici avant nous.

7 — Ah! si c'était‿une dame, je n'ai rien‿à dire (N. 3). Que faites*-vous ce matin?

8 — Je ne sais pas trop (6) ; d'abord, je vais* passer à la poste restante (7) pour voir* si j'ai du courrier.

9 — Moi, je me fais‿adresser mes lettres au bureau de l'American Express.

10 — A propos, il faut* que j'y aille (8) aussi, pour toucher de l'argent,

11 et me renseigner (9) sur les‿excursions en‿autocar.

12 — Avez-vous visité les châteaux de la Loire?

13 — Non, je n'ai encore vu que Paris et ses‿environs, Fontainebleau, et la cathédrale (10) de Chartres.

14 — N'oubliez pas surtout (11) les châteaux

2 Yes, indeed; where does it come from? — **3** Move back your armchair a little; there, do you see, it is a cigarette end which is burning the carpet. — **4** It is *terrible* (*frightening*) how *careless* (*negligent*) people are; — **5** *for* there is (*however*) an ash-tray on the table, within reach (of the hand). — **6** I *believe* (*well*) it is the lady who is speaking to the porter who *sat* (*was seated*) here before us. — **7** Ah! if it was a lady, I have nothing to say. What are you doing this morning? — **8** I don't know *exactly* (*too much*); first, I am going to call at the post-*office* (*remaining*), to see whether I have any mail. — **9** (*Me*), I have my letters addressed to the Amer. Exp. office. — **10** By the way, I must go there too, *in order* to get (*touch*) some money, — **11** and to inquire about motor coach tours. — **12** Have you visited the Loire châteaux? — **13** No, *up to now* I have (*still*) only seen Paris and its surroundings, Fontainebleau and Chartres cathedral. — **14** Above all, do

---

(2) *Ou* : d'où cela vient-il? (Ça *est plus familier que* cela).

(3) Reculer : *To move back*, or *stand back*. — *Aussi* se reculer : Reculez! *ou* reculez-vous! *Stand back!* — Avancez! *Come on!*

(4) Ce que *ou* comme.

(5) La cendre : *Ash.* — Un guéridon (gärrid**oñ**) : *Petite table à trois pieds.*

(6) Je ne sais pas trop : *Je ne sais pas au juste.*

(7) Ecrivez-moi poste restante : *Write me at the post-office* (*to be left till called for*). — Où est le bureau de poste? *Where is the post-office?*

(8) J'y vais : *I am going there.* — Il faut que j'y aille (**a**-y') : *I must go there* (*subjonctif*).

(9) Se renseigner : *To inform oneself, to inquire.* — Pouvez-vous me donner un renseignement (rañsägn'mañ)? *Can you give me some information?*

(10) La cathédrale (catädral'). — Une église (ägliz') : *A church.*

(11) *Ou* : en tout cas.
Un château (shât**ô**); *pluriel* des châteaux (shât**ô**).

128e LEÇON

de la Loire : ce n'est qu'une excursion d'une journée,

15 et je vous‿assure que cela en vaut* la peine.

16 — Merci; je n'y manquerai pas.

EXERCICE. — **1** Peut*-on visiter l'église pendant les‿offices? — **2** Mais oui, à condition de ne pas faire* de bruit. — **3** Est*-ce le curé qui dit* la messe? — **4** Non; aujourd'hui, c'est‿un vicaire **(1)**.

Cent vingt-neuvième (129e) Leçon

Au bureau de poste

1 — Le guichet de la poste restante, s'il vous plaît*?

2 — C'est*‿au fond, guichet numéro 7. — Merci bien.

3 — Prenez* la queue, s'il vous plaît. — Oh! pardon, je n'avais* pas remarqué que vous‿attendiez.

not forget the Loire châteaux : it is only a one-day tour, — **15** and I assure you it is worth while. — **16** Thanks, I shall not fail to *do* it.

---

1 Can one visit the church during services? — **2** Certainly, on condition *you do not* (*not to*) make any noise. — **3** is it the vicar who is saying mass? — **4** No, to-day it is a curate.

(1) *A l'inverse de l'anglais, c'est le curé qui est le supérieur du* vicaire.

o o o

Exercice supplémentaire. — Remplacez les mots (*entre parenthèses*) par les mots justes dans les phrases suivantes :

1 (*Connaître**)-vous (*le*) amis (*de le*) curé? — **2** Je ne (*savoir*) pas si (*votre*) sœurs sont déjà (*rentrer*). — **3** Quand vous‿êtes (*venir*), je (*penser*) justement (*de*) vous. — **4** (*Faire*)-vous beaucoup (*de les*) fautes en‿écrivant (*dans le*) français?

Clé : **1** connaissez, les, du. — **2** sais, vos, rentrées. — **3** venu, pensais, à. — **4** Faites, de, en.

Choisissons (shwazis**oñ**) **pour aujourd'hui :**

Qu'est-ce que **ça sent* ici**? *What does it smell of in here?*

Ça sent l'essence (läss**añs'**) : *It smells of petrol.*

Reculez (*ou* **En‿arrière**) s'il vous plaît*. *Stand back please!*

Avancez! (*ou* **En‿avant!**) : *Move forward!*

Adressez-vous‿au guichet (ghish**à**) des **renseignements** : *Apply at the information office.*

Est-ce que cela **en vaut* la peine**? *Is it worth while?*

Deuxième vague : *la 72e Leçon*

At the post-office

1 The box for poste restante, if you please? — **2** It is *at the far end* (*at the bottom*), box No. 7. — Many thanks. — **3** Join the queue, please. — Oh! *I beg your* pardon, I had not noticed that you were waiting.

129e LEÇON

4 Diable! c'est que ça ne va* pas vite! Enfin, voici mon tour **(1)**.

5 — Y a-t-il quelque chose au nom de John Turner?

6 — Avez-vous une pièce **(2)** d'identité? — Oui, voici mon passeport.

7 — Voici deux lettres pour vous; cela fait* soixante centimes à percevoir **(3)**.

8 Vous n'avez pas de petite monnaie? Merci, cela m'arrange mieux.

9 — Je voudrais* expédier **(4)** une lettre recommandée. — Au guichet 2.

10 — Allons* bon! Il y a encore une queue. Enfin, patientons.

11 — Voulez-vous me recommander cette lettre? — Remplissez d'abord une formule de recommandation;

12 vous‿en‿avez là-bas, sur la table.

13 — Pas de chance! J'ai attendu pour rien. Remplissons la formule.

14 Expéditeur... Destinataire... Voilà qui est fait.

15 Une autre fois, je saurai* comment m'y prendre* **(5)**.

16 Je vais‿aussi acheter quelques timbres, pendant que j'y suis.

4 *Dash it!* (*Devil*) *this is slow business* (*it is that this is not going quickly*)*!* At last, here, *comes* (*is*) my turn. — **5** Is there anything *for* (*to the name of*) John Turner? — **6** Have you a document of identity? — Yes, here is my passport. — **7** Here are two letters for you; there *will be a charge of 60 centimes* (*makes 60 centimes to charge*). — **8** Have you no small change? Thank you, that *suits* (*arranges*) me better. — **9** I *want* (*would like*) to send a registered letter. — At (*the*) box 2. — **10** *Now, this in fine!* (*Let us go, good!*) There is another queue. *Well* (*At last*), let us *be* patient. — **11** Will you register this letter *for me*? — First fill up a registration form, — **12** you will find some *down* there, on the table. — **13** No luck! I have been waiting for nothing. Let us fill up the form. — **14** Sender... Addressee... There, that is done. — **15** Another time, I shall know how to *go* (*take myself*) *about it.* — **16** I am also going to buy some stamps, while I am about it.

NOTES. — **(1)** Chacun **à** son tour : *Each one in his turn.* — C'est‿à votre tour maintenant : *It is your turn now.*

(2) Une pièce *est‿ici* un document.

(3) *Ne confondons pas* apercevoir, *to perceive, et* percevoir : *to collect, to charge.* Le percepteur : *The tax-collector.*

(4) Expédier *ou* envoyer (añvwa-yä).

(5) Comment vous‿y prenez-vous? *How do you manage it* or *go about it?* — Il s'y prend mal : *He goes about it the wrong way.*

EXERCICE. — 1 J'ai* un mandat (mañda) à toucher. — **2** Adressez-vous au guichet d'à côté, avec une pièce d'identité. — **3** Voici, monsieur : trois cents francs, moins la taxe, pour un mandat étranger.

Notons :

C'est la porte **au fond** : *It is the door at the far end, or the last door.*

Au fond (*ou* Après tout) ce n'est pas si difficile : *After all, it is not so difficult.*

Il faut savoir **s'y prendre** : *One must know the ropes.*

Finissez-le, **pendant que vous‿y êtes** : *Finish it, while you are about it.*

Quatre **plus** (plüs') deux font six : *Four plus two makes six.*

Quatre **moins** deux **font** deux : *Four minus two makes two.*

Deux et deux **font** quatre : *Two and two is four.*

Cent trentième (130e) Leçon

Badinage

1 — Je vous rends votre livre, avec mes remerciements **(1)** ! Il m'a* beaucoup intéressée.

2 — Comment! vous l'avez* déjà fini! Mais alors vous‿avez dû* lire* **(2)** toute la nuit?

3 — Je lis très vite; et puis, j'avoue que j'ai sauté **(N. 2)** des pages, dans ma hâte d'arriver au dénouement;

1 I have a money-order to cash. — **2** Apply to the next window with an identity document. — **3** There you are, Sir; 300 francs, less the tax, for a foreign money-order.

o o o

Exercice supplémentaire. — Mettons les verbes de la leçon à l'*imparfait* et au *futur*, avec *vous* :

1 vous plaisiez, vous plairez. — **2** vous‿étiez, vous serez. — **3** vous preniez, vous prendrez; vous‿aviez, vous‿aurez; vous remarquiez, vous remarquerez; vous‿attendiez, vous‿attendrez. — **4** vous‿alliez, vous‿irez. — **7** vous faisiez, vous ferez; vous perceviez, vous percevrez. — **8** vous‿arrangiez, vous‿arrangerez. — **9** vous vouliez, vous voudrez; vous‿expédiiez **(1)**, vous ‿expédierez; vous recommandiez, vous recommanderez. — **10** vous patientiez (pasiañtiä), vous patienterez. — **11** vous remplissiez, vous remplirez. — **15** vous saviez, vous saurez. — **16** vous‿achetiez, vous‿achèterez **(N. 1)**.

(1) Les verbes en **ier**, comme **prier**, **expédier**, font au présent de l'indicatif : *vous priez, nous prions, vous expédiez, nous expédions*, et à l'imparfait : *vous priiez, nous priions, nous expédiions, vous expédiiez*, **avec deux i.**

Deuxième vague : *la 73e Leçon*

Banter

1 I return your book to you with my thanks. I was very interested in it. — **2** *What* (*How*)*! have you* (*y. h.*) finished it already! But then you must have read all (*the*) night? — **3** I read very quickly; and then, I admit, I have *skipped* (*jumped*) some pages, in my haste to reach the *end* (*untying, denouement*);

NOTES. — **(1)** Merci beaucoup, *ou* merci bien : *Thank you very much,* ou *many thanks. Mais* : Agréez mes remerciements (r'màrrsî'mañ) : *Accept my thanks.*

(2) Remarquez‿encore la différence de construction : *You must have read* : Vous‿avez dû lire (*"you have must* [*been obliged*] *to read"*).

4 je ne voulais* pas m'endormir* avant de savoir* comment l'histoire finirait.

5 — Si vous voulez*‿un‿autre ouvrage du même auteur...

6 — Oh, merci bien, avec plaisir; mais pas tout de suite;

7 je me connais*, et dès que j'y aurais mis* le nez (3) je devrais* encore aller* jusqu'au bout (4) !

8 — Quand vous voudrez. Vous sortez* maintenant?

9 — Oui; je dois‿aller chez le coiffeur, pour faire* refaire* ma permanente.

10 — J'aime bien ce nom de « permanente », pour une chose dont la durée est* toute relative...

11 — Hélas, à qui le dites*-vous? Il n'y a rien d'éternel, et nous‿autres femmes, nous sommes plus‿ou moins les‿esclaves du coiffeur...

12 — Heureux coiffeur! Je regrette presque de n'avoir pas choisi ce métier! **(N. 4)**.

13 — Oui, c'est dommage; vous seriez tout‿à fait bien (5) en veston blanc, avec le peigne et les ciseaux à la main!

EXERCICE. — **1** Entrons dans cette librairie (1); je voudrais*‿acheter un plan de la ville. —

4 I did not want to go to sleep before *knowing* (*to know*) how the story would end. — **5** If you want another *book* (*work*) *by* (*of*) the same author... — **6** Oh, many thanks; but not just now; — **7** I know myself, and as soon as I *had* (*sh. h.*) *opened* ("*put the nose into*") it, I should have to go *right* to the end again! — **8** When*ever* you like. Are you going out now? — **9** Yes; I must go to the hairdresser's, to have my permanent *wave* re-set. — **10** I *do* like (*well*) that name (*of*) "permanent", for a thing the duration of which is quite relative... — **11** Alas, *who knows it better than I* (*To whom do you say it*)? (*There is*) nothing *is* eternal, and we (*others*) women (*we*) are more or less (*the*) slaves *to* (*of*) the hairdresser. — **12** Fortunate hairdresser! I almost regret not having chosen that trade! — **13** Yes, it is a pity; you would *look* (*be*) quite well in *a* white jacket, with (*the*) comb and (*the*) scissors in (*the*) hand!

130

(3) Il fourre toujours son nez partout : *He always pokes his nose into everything : he is a busybody.*

(4) Jusqu'au bout *est mieux‿ici que « jusqu'à la fin ».*

(5) *Ou* : Vous‿auriez tout‿à fait bonne mine.

---

1 Let us go into that book-shop; I would like to buy a plan of the town. — **2** *Wouldn't you* rather take (*then*) a guide-book,

(1) La librairie : *The book-shop*; le libraire : *The bookseller. — The library or the book-case* : La bibliothèque (bibliotàk').

130e LEÇON

2 Prenez*donc plutôt un guide, avec un plan par sections; — **3** c'est* plus pratique et plus maniable qu'un plan sur une grande feuille.

A l'ordre du jour :

Veuillez‿agréer mes **remerciements** : *Please accept my thanks!*

Nous‿**irons jusqu'au bout**! *We will see this thing through!*

A qui le dites-vous? *Don't I know it!*

Je le **trouve très bien en** Pierrot (piàrr**o**) : *I think he looks very well as a Pierrot!*

Ce dictionnaire (diksion**à**rr) est très complet, mais‿il n'est pas **maniable** : *This dictionary is very comprehensive but it is not easy to handle.*

Cent trente et unième (131e) Leçon

Le temps qu'il fait (1)

1 — Je crains* bien que le temps ne se gâte (**N. 5**) ; je sens* de l'orage dans l'air.

2 — Oui, il fait* plutôt lourd; mais cependant le ciel (**2**) est* pur,

3 à part ces quelques nuages‿à l'ouest, qui n'ont* pas l'air bien méchants.

4 — Ne vous‿y fiez pas trop; j'ai un cor (**3**) qui me sert* de baromètre, et il m'annonce de la pluie.

with a plan *in* (*by*) sections; — **3** it is more practical and handier than a plan on a large sheet.

o o o

Exercice supplémentaire. — Ne nous fatigons pas de répéter les verbes; prenons‿aujourd'hui ceux de la leçon, en les mettant au *passé indéfini*, avec *je* :

1 j'ai rendu; j'ai eu. — **2** j'ai fini; j'ai dû; j'ai lu. — **3** j'ai avoué, j'ai sauté; je suis arrivé. — **4** j'ai voulu; je me suis‿endormi; j'ai su. — **5** j'ai voulu. — **7** j'ai connu; j'ai mis; je suis‿allé. — **8** je suis sorti. — **9** j'ai fait, j'ai refait. — **10** j'ai aimé; j'ai été. — **11** j'ai dit. — **12** j'ai regretté; j'ai choisi.

Vous avez dû trouver cette leçon plutôt facile? Tant mieux! c'est que vous progressez.

Deuxième vague : *la 74e Leçon*

The weather

1 I *am very much afraid* (*fear well*) that the weather *is going to break* (*spoils itself*); I feel a storm in the air. — **2** Yes, it is rather *close* (*heavy*); but still the sky is *clear* (*pure*), — **3** apart from those few clouds in the west, which do not look very *nasty* (*wicked*). — **4** Do not trust them too much; I have a corn which serves (*me*) as (*of*) my barometer, and it is forecasting rain.

NOTES. — **(1)** Il fait beau (mauvais) temps. — *On dit* « le temps qu'il fait » pour bien montrer qu'il ne s'agit pas du temps qui passe (*time*).

(2) Le ciel (si**à**l), *pluriel* les cieux (si**uh**) : *The sky*, or *heaven*.

(3) Le cor (aux pieds) : *The corn.* — Le cor (de chasse) : *The* (*hunting*) *horn.* — Le corps : *The body,* a la même prononciation : corr.

131e LEÇON

5 — Ce sera tout‿au plus une averse vite passée; ce n'est pas cela qui m'empêchera de sortir*.

6 — Rappelez-vous lundi dernier, quand nous‿avons*‿été trempés jusqu'aux‿os par une pluie diluvienne...

7 — Oui, ça tombait‿à seaux **(4)**, et comme vous ne vouliez* pas vous‿abriter **(5)** sous les‿arbres...

8 — Riez* de moi si vous voulez*, mais j'ai une peur horrible de la foudre.

9 — Voilà justement un éclair; mais l'orage est bien loin; on n'entend même pas le coup de tonnerre.

10 — Décidément, je ne sortirai pas; je vais*‿écrire* des lettres.

11 — A votre aise **(6)** ; mais permettez*-moi de vous dire* que vous‿êtes trop prudente.

12 — Je sais*, je suis ridicule; mais je n'y peux* rien, c'est‿une peur maladive;

13 et c'est pour cela que je préfère l'hiver; quand‿il gèle **(7)**, je suis sûre, au moins, qu'il n'y aura pas de tonnerre.

5 (*All*) At the most, it will be a *brief* (*quickly passed*) shower; that will not be *enough to* (*that which will*) prevent me from going out. — **6** Remember last Monday, when we got soaked to the *skin* (*bones*) by a *deluge of* (*diluvian*) rain... — **7** Yes, it fell *in* (*at*) buckets, and as you did not want to *take* shelter under the trees... — **8** *You may* Laugh at me if you like but I have a horrible fear of lightning. — **9** There *comes* (*"is justly"*) a flash *now*; but the storm is very far *away*; the thunderclap cannot even be heard. — **10** Decidedly, I shall not go out; I am going to write some letters. — **11** As you like; but allow me to tell you that you are too *cautious* (*prudent*). — **12** I know, I am ridiculous; but I can't help it, it is an unhealthy fear; — **13** and that is why I prefer the winter; when it is freezing I am sure at least that there'll be no thunder.

(4) Le seau, *pluriel* seaux (sô) : *The bucket.* — Le sceau, *pluriel* sceaux (sô) : *The seal* (*for sealing*). — Le sot (so) : *The fool, pluriel* les sots (sô).

(5) Un‿abri : *A shelter.* — Abriter : *To shelter.* — S'abriter : *To take shelter.*

(6) *Ou* : A votre guise, *ou* comme il vous plaira; *ou* comme vous voudrez.

(7) Geler (zh'lä) : *To freeze.* — La gelée (zh'lä') : *The frost* and also *the jelly.* — La glace : *The ice,* or *the looking-glass,* or *the ice-cream.*

131e LEÇON

EXERCICE. — **1** C'est*‿une véritable tempête; voyez*, il grêle et il neige à la fois. — **2** Je ne vois guère de grêlons, mais quels gros flocons de neige! — **3** Et tout cela fond‿aussitôt **(1)**, pour faire* de la boue (**boo'**). — **4** C'est‿un temps à ne pas mettre* un chien dehors.

Notons :

De quoi riez-vous? *What are you laughing at?*
Il n'y a pas de quoi rire : *It is no laughing matter.*
Qu'**y puis**-je? — Vous **n'y pouvez** rien : *How can I help it? — You can't help it.*
Il n'y avait personne, **à part** (*ou* excepté) le personnel : *There was no one, apart from* (or *save*) *the staff.*

Cent trente-deuxième (132e) Leçon

Au Bois de Boulogne

1 — Cela vous dirait*-il de canoter **(1)** un peu sur le lac?

2 — Ce serait*‿avec plaisir, car j'aime bien ramer **(2)** ;

3 mais‿il y a* vraiment trop de bateaux sur l'eau;

4 on doit* passer son temps à éviter les‿abordages **(3)**.

5 — C'est vrai; et puis, il faut prendre* des numéros et attendre son tour pour avoir un bateau.

1 It is a real storm; *lock* (*see*), it is hailing and snowing at the *same* time. — **2** I *can* hardly see any hailstones, but what big snowflakes! — **3** And all this melts at once, to make mud. — **4** *In such* (*It is*) a weather, *one would* not (*to*) turn a dog out of doors!

(1) Fondre : *To melt*; fondant : *melting.*

o o o

Exercice supplémentaire. — Mettez les phrases suivantes au pluriel :

1 Il y va souvent. — **2** Elle prend son temps. — **3** Mon‿ami ne vient pas. — **4** Votre chien aboie (*barks*) mais ne mord pas. — **5** Sa fille est partie. — **6** Leur opinion m'est‿indifférente.

Clé : **1** Ils‿y vont. — **2** Elles prennent leur... — **3** Mes‿amis ne viennent pas. — **4** Vos chiens aboient... mais ne mordent pas. — **5** Ses filles (*ou, pluriel intégral :* Leurs filles) sont parties. — **6** Leurs‿opinions me sont‿indifférentes.

Deuxième vague : *la 75e Leçon*

In (At) the Boulogne Wood

1 *Do you feel like* (*"Would it say to you to"*) doing a little canoeing on the lake? — **2** (*It would be*) with pleasure, for *I am fond of* (*like well to*) rowing; — **3** but there are *really* (*truly*) too many boats on the water; — **4** one has to spend one's time avoiding *collisions* (*"boardings"*). — **5** It is true; and then, one has to take numbers and await one's turn to *get* (*have*) a boat.

NOTES. — **(1)** Le canot (cano) : *The canoe.* — Canoter : *To canoe.*

(2) Ramer : *To row.* — La rame *ou* l'aviron (*masc.*) : *The oar.* — Le rameur : *The oarsman.*

(3) Aborder : *To board a ship,* se dit aussi par extension des personnes ou des choses : Il m'a abordé dans la rue : *He came up to me in the street.* — C'est‿un sujet (süzhà) difficile à aborder : *It is a matter* (*subject*) *that is hard to tackle.*

132e LEÇON

6 Allons* plutôt nous promener sous bois **(4)**.

7 — Voyez* ces cavaliers qui vont‿au pas **(N. 6)** ; je parierais que ce sont des débutants.

8 — C'est bien possible; leurs chevaux ont* l'air d'être de tout repos. Faites*-vous du cheval **(5)** ?

9 — J'y ai renoncé depuis mon mariage; je ne fais plus que de la bicyclette.

10 — Moi aussi, j'aime aller* à bicyclette, à condition qu'il n'y ait pas trop d'autos sur les routes.

11 — Il me semble entendre des détonations; y aurait-il des chasseurs dans le Bois?

12 — Oh non! C'est le Tir aux pigeons, qui se trouve là-bas, à droite.

13 Voulez*-vous que nous‿y allions?

14 — A vrai dire, j'aimerais mieux me reposer un peu.

15 — Oh pardon! je vais vous conduire au pavillon de la Cascade,

16 et nous‿y prendrons le thé, ou une boisson rafraîchissante si vous préférez.

6 Let us rather go for a walk *in the* (*under*) wood. — **7** See those riders going at *walking* pace! I would bet they are beginners. — **8** It is *quite* (*well*) possible; their horses seem to be *very safe ones* ("*of all rest*"). Do you ride? — **9** I have given it up since my marriage; I *only ride a* ("*do no more than of the*") bicycle *now*. — **10** So do I, I like riding a bicycle, provided that there are not too many motors on the roads. — **11** It seems to me *that I* (*to*) hear *gun-shots* (*detonations*); *are there by any chance* (*Would there be*) any sportsmen in the Wood? — **12** Oh no! It is the pigeon-shooting range which *is* (*find itself*) down there, to the right. — **13** Do you want *us to go* (*that we go*) to it? — **14** To *tell the truth* (*To say true*), I would *prefer* (*like better*) to rest a little. — **15** Oh, pardon *me*! I will *take* (*conduct*) you to the Waterfall Pavilion, — **16** and there we shall have tea, or a refreshing drink if you prefer.

(4) *Ou* dans le bois.

(5) Le cheval, les chevaux (sh'vô). — Faire du cheval *ou* aller *ou* monter à cheval : *To ride a horse*. — Faire de la bicyclette, *ou* aller *ou* monter à bicyclette : *To ride a bicycle*. — Etre à cheval : *To be on horseback* **(N. 7)**.

132e LEÇON

Nous n'irons plus‿au bois

17 Nous n'irons plus‿au bois,
Les lauriers sont coupés.

18 La belle que voilà
Ira les ramasser **(6)**.

19 Entrez dans la danse,
Voyez* comme on danse,

20 Dansez, chantez,
Embrassez **(7)** qui vous voudrez!

Notons :

Cela vous dirait-il de prendre le thé? *Do you feel like tea?*

Merci, **cela ne me dit rien.** — *Thanks, I do not feel like it.*

Seriez-vous venu en mon‿absence? *Did you by any chance come while I was away?*

Y aurait-il du danger (dañzhä)? *Is there danger by any chance?*

J'y ai renoncé depuis longtemps : *I gave it up long ago.*

Cent trente-troisième (133e) Leçon

REVISION ET NOTES

1 Toujours les verbes! — Revenons sur une particularité de certains verbes de la *première conjugaison* **(en er)**, tels que **lever, élever, mener, amener,**

We shall no longer go to the wood

17 We shall not go the wood any more, The laurels are cut. — **18** The fair *one* who is here Shall go and gather them. — **19** Enter the dance, See how one dances, — **20** Dance, sing, Kiss whom you like!

---

(6) Ramasser : *To pick up.* — Je lui ai ramassé son‿éventail (ävañta'y) : *I picked up her fan for her.* — Ramasser les miettes (miàtt') : *To pick up the crumbs.*

(7) Embrasser (añbrasä) : *To embrace*, or *to kiss.* — Un baiser (bàzä) : *A kiss.* — *Kiss me* : Embrassez-moi. — Baiser (*to kiss*) ne se dit que des choses, ou d'une partie du corps : Il me baisa la main : *He kissed my hand.* — Il lui baisa le front, les lèvres : *He kissed her on the forehead, on the lips.* — Avez-vous baisé la croix (crwa)? *Have you kissed the cross?* — Voulez-vous m'embrasser? *Will you kiss me?* — Voulez-vous me donner un baiser? *Will you give me a kiss?*

Comme exercice, remplaçons correctement les mots *en italique* dans les phrases suivantes :

1 Chaque fois que je (*aller*) à bicyclette, il (*me arriver*) un‿accident. — **2** Il (*devoir*) y avoir un loueur (louer, *to hire*) de (*cheval*) par ici. — **3** (*Vouloir*)-vous que nous (*aller*) en bateau? — **4** Il ne (*connaître*) pas la région aussi bien qu'il le (*dire*). — **5** Je ne (*croire*) pas tout ce que j'(*entendre*).

Clé : **1** vais, m'arrive — **2** doit, chevaux — **3** Voulez, allions (*subj.*). — **4** connaît, dit. — **5** crois, entends.

Deuxième vague : *la 76e Leçon*

---

etc..., dont l'avant-dernière syllabe est muette à l'infinitif.

Ces verbes sont réguliers, sauf un petit détail : au **présent de l'indicatif**, à la première personne du singulier (*je*) et à la troisième personne du singulier (*il*, *elle*) et du pluriel (*ils*, *elles*), ils prennent un accent grave (`) sur l'e muet.

C'est par euphonie, pour éviter d'avoir deux syllabes muettes à la suite l'une de l'autre. Ainsi : je **è**ve, il m**è**ne, ils am**è**nent, etc...

D'autre part, nous avons le verbe **appeler** qui est dans le même cas. Mais là, pour éviter les deux syllabes muettes, on ne met pas d'accent grave, on double l'**l**, et on a le même résultat : j'appe**l**le, il appe**l**le, elles appe**l**lent.

De même pour **jeter** : je jette, il jette (*he throws*) et tous les autres verbes en **eler** ou **eter**.

2 Sauter est *to jump, to skip.* — Il sauta par-dessus le fossé (fos**ä**) : *He jumped over the ditch.* — Cette enfant ne sait pas sauter à la corde : *This (female) child cannot skip.* — J'ai sauté plusieurs pages : *I skipped several pages.*

Mais **sauter** a d'autres sens (sañs) : Un croiseur (crwaz**u**rr) a sauté sur une mine : *A cruiser was blown up by (on) a mine.* — L'ennemi (lànn'm**i**) fit sauter les ponts (poñ) : *The enemy blew up the bridges.*

Et, en cuisine, on parle de *pommes sautées*, de *veau sauté*, etc... : sautés dans la poêle (pwal', *frying-pan*).

3 Il faut le dire et le redire : *It must be said over and over again.* — Redites-le lui encore une fois : *Tell him so once again.*

Mais **avoir à redire** à quelque chose *signifie* : ne

pas‿être d'accord, protester. — Qu'avez-vous‿**à y redire**? *What have you to say against it?* — Il n'y a rien‿à y redire : *There is no gainsaying it.*

4 Le métier (mätiä) est *the trade*, signifiant *l'occupation manuelle, le moyen de gagner sa vie.* — Je suis boucher (booshä). — Est-ce un bon métier? *I am a butcher.* — *Is it a good trade?*

La profession *ou* la profession libérale, a le même sens qu'en anglais.

Trade signifiant *business* se dit le commerce (comàrrs') : Le commerce extérieur : *foreign trade.* — Avec qui faites-vous du commerce? *With whom do you trade?*

5 Gâter (gâtä) : *To spoil*, dans tous les sens : Cet incident m'a gâté ma journée : *This incident spoiled my day for me.* — Cet enfant est‿abominablement gâté : *This child is dreadfully spoilt.*

Le dégât (dägâ) *ou* **les dégâts** (dägâ) : *The damage.* L'orage a fait de grands dégâts : *The storm has done great damage.*

Le gâteau (gâtô) est‿un mot absolument différent, signifiant *cake.* — Il veut sa part du gâteau : *He wants his share of the cake* (or *spoils*). — Le biscuit (biscüï) : *biscuit.*

6 Le pas (pâ) est‿à la fois *step* et *pace.* — Un pas de plus, et je tire! *One more step and I fire!* — Nous‿allions bon pas : *We were going at a good pace.* — Les soldats marchent‿au pas : *The soldiers march in step.* — Au pas de l'oie (lwâ) : *At the goose-step.*

Un cheval va au pas, au trot (tro), au galop (galo) : *A horse goes at a walk, at the trot, at the gallop.*

Pas‿à pas on va bien loin : *Step by step, one goes very far*, ce qui veut dire qu'avec de la persévérance on‿arrive au but (bü, *goal*).

133e LEÇON

Faire un faux-pas (fô **pâ**) : *to stumble* or *take a false step.*

7 Le cheval, les chevaux. — Les noms en **al** font leur pluriel en **aux** : l'hôpit**al**, les‿hôpit**aux**, le can**al**, les can**aux**, le génér**al**, les génér**aux**, etc... Quelques exceptions : le bal, les bals, le Carnaval, les Carnavals.

8 Masculin et Féminin :

Le courant d'air, **un** c.; **le** voyage, **un** v.; **le** film, **un** f.; **le** crayon, **un** c.; **le** canif, **un** c.; **le** fauteuil, **un** f.; **le** tapis, **un** t.; **le** cendrier, **un** c.; **le** guéridon, **un** g.; **le** courrier, **un** c.; **l'**argent, **un**‿a.; **l'**office, **un**‿o.; **le** bruit, **un** b.; **le** fond, **un** f.; **le** numéro, **un** n.; **le** passeport, **un** p.; **le** centime, **un** c.; **le** timbre, **un** t.; **le** mandat, **un** m.; **le** côté, **un** c.; **le** badinage, **un** b.; **le** livre, **un** l. (*book*) ; **la** livre, **une** l. (*pound*) ; **le** dénouement, **un** d.; **l'**ouvrage, **un**‿o.; **le** nez, **un** n.; **l'**esclave, **un** *ou* **une** e.; **le** métier, **un** m.; **le** dommage, **un** d.; **le** veston, **un** v.; **le** peigne, **un** p.; **le** ciseau, **un** c. (*chisel*) ; **les** ciseaux (*masc. : the scissors*) ; **une** paire de ciseaux; **le** plan, **un** p.; **le** guide (ghid'), **un** g.; **le** dictionnaire (diksion**à**rr'), **un** d.; **l'**ordre, **un**‿o.; **l'**orage, **un**‿o.; **le** ciel, **un** c.; **le** nuage, **un** n.; **le** cor, **un** c.; **le** baromètre, **un** b.; **l'**os, **un**‿os; **le** seau, **un** s.; **l'**éclair, **un**‿é.; **le** coup, **un** c., **le** tonnerre, **un** t.; **l'**hiver, **un**‿h.; **le** grêlon, **un** g.; **le** flocon, **un** f.; **le** chien, **un** c.; **le** personnel, **un** p.; **le** lac, **un** l.; **l'**aviron, **un**‿a.; **le** canot, **un** c.; **le**

Cent trente-quatrième (134e) Leçon

Dans‿un grand magasin

1 — Que (1) de monde autour des‿étalages extérieurs!

bateau, **un** b.; **l'**abordage, **un**‿a.; **le** pas, **un** p.; **le** cheval, **un** c. (*pluriel* : les chevau**x**, sh'vô) ; **le** mariage, **un** m.; **le** repos, **un** r.; **le** tir, **un** t.; **le** pigeon (pizh**oñ**), **un** p.; **le** pavillon, **un** p.; **le** thé (tä), **un** t.; **le** danger (dañzhä), **un** d.; **le** laurier, **un** l.; **le** baiser, **un** b.; **le** nom, **un** n.; **le** gâteau, **un** g.; **le** biscuit, **un** b.

La pastille, **une** p.; **la** gomme, **une** g; **la** comédie, **une** c.; **la** pointe, **une** p.; **la** cathédrale, **une** c.; **l'**église, **une** é.; **la** messe, **une** m.; **l'**essence, **une** e.; **la** poste, **une** p. (*post-office*; **le** poste, **un** p. : *the post, designed place*) ; **la** queue, **une** q.; **la** monnaie, **une** m.; **la** formule, **une** f.; **la** pièce, **une** p.; **la** tasse, **une** t.; **la** nuit, **une** n.; **la** page, **une** p. (*page of a book*) ; **le** page, **un** page (*page-boy*) ; **la** hâte, **une** h.; **l'**histoire, **une** h.; **la** suite, **une** s.; **la** main, **une** m.; **la** librairie, **une** l.; **la** bibliothèque, **une** b.; **la** section, **une** s.; **la** feuille (fu'y'), **une** f.; **la** pluie, **une** p.; **la** peur, **une** p.; **la** foudre, **une** f.; **la** tempête, **une** t.; **la** grêle, **une** g.; **la** neige, **une** n.; **la** boue, **une** b.; **la** rame, **une** r.; **l'**eau, **une** e.; **la** bicyclette, **une** b. (*ou* **le** vélo, **un** v.) ; **la** route, **une** r.; **la** détonation, **une** d.; **la** cascade, **une** c.; **la** boisson, **une** b.; **l'**absence, **une** a.; **la** danse, **une** d.; **l'**épingle, **une** é.; **l'**aiguille (àgüiy'), **une** a.

Deuxième vague . *la 77e Leçon*

In a department-store

1 What *a lot* of people around the open-air stalls!

NOTES. — **(1)** Que *signifie ici* combien. — Que d'eau! *What a lot of water!* — Que de peine vous vous donnez pour moi! *What a lot of trouble you are taking on my account!*

2 — Oui, on s'arrache (2) les soldes : coupons d'étoffes ou objets plus‿ou moins démodés ou défraîchis.

3 Mais entrons; voici les cravates, les gants, la mercerie;

4 tout cela ne nous‿intéresse pas...

5 — Oh! attendez, que je jette un coup d'œil à ces mouchoirs brodés... non, c'est du travail à la machine.

6 Où donc est* le rayon de parfumerie?

7 — Plus loin; voyez* l'écriteau là-bas. Mais je crois* que vous n'y trouverez que des parfums en série...

8 — C'est précisément ce qu'il me faut* : un litre d'eau de cologne de toilette, à un prix raisonnable.

9 — Voici votre affaire; l'emportez-vous, ou le faites*-vous envoyer*?

10 — Inutile de s'en‿encombrer.

11 — Alors, donnez votre adresse à la caisse (3) ; vous pouvez* payer (**N. 1**) maintenant ou à la livraison (4).

12 — Oh! mais voici un rayon de fourrures; voyons un peu.

2 Yes, people are *fighting over* (*tearing*) the remnants : lengths of materials, or things which are more or less out-of-fashion or soiled. — **3** But let us go in; here are ties, gloves, haberdashery; — **4** all that does not interest us... — **5** Oh, wait, *while* (*that*) I have a glance at those embroidered handkerchiefs... no, it is machine work. — **6** Wher*ever* (*then*) is the perfumery department? — **7** Further *on*; see the notice-board down there. But I believe you will find (*there*) only *ordinary* ("*in series*") perfumes... **8** It is exactly what I require : one litre of toilet eau de Cologne, at a reasonable price. — **9** Here *is what you want* (*your affair*); will you take it with you, or will you have it sent? — **10** There is *no point* (*useless*) in *cluttering yourself up* (*encumber*) *with it.* — **11** Then, give your address at the cash-*desk*; you can pay now or *on* (*at the*) delivery. — **12** Oh! but here is a counter *for* (*of*) furs let us have a look.

(2) Je veux me faire arracher une dent : *I want to have a tooth pulled out.* — Il me l'arracha des mains : *He tore it out of my hands.* — On s'arrache son dernier livre : *His latest book is selling like hot cakes.*

(3) La caisse : *The cash-box,* or *any kind of strong box* (la boîte). — *To pay cash* : Payer comptant (coñtañ). — Acheter à crédit (crädi) : *To buy on credit.* — *Have you cashed your cheque?* Avez-vous‿encaissé (añcàsä) votre chèque (shàk')? — Le caissier (càsiä) : *The cashier.*

(4) Livrer : *To deliver* (*bring*). — Délivrer : *To deliver* (*liberate*). — Cela me délivre d'un gros souci : *That takes a great worry off my mind.*

134e LEÇON

13 Ces renards argentés **(N. 2)** ne sont pas mal. Voyons l'étiquette **(5)**... Cinq cents francs.

14 Je crois bien que j'en‿achèterai une paire; mais pas tout de suite, je veux* me donner le temps de réfléchir.

15 Quant‿à ce manteau d'astrakan, il est tout‿à fait hors de prix.

16 — Montons au salon de thé; cela vous ‿évitera de vous ruiner.

EXERCICE. — 1 Je désire rendre cette écharpe, que j'ai* achetée hier. — **2** Bien, madame; l'étiquette est*-elle encore après? — **3** Oui, la voici. — **4** Désirez-vous un‿autre article à la place? — **5** Non, pas pour le moment. — **6** Alors, voici un bon **(N. 3)** pour vous faire* rembourser à la caisse.

En devanture pour aujourd'hui :

Que de plaisir votre lettre m'a **causé**! *What a lot of pleasure your letter has given me!*

On **se l'arrache** dans la meilleure société : *They fight over him* (or *her*) *in the best society.*

Est-ce fait **à la main, ou à la machine**? *Is it hand or machine-made?*

Réfléchissez-y bien avant de **vous décider** : *Think it over carefully before making up your mind.*

Tout‿était **hors de prix** : *Everything was at prohibitive prices.*

13 These silver foxes are not *so bad*. Let us see the price label... 500 francs. — **14** I really think I shall buy a pair; but not just now; I want to give myself time to think *it* over. — **15** As for this Astrakan *coat* (*mantle*) *its price is quite beyond me* (*it is quite "out of price"*). — **16** Let us go up to the tea-room; that will save you from spending your last penny (*ruining yourself*).

---

(5) L'étiquette (ätik**à**tt') : *The label,* or *"etiquette"* (les convenances).

Le rayon (rà-y**oñ**) est‿aussi : *The ray.* — Un rayon de soleil : *A sunbeam.* — Et encore : *The radius* : Tout fut détruit dans‿un rayon de deux cents mètres : *Everything was destroyed within a* 200 *meter radius.* — La rayonne (rà-y**o**nn') : la soie artificielle.

---

1 I wish to return this scarf which I bought yesterday. — **2** All right, Madam; is the label still *on it* (*after*)? — **3** Yes, here it is. — **4** Do you wish *to have* another article *instead* (*in the place*)? — **5** No, not for the *present* (*moment*). — **6** Then here is a check to get *your money back* (" reimbursed ") at the cash-desk.

o o o

Exercice supplémentaire. — Mettons les verbes de la leçon au *futur* et au *conditionnel*, avec *ils* :

2 ils s'arracheront, ils s'arracheraient. — **3** ils entreront, ils entreraient; ils intéresseront, ils intéresseraient. — **5** ils attendront, ils attendraient; ils jetteront, ils jetteraient; ils seront, ils seraient. — **7** ils verront, ils verraient; ils croiront, ils croiraient; ils trouveront, ils trouveraient. — **8** (*Il faut, verbe impersonnel, n'a pas de 3e personne du pluriel; au singulier :* il faudra, il faudrait). — **9** ils emporteront, ils emporteraient; ils feront, ils feraient; ils enverront, ils enverraient. — **10** ils s'encombreront, ils s'encombreraient. — **11** ils donneront, ils donneraient; ils pourront, ils pourraient; ils paieront, ils paieraient. — **14** ils achèteront, ils achèteraient; ils voudront, ils voudraient; ils réfléchiront, ils réfléchiraient. — **16** ils monteront, ils monteraient; ils éviteront, ils éviteraient; ils se ruineront, ils se ruineraient.

Deuxième vague : *la 78e Leçon*

134e LEÇON

Cent trente-cinquième (135e) Leçon

Des goûts‿et des couleurs... (1)

1 — Aimez-vous les légumes?

2 — Quelle question! Je pense que tout le monde aime plus‿ou moins certains légumes;

3 les pommes de terre, par exemple, quand‿elles sont* bien préparées; les tomates, les haricots verts, les‿oignons, les navets.

4 — Et les choux?

5 — J'avoue que leur odeur me déroute **(2)** un peu; mais j'en mange volontiers avec le pot-au-feu **(3)**, ou encore farcis...

6 — Ou en choucroute?

7 — Oui, avec beaucoup de jambon et de saucisses.

8 — Je vois* que vous n'êtes pas végétarienne **(4)** ; ni moi non plus, d'ailleurs.

9 — Je ne saurais* **(5)** me passer de viande; j'aime un bon rosbif bien saignant, ou encore un beau poulet rôti...

10 — Vous m'en faites* venir* l'eau à la bouche; pourtant, ce que je préfère, en cette saison, ce sont les fruits.

Of tastes and colours...

1 Do you like vegetables? — **2** What *a* question! I think everybody is more or less fond of some vegetables; — **3** potatoes, for instance, when they are well prepared; tomatoes, French beans, onions, parsnips... — **4** And *what about* cabbages? — **5** I confess that their smell puts me off a little; but I eat *(of)* them willingly with boiled beef, or again stuffed... — **6** Or in sauer-kraut? — **7** Yes, with plenty of ham and sausages. — **8** I see you are no vegetarian; nor am I for that matter. — **9** I could not do without meat; I like a good *juicy* (*"well bleeding"*) piece of roastbeef, or a fine roast chicken... — **10** You make my mouth water; still, what I prefer in this season *is* (*"it are"*) fruit(*s*).

NOTES. — **(1)** « Des goûts‿et des couleurs il ne faut pas discuter », *phrase proverbiale.*

(2) Dérouter : *To put off the track.* — La route : *The road* **(N. 4).** — Mettre en déroute : *To rout.* — L'ennemi fut mis en complète déroute : *The enemy were* (was) *completely routed.*

(3) Le pot-au-feu (potôf**uh**) est pour ainsi dire le plat national français : bœuf bouilli avec des carottes, des navets, des choux, des poireaux (*leeks*), etc.
Farcir : *To stuff.* — La farce : *The stuffing* ou encore *the practical joke.*

(4) *Masculin* : végétarien (väzhätarii**ñ**).

(5) Je ne saurais *ou* je ne pourrais. — Il faut vous‿en passer : *You must do without it.*

135ᵉ LEÇON

11 — Là, je vous‿approuve; des cerises bien mûres, des pêches ou des‿abricots dorés, des poires bien juteuses **(6)**...

12 — Sans‿oublier les fraises‿à la crème, les prunes et aussi le raisin **(7)**...

13 — Et les melons, les pastèques, les pommes, et même ce fruit si nourrissant que c'est presque un légume : la banane!

14 — Vous‿oubliez les‿oranges et les mandarines?

15 — Pas de danger; et j'ajouterai à la liste un fruit, dont je raffole **(8)** en conserve, l'ananas!

EXERCICE. — **1** Reprenez* des petits pois, ils ne sont* pas de conserve. — **2** Merci; cela me change agréablement des soissons‿habituels **(1)**. — **3** Ils sont délicieux, ainsi préparés, avec de la laitue et un peu de céleri. — **4** Oui, je veux* prendre* note de la recette.

Qu'allons*-nous noter aujourd'hui?

Reprenez de la viande. — **Volontiers** (voloñtiä) : *Help yourself again to meat. — Willingly.*

Je ne veux pas‿**y passer** : *I do not want to pass there.*

Je ne veux pas **m'en passer** : *I do not want to do without it.*

11 There I *am with* (*approve*) you; very ripe cherries, golden peaches or apricots, really juicy pears... — 12 Not forgetting strawberries and cream, plums, and also grapes... — 13 And melons, water-melons, apples, and even that fruit, so nourishing *as to be* (*that it is*) almost a vegetable : the banana! — 14 Are you forgetting oranges and mandarines? — 15 No *fear* (*danger*); and I shall add to the list a fruit which I love tinned : the pineapple!

---

(6) La jus (zhü) : *The juice.* — *Mais* : Juteux : *Juicy.*

(7) Les raisins secs (sàk) : *Raisins.* — Le pruneau (prünô) : *prune.*

(8) Raffoler de quelque chose : *To go mad over something.* — *De* folie; un fou, une folle : *a madman, a madwoman.*

En (*ou De*) conserve (coñsàrrv') : *Preserved, tinned.* — Mettre des fruits en conserve : *To preserve* (or *tin*) *fruit.*

---

1 *Help yourself* (*Take*) again *to* (*of the*) green peas, they are not tinned. — 2 Thank you; *it is a pleasant change* (*it changes me pleasantly*) from the usual beans. — 3 They are delicious, prepared like this with lettuce and a little celery. — 4 Yes, I will *make* (*take*) a note of the recipe.

(1) *Beans :* haricots (arricô), *ou* soissons (du nom de la ville de Soissons), *ou* familièrement : fayots (fa-iô).

o o o

Exercice supplémentaire. — Mettons les verbes de la leçon au *présent* de l'*indicatif* et à l'*imparfait*, avec *nous* :

1 nous aimons, n. aimions. — 2 n. pensons, n. pensions. — 3 n. sommes, n. étions; n. préparons, n. préparions. — 5 nous avouons, n. avouions (avoo-yoñ); n. déroutons, n. déroutions; nous mangeons, n. mangions; n. farcissons, n. farcissions. — 8 nous voyons, n. voyions (vwa-i-yoñ). — 9 n. savons, n. savions; nous passons, n. passions; n. saignons, n. saignions; n. rôtissons, nous

135e LEÇON

L'eau m'en venait‿à la bouche : *It made my mouth water.*

Comment avez-vous **trouvé** le film? — **Je n'en raffole pas** : *How did you like the film? — I do not go into raptures over it.*

Un disque, c'est de la musique **en conserve** : *A gramophone record is tinned music...*

Connaissiez-vous cette **recette** (r'sàtt') ? *Did you know this recipe?*

Cent trente-sixième (136e) Leçon

Les spectacles (1)

1 — Qu'est-ce que vous chuchotez (2) donc tous deux dans ce coin?

2 — Oh! il n'y a* pas de secret; nous nous demandions simplement comment nous‿allons* passer la soirée.

3 — Eh bien, moi, j'ai une idée : allons‿au cirque!

4 — Franchement, ça ne me dit* rien : pour un ou deux numéros‿intéressants,

5 il faut* subir (3) les‿éternels‿acrobates, les‿amazones‿et les jongleurs, que nous‿avons déjà vus* cent fois...

6 — Alors, que proposez-vous? Le cinéma?

rôtissions. — 10 n. faisons, n. faisions; n. venons, n. venions; n. préférons, n. préférions. — 11 n. approuvons, n. approuvions. — 12 n. oublions, n. oubliions (oubli-yoñ). — 13 n. nourrissons, n. nourrissions. — 14 n. ajoutons, n. ajoutions; n. raffolons, nous raffolions.

Deuxième vague : *la 79e Leçon*

The shows

1 What*ever* are you (*then*) (*all*) two whispering about in that corner? — **2** Oh! there is no secret; we were merely *wondering* (*asking ourselves*) how we are going to spend the evening. — **3** Well, *I* have an idea : let's go to the circus! — **4** Frankly, I do not feel like it : for one or two interesting *"turns"* (*numbers*), — **5** one has to put up with the eternal acrobats, the *female riders* (*amazons*) and the jugglers, whom we have already seen hundreds of times... — **6** Then what do you propose? The cinema?

NOTES. — (1) Le spectacle (spàctacl') : *The "show"*, or *sight, spectacle.* — Quel spectacle affreux! *What a frightful sight! — Rappelons que* les lunettes *sont* : *The spectacles (glasses).*

(2) Chuchoter : dire quelque chose tout bas, à l'oreille.

Tous deux *ou* tous les deux : *Both.* — Tous trois *ou* tous les trois : *All three,* or *all the three of you.*

(3) Après tout ce que j'ai subi! *After all I have put up with* (or *have had to bear*). — Il a subi de fortes pertes : *He has suffered heavy losses.* — Cela vous fait-il souffrir *? *Does it hurt you much* (*"make you suffer"*)?

7 — Ma foi, non; je réserve le cinéma pour les‿après-midi pluvieux.

8 — Je suggérais d'aller voir* la nouvelle pièce de la Comédie-Française; mais‿elle trouve que c'est trop sérieux...

9 — En ce cas, on donne au Palais-Royal une farce qui, paraît*-il, est tordante (4).

10 — Et que je connais* déjà, merci.

11 — J'y suis! allons écouter les chansonniers (N. 5) dans‿un cabaret de Montmartre!

12 — Oui, mais j'ai peur de ne pas bien saisir toutes les finesses et les‿allusions politiques.

13 — Et que diriez*-vous de la Revue des Folies-Bergère?

14 — C'est çà! je n'y pensais pas; j'adore les revues, car si je ne comprends* pas tout, du moins le coup d'œil m'enchante.

15 — Entendu; je vais faire* retenir* trois fauteuils d'orchestre (5) s'il en reste, et sinon, trois places au parterre.

EXERCICE. — **1** *Le spectateur* : Combien le programme? — **2** *L'ouvreuse* **(1)** : Monsieur, je le paie un franc! — **3** *Le spectateur* : Alors, vous faites*‿ une mauvaise affaire, car il ne vaut pas plus de vingt centimes!

7 *Why* (*My faith*), no; I keep the cinema for rainy afternoons. — **8** I was suggesting going to see the new *play* (*piece*) at the Comédie-Française, but she *thinks* (*finds*) it is too serious... — **9** In that case, *there is* (*one gives*) a farce at the Palais-Royal which is *said to be* (*it seems*) *most amusing* ("*twisting*")... — **10** And which I already know, thank you. — **11** *I've got it* (*I am there*)*!* let's go and listen to the « chansonniers » in a Montmartre cabaret! — **12** Yes, but I am afraid *I should not* (*not to*) grasp all the subtleties and political allusions properly. — **13** And what would you say *to* (*of*) the Folies-Bergère revue? — **14** That is it! I did not think of it; I adore revues, for if I do not understand everything, at least the sight enchants me. — **15** *That's* agreed; I will have three seats in the orchestra stalls reserved, if there are any left, and if not, *then* three seats in the pit.

---

(4) Tordre * : *To twist.* — Il se tordait de rire : *He was shaking* (*twisting*) *with laughter. D'où* : tordant, *qui vous fait tordre de rire.*

(5) Fauteuils d'orchestre (dorkàstr') : les premiers rangs des fauteuils, près de l'orchestre.

---

1 The *theatre patron* (*spectator*) : How much *for* the programme? — **2** The usheress : Sir, I pay a franc for it! — **3** The th. p. : Then, you make a bad *bargain* (*business*), for it is not worth more than twenty centimes!

(1) L'ouvreuse *est la femme qui, dans les salles de spectacles, indique les places et vend les programmes.*

o o o

Exercice supplémentaire. — Rectifions les mots‿*en*‿*italique* dans les phrases suivantes :

1 Nous (*espérer*) que vous (*venir*, futur). — **2** Que (*faire*)-vous quand vous (*avoir*) soif? — Je (*boire*). — **3** Si vous (*pouvoir*) le faire, vous m'(*obliger*, futur). — **4** Je le lui ai (*dire*)

Voici notre choix du jour :

Je me demande quelle heure il peut bien‿être : *I wonder what time it can be.*
Sa voiture a **subi** des dégâts‿importants : *His car suffered considerable damage.*
Je n'ai pas bien **saisi** vos paroles : *I did not quite catch your words.*
Quel joli **coup d'œil**! *What a pretty sight!*

Cent trente-septième (137e) Leçon

Un malaise

1 — Je ne sais* pas ce que j'ai* ce matin; je ne me sens* pas dans mon‿assiette (1).

2 — Etendez-vous (2) sur ce canapé; les ressorts grincent?

3 Il n'est* pas de première jeunesse; mais‿avec quelques coussins...

4 — Oh! ne vous donnez pas tant de peine, je vous‿en prie. Je ne m'explique pas ce bourdonnement que j'ai dans les‿oreilles...

5 D'autant plus que je me suis couchée de bonne heure, et hier soir, je n'ai pris* qu'une tasse de cacao (3)...

6 — Etes-vous sujette aux migraines (4) ?

7 — Non, c'est la première fois que cela m'arrive.

plusieurs fois, mais‿elle n'a pas (*vouloir*) m'écouter. — **5** (*Falloir*)-il que je (*venir*) aussi?

Clé : **1** espérons, viendrez. — **2** faites, avez — bois. — **3** pouvez, obligerez. — **4** dit, voulu. — **5** Faut, vienne (*subj.*).

Deuxième vague : *la 80e Leçon*

An indisposition

1 I don't know what *is the matter with me* (*I have*) this morning; I don't feel up to the mark. — **2** *Lie down* (*stretch yourself*) on this sofa; do the springs creak? — **3** It is not *in its* (*of*) first youth; but with a few cushions... — **4** Oh, do *not take* (*give yourself*) so much trouble, please. I cannot *account for* (*explain to myself*) that humming *noise* (*that I have*) in my ears. — **5** All the more *so because* (*that*) I went to bed early, and last night I only *had* (*took*) a cup of cocoa... — **6** Are you subject to *head-aches* (*migraines*)? — **7** No, it is the first time that this *has* happened to me.

NOTES. — **(1)** Une assiette *est* : *a plate*. Mais‿ici, c'est‿un sens différent. Ne pas‿être dans son‿assiette *signifie* ne pas‿être dans son‿état normal. *Le mot* vient de *s'asseoir*, *to sit*, et n'a rien de commun avec « la vaisselle » (*crockery*).

(2) *Ou* : Allongez-vous *ou* couchez-vous. — Le canapé : le divan, le sofa.

(3) Le cacao (caca**o**) : les voyelles (vwa-y**à**ll'), *vowels* sont‿à l'inverse de l'anglais *cocoa*, et se prononcent toutes. *En revanche*, le curaçao (*curaçoa*) *se prononce* cürasô.

(4) *Ou* : aux maux (mô) de tête. La migraine : le mal de tête.

137e LEÇON

8 — Voulez*-vous que je fasse* appeler un médecin?

9 — J'attendrai encore jusqu'à midi; cela va* peut-être se passer tout seul, avec le repos et le jeûne (**5**).

10 — Espérons-le. Quel est ce bruit dans la cour (**N. 6**) ?

11 Ce sont des musiciens ambulants Je vais fermer la fenêtre.

12 — Non, ça ne me gêne pas, et j'aime mieux avoir de l'air.

13 Quelle belle armoire vous‿avez là!

14 — Oui, je crois* qu'elle est‿ancienne; en revanche, la commode n'est pas fameuse, et ces‿étagères sont vulgaires...

15 — On ne peut* pas tout‿avoir; pour un meublé (**6**), ce n'est pas si mal.

16 — Aussi, je m'en contente. Et maintenant, je vais lire*, pendant que vous tâcherez (**7**) de vous‿endormir*.

EXERCICE. — **1** Maintenant, je suis* tout‿à fait d'aplomb (**1**). — **2** Allons*, tant mieux! ce n'était qu'une fausse alerte (al**à**rrt') (**2**). — **3** Et je me sens‿un‿appétit formidable! — **4** C'est‿une maladie facile à guérir; passons‿à table.

Au tableau d'aujourd'hui :

Vous n'avez pas l'air d'**être dans votre assiette** : *You do not look up to the mark.*

8 Do you want me to call a doctor? — **9** I shall still wait till noon; *it* (*that*) will perhaps pass by *itself* (*quite alone*), with rest and fasting. — **10** Let us hope so. What is that noise in the court-yard? — **11** It is strolling players. I will close the window. — **12** Don't; it does not disturb me, and I *would rather* (*like better*) have some air. — **13** What a beautiful wardrobe you have there! — **14** Yes, I believe it is very old; *on the other hand* (*in revenge*), the chest of drawers is not *up to much* (*notorious*), and those shelves are *quite ordinary* (*vulgar*). — **15** One cannot have everything; for(*a*) furnished *lodgings*, it is not so bad. — **16** *So* (*Also*) I *do not grumble* (*content myself of it*). And now, I will read, while you (*will*) do your best to go to sleep.

---

(5) Le jeûne (zhuhn'). — Jeûner : *To fast.* — *D'où* : Déjeuner, *to breakfast.*

(6) Un meublé, *pour* un‿appartement meublé.

(7) Vous tâcherez de, *ou* vous‿essaierez de, *ou* vous vous‿efforcerez de, *ou* vous ferez de votre mieux pour...

On dit **un** *ou* **une** après-midi, *et* des‿après-midi (sans **s**).

---

1 Now, I am quite fit. — **2** *Well* (*Let us go*), so much the better! it was only a false alarm. — **3** And I *have* (*feel myself*) a tremendous appetite! — **4** That is a disease *which is* easy to cure; let us *go* (*pass*) to table.

(1) Etre d'aplomb (daploñ) : *Etre bien‿équilibré.* Avoir de l'aplomb : *To be self-confident.* — Avoir du toupet (toopà) : *To have some cheek.* — Le toupet *est une touffe* (tuff) *de cheveux.* — J'ai mal à la joue : *My cheek hurts.*

(2) L'alerte *a un sens moins fort que* l'alarme. — Le signal d'alarme : *The alarm or communication cord.*

o o o

Exercice supplémentaire. — Revenons‿encore aux verbes, qui sont notre point faible. Mettez ceux de la leçon au *passé indéfini* et au *présent*, avec *vous.*

Clé : **1** vous avez su, v. savez; v. avez eu, v. avez; v. avez senti, v. sentez. — **2** vous vous êtes étendu, v. v. étendez; vous avez grincé, v. grincez. — **4** v. avez donné, v. donnez; v. avez prié, vous priez; v. v. êtes expliqué, v. v. expliquez. — **5** v. avez

 137e LEÇON

Mais si; je suis parfaitement **d'aplomb** : *Oh yes, I am perfectly fit!*
Eh bien, **vous ne manquez pas d'aplomb!** *Well, you do not lack self-confidence!*
Elle est sujette à des‿évanouissements (ävanooiss'm**añ**) : *She is liable to fainting fits.*
J'ai failli (fa-y**i**) m'évanouir de peur : *I nearly fainted with fright!* **(N. 7).**
Elle a du **toupet!** *She has some cheek!*

Cent trente-huitième (138e) Leçon

Soyons polis

1 Nous croyons*‿utile de grouper aujourd'hui des « phrases de politesse »;

2 vous‿en connaissez* déjà la plupart **(1)**, mais on ne saurait* **(2)** trop se familiariser avec elles,

3 de façon qu'elles viennent* tout naturellement aux lèvres en cas de besoin.

4 — Ne vous dérangez pas, ne bougez pas, je vous‿en prie.

5 — Ne faites* pas‿attention à moi. N'en parlons plus.

6 — Je vous demande pardon. J'en suis* fâché. Je le regrette vivement.

7 — Excusez-moi, je ne l'ai pas fait* exprès **(3)**.

été, v. êtes; v. avez pris, v. prenez. — **7** v. êtes arrivé, v. arrivez. — **8** v. avez voulu, v. voulez; v. avez fait, v. faites; v. avez appelé, v. appelez. — **9** v. avez attendu, v. attendez; v. êtes allé, v. allez; v. êtes passé, v. passez. — **10** v. avez espéré, vous epérez. — **11** v. avez fermé, v. fermez. — **12** v. avez gêné, vous gênez; v. avez aimé, v. aimez. — **14** v. avez cru, v. croyez. — **15** v. avez pu, v. pouvez. — **16** v. v. êtes contenté, v. v. contentez; v. avez lu, v. lisez; v. avez tâché, v. tâchez; v. v. êtes endormi, v. v. endormez.

Deuxième vague : *la 81e Leçon*

Let us be polite

1 We *think it* (*believe*) useful to group to day some phrases of *courtesy* (*politeness*) ; — **2** you already know most of them, but one cannot become too familiar with them, — **3** so that they will come naturally to the lips in case of need. — **4** Do not trouble, do not move, please. — **5** Do not mind me. Don't let us mention it any more. — **6** I beg your pardon. I am sorry ! I am awfully sorry ! — **7** Excuse me, I did not do it on purpose.

NOTES. — **(1)** La plupart (plüparr) : la plus grande partie.

(2) On ne saurait *ou* on ne peut.

(3) Exprès (äxprà) : *On purpose.* — Un train express (äxpràss) : *An express train.*

138e LEÇON

8 — Je n'ai* jamais‿eu l'intention de vous froisser **(4)**.

9 — Quelle gaucherie **(5)** de ma part! Que je suis maladroit!

10 — C'est très‿aimable de votre part. Je voudrais* pouvoir* vous‿aider à mon tour.

11 — Puis*-je vous‿être utile en quoi que ce soit?

12 — Permettez*-moi de vous‿aider. Je suis‿entièrement à votre service.

13 — Cela ne fait rien; c'est sans‿importance. Comme il vous plaira*.

14 — Est-ce que je vous gêne? — Je vous‿en prie, restez couvert... restez‿assis... prenez*‿un siège.

15 — Faites comme chez vous. Mettez*-vous à votre aise.

16 — Bonne chance! Portez-vous bien! Mes‿amitiés chez vous.

17 — Auriez-vous l'obligeance de répéter? Je n'ai pas bien saisi vos paroles.

18 — Quelle malchance! Quel dommage! — Mes condoléances! — Mes félicitations!

EXERCICE. — **1** Après vous! — Je n'en ferai* rien! — **2** Je passe devant pour vous montrer le chemin. — **3** Vous‿êtes* vraiment trop‿aimable. — **4** Je ne sais* comment vous remercier de votre obligeance. — **5** Au revoir, et à bientôt, j'espère!

8 I never intended to offend you. — **9** How awkward of me! How clumsy I am! — **10** It is very kind of you, I wish I could help you in return. — **11** Can I be of any use to you? — **12** Allow me to help you. I am entirely at your service. — **13** That does not matter; it is of no importance. As you please. — **14** Am I in your way? — Please keep your hat on... keep your seat... take a seat. — **15** Make yourself at home. Make yourself comfortable. — **16** Good luck! Take care of yourself! My kind regards to your family! — **17** Would you mind repeating? I did not quite catch your words. — **18** What bad luck! What a pity! — My sympathy! — My congratulations!

---

(4) Froisser *ou* offenser. — Froisser : *To rumple, to ruffle.*

(5) Il est très gauche; il n'est pas‿adroit : *He is very clumsy; he is not clever.* — La gaucherie, la maladresse, *sont le contraire de* l'adresse : *Skill, cleverness.*

---

1 After you! — *By no means* (" *I'll do nothing of it* "). — **2** I will go in front, to show you the way. — **3** You are really too kind. — **4** I don't know how to thank you for your kindness. — **5** Good-bye *not for long* (*until soon*) I hope!

o o o

Exercice supplémentaire. — Mettez les (*infinitifs*) à l'*imparfait* et au *conditionnel* :

1 Ils ne (*savoir*) pas ce que c'(*être*). — **2** Nous (*rester*) ici, pendant que vous vous‿en (*occuper*). — **3** Elle (*vouloir*) venir aussi, mais‿elle ne (*pouvoir*) pas. — **4** Je (*prendre*) le train, et vous (*aller*) à bicyclette. — **5** Il ne (*dire*) rien, parce qu'il n'(*avoir*) rien à dire.

Clé : **1** savaient, c'était; sauraient, ce serait. — **2** restions, occupiez; resterions, occuperiez. — **3** voulait, pouvait; voudrait, pourrait. — **4** prenais, alliez; prendrais, iriez. — **5** disait, n'avait; dirait, n'aurait.

Deuxième vague : *la 82e Leçon*

138e LEÇON

A noter :

La plupart des gens n'y croyaient pas : *Most people did not believe it.*
Il n'a pas beaucoup **d'adresse** : *He is not very skilful.*
Il n'a pas mon‿**adresse** : *He has not my address.*
Ses vêtements sont tout **froissés** : *His clothes are all rumpled.*

Cent trente-neuvième (139e) Leçon

Notre leçon d'adieu

1 Nous voici arrivés à la fin du cours **(1)** ; mais cela ne veut* pas dire* **(2)** que nous‿avons* fini d'étudier.

2 D'abord, il y a notre « deuxième vague », qui en‿est*‿aujourd'hui à la quatre-vingt-troisième leçon, à mener jusqu'au bout.

3 A raison d'une leçon par jour, cela nous donne encore près de deux mois d'occupation,

4 et nous ne nous bornerons **(3)** pas à la seule « deuxième vague » ;

5 nous reverrons* chaque jour telle ou telle **(4)** leçon, en feuilletant **(5)** le livre,

6 nous‿écouterons de nouveau tel ou tel disque, de façon à connaître* à fond tout le « Français sans peine ».

Il a été très **froissé** : *He was very much offended.*
Cela peut-il vous servir* à **quoi que ce soit**? *Can this be of any use to you?*
Ne **bougez** pas! *Do not move!*
Avez-vous **remué** votre café? *Have you stirred your coffee?*

Our farewell lesson

1 Here we have arrived at the end of the course; but that does not mean that we have finished studying. — **2** First, there is our "second wave", which has reached the 83rd lesson today, and has to be followed up to the end. — **3** At the rate of one lesson a day, that still give us nearly two months' occupation, — **4** and we shall not confine ourselves to the "second wave" alone; — **5** every day we *shall revise* (*see again*) such and such a lesson, going over the book *at random,* — **6** we will listen to such and such a record again so as to be thoroughly acquainted with "French without toil."

NOTES. — **(1)** Le cours (coorr) : *The course.* — La course (coors') : *The race* or *the errand.* — La cour (coorr) : *The court-yard* or *the court.*
(2) *Ou* : Cela ne signifie pas...
(3) Borner : Limiter. — La borne : La limite.
(4) Tel ou tel, *féminin* telle ou telle : Un *ou* une quelconque.
(5) Feuilleter (fu'ytä) : Tourner les feuilles (*ou* pages) au hasard.

139e LEÇON

7 Etes-vous content des résultats que vous‿avez‿obtenus*?

8 Sans doute, vous ne parlez pas le français comme des Parisiens nés (**N. 8**),

9 mais néanmoins (**6**) vous‿êtes‿en‿état de comprendre* une conversation ordinaire,

10 et de vous faire* comprendre dans les circonstances usuelles de la vie.

11 Il s'agit maintenant de consolider et développer vos connaissances,

12 par la lecture de livres français, et si possible par la conversation.

13 Nous vous remercions de votre attention, et vous souhaitons de tout cœur bonne chance.

Il pleut bergère (7)

14 Il pleut, il pleut bergère,
Rentre tes blancs moutons (**8**) ;

15 Allons* sous la chaumière,
Vite bergère allons!

16 J'entends sur le feuillage
L'eau qui tombe à grand bruit,

17 Voici venir* l'orage,
Voilà l'éclair qui luit* (**9**) !

o o o

Cela peut vous‿intéresser de savoir* *que la chanson " Il pleut bergère " est l'œuvre de Fabre d'Eglantine, Conventionnel guillotiné pendant la Révolution* (1794).

7 Are you pleased with the results you have obtained? — **8** Doubtless, you do not speak French like born Parisians; — **9** but nevertheless you are in *position* (*state*) to understand an ordinary conversation, — **10** and to make yourself understood in the usual circumstances of life. — **11** The thing is now to consolidate and develop your knowledge, — **12** by reading French books, and if possible by conversation. — **13** We thank you for your attention, and whole heartedly wish you good luck.

It is raining shepherdess

14 It rains, it rains, shepherdess, Take home your white sheep; — **15** Let us go under the thatch-hut, Quick, shepherdess, let us be going! — **16** I hear upon the foliage — The water which falls noisily, — **17** Here is the storm coming, There is the lightning that flashes!

---

(6) Néanmoins (näañmwiñ) : Cependant, pourtant, toutefois.

(7) Le berger (bàrrzhä) : *The shepherd*; *féminin* : *la* bergère (bàrrzhàrr').

(8) *Tes blancs moutons.* Inversion poétique, *au lieu de* : *tes moutons blancs.*

(9) Luire *est proprement* : *To shine*, briller. *On dit aussi* reluire. — Une brosse à reluire : *A shoe-shining brush.*

Et nous noterons‿encore :

Cela **passe les bornes**! *That is beyond the limit!*

Je vous le souhaite **de tout cœur** : *I wish it to you with all my heart!*

Rentrez vos jouets (zhoo**à**) mes‿enfants, il va pleuvoir! *Take home your toys, children, it is going to rain!*

C'est‿un menteur **né** : *He is a born liar.*

Je ne l'ai pas lu; je l'ai simplement **feuilleté** : *I have not read it; I merely turned over the pages.*

Non pas‿**adieu**, mais‿**au revoir**! *Not good-bye but till we meet again!*

Deuxième vague : *la 83e Leçon*

Cent quarantième (140e) Leçon

REVISION ET NOTES

1 Verbes finissant en " yer ". — Les verbes finissant‿en **yer** changent l'**y** en **i** devant‿un **e** muet. Ainsi :

Se noyer, *to drown* : je me noie, il se noiera, etc...

Cependant, pour les verbes‿en‿**ayer**, on peut conserser l'y. Ainsi :

Payer, *to pay* : je paye, *ou* je paie, nous payerons *ou* nous paierons, il payera *ou* il paiera, etc...

2 Doré, argenté, cuivré, *signifient* recouvert d'or, d'argent, de cuivre, *ou* couleur d'or, d'argent, de cuivre.

Une montre dorée : *A gilt watch.*

Une montre en‿or : *A gold watch.*

On dit : un‿anneau (**uñ**'n'an**ô**) d'argent *ou* un‿anneau en‿argent : *a silver ring.* Un‿anneau est‿une bague sans‿ornements, comme une alliance (*wedding-ring*).

Une boîte en bois : *A wooden box.*

Un‿étui à cigarettes en cuir : *A leather cigarette case.*

Une pièce en plomb : *A leaden coin.*

A noter l'expression : Un pays boisé : *A wooded country.*

3 Un bon veut dire : *A cheque* or *voucher.*

Un bon de pain, de soupe : *A bread-, soup-ticket.*

Un bond (*même prononciation*) est *a bound, a leap.* Bondir, *to bound.*

La balle a rebondi trois fois : *The ball bounded back three times.*

4 La route : *the road*; le chemin : *the way*; le sentier : *the path*; l'allée : *the alley,* or *the drive.*

La rue : *the street*; le boulevard, l'avenue, *sont généralement plantés d'arbres.* — Le passage *est une rue courte et étroite.* — L'impasse : le cul-de-sac : *the blind alley.*

5 Le chansonnier est l'auteur des chansons qu'il chante. — Le chanteur, la chanteuse, *ne font que les chanter.* — La cantatrice *est‿une chanteuse d'opéra.* — Le chansonnier *est‿aussi un recueil de chansons.*

6 La cour est *the court-yard,* or *the court.*

Il y avait un vieux chêne dans la cour : *There was an old oak-tree in the yard.*

La cour de Napoléon III (trois) était brillante : *The court of Napoleon III was brilliant.*

Faire la cour à une jeune fille, *ou* courtiser une jeune fille : *To court a girl.*

7 Faillir, comme nous l'avons vu **(N. 1, 115**^e^ *leçon*), ne s'emploie qu'au participe passé, au passé défini et à l'infinitif. Ne pas confondre avec **falloir,** *must.*

Il a failli en mourir : *He nearly died of it.*

Je faillis réussir : *I all but succeeded.*

Il a l'habitude de faillir à sa parole : *He is used to breaking his word.*

8 Naître* : *to be born.* Je vous ai vu naître *ou* venir au monde : *I saw you come into the world.*

C'est mon jour de naissance (*ou* anniversaire) : *It is my birthday.*

Où êtes-vous né? *Where were you born?*

Victor Hugo naquit en mil huit cent deux : *V. H. was born in* 1802.

9 L'auto. — Voici un petit vocabulaire spécial pour les‿automobilistes :

Je mets le moteur en marche: *I start the engine.*

Il y a des ratés : *There is misfiring.*

C'est le carburateur qui va mal : *It is the carburettor that works badly.*

Je crois plutôt que c'est la magnéto : *I rather think it is the magneto.*

140e *LEÇON*

Appuyez sur l'accélérateur (*ou* le champignon) : *Step on the accelerator* (or *the " gas "*).

Les changements de vitesse se font mal : *The gear-change works badly.*

Mes‿accus (akk**ü**) sont déchargés (*ou* à plat) : *My batteries are exhausted* (or *flat*).

Cette portière ne tient pas fermée : *This door won't keep shut.*

Les freins ont besoin d'un réglage : *The brakes need seeing to.*

Le pneu (pnuh) arrière gauche est crevé : *The near-side back-tyre is punctured.*

J'ai perdu ma roue de secours : *I have lost my spare-wheel.*

Avez-vous une clé anglaise? *Have you an adjustable spanner?*

Je n'ai pas besoin d'huile; mettez-moi dix litres d'essence : *I do not need any oil; let me have* 10 *litres of petrol.*

Nettoyez mes bougies (boozh**î**', *candles*) : *Clean my sparking-plugs.*

Ce pneu est dégonflé, regonflez-le : *This tyre is flat; pump it up.*

Où y a-t-il un bon mécanicien? un poste d'essence? *Where is there a skilled mechanic? a petrol filling station?*

Prenez le volant : *Take the steering-wheel.*
Relevez le capot (cap**o**) : *Lift the bonnet.*
Mettez de l'eau dans le radiateur : *Put some water into the radiator.*
Combien prenez-vous pour le garage? *How much do you charge for garaging?*
Faites-moi un graissage complet : *Grease all parts.*
Vidangez le carter : *Clean out the sump.*
Où y a-t-il un carrossier? *Where is there a coach-works?*

10 Masculin et Féminin :

Le magasin, **un** m.; **l'**étalage, **un‿**é.; **le** solde, **un** s. (*remnant*) ; **la** solde, **une** s. (la paye des soldats, *soldiers' pay*) ; **le** coupon, **un** c.; **l'**objet, **un‿**o.; **le** gant, **un** g.; **le** mouchoir, **un** m.; **le** rayon, **un** r.; **l'**écriteau, **un‿**é.; **le** parfum, **un** p.; **le** litre, **un** l.; **le** renard, **un** r.; **le** manteau, **un** m.; **le** salon, **un** s.; **le** thé, **un** t.; **le** goût, **un** g.; **le** légume, **un** l.; **le** haricot, **un** h.; **l'**oignon, **un‿**.; **le** navet, **un** n.; **le** chou, **un** ch. (*pluriel* : chou**x**) ; **le** pot, **un** p.; **le** feu, **un** f.; **le** jambon, **un** j.; **le** rosbif, **un** r.; **le** poulet, **un** p. (**la** poule, *the hen*) ; **le** fruit, **un** f.; **le** péché, **un** p.; **l'**abricot, **un‿**a.; **le** raisin, **un** r.; **le** melon, **un** m.; **le** pois, **un** p.; **le** soissons, **un** s.; **le** céleri, **un** c.; **le** spectacle, **un** s.; **le** coin, **un** c.; **l'**orchestre, **un‿**o.; **le** parterre, **un** p.; **le** programme, **un** p.; **le** dégât, **un** d.; **le** malaise, **un** m.; **le** canapé, **un** c.; **le** ressort, **un** r.; **le** coussin, **un** c.; **le** cacao, **un** c.; **le** repos, **un** r.; **le** jeûne, **un** j.; **le** meuble, **un** m.; **l'**aplomb, **un‿**a.; **l'**évanouissement, **un‿**é.; **le** besoin, **un** b.; **le** service, **un** s.; **le** siège, **un** s.; **le** dommage, **un** d.; **le** chemin, **un** ch.; **le** vêtement, **un** v.; **le** cours, **un** c.; **le** disque, **un** d.; **le** fond, **un** f.; **le** résultat, **un** r.; **l'**état, **un‿**é.; **le** cœur, **un** c.; **le** mouton, **un** m.; **le** feuillage, **un** f. (**la** feuille, **une** f.) ; **le** bruit, **un** b.; **l'**orage, **un‿**o.;

l'éclair, **un‿**é.; **le** jouet, **un** j.; **l'**appendice, **un‿**a.

L'étoffe, **une** é.; **la** cravate, **une** c.; **la** mercerie, **une** m.; **la** machine, **une** m.; **la** parfumerie, **une** p.; **la** série, **une** s.; **la** toilette, **une** t.; **l'**adresse, **une** a.; **la** caisse, **une** c.; **la** fourrure, **une** f.; **l'**étiquette, **une** é.; **la** paire, **une** p.; **l'**écharpe, **une** é.; **la** couleur, **une** c.; **la** tomate, **une** t.; **l'**odeur, **une** o.; **la** choucroute, **une** ch.; **la** saucisse, **une** s.; **la** viande, **une** v.; **la** bouche, **une** b.; **la** saison, **une** s.; **la** cerise, **une** c.; **la** pêche, **une** p.; **la** poire, **une** p.; **la** prune, **une** p.; **la** fraise, **une** f.; **la** crème, **une** c.; **la** pastèque, **une** p.; **la** pomme, **une** p.; **la** banane, **une** b.; **l'**orange, **une** o.; **la** mandarine, **une** m.; **la** liste, **une** l.; **la** conserve, **une** c.; **la** laitue, **une** l.; **la** note, **une** n.; **la** recette, **une** r.; **l'**idée, **une** i.; **la** farce, **une** f.; **la** finesse, **une** f.; **l'**allusion, **une** a.; **la** revue, **une** r.; **la** parole, **une** p.; **l'**assiette, **une** a.; **la** jeunesse, **une** j.; **l'**oreille, **une** o.; **la** tasse, **une** t.; **la** migraine, **une** m.; **l'**armoire, **une** a.; **la** commode, **une** c.; **l'**étagère, **une** é.; **l'**alerte, **une** a.; **l'**alarme, **une** a.; **la** maladie, **une** m.; **la** phrase, **une** p.; **la** politesse, **une** p.; **la** façon, **une** f.; **la** lèvre, **une** l.; **la** gaucherie, **une** g.; **l'**intention, **une** i.; **l'**importance, **une** i.; **l'**amitié, **une** a.; **l'**obligeance, **une** o.; **la** condoléance, **une** c.; **la** malchance, **une** m.; **la** félicitation, **une** f.; **la** fin, **une** f.; **la** vague, **une** v.; **l'**occupation, **une** o.; **la** borne, **une** b.; **la** conversation, **une** c.; **la** connaissance, **une** c.; **la** lecture, **une** l.; **l'**attention, **une** a.; **la** chaumière, **une** c.

11 La ponctuation. — La virgule : *comma.* — Le point : *full stop.* — Le point‿et virgule: *semi-colon.* — Deux points, à la ligne : *colon, paragraph.* — Le trait d'union : *hyphen.* — Le tiret (tirr**à**) : dash. — Le point d'interrogation : *question mark.* — Le point d'exclamation : *exclamation mark.*

APPENDICE GRAMMATICAL

REGULAR VERBS

There are four different conjugations,

the first (and most extensively used) with infinitive ending in **er** (parl**er**) ;

the second, in **ir** (fin**ir**) ;

the third, in **oir** (recev**oir**) ;

the fourth, in **re** (rend**re**).

The auxiliary verbs, être and **avoir** are irregular, and conjugated thus :

ÊTRE

Indic. présent : je suis, tu es, il est, nous sommes, vous êtes, ils sont.

Imparfait : j'étais, tu étais, il était, nous étions, vous étiez, ils étaient.

Passé indéfini : j'ai été, tu as été, il a été, etc.

Passé défini : je fus, tu fus, il fut, nous fûmes, vous fûtes, ils furent.

Futur : je serai, tu seras, il sera, nous serons, vous serez, ils seront.

Conditionnel : je serais, tu serais, il serait, nous serions, vous seriez, ils seraient.

Impératif : sois, soyons, soyez.

Subj. présent : que je sois, que tu sois, qu'il soit, que nous soyons, que vous soyez, qu'ils soient.

Imparf. du subj. (*peu usité*) *:* que je fusse, que tu fusses, qu'il fût, que nous fussions, que vous fussiez, qu'ils fussent.

Partic. passé : été (*invariable*). — *Partic. présent :* étant.

AVOIR

Indic. présent : j'ai, tu as, il a, nous avons, vous avez, ils ont.

Imparfait : j'avais, tu avais, il avait, nous avions, vous aviez, ils avaient.

Passé indéfini : j'ai eu (**ü**), tu as eu, il a eu, etc.

Passé défini : j'eus (zh**ü**), tu eus (**û**), il eut (**û**), nous eûmes (nooz**û**m'), vous eûtes (vooz**û**t'), ils eurent (ilz**û**rr').

Futur : j'aurai, tu auras, il aura, nous aurons, vous aurez, ils auront.

Conditionnel : j'aurais, tu aurais, il aurait, nous aurions, vous auriez, ils auraient.

Impératif : aie, ayons, ayez.

Subj. présent : que j'aie, que tu aies, qu'il ait, que nous ayons, que vous ayez, qu'ils aient.

Imparf. du subj. (*peu usité*) *:* que j'eusse (zh**ü**ss'), que tu eusses, qu'il eût, que nous eussions, que vous eussiez, qu'ils eussent.

Partic. passé : eu (**ü**), *féminin* eue (**ü**).

Partif. présent : ayant.

Première conjugaison : **parler**

Indicatif présent

je parl**e**
tu parl**es**
il parl**e**
nous parl**ons**
vous parl**ez**
ils parl**ent**

Imparfait

je parl**ais**
tu parl**ais**
il parl**ait**
nous parl**ions**
vous parl**iez**
ils parl**aient**

Passé défini

je parl**ai**
tu parl**as**
il parl**a**
nous parl**âmes**
vous parl**âtes** (*peu usité*)
ils parl**èrent**

Futur

je parl**erai**
tu parl**eras**
il parl**era**
nous parl**erons**
vous parl**erez**
ils parl**eront**

Conditionnel

je parl**erais**
tu parl**erais**
il parl**erait**
nous parl**erions**
vous parl**eriez**
ils parl**eraient**

Subjonctif présent

que je parl**e**
que tu parl**es**
qu'il parl**e**
que nous parl**ions**
que vous parl**iez**
qu'ils parl**ent**

Imparfait du subj. (peu usité)

que je parl**asse**
que tu parl**asses**
qu'il parl**ât**
que nous parl**assions**
que vous parl**assiez**
qu'ils parl**assent**

Impératif

parl**e**, parl**ons**, parl**ez**

Participe passé

parl**é**

Participe présent

parl**ant**

VERBES RÉGULIERS

Deuxième conjugaison : **finir**

Indicatif présent

je finis
tu finis
il finit
nous fin**issons**
vous fin**issez**
ils fin**issent**

Imparfait

je fin**issais**
tu fin**issais**
il fin**issait**
nous fin**issions**
vous fin**issiez**
ils fin**issaient**

Passé défini

je finis
tu finis
il finit
nous fin**îmes**
vous finîtes
ils fin**irent**

Futur

je fin**irai**
tu fin**iras**
il fin**ira**
nous fin**irons**
vous fin**irez**
ils fin**iront**

Conditionnel

je fin**irais**
tu fin**irais**
il fin**irait**
nous fin**irions**
vous fin**iriez**
ils fin**iraient**

Subjonctif présent

que je fin**isse**
que tu fin**isses**
qu'il fin**isse**
que nous fin**issions**
que vous fin**issiez**
qu'ils fin**issent**

Imparfait du subjonctif (1)

que je finisse
que tu finisses
qu'il finît
que nous fin**issions**
que vous fin**issiez**
qu'ils fin**issent**

Impératif

finis, fin**issons**, fin**issez**

Participe passé

fini

Participe présent

fin**issant**

(1) La seule différence avec le subjonctif présent est à la troisième personne du singulier.

Troisième conjugaison : **recevoir**

Indicatif présent

je reç**ois** (1)
tu reç**ois**
il reç**oit**
nous recev**ons**
vous recev**ez**
ils reç**oivent**

Passé défini

je reç**us** (1)
tu reç**us**
il reç**ut**
nous reç**ûmes**
vous reç**ûtes**
ils reç**urent**

Conditionnel

je recev**rais**
tu recev**rais**
il recev**rait**
nous recev**rions**
vous recev**riez**
ils recev**raient**

Imparfait du subj. (peu usité)

que je reç**usse**
que tu reç**usses**
qu'il reç**ût**
que nous reç**ussions**
que vous reç**ussiez**
qu'ils reç**ussent**

Imparfait

je recev**ais**
tu recev**ais**
il recev**ait**
nous recev**ions**
vous recev**iez**
ils recev**aient**

Futur

je recev**rai**
tu recev**ras**
il recev**ra**
nous recev**rons**
vous recev**rez**
ils recev**ront**

Subjonctif présent

que je reç**oive** (1)
que tu reç**oives**
qu'il reç**oive**
que nous recev**ions**
que vous recev**iez**
qu'ils reç**oivent**

Impératif

reç**ois**, recev**ons**, recev**ez**

Participe passé

reç**u**

Participe présent

recev**ant**

(1) Cette conjugaison n'est pas absolument régulière, puisqu'une partie du radical (*recevoir*) disparaît à certains temps.

Quatrième conjugaison : **rendre**

Indicatif présent

je rend**s**
tu rend**s**
il rend
nous rend**ons**
vous rend**ez**
ils rend**ent**

Imparfait

je rend**ais**
tu rend**ais**
il rend**ait**
nous rend**ions**
vous rend**iez**
ils rend**aient**

Passé défini

je rend**is**
tu rend**is**
il rend**it**
nous rend**îmes**
vous rend**îtes**
ils rend**irent**

Futur

je rend**rai**
tu rend**ras**
il rend**ra**
nous rend**rons**
vous rend**rez**
ils rend**ront**

Conditionnel

je rend**rais**
tu rend**rais**
il rend**rait**
nous rend**rions**
vous rend**riez**
ils rend**raient**

Subjonctif présent

que je rend**e**
que tu rend**es**
qu'il rend**e**
que nous rend**ions**
que vous rend**iez**
qu'ils rend**ent**

Imparfait du subj. (peu usité)

que je rend**isse**
que tu rend**isses**
qu'il rend**ît**
que nous rend**issions**
que vous rend**issiez**
qu'ils rend**issent**

Impératif

rend**s**, rend**ons**, rend**ez**

Participe passé

rend**u**

Participe présent

rend**ant**

IRREGULAR VERBS

The signs **(I)**, **(II)**, **(III)**, *mean that the forms are similar to those of regular verbs of the 1st, 2nd and 3rd conjugations respectively.*

The tenses not indicated are regular. Ex. : *Imperfect,* j'allais, tu allais, etc.

Première conjugaison : ER

Aller (*to go*).
Ind. prés. : je vais, tu vas, il va, nous allons, vous allez, ils vont.
Futur : j'irai, tu iras, il ira, n. irons, v. irez, ils iront.
Condit. : j'irais, tu irais, n. irions, v. iriez, ils iraient.
Subj. prés. : que j'aille, que tu ailles, qu'il aille, que n. allions, que v. alliez, qu'ils aillent.

Envoyer (*to send*).
Futur : j'enverrai, tu enverras, il enverra, n. enverrons, v. enverrez, etc.

Deuxième conjugaison : IR

Acquérir (*to acquire*).
Ind. prés. : j'acquiers, tu acquiers, il acquiert, n. acquérons, v. acquérez, ils acquièrent.
Imparf. : j'acquérais, tu acquérais, il acquérait, n. acquérions, etc.
Passé défini : j'acquis, tu acquis, il acquit, n. acquîmes, etc.
Futur : j'acquerrai, tu acquerras, il acquerra, n. acquerrons, etc.
Condit. : j'acquerrais, tu acquerrais, il acquerrait, n. acquerrions, etc.
Subj. prés. : que j'acquière, que tu acquières, qu'il acquière, que n. acquérions, etc.
Part. passé : acquis. — *Part. prés.* : acquérant.

Assaillir (*to assault*).
Ind. prés. : j'assaille, tu assailles **(I)**.
Imparf. : j'assaillais **(I)**.
Subj. prés. : que j'assaille **(I)**.

Bouillir (*to boil*).
Ind. prés. : je bous, tu bous, il bout, n. bouillons, v. bouillez, ils bouillent.

Imparf. : je bouillais **(I)**.
Subj. prés. : que je bouille, que tu bouilles, etc.
Part. prés. : bouillant.

Conquérir (*to conquer*). — V. *acquérir*.

Courir (*to run*).
Ind. prés. : je cours, tu cours, il court, n. courons, v. courez, ils courent.
Imparf. : je courais **(I)**.
Passé déf. : je courus **(III)**.
Futur : je courrai, tu courras, il courra, n. courrons, etc.
Condit. : je courrais, tu courrais, il courrait, n. courrions, etc.
Part. passé : couru.
Subj. prés. : que je coure **(I)**. — *Part. prés.* : courant.

Couvrir (*to cover*). — V. *ouvrir*.

Cueillir (*to gather, to pluck*).
Ind. prés. : je cueille **(I)**.
Imparf. : je cueillais **(I)**.
Futur : je cueillerai **(I)**. — *Condit.* : je cueillerais **(I)**.
Subj. prés. : que je cueille **(I)**. — *Part. prés.* : cueillant.

Découvrir (*to discover*). — V. *couvrir*.

Dormir (*to sleep*).
Ind. prés. : je dors, tu dors, il dort, n. dormons, v. dormez, ils dorment.
Imparf. : je dormais **(I)**.
Subj. prés. : que je dorme **(I)**.
Part. prés. : dormant.

Fuir (*to flee*).
Ind. prés. : je fuis, tu fuis, il fuit, n. fuyons, v. fuyez, ils fuient.
Imparf. : je fuyais **(I)**.
Subj. prés. : que je fuie, que tu fuies, qu'il fuie, que n. fuyions que v. fuyiez, qu'ils fuient.
Part. passé : fui. — *Part. prés.* : fuyant.

Mentir (*to lie : tell a lie*).
Ind. prés. : je mens, tu mens, il ment, n. mentons, v. mentez, ils mentent.
Imparf. : je mentais **(I)**.
Subj. prés. : que je mente, que tu mentes, qu'il mente, que n. mentions, que v. mentiez, qu'il mentent.

Mourir (*to die*).
Ind. prés. : je meurs, tu meurs, il meurt, n. mourons, v. mourez, ils meurent.

Imparf. : je mourais **(I)**.
Passé déf. : je mourus **(III)**.
Futur : je mourrai, tu mourras, etc.
Condit. : je mourrais, tu mourrais, etc.
Subj. prés. : que je meure, que tu meures, qu'il meure, que n. mourions, que v. mouriez, qu'ils meurent.
Part. passé : mort. — *Part. prés. :* mourant.

Offrir (*to offer*).
Ind. prés. : j'offre **(I)**.
Imparf. : j'offrais **(I)**. — *Subj. prés. :* que j'offre **(I)**.
Part. passé : offert. — *Part. prés. :* offrant.

Ouvrir (*to open*). — V. *offrir.*

Partir (*to leave, go away*). — V. *mentir.*

Repentir (se) (*to repent*). — V. *mentir.*

Secourir (*to succour*). — V. *courir.*

Sentir (*to feel* or *to smell*). — V. *mentir.*

Servir (*to serve*).
Ind. prés. : je sers, tu sers, n. servons, v. servez, ils servent.
Imparf. : je servais, tu servais, etc.
Impératif : sers, servons, servez.
Part. passé : servi. — *Part. prés. :* servant.

Souffrir (*to suffer*). — V. *offrir.*

Tenir (*to hold*).
Ind. prés. : je tiens, tu tiens, il tient, n. tenons, v. tenez, ils tiennent.
Imparf. : je tenais **(I)**.
Passé déf. : je tins, tu tins, il tint, n. tînmes, v. tîntes, ils tinrent.
Futur : je tiendrai, tu tiendras, il tiendra, etc. — *Condit. :* je tiendrais, tu tiendrais, il tiendrait, etc.
Subj. prés. : que je tienne, que tu tiennes, qu'il tienne, que n. tenions, que v. teniez, qu'ils tiennent.
Impératif : tiens, tenons, tenez.
Part. passé : tenu. — *Part. prés. :* tenant.

Venir (*to come*). — V. *tenir.*

Troisième conjugaison : OIR

Asseoir (s') (*to sit down*).
Ind. prés. : je m'assieds, tu t'assieds, il s'assied, n. n. asseyons, v. v. asseyez, ils s'asseyent.
Imparf. : je m'asseyais **(I)**.

Passé déf. : je m'assis **(I)**.
Futur : je m'assiérai **(I)**.
Condit. : je m'assiérais **(I)**.
Sub. prés. : que je m'asseye, etc.
Impératif : assieds-toi, asseyons-nous, asseyez-vous.
Partic. passé : assis. — *Part. prés.* : s'asseyant.

Devoir (*to owe*, or *must*).
Ind. prés. : je dois, tu dois, il doit, n. devons, v. devez, ils doivent.
Imparf. : je devais, tu devais, il devait, n. devions, etc.
Subj. prés. : que je doive, que tu doives, qu'il doive, que n. devions, que v. deviez, qu'ils doivent.
Part. passé : dû. — *Part. prés.* : devant.

Falloir (*to be necessary, must*) (*impersonal*).
Ind. prés. : il faut. — *Imparf.* : il fallait.
Passé déf. : il fallut.
Futur : il faudra. — *Condit.* : il faudrait.
Subj. prés. : qu'il faille. — *Part. passé* : il a fallu.

Pleuvoir (*to rain*) (*semi-impersonal*).
Ind. prés. : il pleut, ils pleuvent.
Imparf. : il pleuvait, ils pleuvaient.
Passé déf. : il plut, ils plurent.
Futur : il pleuvra, ils pleuvront. — *Condit.* : il pleuvrait, ils pleuvraient.
Subj. prés. : qu'il pleuve, qu'ils pleuvent.
Part. passé : plu. — *Part. prés.* : pleuvant.

Pouvoir (*to be able to, can* or *may*).
Ind. prés. : je peux, tu peux il peut, n. pouvons, v. pouvez, ils peuvent.
Passé déf. : je pus, tu pus, il put, n. pûmes, v. pûtes, ils purent.
Futur : je pourrai, tu pourras, il pourra, n. pourrons, v. pourrez, ils pourront.
Condit. : je pourrais, tu pourrais, il pourrait, n. pourrions, v. pourriez, ils pourraient.
Subj. prés. : que je puisse, que tu puisses, qu'il puisse, que n. puissions, que v. puissiez, qu'ils puissent.
Part. passé : pu. — *Part. prés.* : pouvant.

Savoir (*to know*).
Ind. prés. : je sais, tu sais, il sait, n. savons, v. savez, ils savent.
Passé déf. : je sus, tu sus, il sut, n. sûmes, v. sûtes, ils surent.

Futur : je saurai, tu sauras, il saura, n. saurons, v. saurez, ils sauront.
Condit. : je saurais, tu saurais, il saurait, n. saurions, v. sauriez, ils sauraient.
Subj. prés. : que je sache, que tu saches, qu'il sache, que n. sachions, que v. sachiez, qu'ils sachent.
Impératif : sache, sachons, sachez.
Part. passé : su. — *Part. prés. :* sachant.

Valoir (*to be worth*).
Ind. prés. : je vaux, tu vaux, il vaut, n. valons, v. valez, ils valent.
Imparf. : je valais, tu valais, il valait, n. valions, v. valiez, ils valaient.
Passé déf. : je valus, tu valus, il valut, n. valûmes, v. valûtes, ils valurent.
Futur : je vaudrai, tu vaudras, il vaudra, n. vaudrons, etc.
Condit. : je vaudrais, tu vaudrais, il vaudrait, n. vaudrions, etc.
Subj. prés. : que je vaille, que tu vailles, qu'il vaille, que n. valions, que v. valiez, qu'ils vaillent.
Part. passé : valu. — *Part. prés. :* valant.

Voir (*to see*).
Ind. prés. : je vois, tu vois, il voit, n. voyons, v. voyez, ils voient.
Imparf. : je voyais, tu voyais, il voyait, n. voyons, v. voyez, ils voyaient.
Passé déf. : je vis **(II)**.
Futur : je verrai, tu verras, il verra, n. verrons, v. verrez, ils verront.
Condit. : je verrais, tu verrais, il verrait, n. verrions, v. verriez, ils verraient.
Subj. prés. : que je voie, que tu voies, qu'il voie, que n. voyions, que v. voyiez, qu'ils voient.
Impératif : vois, voyons, voyez.
Part. passé : vu. — *Part. prés. :* voyant.

Vouloir (*to want to, will*).
Ind. prés. : je veux, tu veux, il veut, n. voulons, v. voulez, ils veulent.
Imparf. : je voulais, tu voulais, il voulait, n. voulions, v. vouliez, ils voulaient.
Passé déf. : je voulus, tu voulus, il voulut, n. voulûmes, v. voulûtes, ils voulurent.
Futur : je voudrais, tu voudras, il voudra, n. voudrons, v. voudrez, ils voudront.

Condit. : je voudrais, tu voudrais, il voudrait, n. voudrions, v. voudriez, ils voudraient.
Subj. prés. : que je veuille, que tu veuilles, qu'il veuille, que n. voulions, que v. vouliez, qu'ils veuillent.
Impératif : veuille, veuillons, veuillez.
Part. passé : voulu. — *Part. prés.* : voulant.

Quatrième conjugaison : RE

Apprendre (*to learn*). — V. *prendre*.

Atteindre (*to reach*). — V. *peindre*.

Battre (*to beat*).
Ind. prés. : je bats, tu bats, il bat, n. battons, v. battez, ils battent.

Boire (*to drink*).
Ind. prés. : je bois, tu bois, il boit, n. buvons, v. buvez, ils boivent.
Imparf. : je buvais, tu buvais, il buvait, n. buvions, v. buviez, ils buvaient.
Passé déf. : je bus, tu bus, il but, n. bûmes, v. bûtes, ils burent.
Futur : je boirai, tu boiras, il boira, n. boirons, v. boirez, ils boiront.
Condit. : je boirais, tu boirais, il boirait, n. boirions, v. boiriez, ils boiraient.
Subj. prés. : que je boive, que tu boives, qu'il boive, que n. buvions, que v. buviez, qu'ils boivent.
Impératif : bois, buvons, buvez.
Part. passé : bu. — *Part. prés.* : buvant.

Comprendre (*to understand*). — V. *prendre*.

Conduire (*to conduct, to drive, to lead*).
Ind. prés. : je conduis, tu conduis, il conduit, n. conduisons, v. conduisez, ils conduisent.
Imparf. : je conduisais, tu conduisais, il conduisait, n. conduisions, v. conduisiez, ils conduisaient.
Passé déf. : je conduisis, tu conduisis, il conduisit, n. conduisîmes, v. conduisîtes, ils conduisirent.
Futur : je conduirai, tu conduiras, etc.
Condit. : je conduirais, tu conduirais, etc.
Subj. prés. : que je conduise, que tu conduises, etc.
Part. passé : conduit. — *Part. prés.* : conduisant.

Connaître (*to know; be acquainted with*).
Ind. prés. : je connais, tu connais, il connaît, n. connaissons, v. connaissez, ils connaissent.

Imparf. : je connaissais, tu connaissais, il connaissait, n. connaissions, v. connaissiez, ils connaissaient.
Passé déf. : je connus, tu connus, il connut, n. connûmes, v. connûtes, ils connurent.
Subj. prés. : que je connaisse, tu que connaisses, qu'il connaisse, que n. connaissions, que v. connaissiez, qu'ils connaissent.
Part. passé : connu. — *Part. prés. :* connaissant.

Construire (*to construct, to build*). — V. *conduire.*

Coudre (*to sew*).
Ind. prés. : je couds, tu couds, il coud, n. cousons, v. cousez, ils cousent.
Imparf. : je cousais, tu cousais, etc.
Passé déf. : je cousis, tu cousis, etc.
Subj. prés. : que je couse, que tu couses, etc.
Part. passé : cousu. — *Part. prés. :* cousant.

Craindre (*to fear*).
Ind. prés. : je crains, tu crains, il craint, n. craignons, v. craignez, ils craignent.
Imparf. : je craignais, tu craignais, etc.
Passé déf. : je craignis, tu craignis, etc.
Subj. prés. : que je craigne, que tu craignes, etc.
Part. passé : craint. — *Part. prés.* craignant.

Croire (*to believe*).
Ind. prés. : je crois, tu crois, il croit, n. croyons, v. croyez, ils croient.
Imparf. : je croyais, tu croyais, il croyait, n. croyions, v. croyiez, ils croyaient.
Passé déf. : je crus, tu crus, il crut, n. crûmes, v. crûtes, ils crurent.
Futur : je croirai, tu croiras, il croira, etc.
Condit. : je croirais, tu croirais, etc.
Subj. prés. : que je croie, que tu croies, qu'il croie, que n. croyions, que v. croyiez, qu'ils croient.
Impératif : crois, croyons, croyez.
Part. passé : cru. — *Part. prés. :* croyant.

Croître (*to grow*).
Ind. prés. : je croîs, tu croîs, il croît, n. croissons, v. croissez, ils croissent.
Imparf. : je croissais, tu croissais, etc.
Passé déf. : je crûs, etc.
Subj. prés. : que je croisse, etc.
Part. passé : crû. — *Part. prés. :* croissant.

Détruire (*to destroy*). — V. *conduire*.

Dire (*to say, to tell*).

Ind. prés. : je dis, tu dis, il dit, n. disons, v. dites, ils disent.

Imparf. : je disais, tu disais, il disait, n. disions, v. disiez, ils disaient.

Passé déf. : je dis, tu dis, il dit, n. dîmes, v. dîtes, ils dirent.

Futur : je dirai, tu diras, il dira, n. dirons, v. direz, ils diront.

Condit. : je dirais, tu dirais, il dirait, n. dirions, v. diriez, ils diraient.

Subj. prés. : que je dise, que tu dises, qu'il dise, que n. disions, que v. disiez, qu'ils disent.

Impératif : dis, disons, dites.

Part. passé : dit. — *Part. présent :* disant.

Ecrire (*to write*).

Ind. prés. : j'écris, tu écris, il écrit, n. écrivons, v. écrivez, ils écrivent.

Imparf. : j'écrivais, tu écrivais, il écrivait, n. écrivions, v. écriviez, ils écrivaient.

Passé déf. : j'écrivis, tu écrivis, il écrivit, n. écrivîmes, v. écrivîtes, ils écrivirent.

Futur : j'écrirai, tu écriras, il écrira, n. écrirons, v. écrirez, ils écriront.

Condit. : j'écrirais, tu écrirais, il écrirait, n. écririons, v. écririez, ils écriraient.

Subj. prés. : que j'écrive, que tu écrives, qu'il écrive, que n. écrivions, que v. écriviez, qu'ils écrivent.

Impératif : écris, écrivons, écrivez.

Part. passé : écrit. — *Part. prés. :* écrivant.

Eteindre (*to extinguish*). — V. *peindre*.

Faire (*to do, to make*).

Ind. prés. : je fais, tu fais, il fait, n. faisons, v. faites, ils font.

Imparf. : je faisais, tu faisais, il faisait, n. faisions, v. faisiez, ils faisaient.

Passé déf. : je fis, tu fis, il fit, n. fîmes, v. fîtes, ils firent.

Futur : je ferai, tu feras, il fera, n. ferons, v. ferez, ils feront.

Condit. : je ferais, tu ferais, il ferait, n. ferions, v. feriez, ils feraient.

Subj. prés. : que je fasse, que tu fasses, qu'il fasse, que n. fassions, que v. fassiez, qu'ils fassent.

Impératif : fais, faisons, faites.
Part. passé : fait. — *Part. prés. :* faisant.

Feindre (*to feign*). — V. *peindre.*

Frire (*to fry*) (*used only in these forms*).
Ind. prés. : je fris, tu fris, il frit.
Futur : je frirai, tu friras, il frira, n. frirons, v. frirez, ils friront.
Part. passé : frit. (*In the other tenses,* faire frire *is used instead of* frire.)

Instruire (*to instruct*). — V. *conduire.*

Joindre (*to join*).
Ind. prés. : je joins, tu joins, il joint, n. joignons, v. joignez, ils joignent.
Imparf. : je joignais, etc. — *Passé déf. :* je joignis, etc.
Futur : je joindrai, tu joindras, etc.
Condit. : je joindrais, tu joindrais, etc.
Subj. prés. : que je joigne, etc.
Part. passé : joint. — *Part. prés. :* joignant.

Lire (*to read*).
Ind. prés. : je lis, tu lis, il lit, n. lisons, v. lisez, ils lisent.
Imparf. : je lisais, tu lisais, il lisait, n. lisions, v. lisiez, ils lisaient.
Passé déf. : je lus, tu lus, il lut, n. lûmes, v. lûtes, ils lurent.
Futur : je lirai, tu liras, il lira, n. lirons, v. lirez, ils liront.
Condit. : je lirais, tu lirais, il lirait, n. lirions, v. liriez, ils liraient.
Subj. prés. : que je lise, que tu lises, qu'il lise, que n. lisions, que v. lisiez, qu'ils lisent.
Impératif : lis, lisons, lisez.
Part. passé : lu. — *Part. prés. :* lisant.

Luire (*to shine*). — V. *conduire* except for *past partic. :* lui.

Maudire (*to curse*).
Ind. prés. : je maudis **(II)**.

Mettre (*to put*).
Ind. prés. : je mets, tu mets, il met, n. mettons, v. mettez, ils mettent.
Imparf. : je mettais, tu mettais, il mettait, n. mettions, v. mettiez, ils mettaient.
Passé déf. : je mis, tu mis, il mit, n. mîmes, v. mîtes, ils mirent.
Futur : je mettrai, tu mettras, etc.
Condit. : je mettrais, tu mettrais, etc.

Subj. prés. : que je mette, que tu mettes, qu'il mette, que n. mettions, que vous mettiez, qu'ils mettent.
Impératif : mets, mettons, mettez.
Part. passé : mis. — *Part. prés. :* mettant.

Naître (*to be born*).
Ind. prés. : je nais, tu nais, il naît, n. naissons, v. naissez, ils naissent.
Imparf. : je naissais, tu naissais, etc. — *Passé déf. :* je naquis, tu naquis, il naquit, n. naquîmes, v. naquîtes, ils naquirent.
Subj. prés. : que je naisse, que tu naisses, etc.
Part. passé : né. — *Part. prés. :* naissant.

Paraître (*to appear, to seem*). — V. *connaître.*

Peindre (*to paint*).
Ind. prés. : je peins, tu peins, il peint, n. peignons, v. peignez, ils peignent.
Imparf. : je peignais, tu peignais, il peignait, n. peignions, v. peigniez, ils peignaient.
Passé déf. : je peignis, tu peignis, etc.
Subj. prés. : que je peigne, que tu peignes, etc.
Part. passé : peint. — *Part. prés. :* peignant.

Permettre (*to allow*). — V. *mettre.*

Plaindre (*to pity*). — **Se plaindre** (*to complain*). — V. *craindre.*

Plaire (*to please*).
Ind. prés. : je plais, tu plais, il plaît, n. plaisons, v. plaisez, ils plaisent.
Imparf. : je plaisais, tu plaisais, il plaisait, n. plaisions, v. plaisiez, ils plaisaient.
Passé déf. : je plus, tu plus, il plut, n. plûmes, v. plûtes, ils plurent.
Subj. prés. : que je plaise, que tu plaises, qu'il plaise, que n. plaisions, que v. plaisiez, qu'ils plaisent.
Part. passé : plu. — *Part. prés. :* plaisant.

Prendre (*to take*).
Ind. prés. : je prends, tu prends, il prend, n. prenons, v. prenez, ils prennent.
Imparf. : je prenais, tu prenais, il prenait, n. prenions, v. preniez, ils prenaient.
Passé déf. : je pris, tu pris, il prit, n. prîmes, v. prîtes, ils prirent.
Subj. prés. : que je prenne, que tu prennes, qu'il prenne, que n. prenions, que v. preniez, qu'ils prennent.

Impératif : prends, prenons, prenez.
Part. passé : pris. — *Part. prés. :* prenant.

Produire (*to produce*). — V. *conduire.*

Promettre (*to promise*). — V. *mettre.*

Remettre (*to put back* or *to hand over*). — V. *mettre.*

Rire (*to laugh*).
Ind. prés. : je ris, tu ris, il rit, n. rions, v. riez, ils rient.
Imparf. : je riais, tu riais, il riait, n. riions, v. riiez, ils riaient.
Passé déf. : je ris, tu ris, il rit, n. rîmes, v. rîtes, ils rirent.
Futur : je rirai, tu riras, etc.
Condit. : je rirais, tu rirais, etc.
Subj. prés. : que je rie, que tu ries, qu'il rie, que n. riions, que v. riiez, qu'ils rient.
Impératif : ris, rions, riez.
Part. passé : ri. — *Part. prés. :* riant.

Suffire (*to be sufficient*). — V. *luire.*

Suivre (*to follow*).
Ind. prés. : je suis, tu suis, il suit, n. suivons, v. suivez, ils suivent.
Imparf. : je suivais, tu suivais, il suivait, n. suivions, v. suiviez, ils suivaient
Passé déf. : je suivis, tu suivis, il suivit, n. suivîmes, v. suivîtes, ils suivirent.
Sub. prés. : que je suive, que tu suives, qu'il suive, que n. suivions, que v. suiviez, qu'ils suivent.
Impératif : suis, suivons, suivez.
Part. passé : suivi. — *Part. prés. :* suivant.

Surprendre (*to surprise*). — V. *prendre*

Taire (*to leave unmentioned*). — **Se taire** (*to keep silent*). — V. *plaire.*

Teindre (*to dye*). — V. *peindre.*

Vivre (*to live*).
Ind. prés. : je vis, tu vis, il vit, n. vivons, v. vivez, ils vivent.
Imparf. : je vivais, tu vivais, il vivait, n. vivions, v. viviez, ils vivaient.
Passé déf. : je vécus, tu vécus, il vécut, n. vécûmes, v. vécûtes, ils vécurent.
Subj. prés. : que je vive, que tu vives, qu'il vive, que n. vivions, que vous viviez, qu'ils vivent.
Impératif : vis, vivons, vivez.
Part. passé : vécu. — *Part. prés. :* vivant.

Achevé d'imprimer le 28 Mars 1977
sur les presses de Danel-S.C.I.A.
La Chapelle d'Armentières

N° d'édition 520, 1er trimestre 1977
Dépôt légal n° 10308, 1er trimestre 1977
Imprimé en France